|우|리|문|학|깊|이|읽|기|

이청준
깊이 읽기

권오룡 엮음

1999
문학과지성사

우리 문학 깊이 읽기 기획위원
권오룡/박혜경/성민엽/정과리/홍정선

이청준 깊이 읽기

엮은이_권오룡
펴낸이_홍정선 김수영
펴낸곳_㈜문학과지성사

등록_1993년 12월 16일 등록 제10-918호
주소_서울 마포구 서교동 395-2 (121-840)
전화_02)338-7224 / 팩스_02)323-4180(편집) 02)338-7221(영업)
전자우편_moonji@moonji.com
홈페이지_www.moonji.com

초판 제1쇄_1999년 8월 3일
초판 제2쇄_2009년 7월 9일

ISBN 89-320-1089-7

ⓒ ㈜문학과지성사, 1999

이 책의 판권은 ㈜문학과지성사에 있습니다.
서면 동의 없는 무단 전재 및 복제를 금합니다.

우리문학깊이읽기

이청준

깊이 읽기

권오룡 엮음

▲ 초등학교 시절(1954년)

▲ 광주 서중 3년(1957년)

광주 제일고등학교 재학 시절(1959년) ▶

▲ 군대 가기 전 고향 친구들과 함께(1960년)

▲ 창작집 『소문의 벽』 출판 기념회에서(1972년)

▲ 이상문학상을 수상하고 나서(1978년)

▲ 파리 루브르 박물관 앞에서
오생근·조해일·김현과 함께(1981년)

▲ 이탈리아 아시시에서 정현종·김병익과 함께(1982년)

▲ 독도 여행중에 홍성원·김병익·김원일과 함께(1986년)

▲ 고향집에서 정문길 · 김주연 · 오생근 · 김원일 · 김치수와 함께(1993년)

▲ 제주도 한일작가회의에서 오규원 · 오생근 · 정현기 · 김광규 · 이태수와 함께(1993년)

▲ 잠실 자택에서 임권택 감독, 카피라이터 이만재와 함께(1998년)

▲ 파리의 한 식당에서 작가 이스마엘 카라레와 함께(1995년)

▲ 프랑스 오를레앙 교외의 파리3대학 클루드 무샤 교수 댁에서
유학생 김희균, 동아일보 정은령 기자, 대산재단 곽효환과 함께(1999년)

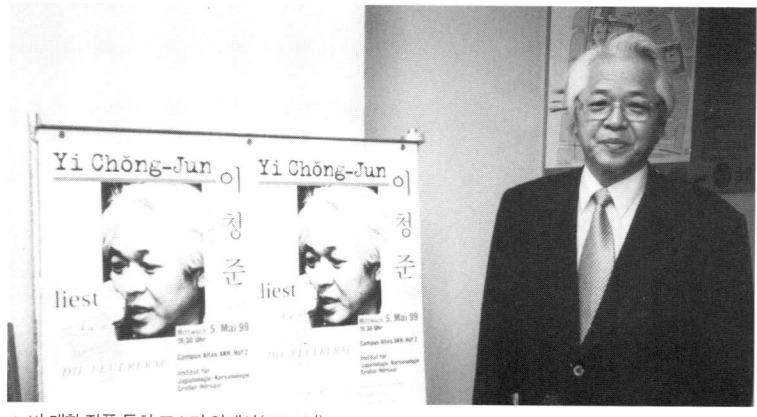

▲ 빈 대학 작품 독회 포스터 앞에서(1999년)

▲ 어머니 구순(九旬) 생신날 일가 친척들과 함께(1991년)

▲ 관훈미술관에서 처형의 가족들과 함께(1996년)

▲ 집 근처 공원에서 가족과 함께(1987년)

이 청 준
깊이 읽기

책을 내면서

　이청준의 소설은 영혼의 내시경과도 같다. 그의 글쓰기를 통해 증언되고 있는 35년여의 세월은 미처 다스려지지 않은 채 누적된 상처의 후유증과 이에 덧붙여진 새로운 고통으로 신음해야 했던 세월이지만, 이 시대의 아픔을 이청준은 그것 자체로서만이 아니라 영혼의 영사막에 투영된 상을 통해 동시에 포착해낸다. 이청준 문학 특유의 '겹'의 구조와 이 구조를 통해 이루어지는 도약의 계기는 시대와 개인을 아우르는 이 동시성 속에 마련되어 있다.

　이청준의 소설을 통해 우리가 읽을 수 있는 것은 무엇인가? 4·19를 통해 점화된 세대 의식의 불꽃과 5·16에 의한 좌절의 상처인가? 정치적 억압을 해체하기 위한 문학적 저항의 필사적 몸부림인가? 아니면 유토피아를 이루고자 하는 의지가 거쳐야 하는 섬세한 점검과 반성의 내용에 대한 성찰? 혹은 한으로 녹아 흐르는 우리네 삶의 근원 정서를 날아오르게 하는 영혼의 비상을 위한 방황? 인간을 인간답게, 삶을 삶답게 승화시키기 위해 그것이 설혹 원수라 해도 타자를 끌어안아야 하는 용서의 윤리학? 또는 이것 모두의 출발점으로 놓여 있는, 가난과 부끄러움으로 표상되는 저 유년기의 원죄 의식? 아마 이 모두일 것이다. 그만큼 이청준의 작품 세계는 다양하면서도 웅숭깊다. 얼핏 그것은 어언 35년에 이른 문학 활동의 당연한 결실이라 할 수 있을 것이다. 그러나 그의 작품 세계의 깊이와 넓이는 그 세월의 두께만으로 간단히 환원될 수 있는 것만은 아니다.

다시 한번 되물어보자. 정말 우리가 이청준의 작품들에서 읽을 수 있는 것은 이러한 것들인가? 아니다. 그 어느 것도 아니다. 어느 자리에선가 이청준은 자신이 항상 도달한 것의 마지막을 썼다고 말한 적이 있다. 이러한 진술의 의미는 어떻게 해석될 수 있을까? 도달한 것의 마지막이 그의 소설이라면, 또한 그의 소설의 마지막은 무엇인가? 바로 가능성의 세계로의 이정표가 아니겠는가. 소설의 끝과 더불어 이제 작가의 침묵을 통해 비로소 새롭게 열리는 가능성의 세계! 이청준의 소설이 진정으로 열어 보여주고자 하는 세계는 바로 이것일 것이다. 이것을 우리는 이청준의 침묵의 시학이라고 말할 수 있거니와, 그것은 소설의 가능성을 여는 것이면서 또한 삶의 가능성을 열어주는 것이었다. 소설이 가 닿을 수 있는 그 끝간 지점에서 다시 새롭게 열리는 가능성의 세계와 더불어 우리의 삶의 영역, 진실의 영역은 그만큼 넓어지게 된다. 그것은 작가의 암시와 독자의 사유가 부딪쳐 터트리는 섬광에 의해 언뜻 비쳐지는 세상과 인간에 대한 진실의 세계이다.

끝은 언제나 새로운 시작으로의 도약을 준비한다. 이 도약을 통해 우리는 다시 한번, 자유를 향한 이청준의 끝없는 탐험의 동반자가 된다. 삶의 구경(究竟)인 자유로의 지향은 어떻게 그 궁극에까지 이어지는가? 그것은 끝과 시작이 맞물린 역설적 원환성이 암시하는 것처럼 부단히 그 자신의 무게를 덜어냄으로써가 아닐까? 삶의 참모습이란 어떤 것인가? 사람의 몸은 늙어 오그라들고, 결국에는 한 줌의 흙으로 사라져버릴 뿐이지만, 기실 그것은 사라짐이 아니라 가볍디가벼운 영혼의 날갯짓으로 날아오르는 것이리라. 삶이 이러한 것이라면 그 삶의 언어적 형상물인 소설 또한 이러한 것이어야 하지 않겠는가. 여기서 우리는 이청준의 삶의 윤리학과 소설의 시학이 하나로 합쳐지는 것을 보게 된다. 육중한 서사의 몸을 갖되 오히려 서사를 통해 끊임없이 그 몸의 무게를 덜어내어 끝내 그 몸이 다한 곳에서 가능성으로 가볍게 기화하는 정일한 정신의 세계, 이청준이 그 특유의 침묵의 시학을 통해 우리에게 열어주고자 하는 세계는 바로 이 세계일 것이다.

1999년 8월
권 오 룡

차 례

책을 내면서 · xv

제1부 글쓰기, 혹은 존재의 증명

대담
시대의 고통에서 영혼의 비상까지(이청준/권오룡) · 23

자전적 에세이
이 나이의 빚 꾸러미(이청준) · 39

인물론
종소리에서 판소리까지(이인성) · 52

제2부 삶의 진실을 찾아서

언어와 현실의 갈등(김치수) · 77
미백(未白)의 사상, 또는 이청준의 글쓰기의 기원에 대하여(김윤식) · 99
갇혀 있는 자의 시선(오생근) · 122
겹의 삶, 겹의 문학(성민엽) · 146
이청준 소설의 중층 구조(권택영) · 161
자유의 질서, 말의 꿈, 반성적 탐색(우찬제) · 192
자유와 사랑의 실천적 화해(김현) · 218
말의 탐구, 화해에의 변증(김병익) · 234

'빗새'로 유랑하기/'나무'로 서 있기(안삼환) · 246

용서, 그 타인됨의 세계(정과리) · 256

제의(祭儀)와 화해(김주연) · 286

새로운 방향의 모색과 운명의 힘(류보선) · 298

메타픽션적 영화소설?(김경수) · 319

제3부 이청준과의 또 다른 만남

내가 아는 이청준

내가 이청준을 '형님'이라 부르는 이유(이만재) · 335 / 독재하는 자유인(김석중) · 341 / 이청준 선생님!(고두심) · 348 / 글과 그림의 만남(장찬홍) · 350

내가 읽은 이청준

그 참담했던 시절의 한 줄기 빛(조한욱) · 354

숨어 있던 글들

당신들의 천국 · 361 / 절제와 예도의 아름다움 · 370 / 중단편 혹은 짧은 글에 대한 생각 · 373

작가 연보 · 377
참고 문헌 · 382

제 1 부

글쓰기, 혹은 존재의 증명

대담

시대의 고통에서 영혼의 비상까지

이청준/권오룡

권 오늘의 대담은 올해로 이순에 이르신 선생님의 그 동안의 문학 활동의 자취를 더듬고, 오랜 세월 동안의 꾸준한 문학 활동의 성과로 이루어내신 문학 세계의 은밀한 내면의 모습을 선생님 자신의 안내와 설명을 통해 엿볼 수 있는 기회를 마련해보고자 하는 데에 그 취지가 있다고 할 수 있을 것입니다. 선생님께서 「퇴원」이라는 작품으로 『사상계』를 통해 등단하신 게 1965년의 일이니까, 올해는 선생님께서 창작 활동, 선생님의 표현대로 하면 '소설질'을 해오신 지 햇수로 쳐서 35년이 되는 셈입니다. 이렇게 오랜 기간 동안 선생님께서는 오로지 창작 활동에만 전념해오셨고, 문학 현장의 중심에서 활동해오셨고, 그리하여 높은 문학적 성취를 이루어내셨습니다. 실로 선생님의 작품 세계는, 선생님의 소설에 대한 독자들 모두가 하나같이 인정하는 것처럼 참으로 넓고 웅숭깊다라고 말하지 않을 수 없습니다. 이런 점들을 생각하면 과연 제가 오늘 선생님의 작품 세계를 탐사해보는 모험의 길잡이로서의 합당한 자격이 있는지 의구심을 갖지 않을 수 없는 것이 사실입니다. 아무튼, 이런 조바심을 조금 누그러뜨리고, 또 오늘의 대담이 처음부터 너무 딱딱해지는 것을 피하기 위해, 선생님의 근황에 대한 가벼운 이야기로부터 말문을 열어볼까 합니다. 선생님께서는 최근 '한불 작가 교류 프로그램'의 일환으로 프랑스에 다녀오셨지요? 우선 이걸 화제로 삼아 이번 프랑스 방문의 동기와 성과, 이런 것들에 대해 좀 말씀해주시지요.

이 작년에 대산문화재단과 프랑스 대사관이 마련한 한불 작가 교환 프로그램에 따라 다녀오게 된 것이지요. 프랑스에 간 것은 이번이 세번째인데, 갈 때는 그리 큰 기대를 하지 않았었는데 돌아올 때는 잘 다녀왔다는 느낌을 갖고 돌아올 수 있었습니다. 이제 한국 문학이 바깥으로 문을 열기 위해서는 외국 문단의 중심에서 활동을 하는 사람들과 문화적·문학적 접촉의 과정을 거쳐야 할 것이고, 이렇게 해서 그 사람들에게 우리 작품을 읽게 만들어야 할 텐데, 이러기 위해서는 우선 무엇보다도 외국의 문인들을 만나야 하는 일이 필요한 것 아니겠어요. 그래서 이번에 가서는 사람들도 많이 만나고 왔는데, 무엇보다도 인상 깊었던 것은 그쪽 작가들의 당당함, 자기네 삶과 문학에 대한 당당함과 자긍심이었어요. 지나친 자기 비하가 아닌지 모르겠습니다만, 우리가 갖게 되는 일말의 초라함과 대조가 되더군요. 우리의 경우 물론 사회적 조건이나 문화적 환경의 탓이 크긴 하겠지만 작가가 고통스럽게 일궈낸 것들이 얼마나 받아들여지느냐 하는 점을 생각하면 문학과 사회와의 대화가 단절되어버린 듯한 느낌까지를 갖게 되거든요.

권 이번 프랑스 방문시 선생님께서 알바니아 작가 이스마일 카다레와 대담하신 내용이 신문에 크게 보도되었더랬습니다. 그 대담 기사를 읽으면서 특별히 제 주의를 끌었던 것은 "조국이 고통에 처하면 내 소설의 모국어들이 시달린다"는 말씀이었습니다. 선생님의 말씀을 신문을 통해 읽으면서 저는 35년의 오랜 세월이 흘렀음에도 불구하고 문학에 대한 선생님의 근본적인 관심은 조금도 변하지 않았구나라고 생각했었습니다. 선생님의 문학적 출발도 바로 언어가 겪는 시대적 고통이라는 문제로 집약될 수 있을 것 같고, 그 후로도 이러한 문제는 줄곧 선생님의 소설 주변을 맴도는 주제인 것 같습니다만……

이 시대의 고통이라고 했지만, 사실은 삶의 고통인 것이겠지요. 조금 엉뚱한 대답이 될지 모르겠는데, 내가 문학을 하게 된 동기랄까 하는 것을 꼽으라면 한 세 가지 정도를 꼽을 수 있을 것 같아요. 그 중에서도 다른 것을 다 포괄할 수 있는 한 가지만 꼽으면, 내가 촌놈이어서 시골에서 태어나 살다 보니 도회지로 옮겨오면서 갖게 된 어떤 절망과 동경 같은 것이 문학을 하게 된 동기가 된 게 아닌가 싶어요. 시골과 대비해서 생각할 때 나로서는 삶이 활발하게 실현되는 곳은 바로 도회지라는 생각을 갖고 있는데, 시골에서 자라나 중학교 때 도회지로 오면서 거기 끼여들지 못한다는 좌절감을 갖게 되었었지요. 이렇게 현실로 끼여들지 못하니까 말로라도 끼여들어보고 싶다는 생각이 문학의 동기를 이루게 된 것 같다는 말인데, 그러나 그 후로도 삶의 중심에 있지 못하다는 느낌은 좀처럼 버려지지가 않더군요. 어쨌든 이렇게 해서 문학을 하게 되었는데…… 저는 작가는 필경 자기 시대를 쓰게 되어 있는 것이라고 생각해요. 그러니까 자라면서 전쟁을 겪었고, 대학에 입학하면서 4·19를, 그 다음 해에 바로 5·16을 겪었는데, 한참 의식이 활발할 때 겪었던 이 두 사건의 의미를 지금 소박하게 정리해보면 삶에서 어떤 정신 세계가 열렸다가 갑자기 닫혀버린 것으로 이해되었던 것 같아요. 20대의 분출을 사회적인 엄청난 힘이 방종으로 단죄하고 억압했을 때 여기서 갈등이 생겨나게 되었던 것이죠. 이런 갈등 의식을 우리 세대와 따로 떼어놓고 생각할 수는 없는 일이겠지요. 저는 가끔 이런 말을 하는데요, 즉 문학은 불행의 그림자를 먹고 사는 괴물이라고 말이죠. 삶의 압력, 현실의 압력이 가중되면 이걸 견뎌내려는 정신의 틀을 만드는 것, 이것이 문학 활동이고 문학적 상상력이겠지요. 그러니까 행복한 시대에서는 새로운 문학의 틀이 만들어지기가 그만큼 쉽지 않지요. 물론 세상에 대해 말하면 문학을 필요로 하는 불행한 세상보다 문학이 필요 없는 행복한 세상이 소망된다고 해야 하겠지만요……

권 이런 시대고에 대한 인식과 그것의 형상화라는 문제는 선생님의 글쓰기의 자세와도 연결되는 것 같습니다. 선생님의 여러 소설에 나오는 인물들의 경우에 빗대어 비유적으로 말하면 글쓰기란 모종의 혐의로 체포된 사람이 자신의 무죄를 증명하기 위한 행위로서의 의미를 갖는 것이라 할 수 있겠는데요……, 이러한 글쓰기의 의미가 선생님 자신의 글쓰기의 의미와도 통할 수 있는 것이라 한다면, 선생님을 피의자의 처지로 몰아넣은, 혹은 몰아넣고 있는 그 모종의 혐의라는 것은 어떤 것일까요?

이 뭐랄까, 원죄 의식이라고 말할 수 있을 것 같아요. 말하자면 삶의 출발이 남루해서였다고 하겠지요. 아마도 삶이 고난스러워서 그런 것이겠지만 어머니나, 혹은 시골 사람들은 모두가 허물을 자기 탓으로 돌리는 정서가 있는데, 이걸 요즘식으로 말하면 원죄 의식이라고 할 수 있겠지요. 그러니까 피의자 의식의 뿌리는 출생이 안 좋은 데(웃음) 있는 셈이지요. 그런데 소설을 쓰면서 피의자 의식으로 전환된 것은 그 시대가 국가 권력과의 관계에서 볼 때 국민들 모두를 피의자로 몰아넣는 시대인 것 같이 여겨졌기 때문이지요. 당시의 현실은 신문자, 혹은 수사관과 피의자밖에 없는 것이라고 생각될 정도였으니까요. 사람들 모두가 자기도 모르게 역사의 피의자가 되어버린 것이지요. 사실 이런 상상력은 카프카가 이미 보여준 것인데, 이런 상상력이 발동되면서 소설이나 삶 자체가 강제되는 것이다, 진술을 강요당하는 것이다라는 생각이 강하게 들었던 것이죠. 그러니까 삶 자체가 혐의인데다 겹쳐서 역사의 피의자까지 되었던 셈이랄까요? '삶이 억압당하고 고통받을 때 너는 역사의 바른 자리에 있었느냐?'라는 물음에서 벗어날 수 없었던 것이지요.

권 소설을 쓰시는 데 있어 선생님께서는 어떤 사실 자체보다 그것의 언어적 표현 가능성에 더 많은 관심을 기울이시는 것 같습니다.

아마도 이런 점에서 모사나 재현으로서의 사실주의를 넘어서게 되는 것 같습니다만, 그러나 이 결과 소설이 좀 관념적이 되는 것이 아닌가 싶은 생각이 들기도 합니다만……

이 전에 이상섭 선생은 내 소설이 관념소설이 아니라 의식소설이라고 지적했는데 이 견해에는 나도 동의합니다. 관념소설이란 관념 자체가 추구나 탐색의 대상이 되는 것인데, 내 소설은 표현이나 묘사가 현실적이지 않다는 것 때문에 신문에서 관념소설이라고 표현한 것이 널리 퍼지게 된 것 같아요. 나는 문학이란 삶의 언어적 존재, 언어적 실체라고 생각해요. 우리가 생각하는 것, 존재를 인식하는 것 모두가 언어를 통해 이루어지지 않아요? 언어를 떠나서는 존재를 증명할 방법이 없지요. 그러니까 삶의 모습을 만들어가는 것은 소설의 틀을 만들어가는 것과 맞먹는 일인 것이죠. 그렇다면 어떻게 언어적 실체로 정착시키느냐라는 방법의 문제를 생각하지 않을 수 없는데, 이런 데에서 소설 형태에 대한 관심이 생겨나게 되는 것이 아니겠는가 싶습니다. 이건 말하자면 삶의 양식에 대한 관심과 같은 것이겠지요. 여기서 전제되어야 할 노력은 말과 현실의 양면에서의 노력일 텐데요…… 현실로 들어가버리면 문학이 안 되고, 현실을 떠나서도 문학이 안 되는 것이고 보면 말과 현실을 오가는 운동의 긴장에서 문학이 생기는 것이라 해야겠지요. 이 이야기는 다른 글에서 쓴 적도 있는데, 비유적으로 말하면 시골에서 깜깜한 밤길을 가다가 사람을 마주쳤을 때 그 사람이 방금 앞에 사람이 지나갔다고 말해주어서 그 앞서간 사람을 쫓아가기까지의 과정이 바로 소설이 아니겠는가 라는 생각을 합니다. 밤길이란 어떤 목적지를 향해 가는 암중행이니까 바로 삶의 모습과 통하는 것이겠지요. 이때 이 무서운 밤길에서 앞에 간 사람이 있었다고 하면 빨리 쫓아가 의지하여 같이 가려는 마음이 생기게 되는데, 이럴 때 앞에 간 사람은 현실의 실체적 존재가 아니라 마음속의 동행자가 되는 것이죠. 그런데 이 선행자를 만나버리게 되면 이때는 현실이 되어 더 이상 소설이 아니게 되어버리고 맙니다.

그러니까 소설이란 마음속에서의 어떤 믿음과도 같은 것일 텐데, 이 걸 관념이라 하면 관념이라 할 수 있겠지요. 또 달리 생각할 때 소설 이란 하나의 문화적 기제이고 장치인 것인데, 현실 재현이라는 것과 관련해서 생각할 때 정신은 고도화될수록 추상화되게 마련이지요. 그러나 문학은 운명적으로 구체성을 잃어서는 안 되는 것이겠지만, 어쨌든 그것도 문화적 장치의 하나이기 때문에 효과적 기호로 변하고 싶은 욕망을 지니고 있는 것이 아닐까 싶습니다. 가령 '백설공주' 이야기를 실제의 난쟁이들을 출연시켜 극으로 만든다고 생각해보세요. 어떻겠는가? 추상적인 것을 현실로 환원하려 할 경우 어떤 경우에는 아주 끔찍한 결과가 생길 수도 있는 것이죠. 결국 다시 강조하게 되는 것은 말과 현실 사이의 긴장인데, 이건 달리는 말에서 달아나는 짐승을 쏘아 맞추는 것에 비유될 수 있지 않을까 싶어요. 마찬가지로 삶도 움직이고 언어도 움직이는 것이죠. 어느 한쪽이 고정되어 있으면 그래도 쉽겠지만…… 말과 현실의 관계가 이렇게 어렵다는 생각을 하게 됩니다.

권 관념적이다라는 것 외에 선생님의 소설에 대해 많이 지적되거나 언급되고 있는 것은 선생님의 독특한 소설 구성 방식이지요. 흔히 격자소설이라고도 하고, 혹은 조금 다른 시각에서 중층 구조라고 하는 표현들이 다 이런 면에 주목하고 있는 것인데요, 이런 소설 구성 방식에 대해서 선생님께서 갖고 계신 생각을 들어보고 싶습니다.

이 격자소설이라는 것은 간단히 말해 진실의 장치라고 할 수 있겠지요. 진실의 소설적 표현이라는 게 어떤 것이겠습니까? 어떤 징후에 대한 예감이나 암시 같은 것이 아니겠어요. 소설의 언어는 기본적으로 반성의 언어입니다. 어떤 것을 선택해서 그린다는 것, 그것 자체가 반성으로서의 의미를 갖는 것이지요. 이처럼 반성이라는 특성을 지닌 언어가 할 수 있는 것은 삶의 진실에 대한 암시 정도일 뿐이 겠지요. 직접적으로 드러내보이는 경우에 있어서도 그것은 하나의 예시일 뿐 최종적인 진실의 실체는 아닐 것입니다. 그러니까 나로서는 이것이 진실이다라고 말하는 대신에 일정한 넓이를 마련해주고 그 안에서 진실을 찾아보기를 권하는 것이죠.

권 그러나 이런 이유로 인해 독자들로서는 소설의 결말이 모호하다, 뭔가가 명확히 잡히지 않는다라는 느낌을 받게 될 텐데요……

이 그럴 수도 있겠지요. 그러나 내가 찾아낸 것이 이것이다, 라고 명확히 제시하면 독자들이 거기에 고착되어버릴 가능성이 있어요. 진실이란 게 어떤 것이든 남이 찾아줄 때 그건 아무 의미도 없는 것이죠. 그러니까 독자들이 스스로 찾아보도록 하기 위해 내 답이 최종적인 것이 아니라는 것을 알리기 위한 방법인 셈이죠. 옛날과 달리 오늘날 현대 작가란 삶에 대한 질문을 던지는 사람이고, 이것은 작가가 독자와 대화하는 사람이라는 의미가 아니겠어요.

권 선생님의 소설들의 구조가 중층적인 것은 서사 차원에서만의 특징이 아니라 인물들의 기능에 따른 배열 방식상의 특징이기도 한 것 같습니다. 한 가지 사건에 대해 이와 직접·간접적으로 관련된 여러 인물들을 어떤 원근법의 원리에 따라 배열하고 각자의 입장과 관점에서 그 사건에 접근하고 참여하게 만듦으로써 매우 복잡하고 다층적인 의미화의 층위들이 만들어지게 되는 것이지요. 그런데 그 여러 겹의 틀 위에는 언제나 작가가 전지적인 위치에 자리잡고 있는 것으로 보이는데요……

이 소설 기술상 소설을 쓰는 사람의 입장에서는 한 편의 소설에서 독자에게 전하고자 하는 여러 정보가 있게 마련이지요. 그러니까 소설의 구성이란 이 정보를 효과적으로 배열하는 방식이라고 할 수 있겠는데, 이런 점에서 보면 중층 구조라는 것이 유효한, 효과적인 방법으로 선택될 수 있는 것이라고 생각합니다. 아무튼 이렇게 보면 소설가란 정보를 배분하는 사람이라고 할 수 있겠지요. 사실 내 소설에 등장하는 인물들이 활발하지 않다, 작가에게 조종당한다, 라는 지적이 있기도 했지요. 그런데 한 작품에 등장하는 모든 인물들은 결국은 작가의 분신이에요. 그 인물들을 창조해내는 것이 바로 작가니까요. 이런 점에서 작가는 신이라고 말할 수도 있겠지요. 등장인물이 개성적이냐 아니냐 하는 것은 그 분신들을 낳으면서 얼마나 철저하게 개별화시킬 수 있었느냐 하는 능력의 문제니까 내가 뭐라고 말할 수 없는 문제이지만, 아무튼 이런 점에서 작가는 전지자의 자리로 돌아갈 수밖에 없는 것이라 생각합니다. 그러나 그러면서도 소설 구조가 중층적이 되는 것은 인물들이 비록 분신이라 하더라도 그들의 행위, 그들이 갖고 있는 생각, 이런 것들과 작가가 기본적으로 가지고 있는 생각을 통합해야 하나의 전체가 만들어질 수 있기 때문이지요. 전체를 만드는 건 인물만으로도 안 되고 작가만으로도 안 되고, 서로의 그림자가 비쳐져야만 한다는 것이지요.

권 그러나 또한 이러한 겹의 시선이 갖는 강점 또한 분명한 것 같습니다. 무엇보다도 사람들의 실존적 차원과 운명적 차원을 포괄하는 삶의 총체성을 조명하는 데에 탁월한 성과를 거둘 수 있도록 해주는 방식인 것 같다는 저 나름의 판단입니다. 이와 관련지을 때 격자소설 양식은 사람의 운명에 대한 앎을 통해 실존의 맹목이나 무명(無明)에서 벗어날 수 있다는 희망의 메시지를 담는 그릇이기도 한 것 같습니다.

이 질문과 직접 상관이 있는 것인지 아닌지 모르겠지만, 내가 가진 인간관이라는 건, 뭐 대부분의 사람들이 다 그렇게 생각하겠지만, 절대적 선인도 없고 절대적 악인도 없다는 것이에요. 선과 악이 적당히 섞여 있는 것, 이런 게 인간이 아닌가 싶어요. 그러니까 총체적인 면에서 보면 인간이란 다 이렇다고 말할 수 있지만 소설은 이렇게는 성립이 안 되지요. 그러니까 소설에서는 차별을 두지 않을 수 없다는 말인데, 나는 그 기준을 정당성에 두는 편이지요. 말하자면 도둑은 도둑으로서의, 농사꾼은 농사꾼으로서의…… 이렇게 각각의 인물이 독특하게 지니는 입장을 지켜주려고 하지요. 이러다 보니 사변적이 되기도 하지요. 인물들이 각기 지닌 삶의 양식에 대한 주장이 많아지게 되니까요. 그러나 소설과의 연관을 떠나서 말하면 인간의 총량이나 세상의 총량은 비슷한 게 아닌가 싶어요. 시대마다 사람들이 어떤 방식이나 제도 속에서 그 삶을 살아가느냐에 따라 달리 느껴질 뿐이지 세상의 빛과 어둠은 대략 비슷한 양이 아닐까, 대개 그런 게 아닌가 싶어요.

권 격자소설의 양식과 관련해서는 선생님의 소설이 지향하는 정신주의와도 깊은 관계가 있는 것 같습니다. 이것은 특히 「비화밀교」나 『자유의 문』 같은 작품들에서 찾아볼 수 있는 점인데…… 이 소설들에 설정되어 있는 갈등의 축은 '써야 한다'는 소설가의 의무와 '써서는 안 된다,' 혹은 '쓸 수 없다'는, 글쓰기에 대한 금지나 불가능함 사이의 대립이라고 할 수 있습니다. 그런데 이 대립을 격자화하여 작중화자로 하여금 모든 것을 다 말하게 함으로써 의무를 해결하고, 작가로서는 아무것도 말하지 않음으로 금지를 지켜냄으로써 그 상반된 요구를 같이 해결하고 있는 것으로 보입니다. 작중화자가 두 작품 모두에서 소설가라는 점은 바로 의무를 해결하는 방식이겠지만, 작가가 아무것도 말하지 않는다는 것은 그것이 언어로 드러낼 수 없는 정신을 대상으로 하고 있기 때문일 것입니다. 이렇게 될 때 정작 작가로서의 선생님이 지향하는 소설 미학은 침묵의 시학이라 이름지을 수 있을 어떤 것이 되는 것 같습니다.

이 이건 아까 말한 소설관하고도 관련이 되는 것인데, 그 침묵의 의미를 따져보면 그건 바로 독자에게 묻는 것이죠. 소설의 의미를 독자가 읽어내야 하는 부분에 가서 작가는 침묵해야지요. 침묵에 의해 암시하는 것이지요. 이 암시된 것을 독자가 어떻게 읽어내느냐에 따라 소설은 이렇게 될 수도 있고, 저렇게 될 수도 있는 것이 아니겠어요. 사실 「비화밀교」는 광주 사태를 염두에 두고 쓴 소설이었어요. 그래서 시간 설정도 그렇게 되어 있고…… 그러니까 여기서의 침묵의 의미는 이러한 현실 앞에서 소설이 더 할말이 없다는 것일 텐데, 이른바 정신주의가 세상에 대한 명확한 결론을 가지고 있어도 그것을 드러낼 수 없으니까 암시적이 되고 예언성을 띠게 되는 것이겠지요. 소설이란 말하자면 독자와의 게임이니까 그 암시를 독자가 알아 봐주면 좋겠지만, 몰라도 어쩔 수 없는 것 아니겠어요?

권 선생님의 초기 소설에서 후기 소설에 이르는 과정의 맥락을 지켜보면 정신주의로의 지향성이 더욱 강해지는 것을 볼 수 있는데요……

이 우리나라 사람들은 대개 나이 먹으면 말이 줄어드는 게 보통이지요. 그래서 그런지 저도 소설을 더 짧게 쓰고 싶다는 생각을 많이 하게 됩니다. 이렇게 말을 짧게 하려는 건 아마 우리 문화의 전통적 체질과 관련되는 게 아닐까 싶어요. 예컨대 화두라는 게 뭡니까? 말 한마디에 모든 걸 다 집어넣고 또 그걸 통해 모든 걸 다 읽으려 하는 건데…… 이렇게 본다면 내 소설들에서 보이는 '허기'니 '한'이니 하는 것들이 모두 나의 체험을 축약한 화두 같은 것이지요. 이렇게 자꾸 축약해서 줄이려다 보니 그게 마치 살아가면서 삶의 무게를 털어내려는 것과도 통하게 되고, 그러다 보니 자연히 정신주의의 색채를 띨 수밖에 없게 되는 것 같습니다.

권 혼의 문학, 혹은 정신주의 문학이라고 이름붙여본 방향으로의 경향이 소설들을 통해 그 구체적인 형태를 드러내기 시작하는 것은 대략 70년대 후반부터, 그러니까 '남도 사람' 연작이 발표되기 시작하면서부터라고 할 수 있을 것 같습니다. 그런데 이것은 그전까지 선생님께서 여러 작품들을 통해 드러내보이셨던 시민 문학에의 관심과 상당한 거리를 두는 것처럼 보이는데요…… 이러한 전환 혹은 관심 이동은 그 자체로도 돋올해 보이지만, 당시의 문단의 흐름이랄까, 이런 것과 관련지으면 산업 사회화의 추세를 배경으로 하여 씌어졌던 70년대의 여러 소설들에 의해 형성된 흐름과 일정한 거리를 두고 있는 것이어서 문학사적인 관점에서 선생님의 문학을 자리매김하는 것을 좀 어렵게 만드는 요인이 되는 것 같다는 생각이 듭니다.

이 문학사를 보면 대개 60년대의 개인주의 문학에서 70년대로 넘어가면서는 유신 시대를 배경으로 한 산업 사회 문학으로 바로 넘어가는데요. 사실 그 사이에는 정치적인 억압에 저항한 문학들이 갖가지 다른 형태로 드러났었지요. 그런데 이런 것들이 그저 김지하의 『오적』 하나로 대표되는 것으로 정리되어버리고는 종합적으로 설명되지 못하고 있는 것 같다는 생각이 듭니다. 조금 다른 차원에서 이야기하자면, 문학의 두 가지 방향성이라면 창조성으로의 방향과 운동성으로의 방향일 텐데, 80년대 한국 문학에서는 운동성이 강했지요. 아마 이런 분위기 속에서 창조성에 대한 욕망, 나만이 할 수 있는 것을 하겠다는 욕망이 컸던 것 같습니다. 이런 욕망을 갖고 있으면 자연히 현장에는 부재 상태가 되기 쉬울 수밖에 없지요. 이에 대한 사회적 책임의 문제는 별개로 논의되어야 할 것이겠지만요. 물론 나로서는 그 책임의 문제를 소설적 과제로 전환시켜 「시간의 문」 같은 현장 부재의 죄의식을 다룬 소설을 쓰기도 했고, 용서가 불가능한 상황 윤리를 다룬 「벌레 이야기」를 쓰기도 했습니다만…… 아무튼 80년대에 들어오면서부터 민중주의가 휩쓸다시피 하게 되었는데, 근본적으로 민중주의는 익명주의라 할 수 있겠으나 소설은 운명적으로 익명화될 수 없는 것이 아니겠어요? 나는 사람이 하나의 기능으로 존재하거나 역할하는 것을 용납하기가 싫어요. 사회의 부분이나 인자로서의 기능에 삶이 규정당하는 것을 혐오해요. 그러니까 나로서는 문학사 속에서 어떤 자리를 차지하느냐 하는 이런 문제에 매달리기보다 나 자신이 숲을 이루고 싶다, 작으나마 나 자신의 문학사를 갖고 싶다, 이런 욕망을 갖고 있었던 것 같습니다.

권 선생님께서는 글쓰기의 위기감이랄까 하는 주제에 대해 많은 작품을 쓰셨는데요, 실제로 선생님께서 직접 겪으셨던 글쓰기의 위기감의 체험이 반영된 것이겠지요?

이 그럼요. 처음 소설을 쓸 당시를 생각하면 그때가 5·16 이후의 상황이었는데, 그때의 느낌이란 열렸던 세계가 완전히 닫혀버렸다는 그런 느낌이었어요. 닫혔을 때는 안으로 들어가는 수밖에 없는 것이겠지요. 바깥을 향해 뭔가를 물을 수 없을 때에는 자신에게 물어보는 수밖에 없지요. 또 위기감이라 하면 그것은 내 삶의 어느 일부가 고장나는 것이 아니라 삶 전체가 몽땅 부서진다는 느낌에서 오는 것이었지요. 이런 상황에서 살아남아야겠다고 할 때, 절필하지 않으려면 과연 이럴 때의 언어가 어떤 언어여야 하겠는가, 그리고 이렇게 쓰고 있을 때 과연 나 자신이 역사와 문학과 삶의 옳은 자리에 서 있는가 라는 나 자신을 향한 물음에서 오는 그런 위기감이 많았었지요.

권 그런 위기감이 삶을, 현실을 어떻게 언어로, 문학으로 표현하느냐라는 표현 가능성의 문제를 깊이 천착하시도록 만든 배경이 되는 것이겠군요. 결국 말과 삶의 문제인 것이라고 간단히 정리할 수 있겠지만 그 내용에 있어서는 이렇게 단순하지는 않은 것 같습니다. 선생님의 소설에서 말이란 한편으론 자기 증거의 수단이지만, 또 한편으로는 속박이기도 한데요……

이 삶이라는 게 기본적으로 운동이라면 소설은 이 운동에 균형을 취해주는 것이겠지요. 사고나 생각을 언어와 떼어서 생각할 수는 없는 것이고, 생각이 없으면 삶도 없는 것이니까 삶을 존재하게 하는 것이 바로 언어인 것이겠지요. 이런 의미에서 말은 수단이라기보다 삶 자체이고, 삶과 말은 서로 붙어 있을 수밖에 없는 운명인 것이지요. 그러다 보니 속박이 될 수도 있는 것이겠지요.

권 말의 문제야 문학을 하는 사람이면 누구나 소홀히 할 수 없는 문제이지만 특히 선생님께서 이 문제에 대해 기울이고 계시는 관심은 매우 각별한 것으로 보입니다. 오늘날의 언어 현실에 대한 선생님의 생각을 듣고 싶습니다.

이 두 가지 면으로 나눠서 생각해보고 싶은데요, 하나는 집단 언어와 개인 언어의 측면이고, 다른 하나는 정보 언어와 유통 언어의 측면입니다. 집단 언어란 다른 말로 바꾸면 공리적 언어라 할 수 있는데, 삶의 조건이나 인간의 총체적 성정에 비추어 보면 공리적 언어가 없을 수는 없지만, 이것이 사람에게 줄 수 있는 것은 희망의 기호이지 희망 그 자체는 아니지요. 요즘은 집단 정보 언어가 알게 모르게 개인 언어, 개인의 삶을 억압하고 있는 실정인데, 이러한 집단 언어의 폐해를 줄이고 개인의 삶과 언어를 지킬 수 있도록 해주는 것이 문학의 언어, 소설의 언어라고 생각합니다. 또한 요즘에 드는 생각은 정보 언어와 유통 언어에 대한 것인데요…… 나는 소설이라는 것을 삶에 대한 실체적 정보를 탐색하고 발견하고 생산해내는 일이라고 생각해요. 그런데 요즘은 소설의 유통적 생산에 더 많은 관심이 기울어져 있는 것 같아요. 유통 언어에 의한 부가가치의 생산도 생산은 생산이지만 실체적 정보 생산은 아니지요. 그러니까 그런 작품들은 이 시대에서는 유효하겠지만 과연 시대가 달라졌을 때에도 계속 유효할 수 있을까, 이런 것이 좀 의심스럽습니다.

권 언어를 존재의 집으로 규정하는 이상, 건강한 언어, 진정한 언어의 회복이라는 것이 언어를 존재에 뿌리내리게 하는 시도로 귀결된다는 것은 지극히 당연한 것이라 할 수 있겠습니다. 그런데 선생님의 작품 세계 전체를 조감할 때 바로 이 부분에서 중요한 도약이 이루어지는 것으로 보입니다. 즉, 그렇다면 존재는 무엇인가라는 물음이 제기되는데, 이렇게 언어의 문제가 존재의 문제로 전환되는 과정에서 선생님의 관심이 한(恨)의 문제에까지 뻗어나가게 되는 것으로 보이거든요. 바로 한에서 존재의 원형질이랄까 하는 것을 찾아내시는 것이지요. 그런데 우선 문제는 한이라고 할 때 이 개념의 의미 또한 그닥 명확하게 규정되어 있지는 못한 것 같다는 것입니다. 선생님께서 생각하시는 한의 의미는 어떤 것인가요?

이 한이라는 게 뭐냐 하면, 나는 비정상적인 힘에 의해 자기가 있어야 할 자리에서 누릴 것을 누리지 못하는 삶의 아픔이 곧 한이라고 생각합니다. 우리나라 사람들이 자리라는 걸 얼마나 중요하게 생각했느냐 하는 것은 죽은 사람에 대한 생각에서 잘 알 수 있지요. 사람이 죽었으면 그 혼령은 저승에 가야 하는데 가지 못할 때, 바로 이럴 때 자리를 잃음으로써 원혼이 되는 것이지요. 사람들은 이 원혼을 달래 저승에 보내주려고 씻김굿을 하는 것이고…… 그러니까 한의 요체는 그것을 푸는 쪽에 있는 셈인데, 이걸 바깥을 향해 풀려고 하면 창조적 힘을 얻지 못하고 폭력이 되기 쉽고, 문화적 장치를 통해 자기 안에서 삭일 때 비로소 창조적 힘이 됩니다. 비유적으로 말하면 나뭇잎이 떨어질 때 그 떨어지는 아픔을 한이라 할 수 있겠지요. 그것이 떨어져 삭아 거름이 되어 순환하는 과정에서 삶의 창조적 지속이 이어지는 게 아니겠어요? 사람의 삶에서 한이란 어차피 어떻게든 생길 수밖에 없는 것인데, 문제는 그걸 어떻게 푸느냐 하는 것이겠지요. 예를 들면 판소리는 이렇게 해서 생긴 문화적 장치일 거예요. 문학도 마찬가지지요.

권 '한'에 있어 특별한 의미를 지니는 것은 아마도 용서의 계기가 아닌가 합니다. 가령 자기 가족을 몰살시킨 원수들을 그대로 두고 혼자서 산으로 올라가버리는 인물에게 있어, 그 바탕의 윤리야 어떤 것이든 용서의 계기가 없으면 이러한 태도는 실천될 수 없는 것이겠지요. 그러나 자칫 이러한 용서는 '원수를 사랑하라'는 식의 기독교적 가르침의 내용과 비슷한 것으로 받아들여질 수도 있을 것 같습니다. 아마도 이러한 오해(?)를 피하기 위해 선생님께서는 「벌레 이야기」를 통해 인간적 용서와 종교적 차원의 용서를 극력 구분하려 하신 게 아닌가 싶기도 합니다만……

이 이 얘기는 결국 종교와 문학의 차이에 관한 것이 될 텐데요, 한 자체가 문학은 아니지만, 한은 인간 안에 갇혀 있는 정서지요. 그러나 종교는 계율 아니겠어요? 그러니까 종교적 차원의 용서는 계율이고 한에서의 용서는 인간적 공감을 바탕으로 하는 것이지요. 이러한 차이는 무엇과 맥락이 같으냐 하면 근대 문학이라는 것이 하느님과 결별하면서부터 시작되는 것이라는 사실과 맥이 닿아 있는 것이겠지요. 그러나 종교이면서도 불교는 조금 다른 면이 있는 것 같아요. 종교의 교리란 어떤 점에서는 자연적인 생활 조건에 따라, 그 요구에 의해 만들어지는 것이기도 한데, 불교는 그 습합 과정에서 완전히 생활화·일상화되었다고 말할 수 있을 것 같아요. 우리가 절에 가서 친화력을 느끼고 편안함을 느끼는 것도 이런 이유에서일 거예요. 이런 점에서는 우리 무속 신앙도 마찬가지구요…… 일상화된 신앙은 문학적 상상력의 활동을 가능하게 하지만 계율은 상상력을 배격합니다. 이런 게 근본적인 차이겠지요.

권 삶과 시대를 근본적으로 고통으로 인식하는 것은 선생님의 세계관이 근본적으로 페시미즘에 그 뿌리를 두고 있기 때문일 것 같습니다. 이것과 관련지어 그 의미를 짚어볼 필요가 있는 것이 선생님의 작품 세계에 있어서의 죽음의 주제가 아닐까 합니다. 이 죽음의 주제는 어쩌면 선생님의 작품 세계와 실제적인 삶의 세계를 똑같이 가로지르고 있는 주제이면서도 그 의미의 진폭은 매우 커 보입니다.

이 죽음을 어떻게 이해하느냐가 현세의 삶을 결정한다, 이렇게 말할 수 있을 것 같습니다. 현세의 삶이 죽음을 결정하기도 하지만 그 역도 성립하는 것이지요. 요즘의 많은 서구 문학에서는, 아마도 유물론 사상이 침윤된 탓이라 생각되지만, 죽음 이후의 세상이나 영혼에 대한 상상이 전혀 찾아지지가 않는 것 같아요. 그러나 문학적 상상력의 기능이란 보이지 않는 세계를 찾는 것이 아니겠어요? 죽음이 없는 삶이란 일차원적인 밋밋함을 벗어날 수가 없겠죠. 옛날에 우리나라에 통행 금지가 있을 때 외국에 나가 보고는 그곳의 사람들이 우리보다 두 배로 산다는 생각을 하기도 했었지요. 밤이라는 게 그렇게 새롭고 다른 세계로 보였던 것이죠. 죽음이 상상을 통해 그려지지 않는 삶은 이런 비유적 예에서만큼이나 커다란 차이가 있을 수밖에 없을 것 같아요.

권 이제 일반적인 문제에 대한 선생님의 생각을 여쭙는 것으로 마무리짓도록 하겠습니다. '문지스펙트럼'으로 나온 『눈길』이라는 소설 선집의 후기에서 선생님은 자신의 글쓰기의 관심의 한 축을 권력에 대한 저항, 아니 이런 표현보다는 탈권력의 실천이라는 명제로 요약해놓으신 바 있습니다. 이러한 명제는 문학의 근본 속성에 비추어서나 요즘의 한국 문단의 풍토에 비추어서나 매우 중요한 의미를 지니는 것이라고 여겨집니다. 이런 점에서 탈권력으로서의 글쓰기라는 주제에 대한 선생님의 생각을 좀 소상히 여쭙고 싶습니다.

이 글쓰기 행위라는 게 기본적으로 규격화된 제도, 규율, 유용성 등과 같은 틀을 깨고, 그 틀에서 벗어나고자 하는 것이 아니겠습니까? 그런데 소설이 틀을 깬다는 것은 새로운 것으로 재생시킨다는 것이 전제가 되어 있는데 몽땅 다 깨버리고는 새로 시작하기가 힘든 노릇일 테니 결국 틀을 깬다, 틀에서 벗어난다고 하는 것은 부서진 것과 새로운 것 사이의 운동이고 긴장을 의미하는 것이겠지요. 내가 가장 혐오하는 것은 문학이 제도화하는 것인데, 요즘 현실을 보면 비문학적인 억압 주체들이 문학을 제도화시켜 자기 안에 편입시키려는 경향마저 있는 것 같아요. 이것이 억압이죠. 또 이러한 억압의 기초가 권력이구요. 문학의 목표가 자유롭고 행복하게 살기 위한 것에 있는 것이라면 문학을 하는 한 그 사람을 자유롭게 해주는 것이 무엇보다 필요하다고 봅니다. 그런데 우리는 문학인들을 문학을 하는 제도적 인간으로 간주하는 경향이 많이 있는 것 같아요. 이런 점에서 서구 문인들의 처지에 대해 부러움을 느끼기도 합니다.

권 문학과 삶의 자유에 대한 선생님의 꿈이 우리 모두의 현실로 이루어져 진정한 자유를 공기처럼 호흡하며 살 수 있게 되기를 소망합니다. 이런 꿈을 이루기 위해 선생님의 문학이 앞으로도 제시해 보여주어야 할 많은 것이 있으리라 생각됩니다. 앞으로도 왕성한 창작활동을 해주실 것을 기대합니다. 오늘 오랜 시간 동안 많은 말씀 들려주신 것에 대해 감사드립니다.

자전적 에세이

이 나이의 빚 꾸러미

이 청 준

어떤 계기에 전화번호부나 명함장 같은 걸 정리하다 보면 채 일 년이 못 가서 줄이 그어져 지워지는 사람이 있는가 하면 더러는 평생 이웃으로 늘 이름이 함께하고 있는 사람이 있다. 그 중에는 특히 명계(冥界)를 달리해 간 지 몇 년이 지나도록 이름이 정리되지 않고 주소나 전화번호 따위가 계속 남아 있는 경우도 있다. 내 마음에서 차마 아직 떠나보내질 못한 이들이다.

새 갑년(甲年)을 맞는 올해 연초에 한 지우가 내게 당부했다— 올해는 새 갑년을 맞았으니 즐거웠거나 힘들었거나 지난날의 영욕은 다 잊어 흘려보내고 이젠 좀 가볍고 편안한 마음으로 한 살 한 살 새 나이를 즐겁게 지내도록 하시오.

고마운 덕담이었다. 모든 세상살이 시름 다 잊은 채 무구한 어린애 시절을 다시 누리는 삶이라니! 하지만 한편으로 마음에 걸리는 일도 없지 않았다. 그 하나가 내 삶과 문학에 이런저런 은덕을 입어온 사람들에 대한 내 마음의 빚 무게였다. 해를 더할수록 철이 들어가는 첫 갑년과는 반대로 새 갑년의 나이는 한 살 한 살 더 누추한 아집과

망념기만 늘어갈 참이었다. 옳게 갚을 수도 없고 갚아도 줄어들 수가 없는 그 고마운 이들에 대한 내 마음의 빚 무게는 그나마도 차츰 더 감당해갈 길이 없게 된 것이다. 하여 이 기회에, 앞으로 드러나게 될지도 모르는 내 남루한 노욕과 독선기에 대해 미리 경계와 용서를 구해둘 겸(노회한 양심 선언?), 더 늦기 전에 이제는 거의 갚을 길이 무망해진 내 빚 목록, 어쩌면 행여 아직 기회가 생길지도 모르는 생자들보다 저승에서까지 나를 잊지 못하게 하는 여러 혼백들에 대한—그러자면 더러 생자의 얼굴들도 함께 스치는 일이 있겠지만—내 마음의 빚 목록을 대충이나마 한번 더 똑똑히 새겨 지니고 싶다.

내 삶과 문학에 대한 은혜를 따지자면야 그 삶을 주고 길러준 고향과 그 고향의 얼굴이라 할 '어머니'를 앞설 자리가 없으랴. 어머니는 내게 졸작 「눈길」과 「해변 아리랑」 『축제』 등을 쓰게 하셨거나 함께 쓰신 격이어서 더 이를 바가 없거니와, 그 밖에 내 집안 육친척간들이나 가까운 고향 사람들의 은덕 역시 대개는 그 어머니의 모습과 함께 한다. 어린 내 유년 속에 얼굴이 지워진 채 희미한 모습과 기침 소리로만 남아 계신 아버지의 소망과 여한, 20대 중반의 짧은 삶을 살고 간 뒤에도 남겨진 책갈피 속의 행간 메모와 독서 일기 따위로 내게 사람의 삶에는 죽음으로도 끝나지 않고 여전히 이승 사람들과 함께 하며 남아 있는 부분이 있음을 깨닫게 해준 맏형, 40대를 다 못 채우고 간 힘겨운 생애로 나를 5형제 중의 마지막 독자 처지로 만들어 원망과 연민과 사죄의 마음을 함께 배우게 한 둘째형, 그리고 6·25 전란 중 하룻밤에 가족을 모두 잃고 혼자 살아남았다가 어느 날 중학교 진학을 앞둔 내게 '공부를 하려거든 남 앞에 나서서 남의 힘 부려 먹고 살 공부 하지 말고, 너 혼자 믿음대로 네 힘으로 살아갈 옳은 공부를 하거라'는 어려운 당부를 남기고 자신도 끝내는 염소 한 마리를 끌고 산으로 들어갔다 저승길까지 가버린 외종형, 온 처가 식구가 깃들여 지낼 곳을 잃고 떠돌 때 주변없는 서울의 나를 대신해 '노인'과 어린 조카들을 품어 거두고 지켜준 자형과 누님들, 심지언 별 많은 여름 밤 눈 오는 겨울 밤 하루도 빠지지 않고 노인을 찾아와 늦도록 이어지는 이런저런 이야기 속에, 내게 그 전설과 동화의 세계를 문 열어준 한 골목 이웃 섭섭이네 할머니에 이르기까지, 그 모두가 내 삶과 문학의 큰 은인이자 텃밭이 아닐 수 없을 것이다. 하지만 그 역시 내겐 늘상 어머니의 모습과 함께할 수밖에 없는 것이, 이들 거의가 노인에 앞장서 저승길을 떠난(내 세 누님 중 지금은 한 분만 생존해 계신다) 데다, 당신이 그 죽음 길을 곁에서 돌보거나 뒷날의 무덤 속 뼈까지도 여기저기 거둬 묻고 다닌 때문이다——꽃이 핀들 아는가. 새가 운들 아는가…… 그래 그 뒷날 나와 함께 이리저리 흩어져 누운 무덤들을 찾아 헐벗은 해변 솔밭길을 헤매면서 흘려 읊조린 탄식의 노래가 그런 식 아니던가——그리고 그 어느 날 어머니는 그 모든 유혼들을 대신하듯 당신의 오랜 숙원을 내게 에둘러 말했다——죽은 뼈들까지 이리 주인 없는 고축처럼 사방에 흩어두고……내 죽으면 저승 가서 니 아부지를 무슨 얼굴로 찾아 만나볼 거나. 다른 무덤은 몰라도 윗대 조부모들까지 이래 두고 무슨 할말이 있어서……

그리고 얼마 뒤 당신 역시 그 길을 가신 지도 어언 5년의 세월이 흘렀는데도 나는 여태 그 숙원을 풀어드리지 못하고 있다. 저승의 아버지를 만나 당신이 무슨 말을 하셨는지 늘 죄스러운 마음이면서도 당장엔 엄두가 잘 나지 않은 탓이다. 앞으로도 늘 명념하고 지내야 할 일이지만 장담을 할 수 없어 우선 여기 그 목록부터 마련해두는 것이다.

하지만 고향이나 어머니의 은혜를 입는 일은 누구에게나 더하고 덜할 바가 없고, 그래서 그것을 굳이 음덕이라 은혜라 따져 가리는 일이 오히려 박정하고 경망스런 노릇일 듯싶다. 그래 내게 두고두고 더 마음에 깊이 새길 바는 그 고향과 어머니 곁을 떠난 이후의 세상살이 길에서의 일들이 아닐까 싶다.

그런 일 가운데에 지난 5월 초순께의 일을 먼저 되새기지 않을 수 없다 — 어젯밤 어머님이 돌아가셨어요. 형님께는 알려드리지 않을 수가 없어서요. 하필이면 이튿날로 적지 아니 힘든 일 여행 일정이 잡혀 있어 그 준비로 심신이 한창 분주하던 참에 갑자기 뜻밖의 부음을 접하게 됐다. 50년대 후반 대학 입시기를 앞둔 광주 시절, 고향 동네 식구들 한가지로 정처가 막막하던 나를 거둬 곁에 두고 따뜻이 보살펴주셨던 어른. 뒷날 근근이 진학 시험까지 치르게 됐을 때는 서울의 밥집 주소로 격려의 글월을 보내시되, 그 말미에 부러 '모(母)'자를 부기하여 고단한 내 처지를 더욱 크게 위로해주셨던 어른, 내 서울살이 이후로도 계속 사는 양을 지켜보며 기쁨과 아픔을 함께 해주셨어도 내 쪽에선 언제 한번 당신의 힘든 노년마저 마음처럼 가까이 해드리지 못해 늘 죄스러움만 더해오던 어른 — 그러다 미처 아무 마음의 준비가 없던 차에 돌연 그 같은 부음을 접하게 됐으니 나는 당장 일손을 접고 황황히 당신의 빈소라도 찾아가 뵈었을밖에……

하지만 아내와 함께 병원 영안실을 찾아 당신을 마지막 뵙고 다시 돌아서야 했던 내 심회는 두고두고 더 허망하고 착잡하고 무겁기만 했다. 고향 동네서나 어디서나 나는 기회 생기면 때로 나이 드신 이웃 어른들에게 작은 용채를 나눠드리는 일로(그게 손아래가 거의 제풀로 살게 된 내 나이뻘 차례의 도리일 터이고 누구나 그런 노릇은 마찬가지겠지만) 내 마음속 은혜의 짐을 조금씩이나마 덜어가는 듯싶은 작은 즐거움을 삼아오고 있었다. 그런데 근자 들어 그 어른들이 한 분 한 분 알게 모르게 유명을 달리하며 차츰 횟수가 줄어가더니 이번의 어른 일로 내 마지막 마음자리까지 닫혀버린 격이었다. 이 핑계 저 핑계 당신 생전에 찾아뵙는 일을 늘 미루기만 해온 일이 새삼 망연스럽지 않을 수 없었다 — 아 당신께도 오늘 마지막 저승길 노자를 드린 것인가. 이젠 더 마음속 용채도 마련해 지닐 데가 없는……내 주위나 내가 벌써 그렇게 돼버린 것인가. 게다가 바로 그 이튿날로 못 박힌 궂은 여행 일정 탓에 당신의 마지막 길도 함께 못 모시고 곧 죄스럽기 그지없는 내 하직의 발길을 돌려야 하는 처지에서랴.

다음으로, 서로 명계를 달리한 지 몇 년이 흘렀음에도 그의 전화번호와 명함장이 여전히 서랍 속에 그냥 간직되고 있는 사람이 내 30년 망년지우(忘年之友) 고 권영철(權寧喆)님이다. 형은 60년대 후반과 70년대 초반에 걸쳐 사회학 전공의 노종호(盧宗鎬) 주간을 중심으로 월간 잡지『아세아』와『지성』의 편집일을 함께한 내 손윗나이 정치학도로, 이후 잡지일을 떠나서도 나와는 서로 30년 가까운 세월을 함께하며 내 사는 꼴을 늘 따뜻하게 지켜봐주고 내 소설을 깊이 아껴준 드문 호인풍 은인이다. 사귐의 초기에는 내가 갓 애송이 소설쟁이라도 차마 '소가' 라기는 뭣하다며 짐짓 우스갯조로 '중가' 라 부르다가 나중엔 아예 일상으로 '우리 대가 선생'을 별호 삼아 부를 때까지 짧지 않은 세월 서로 나이를 함께 먹어가며 그 정의(情誼)의 결도 함께 더해온 처지였다. 내 소설집이 새로 나올 때마다 한 아름씩 책을 사 안고 와선 내 서명을 받아다가 주위에 두루 나눠주며 일독을 권하기를 좋아했을 뿐 아니라, 명절 같은 걸 지낼 때면 바깥일이나 나들이 발길이 많지 못한 내 처지를 생각하여 이것저것 자기 몫의 선물꾸러미를 한 아름씩 챙겨와 우리집 현관 앞에다 불쑥 쏟아놓고 가기 일쑤였다.

그런데 그 권영철 형이 하루는 전화 예고도 없이 맛있는 곳을 알고 있으니 점심이나 같이 하자며 부인과 함께 우리집엘 찾아왔다. 하지만 나는 그때가 마침 이른 점심을 끝내고 난 참이라서 그날은 모처럼 부인과 단둘이 다녀오라 사양하고 현관에서 선걸음에 그를 보냈다. 그리고 며칠이 되지 않아서였다. 그날은 다시 소식이 없길래 그 길로 그냥 점심을 끝내고 집으로 돌아가 잘 지내고 있겠거니 여기고 있었는데, 어느 하루 아침 그의 딸아이로부터 놀라운 소식이 왔다. 평소에 혈압이 좀 높은 편이어서 자주 마음을 써오던 그가 그날 아침 기분이 썩 좋지 않은 전화를 받다가 정신을 잃고 쓰러져 병원엘 들어와 있다는 것이었다. 그리고 그것으로 권영철 형은 끝내 정신을 되찾지 못하고 20여 일의 암흑 속 투병 끝에 영영 저 세상으로 떠나갔다. 참으로 애석하고 허망스런 일이 아닐 수 없었다. 굳이 덧붙이자면, 외람되게도 뒷날 내가 그를 위한 유택 앞의 비문을 맡아 길이 그의 영생의 평화를 기원할 수 있었던 일이나 그런 내 심회를 조금이나마 달랠 수 있었다 할지.

많이 만나고 많이 함께하며 웃어주고 의논하고 많이 대신해주던 사람. 이웃을 앞세우고 자신의 거둠을 삼가며 두루 베풀고 간 덕인 고운 님 권영철.
여기 섭리자의 푸른 동산에 길이 영생의 쉼터를 얻어 편안히 자리하니 맑은 햇빛과 부드러운 바람결과 그윽한 흰 구름의 밝은 은정(恩情), 당신과 이 땅의 삶을 함께한 사랑하는 가족과 친지들의 기림 속에 고이 새 평화를 누리시라.

권영철님을 위한 내 마지막 마음의 기원을 실은 비문이다.
하지만 그것으로 그의 생전의 고마움과 돌연스런 헤어짐에 대한 내 애석하고 허전한 마음을 어찌 다 담아 새길 수 있었으랴. 그날의 점심이나마 마지막으로 함께해 보내지 못한 아쉬움과 후회스러움을 어찌 조금이나마 지울 수가 있으랴. 여기 다시 그 비문을 되새기듯 한번 더 마음을 모둔 연유다.
내 주위 친구들과 관련해 고향 선배나 유지 어른들의 일을 한 가지 더 챙겨두고 넘어가고 싶다. 그간 소설일 30여 년에 20여 권의 창작집을 내면서 나는 꼭 한 번 희한하고 유쾌한 출판 기념회를 가진 일이 있다. '72년 가을 두번째 소설집 『소문의 벽』을 갓 상재했을 때다. 하루는 그 무렵 광주 법원 쪽에 초임(당시 판사)으로 가 있던 중학교 때부터의 내리 줄동창 이진영군이 전화를 걸어 거두절미 대뜸 내 출판 기념회를 치러줄 테니 아무 날에 광주엘 한번 다녀가라는 통보였다. 그런 노릇 쑥스럽고 번거로워 반갑잖은 일이라는 내 시큰둥한 사양에 진영군은 고재일이나 최문언, 윤종운군 등 가까운 동창 친구 몇 사람과 상의하여 모든 절차와 부담을 요령껏 다 주선해놓았으니 책을 내봐야 출판비도 건지기 어렵다는 판국에 책 광고도 벌일 겸 아무 마음 부담 갖지 말고 가벼운 기분으로 정해진 날 몸만 한번 다녀가라는 일방적 강요였다. 알고 보니 자기들끼리 짜놓은 행사 절차가 이런 식이었다. 출판 기념회 날짜와 장소는 그날 같은 시각 이 지역 최고 대기업 총수의 1,2세대간 경영권 양도 축하 행사가 예정된 고급 호텔의 대연회장 옆 소연회실. 사연인즉 기왕 대연회장을 찾는 동창 유지 하객 중엔 더러 옆방의 행사까지 둘러봐주고 갈 수도 있고, 그보다는 호텔 지배인으로 있는 같은 학교 동문 선배의 배려와 주선——연회장 쪽의 양해와 묵인을 구하는 일——으로 그쪽으로 가는 음식 접시와 음료의 일부를 이쪽으로 나눠 들이게 해 놓은 따위였다. 그러고도 새 뒤풀이 자리가 크게 벌어져 친구들간의 추렴 경비가 감당불급의 처지가 되면 그마저 고재일군의 소청으로 그의 부친(高光表: 광주의 존경받는 유지 어른)께서 부담을 맡아주신다는 승낙을 얻어두고 있었다. 그리고 정해진 날을 당해 내려가 보니 모든 절차가 어김없이 예정된 그대로 진행되어나갔고, 그 덕에 내 모처럼의 출판 기념회는 여러 모교 은사님들을 비롯해 생각지도 못한 여러 선배 어른들의 축하 속에, 그리고 더할 바 없이 풍족한 음식과 고마운 격려 속에 참으로 유쾌하고 뜻깊게 치러진 셈이었다. 게다가 식후엔 당시 전남일보 일을 이끌던 동문 선배 심상우 사장이 거기 모인 수십 명 동문들에게 망외의 큰 뒤풀이 자리를 베풀고 밤늦은 밤까지 자리를 함께해준 덕분에, 이튿날 아침 나는 참으로 즐겁고 감사한 마음 가득 내 서울 길을 다시 돌아올 수가 있었다. 게다가 그 출판 기념회 덕분에 이후 나는 책 광고뿐 아니라 상당액 인세의 도움까지 얻을 수 있었으니, 되돌이킬수록 희한하고 유쾌한 기억이 아닐 수 없다.

하지만 그도 어언 30년 가까운 세월이 흘러 이제는 그날의 옆방 일을 모른 척 묵묵히 용인하고 넘어가주신 선대 총수 어른이나 아들의 일처럼 흔쾌히 미리 뒷감당을 허락해주신 고광표 어른, 그리고 저 비운의 아웅산 길을 함께했던 심상우 선배님들은 이미 다 이 세상엔 계시지 않은 분들이다. 그런데도 나는 이후 그분들의 생전이나 마지막 가는 길에 한번도 가까이 가 뵌 일이 없다. 이따금 먼 소식이나 마지막 부음을 마음에 담아왔을 뿐. 단 한 번의 그 출판 기념회 일을 떠올릴 때마다 그때의 내 마음의 벗들과 함께 매번 다시 되새기지 않을 수 없는 내 필생의 빚 목록의 한 페이지다.

뜻깊은 신세짐이나 은덕을 입은 일로 말하면 내가 소설을 쓰고 문학살이를 해오는 가운데에도 물론 뜻깊게 되새길 사연이 없지 않을 것이고, 대목대목 심중에 스민 말과 손길의 기억들을 다 들춰 헤아리기조차 힘들 터이다. 그리고 이 대목에선 무엇보다 초등학교부터 대학에 이르기까지 나를 가르치고 새 꿈의 세계로 이끌어주신 여러 선생님들——초등학교의 강진다·이종남·김상오·김기은·고재출 선생님 등, 중고등학교 시절의 강봉우·강성용·오병기·김계회·고광민·조완영·노진환·손귀복·최성호·박준규 선생님 등, 대학의 강두식·곽복록·지명렬·구기성 선생님등——의 공덕을 마음에 앞세우고, 이어 내 소설의 문을 열어주고 그 길을 계속 격려하고 돌봐주신 문단과 문화계 선배 어른들의 은덕을 기림이 또한 마땅한 순서일 것이다. 이를테면 내 졸작 단편 「퇴원」을 당선시킨 사상계 신인 문학상 심사를 맡으셨던 정명환·김성한·오상원·오영수·선우휘 선생님들과 때로 이런저런 명목의 상을 주어 적지 않은 상금으로 구멍 뚫린 내 가계를 메워가게 해주신 황순원·김동리·최정희·안수길·전광용 선생님들, 그리고 내 초임 출근 시절 '사무실에서라도 바쁜 일거리 없으면 다른 사람 상관 말고 소설을 열심히 쓰라'고 따뜻한 격려를 아끼지 않으셨던 『사상계』 사장 장준하 선생님, 내 서툰 소설을 꼭꼭 찾아 읽고 애정 어린 충고를 주신 데다, 어느 날인가는 가까이 받들던 한 어른의 일이 맘에 걸려 소설 쓰기를 망설이는 내게 '소설가가 자기 믿음을 가지고 작품을 쓰면 그만이지 웬 도덕군자처럼 지레 개인적 책임까지 생각하느냐'고 용기를 북돋워주어 끝내 내게 「뺑소니 사고」를 쓰게 하신 김수영 선생님, 글을 계속해 쓰려면 가계가 확실해야 한다며 바늘구멍 같은 대학 강의의 기회를 마련하려 애써주신 이범선·박준규·서정수 선생님 등, 내 필생의 마음의 가인들은 여기 더 긴 사연을 들춰 말하기가 어려운 터이다. 그 중 많은 분들이 아직 건강하게 지내시는 터에 굳이 그럴 계제도 아니거니와 오히려 어색하고 누가 될 수도 있는 일이기 때문이다(내 중학교 졸업 전에 정년 은퇴해 계시다가 졸업식날 일부러 찾아오셔서 '그 아이 일이 늘 걱정되었는데 오늘 그 아이가 좋은 성적으로 무사히 졸업을 하는 것을 보니 무엇보다 기쁘고 고마운 일'이라 따로 나를 위한 축사를 해주신 독립지사 강봉우 교장 선생님과 함께, 내 결혼식 주례뿐 아니라 신부를 위한 시댁 잔칫상까지 댁에서 대신 차려주신 강두식 선생님, 내 소설의 길을 열어주신 이후 평생의 사표가 되어오신 정명환 선생님의 큰 은덕에 여기 한번 더 줄 그어두고 싶다).

하여 여기서는 그 모든 이름들에 대신하여 내게 가장 많은 말과 마음 자국을 남기고 수삼 년 전 우리 곁을 떠나간 고 김현군의 몇 가지 추념담으로 이 심중의 빚 꾸러미를 마무리짓고자 한다.

1960년대 초반 대학 시절 나는 김현군과 한 문과반에서 일학년 한 해를 함께 보냈으면서도 그를 잘 알지 못했다. 이후 대학을 졸업할 때까지도 사정이 비슷했다. 서로 전공 과목을 쫓아다니기 시작한 이학년 한 해를 더 보내고 나는 군 입대를 해 갔고, 제대를 하고 나와 복학을 했을 때는 그가 이미 학교를 졸업하고 나간 뒤였기 때문이다.

내가 그와 가까워진 것은 갓 문단에 얼굴을 내밀기 시작한 60년대 중반쯤부터가 아니었나 기억된다. 그런데 그는 뒤에 알려진 바 위아래간 말트기 도사답게 서너 해 연상의 내 나이 차를 무시하고 첫 부름부터 대뜸 '청준아, 이 이가 촌놈아!' 식으로 나왔고, 그 나이 턱이 외려 만만하고 허물이 없었던지 이후로도 계속 늘 거침없는 농조로 나를 놀리고 골려대길 좋아했다. 이름을 알 수 없는 생선찌개를 앞에 놓고 서로 왈가왈부한 자리에선 '이가야, 넌 숭악한 장흥 해변 촌놈이 이런 생선 이름도 모르냐'는 핀잔이었고, 어쩌다 제 모르는 일을 내가 알고 있을 때면 '거, 이가가 거짓말 지어 팔아먹고 사느라 기특하게 어디서 그런 것까지 주워들여뒀구먼 하하' 하는 식의 무안을 주고서야 속이 편해지는 듯싶은 위인이었다. 더러 때나 장소 가림 없이 여러 사람 앞에 — 여러 사람 앞에선 단골 제물감으로 더욱! — 갑자기 나를 지목해 그렇듯 우스갯거리를 삼는 바람에 은근히 당혹스러워질 때마저 없지 않았다. '81년 가을 무렵 모처럼 그와 동행하게 된 외지 여행길에, 하루는 어느 박물관의 토관 앞에서 큰소리로 '이가 너는 이 담에 죽어서 이런 토관 속에나 들어가 누워야 편안하겠지야!' 하여 무덥고 피곤한 일행을 웃기는 따위(내가 어려운 20대적 어느 날 한 문우의 자취방엘 찾아갔다 시골집에서 부쳐온 참기름 한 병을 다 들이마시고 큰 고생을 했다더라는 그의 증언 또한 그런 짓궂은 우스개투 상상의 산물이 아닐는지). 심지어 그는 내 소설 이야기를 할 때도 그런 식 거친 농투를 일삼았다. '그런 걸 소설이라고 써놓고 뻔뻔스럽기는!' '뺄 건 빼고 좀 골라서 내지 무엇이 아까워 잡탕으로 다 쓸어넣어 놓으니 책 꼴이 들쭉날쭉 어디 그냥 맘놓고 읽을 수가 있어야지!' 혹은 나름대로 좀 추어주고 싶을 때도 '이가 너 이제 소설 그만 쓰고 죽어버려라. 여기서 더 욕심내봐야 되지도 않을 노릇! 이쯤에서 만족하고 그만 끝내버려! 하지만 그전에 내 술 한잔 사줄 테니 공연히 혼자서 끙끙대지 말고 지금 반포치킨으로 쫓아와!'(졸작「소문의 벽」에 대해: 그런 말을 한 그는 그럼!) 정도였다.

그것은 말하자면 그와 나 사이의 묵약의 어법인 셈이었다. 다른 사람과의 말투도 물론 크게 다를 바 없었겠지만, 내 숙명의 촌놈성에 나름대로의 독특한 신뢰감을 실은 그의 그런 어법은 그러므로 내게도 편하고 허물이 없었던 셈이다.

그런데 돌이켜보면 그 김현도 더러 내 앞에 농기를 거두고 정색스런 어조가 될 때가 있었다. 70년대초 그가 뜻 맞는 문우들과 함께 편집한 『문학과지성』의 일을 거론할 때와 뒷날 '광주'와 관계된 일을 입에 올릴 때, 평소엔 대개 농조에 담아 넘기는 문학 이야기들 가운데에도 더러더러 어조나 표정이 전에 없이 진중하고 고백적이 될 때가 있었다. 그리고 그런 때가 흔한 편이 아니어서 내겐 그 기억이 더욱 소중하고 또렷하다.

우선 그 『문학과지성』의 일로 해선 창간 준비 과정에서 나 역시 이런저런 조력을 아끼지 않았던 터라 나름대로의 몫을 계속 감당해보고 싶기도 했지만, 드물게 정색스런 그 김현의 진중성 앞에 내 내심을 지레 접어야 했을 정도였다. 그야 내 스스로의 사양의 변은 당시의 창간 편집동인들——김병익·김주연·김치수·김현——이 하나같이 모두 '김'가 성을 가진 '안경 낀'(김치수도 때로 원고지 앞에선 안경을 꺼냈던 걸로 기억된다) '평론가'들인 데다, 후덕하고 고결한 인품의 황인철 변호사가 더없이 미더운 후견인으로 뜻을 같이해온 터여서, '이'가 성의 소설쟁이인 나는 더 이상 가까이 얼쩡댈 일이 없겠노라는 것이었지만. 어쨌거나 이후 그 잡지일에 대한 김현의 생각이나 어조는 시종 조심스럽고 엄격하기만 했던 것으로 기억된다(이 자리를 빌려 한 시대의 넓은 정신 고 황인철님의 생전의 너그러운 도량과 웃음기를 되새기며 다시 한번 그의 내세의 평안을 빌고 싶다).

'광주'의 일에 대해선 '광주가 너무 닳아 올라서……' '이제 광주는 어찌 돼갈 거지?' 등등의 평소 걱정기 깊은 독백조에 이어, 어느 날인가는 지우 서우석과 셋이서 예정치 않았던 교외 나들이길에 그 '광주'의 일로 서로가 주체하기 어려운 무거운 마음임을 헤아려 '소설쟁이가 좋은 소설도 쓰고 고결한 인품도 길러서 세상의 칭송과 존경을 함께 누릴 수 있다면 좋겠지만 그게 어디 위인이 아니고서야 쉬운 일이여? 이가 너 가당치 않은 헛욕심에 끙끙 앓아대지 말고 일찌감치 한쪽은 단념하는 게 좋을 거여. 공연히 주제넘은 생각 말고 좋은 소설이나 써보려 애를 쓰란 말여!' 침쟁이처럼 정확히 내 아픈 곳을 찔러대어 한동안 통증을 지워주던 일이 어제 일이듯 역력하다. 그리고 끝내 그 광주의 비극이 덮치고 간 얼마쯤 뒤, 당시엔 미처 아무도 숨은 행간을 읽어내지 못한 내「시간의 문」을 두고, '넌 그래도 그쯤이라도 썼으니 네 빚 무게가 조금은 덜어질 수 있었겠지. 그만만 해도 너는 다행인 줄 알아라' 짐짓 무심스런 얼굴로 선문답투를 건네오던 그의 깊은 심증의 말이 새삼 더 고맙고 소중하게 다가온다. 그보다 몇 년 전 어느 해 여름 그가 파리 체재중에 보내온 엽서에는 '네 고통이 네놈 몸 전체로 온통 속속들이 번져가기 바란다. 그래서 네놈이 제 고통을 더 이상 참지 못해 네 온몸에서 무서운 신음 소리가 토해나오고 종당에는 고래고래 미친 발악 상태에까지 이르기를 빈다……' 운운의 심한 악담투가 담겨 있었거니와, 자기 아픔 없는 사람이 남의 고통 알기가 쉽지 않은 이치이고 보면, 그게 다 서로간의 속에 곪아 터져오르기 시작한 숨은 아픔 들여다보기, 함께 나누어 기대기, 혹은 그 고통의 확인과 깊이 다스리기의 어법처럼도 보여서, 나만 그저 늘 그에게 얻었을 뿐 그를 위해선 아무 응답도 되돌려주지 못한 것이 갈수록 아프고 부끄럽다.

하지만 그 김현의 이름 앞에 내 도리 모자람과 부끄러움이 어찌 그에서뿐이랴. 그 손수 내 소설집을 한 권 묶어 해설까지 써놓고 간 책도 끝내 내지를 못하고, '한국 문학의 테러리즘'이란 제목하에 나와 함께 대담을 벌일 계획으로 자료와 진행 소목록까지 다 정리해두었다던 일도 여태 더 자세한 경위나 내용을 찾아내지 못하고 있는 마당에. 그러니 '좋은 소설 좋은 데 찾아내기도 바쁜 참에 무엇 하러 굳이 나쁜 소설까지 찾아 읽고 쓸 데 없는 험담이나 일삼겠느냐'던 그의 밝은 정신의 눈부신 빛살 앞에 이쯤에서 차라리 객설을 접음이 나으리라. 내 빚 꾸러미를 길게 들출수록 그 아쉬움이나 부끄러움이 줄기커녕 말허물의 무게까지 그만큼씩 더해갈 뿐이므로.

요령없이 지루한 글을 끝내면서 몇 마디만 덧붙이고 싶은 말은 이 글은 그나마 두 번씩 서둘러 다시 썼다는 사실이다. 첫번째 글을 거의 다 써두고 이튿날 아침 컴퓨터를 켜보니, 고인들에 대한 예를 다

갖추지 못한 허물이 컸음인지, 별 이유도 없이 디스켓 내용이 홀연 다 깨어져 날아가고 없었다. 그래 지난 기억을 더듬어가며 두번째로 원고를 다시 쓸 때는 마음을 꽤 삼가려 한 편이지만, 그 역시 공연히 쫓기는 마음에 뜻 같지가 못한 것 같다. 김현의 경우엔 특히 일일이 어제련 듯 기억들이 너무 가깝고 생생하여 말투 또한 옛 버릇을 쉬 버리지 못한 듯싶다. 하지만 이는 내 마음이 아직 그를 다 떠나보내지 못하고 있음이라, 하늘의 김현 역시 생전의 도량으로 더 큰 허물을 않을 줄 믿고 이번엔 이쯤 그만 마음을 놓고 싶다.

인물론

종소리에서 판소리까지
― 여행 연출가로서의 이청준 선생

이 인 성

　작년 봄, 세상은 엉망진창이었다. 누구에게나 황당한 기억이겠지만, 재작년 겨울, 도대체 뭐가 뭔지를 헤아려볼 잠깐의 틈도 없이 이른바 'IMF 사태'라는 초국가적 괴변에 일파만파로 휩쓸리기 시작한 후, 그 추운 겨울을 넘기며 갈팡질팡 기진맥진, 우리는 거의 모두 반죽음 상태에 놓여 있었다. 그때, 지하도 노숙자들의 모습이 웅변한 현실적 고통의 체감은 어쩔 수 없었다고 쳐도, 우리 머릿속을 채우고 있던 욕망의 허상들이 바람 빠지듯 비워지면서 점점 더 분명해지던 개인적·집단적 의식 혹은 가치의 공황 상태는 더욱 끔찍한 것이었는데, 어서 미국의 쉰두번째 주로 편입되는 게 낫겠다는 자조적 농담이 돌고 돌다가 어떤 요상한 이들에게 이르러선 머리까지 돌게 만들었는지, 그게 진지한 주장으로 둔갑하기까지 하던 그런 판국이었다.
　작년 봄, 자연도 엉망진창이었다. 자연은 그렇듯 늘 상징적으로 인간사에 조응하는가. 그걸 헤아리면 신비롭게도, 그러나 그걸 겪는 입장에서는 지긋지긋하게도, 작년 봄의 기후는 아주 상서롭지 못했었다. 겨울엔 29년 만의 폭설이 내리더니, 봄은 이미 찌는 여름이었다. 엘리뇨 현상 탓이라던가, 4월인데 서울의 기온은 27도를 웃돌았고 강릉은 최고 33.6도까지 치솟았다. 장마철처럼 잦은 장대비가 내렸고, 심한 황사 현상과 겹쳐져 빗물은 우리 삶의 공간을 온통 진흙 얼룩으로 덮었다. 진득한 땀과 함께 우리의 몸에도 상상의 얼룩이 졌고, 의식과 마찬가지로 지칠 대로 지친 몸은 독한 술로도 잠들지 못해, 다만 잠깐이나마 제 살덩이를 벗어버릴 수 있는, 살아서는 불가능한 그런 피신처를 헛되이 꿈꿀 뿐이었다. 이 역시 누구나 그랬으리라.

그런데 작년 봄, 놀랍게도, 나에겐 기적이 이루어졌었다. 아주 잠깐 동안이었으나, 그때 나는 이 세상 너머 다른 세상으로 갔었다. 3박 4일 동안, 나는 이 세상인데 이 세상이 아닌, 이 세상 위에 떠서 이 세상을 내려다보는 다른 세상을 날아다녔었다. 혹시 그건 진짜 꿈의 세계였을까. 그리고 희한했다, 그때 나는 잠깐 이 지겨운 세상을 잊는 것으로 족하다고 여겼었는데, 현실로 돌아온 나는 현실을 헤쳐나갈 어떤 힘이 충전되어 있음을 느꼈다. 이제 밝히건대, 그건 전적으로 이청준 선생 덕분이었다. '이청준 문학전집' 출판의 첫 배본이 시작된 것을 계기로, 선생이 초대하고 인도한 여행이 내게 뜻밖의 길을 열어주었던 것이다.

1998년 4월 24일 아침 10시경, 서울의 양재 사거리를 떠날 때만 해도 내 기분은 좀 찜찜했었다. 구름이 낮게 깔리고 눅진눅진했던 날씨도 그랬거니와, 여행치고는 동행자들이 너무 많다는 게 영 마음이 내키지 않았었다. 나도 평소 여행을 좋아하긴 하지만, 세미나 같은 특별한 목적을 가진 경우가 아닌 여행은 대개 나 혼자나 둘이서, 기껏해야 서넛이서 차 한 대로 게으르게 즐기며 돌아다니는 걸 원하는 쪽이다. 그런데 이번엔 3박 4일 일정에 떠날 때의 동행자가 무려 11명이나 되었으니 느긋하게 지내긴 글렀다는 심정이었다. 그러나 단숨에——어찌하여 '단숨에'였을까—— 내장산 '백양사'에 다다라 왕벚꽃

꽃 그늘 아래서 걸진 점심상을 차려놓고 약주 몇 잔을 들이켜면서부터, 나는 어떤 문이 열리고 있다는 몽상적 느낌을 받아들이기 시작했다. 그리고 나는 그곳으로 나를 이끄는 어떤 힘에 모든 것을 맡겼다.

그 어떤 힘은 사실 고속도로의 봉고차 안에서부터 넌지시 내게 전해져왔었다. 그때의 그건, 아직 서로에게 덜 익숙한 구성원들 사이를 이어주기 위해 이청준 선생이 그 특유의 느리게 맴도는 듯한 어투로 되삭이는 이야기들을 통해서였다. 느린 것이 빠른 것인가, 그래서 '단숨에'였던가, 선생은 그저 밖에 보이는 풍경을 바라보면서 나 같은 도시 촌놈은 알지 못하는 나무 이름, 풀 이름 등을 하나하나 끄집어내 그 내역이나 거기 얽힌 당신의 추억 따위를 주섬주섬 풀어놓으며 천천히 우리를 그 이야기 안으로 끌어들이는 것이었는데, 그 이야기에 슬며시 동화된 우리 각자는 어느새 당신을 중심으로 방사형으로 자리잡고 있었던 것이다. 그때 선생이 보여준 그 어떤 힘은 단순히 우리를 개체에서 전체로 융화시키는 인화력 같은 것만을 뜻하지 않는다. 아주 막연했지만 그것은 그 이상의 무엇인가로서, 그것을 인지하는 순간 내겐 그것이 우리가 탄 현실의 차를 그대로 현실 너머까지 몰아가는 힘처럼 여겨졌었다.

……그랬다. 그 '어떤 힘'의 첫 느낌은 이청준 선생의 두 권의 소설책 제목(『시간의 문』과 『자유의 문』)으로 사용된 '문'이란 어휘를 떠올리게 하며, 우리를 어디론가로 자꾸 데려가고 있다는 것이었다. 어디로? 뭐랄까, 모두와 더불어, 그러면서도 전혀 새롭게 숨통이 트이기 시작하는 어떤 공간이라고나 할까. 이미 있었는데 모르고 있다가 선생의 말과 함께 막 깨닫게 된, 일상의 가시적인 공간에 겹쳐져 있던 비가시적인 어떤 공간. 아, 이건 너무 모호하다. 나는 내 표현의 한계에 자탄한다. 아니, 그러나 어쩌면 바로 그 때문에 나는 이 회상적 여행기를 쓰고자 한 것이 아니었던가? 그것도 그렇긴 하다. 이제, 나는 그 모호하면서도 매혹적인 공간, 그 '어떤 힘'의 자장에 희미한 테두리라도 그려보고 싶은 것이다.

아무튼 우리는 그렇게 어떤 문턱을 넘어섰고, 그러자 비로소 여행의 첫 풍경이 풍경답게 펼쳐졌다. 그러니까 그 여행의 진정한 출발점이 되는 그곳은 광주의 무등산 자락이었다. 산길 도로변의 찻집 뒤로, 갑자기 깊어지던 풍경. 제법 가파른 왼쪽 기슭 위에 남화의 대가였던 의제(毅齋) 묘가 자리잡고 있는 샛길을 타고 오르자, 계곡의 개울 건너 오른쪽으로 의제의 제자인 계산(溪山) 화백이 지키고 있는, 흡사 암자와도 같은 '춘설헌'이 나타났다. 맞은편 기슭에 식민지 시대부터 의제 선생이 가꾸어왔다는 차밭이 훤히 건너다보이는 자리였다. 계곡으로 맑은 개울이 흐르고 흙 향기가 감돌고 산꽃과 산닭을 키우는 그런 정경이 바라보이는 자리의 쪽마루에 앉아, 계산 화백의 사모님이 특별한 방식으로 다려낸 차를 우리는 서투르게 마셨으나 (자연스럽게 부드러우면서도 자연의 정수만이 담긴 듯한 그 맛에, 나는 무식하게 꿀꺽꿀꺽 두 잔을 거푸 마셨다), 차의 효과는 마찬가지였달지, 우리는 곧 푸근하게 어디론가 녹아드는 것 같았다. 그러니 이제 녹아서 흘러가면 되는가.

어디로? 나는 계산 화백이 친 그림들을 바라보며, 어쩌면 우리는 그냥 자연 속을 여행하려는 것이 아니라 그림 속을 여행하려는 것일지 모른다고, 막연히 생각했다. 자연은 자연이되, 예의 그 어떤 힘이 이렇게 보라고 제시하는 그림 틀을 통해 바라보는 자연. 거의 자연이지만 인간과 은밀하면서도 특별한 연을 맺은 자연. 위의 첫 풍경도 이미 자연 그 자체는 아니었다. 그 풍경은, 그 시대에 의제는 왜 저런 곳에 차밭을 일구었을까, 그리고 스승의 묘와 집을 지키는 계산의 마음은 무엇일까, 하는 인간적 물음과 맞닥뜨리게 하는, 왜 저렇게 그려졌을까를 묻게 하는 그림 같은 것이었다. 그 자리에서 즉각 답을 구하기 힘든, 두고두고 그런 그림을 제시하는 사람과 그걸 바라보는 나 자신을 곱씹게 만드는 자연―그림. 그것이 현실 너머일까?

잠시 그런 상념에 젖긴 했었으나, 여행 당시의 생각으론 솔직히, 특별한 이유도 없이 스치듯 들러 그렇게 인사나 확인하고 나눈 뒤 곧 그곳을 떠버리는 행적이 좀 심심했었다.* 그러나 원래의 다음 목적지였던 '운주사'를 못 들르겠다고 아쉬워하는 선생을 보면서(죄송하게도, 술꾼들이 점심 시간을 늘여 마신 탓이었다), 나는 이번 여행이 당신의 어투처럼 그렇게 이곳저곳을 스치며 굽이굽이 흘러가리라는 것을, 그리고 그런 여로가 당신으로부터 느껴지는 그 어떤 힘의 펼쳐짐과 관계 있으리라는 것을 짐작했다. 그러고 보면, 그 여행을 향유하기 위해서 나 같은 족속이 제일 먼저 벗어버려야 할 것은 목적지 직진형의 습관이었다. 나 같은 사람은 목적지를 일단 정해놓으면, 그곳에 이르는 길의 과정을 생략한 채 대번에 그리로 달려가서는 목적을 다 달성한 것처럼 흡족해한다. 하지만, 예컨대 '운주사'로 간다고 할 때, 그 은닉된 자리로 길을 열어간 긴 사연들을 살피지 않는다면 거기 이른들 누워 있는 부처가 그저 신기하다는 생각밖에 더 들겠는가. 그걸 알기는 안다, 나도. 알면서도 조급함이나 게으름 때문에 그냥 건너뛰는 게 문제란 것도 안다. 그런데 이제 그 과정의 체험을 몸소 실천해 보여주겠다는 뜻을, 나는 선생의 표정에서 읽은 것이다.

······자꾸 이 비유를 쓰게 되니까, 이청준 선생의 어투 이야기를 먼저 해두겠다. 이를테면 곡언법(曲言法) litote이랄지, 선생의 말은 언제나 구불구불 빙글빙글 휘돈다. 언뜻 이해할 수 없는 먼데서부터 시작해 점점 대상을 나선형으로 둥글게 맴돌며, 그 말들이 둘러싼 가운데 공간에 그 대상의 모습과 핵심이 드러나게 만드는 것이다(선생의

---

* 지난 연말에야 알게 되었지만, 이청준 선생이 처음 그곳을 첫 예정지로 잡았을 때는 작은 목적이 하나 있었다. 전집 편집에 참여한 사람들에게 합죽선에다가 계산 화백의 그림을 하나씩 받아 선물할 생각이었던 것이다. 그런데 여행의 동행자가 늘어나는 바람에 그 의도를 감추게 되었다고 했다. 그건 당연한 선생의 인간적 배려였다. 그러나 여전히 간직해두고 있던 그 마음을 선생은 작년 망년 모임 때 슬며시 꺼내놓았다. 나는 난을 친 그림 옆에 씌어진 계산 화백의 맑은 글씨가 너무나 마음에 들었다. 선생이 직접 해석해주기를, 살아서 배꽃이나 봄바람 같은 화려함과 마주하지는 못해도 알아보는 사람들에게 이름난 기둥 산림이 고가(古家)를 이룬다는 뜻이라고 했다. 어리석게도 나는 그것으로 이 여름을 쫓지는 않고 '어서 액자에 넣어야 할 텐데' 하는 궁리를 하고 있다.

초기 소설들에서 자주 보인 액자소설 기법도 내겐 그런 어법의 한 형식화로 보인다). 그런즉, 그렇게 힘들여 이야기하는 선생의 노력만큼 듣는 노력을 기울이지 않으면, 선생의 진실을 놓치거나 오해하기 쉽다. 몇 번인가, 나는 그런 선생의 말을 얼핏 칭찬으로 알아듣고 우쭐해하다가 며칠이 지난 후에야 그게 실은 야단이었다는 것을 깨우치고 혼자 민망해한 적이 있었다. 나는 더 나중에야, 그 점잖은 꾸짖음도 애정이라는 걸 겨우 알았다. 근본적인 애정이 없이 그처럼 끈질기게 대상을 말로 감쌀 수는 없는 노릇이다.

 '운주사'에 못 가는 아쉬움을 화순의 '영백정' 앞 강물에 흘려버리고 우리가 찾아간 곳은 '보림사'였다. 이런 곳을 처음 알게 되었나 싶을 정도로 울창하고 수려한 가지산의 계곡길을 따라 어디론가 접어드니, 문득 '보림사'가 나타났다. 동행했던 홍성원 선생이 나중에 "천 살이 넘도록 사람들의 짝사랑을 끌어내는 고준한 아름다움"을 지녔다고 적은 철불이 묵묵히 명상하고 있는 절이었다. 어느덧 어스름이 내리는 시간, 거듭 어리석음에 빠지는 중생을 위해 천년이 가도록 검고 깊은 묵상에 들어 있는 비로자나불은 무섭도록 경건했다. 갑자기 너무 드높은 곳으로 올라온 건 아닌가 하는 섬뜩한 심정에 뒤이어, 나는 왜 선생이 저 낮은 곳에 숨어 있는 '운주사'를 먼저 들르려 했는지 이해할 것 같았다(지나치게 극단화한 대비이긴 하지만, 예전에 본 '운주사'가 현실 곁에 있었다면 '보림사'는 초월 곁에 있었다). 그 순간, 그런 마음을 어루만지고 덮어주는 부처의 옷자락처럼 은은하게 울려퍼지던 저녁 종소리! 그러자, 어떤 구체적인 전언도 없이 다만 가슴의 소리로 밀려오는 무엇인가가 저녁 안개에 섞여 그곳을 둥글게 둘러치는 것 같았다. 그때 그곳은 지극히 자족적이며 그 자체로 절대적인 공간, 앞서 말한 '자연-그림'이 종교적 승화로 완성되는 듯한 그런 공간이었다.

 나 같은 세속인은 그렇지만 그런 공간을 바라보긴 해도 그런 공간 속에서 살지는 못한다. 나 같은 사람은 종교적인 것도 세속화시켜야만, 저 심오한 종소리도 누군가가 말로 바꾸어주어야만 겨우 감당해 낸다. 감당하기 힘든 것은 작고 작게 축소된 흔적으로 간직할 뿐. 나는 절 앞의 찻집이자 기념품점인 곳에서 창가에 풍경으로 걸어둘 만한 작은 종 하나를 샀다. 내 의식의 조작일지도 모르지만, 마치 거기서 그런 심정에 이르리라는 걸 미리 눈치채고 있었는지, 무슨 입문식의 매듭을 짓듯 '보림사'로 우리를 끌어올렸던 이청준 선생이 다시 우리를 끌고 내려간 그날의 마지막 자리는 묘한 곳이었다. 일종의 사당이랄까, 당신의 절친한 고향 후배 김덕중씨가 가문의 조상을 모시고 제사를 올리기 위해 지은 집. 사람의 마을 안에 마련된 종교적 공간, 거기서 세속의 제의처럼 그날의 술판을 벌인 것이다. 제의답게 염소 한 마리가 제물로 올려졌고('속죄-양'은 원래 '속죄-염소'가 맞다), 우리는 우리의 징그런 육체를 염소 고기로 채우고 술로 씻어내렸다. 그러면서 우리는 조금씩, 얼마 전부터 고향에 정착한 한승원 선생을 비롯하여 이선생을 맞이하러 모여든 분들과 편안히 어울려 들었다. 말 그대로 인간적으로.

그렇게 해서, 어디론가 완전히 들어섰다는 느낌과 함께, 세속적 제의는 거의 축제로 바뀌어갔다. 이제 와서 실토하는 바지만, 내가 그 여행의 동행자들을 한 사람 한 사람 열린 마음으로 바라보고 그 전체를 하나로 받아들인 것은 그 자리에서였다. 이선생의 오랜 친구인 소설가 홍성원 선생과 평론가 김병익 선생에다가 서울대 음대 교수인 서우석 선생, 전집 편집에 참여했던 평론가 김경수와 우찬제, 출판을 맡은 열림원의 정중모 사장과 정은숙 주간(겸 시인), 사진을 찍으려 동행한 신현림 시인, 취재 차 온 동아일보의 정은령 기자 등, 연배며 성향이며 직업이며를 따지자면 사실 묘한 조합으로 이루어진 모임이었다. 그러나 이젠 더 이상 따질 필요가 없었고, 있는 그대로 모든 사람들이 그저 좋고 즐거웠다. 그래서 나는 곤드레만드레가 되어, 산중의 '보림모텔'로 옮긴 뒤엔 얼마나 더 취해 얼마나 더 헛소리를 했는지 기억에 없다.

……아는 척을 좀 하자면, 제의나 축제는 사람들 사이의 차별을 지우는 데서부터 시작된다. 궁극적으로는 차별을 새로 세우거나 차별을 전도시키는 데 목적이 있다 하더라도, 그러기 위해서는 먼저 차별을 지우는 것이 필요한데, 실은 그 과정이 더욱 중요한 의미를 띤다고 말할 수도 있다. 과거의 죽음과 현재의 정지를 통해 미래를 그려보고 심지어는 미래를 미리 살아보려는 꿈속에서, 그 둘이 늘 짝패처럼 붙어다니는 것은 흥미로운 현상이다. 제의는 종교적이고 축제는 세속적이되, 종교적 질서와 세속적 난장은 하나이면서 둘이고 둘이면서 하나인 겹의 문화인 것이다. 그런 의미에서, 이청준 선생이 『축제』에서 장례를 축제에 비긴 것은 역설이 아니라 사실에 가깝다. 제의적인 것에 대한 선생의 소설적 탐구는 이미 오래 전 『춤추는 사제』 「비화밀교」 같은 작품들에 중후하게 나타나 있다.

이튿날 아침, 산 공기가 맑아 그랬는지, 흐르는 대로 흘러가자 하고 나를 방기해버려서 그랬는지, 나는 나답지 않게 일찍 몸을 일으켰다. 마른 몸에 저혈압 체질인 내겐 늘 아침에 대한 두려움이 있다. 그래서 늦게 자고 늦게 일어나는 게 거의 습관으로 굳어버린 셈인데, 그날 아침엔 이상하게 견딜 만했다. 더 나아가, 내가 참 오랫동안 잊었던 아침 세상을 맞는 신선감마저 들었다. 약간 구름이 끼긴 했지만 하늘은 청명했고, 숲의 공기도 푸르렀다. 이 아침빛 속에서 '보림사'의 종소리를 들으면 어떨까, 이청준 선생이 혹 그 종소리를 묘사한 장면은 없었나(「잃어버린 절」에서 '잃어버린 종소리'를 추적하던 이야기는 떠오른다), 그런 생각을 하며 나는 방을 나섰고, 선생은 이미 여관 로비에서 단아하고 온화하게 기다리고 있었다. "오늘은 어딜 가나요?" "바다낚시." "예?" "오늘은 느긋이 그깃이나 합시다." 돌연 전날의 구불구불했던 행로를 접고(그건 다음날 다시 이어진다), 돌연 산중에서 바다로 방향을 트는 선생다운 파격에 나는 새삼 감탄사를 뱉었다.

그러나 가만 따져보니, 간밤에 그렇게 술을 퍼부은 몸으로 배멀미를 이겨낼 수 있을까, 걱정이 태산으로 몰려왔다. 그래서 나는 어느 부둣가의 허름한 식당으로 가 아침 식사를 하면서도 소주부터 땄다. 어떻게 배 타는 것을 피해볼 수 없을까 궁리하며, 주인 아주머니한테 농 삼아 예쁜 색시들하고 퍼질러앉아 종일 술이나 마실 좋은 데 없냐고 수작을 걸어보기도 했었다. 능청스럽게 말을 받아주는 그 아주머니는 그런데 선생의 초등학교 동창이었다. "예?" 그 사실에 나는 또 입이 닫히지 않았다. 아무리 배꼽친구였다고 해도 선생이 고향길마다 그 집을 꼬박꼬박 찾아온다는 것하며, 50년이 지나도록 그렇게 격의 없다는 것하며, 그런 사실 자체가 요즘 세상일 같지가 않았던 것이다. "워메, 징한 것!" 소리가 절로 나는 두 사람의 전라도 사투리 가락에 젓가락이라도 두들기고 싶은 심정으로, 나는 벌어진 입에 계속 꿀사투리 같은 해장술을 부었다. 아마도 그 덕에, 나는 바다로 나갈 용기를 얻었던 듯싶다.

……그쯤에서 차츰 분명해지고 있었던 것은 이청준 선생이 가는 곳엔 어디나 찾아갈 사람과 기다리는 사람이 있다는 것이었다. 나 같으면 벌써 발을 끊었을 구석진 기억의 자리를, 선생은 고스란히 현재 속에 간직하고 가꾸고 있었다. 되새겨보면, 선생은 그런 유의 이야기를 자주 했었다. 얼마 전에 술자리에서 들었던, 술 한 병을 사들고 초등학교 때의 스승을 고향 근처 마을 노인정으로 찾아갔다던 이야기도 그랬다. 말은 간단해도, 그건 아무나 할 수 있는 일이 아니다. 너무나 단순하지만 너무나 특별한 그런 삶은 너무나 평범하면서도 너무나 비범한 선생 같은 분에게나 가능한 것이다. 그런데도 선생은 언제나 그 '너무나'를 넘어 한발 더 나아간다. 이번 여행이 바로 그 증거였지만, 선생은 그렇게 정성 들여 일군 자리로 제3의 타자들을 이끌고 들어간다. 그리고 그들이 기꺼운 마음으로 그곳에 발자국을 남기도록 만든다. 언젠가는 선생 없이도 다시 찾아오게 될 자리로서 우리 마음을 연루시켜주는 것이다. 『인간인(人間人)』이란 제목이 상징

하듯 사람 사이의 사람으로서 관계를 가꾸고 관계를 맺어주는 것, 그것이야말로 선생을 이해하는 첫번째 열쇠가 아닐까?

 ……지나는 길에 추억 삼아 한마디 적자면, 내가 이청준 선생의 전집 작업에 간여하게 된 것도 당신의 그런 인간적 바탕 위에서였다. 아직 작가 지망생이었을 무렵, 지금은 다른 세상에 있는 김현 선생의 배려로 평소 사숙하던 이청준 선생의 여러 면모를 직접 곁눈질할 수 있었던 것이 내게는 얼마나 큰 행복이었던지. 더구나 등단 후에도 항상 내 작품을 읽고 술잔을 건네는 당신의 따뜻한 관심은 또 얼마나 고마웠던지. 그래서였겠지만, 언젠가 80년대초의 한 술자리에서('반포치킨' 건너편이었다), 나는 불쑥 "언젠가 선생님 전집이 나올 땐 제가 엮어드리고 싶네요" 하는 소리를 내뱉었었다(김현 선생은 "그건 내 몫인데" 하고 껄껄 웃었었다). 그런데 그 사이 꽤 오래 못 뵙고 지냈는데도 불구하고, 선생은 그 말을 간직하고 있었다. 사실 내게 무슨 그런 큰 일을 할 능력이 있겠는가. 실제로도 다른 편집위원들이 훨씬 수고를 많이 했지만, 선생은 그 오래 전의 그 말 한마디만으로 나를 그 일 속에 두고자 했다. 선생 자신을 담보로, 그 정분을 새롭고 풍요롭게 되살리려 하는 것이었다.

 아침 식사를 끝낸 후, 미리 주문해두었던 점심 도시락을 받고, 음료수와 소주를 사고, 우리는 다시 차를 몰아 회진 근처의 작은 어항에 도착했다. 당연히 미리 기다리는 그 마을의 지기들이 있었고 선박도 대기하고 있었지만, 약간의 문제 또한 있었다. 서해안 쪽에 태풍 주의보가 발동되어 그곳도 출항이 불가능할지 모른다는 것이었다. 우리는 히히닥거리며 이런저런 농담을 흘렸지만, 선생의 얼굴에는 아연 긴장감이 역력했다. 우리가 자판기 커피를 뽑아먹고 사진을 찍고 화장실에 들르고 하는 사이, 선생과 선주와 해안 경찰은 이리저리 오갔다. 그 사이에 오간 사연은 모르겠으되 어쨌든 한참 만에 출항 허가가 떨어졌고, 우리는 두 척의 배에 나뉘어 바다로 나갔다. 하여, 우리는 마침내 소담한 무인도가 빤히 건너다보이는 어딘가에 두 배를 붙인 모양으로 닻을 내리고 선박 둘레로 낚싯줄을 드리우게 되었고, 그제서야 선생은 긴장을 푸는 듯싶었다.

……이것도 그쯤에서 분명해졌는데, 이청준 선생은 말하자면 그 여행의 연출가로서 일정과 세부 사항을 아주 치밀하게 준비해두고 있었다. 내 짐작에, 선생은 어느 날 몇 시에 어디로 가서 누구를 만나고 무얼 하고 그때는 무엇이 필요할는지 등등, 모든 국면에 대해 미리 도상 연습을 하며 연락과 확인을 거듭했지 싶다. 필경 그것은 그 여행을 선생 나름으로 의미화하는 작업과 연결되어 있었을 터. 그러니 운주사에 못 간 아쉬움이나 출항 여부에 대한 긴장은 당연했다. 하지만, 그러면서도 선생은 그런 역할을 최대한도로 내색하지 않았다. 끝없이 우리 밖으로 물러서 우리를 바라보고 점검하면서, 동시에 우리의 일부로 함께 뒹굴었다. 그리고, 그럼으로써 모든 것이 아주 자연스러운 흐름을 타도록 애썼다. 짐작하건대, 그런 연출은 아주 역설적인 작업이었을 것이다. 우리를 현실 너머로 이끌기 위해, 선생 자신은 한편으로 지극히 현실적인 문제들——하다못해 돈 계산까지——과 씨름해야 했을 터이므로. 도대체 타인에 대한 당신의 그 모든 열정과 정성은 과연 어디서 솟아나는 것일까?

……지나는 길에 이번엔 재미 삼아 한마디 더 적겠다. 앞의 앞 문단 마지막 문장을 나는 '하여'라는 어휘로 시작해보았는데, 그건 사실 이청준 선생이 자주 쓰는 접속사다. 나는 왠지 그 접속사가 꺼려져, 보통은 '그리하여'나, 아니면 평범하게 '그래서'라는 표현을 주로 쓰는 편이다. 내 감각으론, 그 첫머리 'ㅎ'자 음이 자꾸 헛헛하게 들리고, 이유없이 '하염없다'는 말과 연관되어 울리기도 하고, 또 괜시리 우연의 개입을 어쩔 수 없이 수락하는 허탈감이 번져나오기 때문이다. 아닌게아니라, 선생이 쓴 그 표현을 읽을 때도 그런 느낌을 받는 경우가 있다. 그런 내 느낌에 일말의 정당성이 있다면, 그 표현은 여행기에 썩 어울릴 수 있다. 왜냐하면, 일종의 퍼포먼스와 같은 여행엔 예상 밖의 요소가 개입될 소지가 큰 까닭이다. 그런 의미에

서, 이청준 선생의 '하여' 사용은 당신 소설의 근본이 '여행-성(性)'에 있다는 내 판단을 내 감각의 방식으로 뒷받침한다. 그러나, 선생 작품들의 더 깊은 비밀은 그것이 여행기에 멈추지 않고 어느 틈에 소설이 되어 있다는 것이다. 내가 보기에, 그 고리는 우연의 어쩔 수 없음마저도 대상 자체의 삶 속에서 의미있는 필연으로 연출되도록 하려는, 위에서 말한 대상에 대한 지극한 사랑이다.

그날, 청정 바다는 아주 고요했다. 날씨도 더 개어 하늘은 투명하고 햇살은 따사로운 게, 온다던 태풍은 어디 갔나 의아스럽기만 했다. 내 공상 속에서는, 우리가 태풍의 눈 속에 있는 게 아닌가 싶었다. 비유로 치자면 그것도 그럴듯했다. 우리가 떠나온 당시의 현실은 태풍이나 다름없었으니까. 우리는 태풍의 한가운데서 호수 같은 평온을 즐기고 있었다. 겹쳐진 섬들이 내륙의 산등성이처럼 둘러쳐 있고 하늘은 둥근 돔처럼 덮여 있어, 그 공간은 지난 저녁의 '보림사' 처럼 자족적이고 절대적이었다. 그러나 근본적으로 다른 것은, 그쪽이 종교적이었다면 이쪽은 유희적이었다는 점이랄까. 출렁이는 물결 위에서 흔들리며 우리는 어른이고 젊은이고 할 것 없이 아이처럼 아무 뜻없는 무상의 놀이를 즐기고 있었다. 점잖은 김병익 선생마저 슬금슬금 음담패설을 건네기 시작했고, 문명의 이기에 밝은 서우석 선생은 여기서도 휴대폰이 터지나 장난 실험까지 하며 용수철처럼 예측할 수 없이 튀는 특유의 말장난을 늘어놓았다. 이런 묘사를 하는 건, 그때 이청준 선생만은 무엇인가를 지긋이 응시하고 있었다는 식의 쓸데없는 '썰'을 풀기 위해서가 아니다. 선생도 그땐 마냥 풀어진 말대꾸로 흥을 돋웠고, 나는 그 모습 그대로가 아주 좋았다.

낚시광인 홍성원 선생이 애를 쓰긴 했으나, 고기를 낚는 데는 역시 뱃사람들 솜씨가 최고였다. 비늘빛을 퍼덕이는 생선들은 즉각 회로 쳐져 감칠맛 나는 안주가 되었고, 더불어 술은 한없이 달게 들어갔다. 워낙 말없이 다정한 술꾼인 김경수가 "보해 소주 정말 맛있죠? 정말 좋아요" 하며 자꾸 남의 입에 비워지는 술을 안타까워할 정도였다. 그냥 그대로 취중몽사하여 바다 밑에 누워도 여한이 없겠다는 시답잖은 상념에 빠질 때쯤 가져간 술이 바닥났으나, 다른 술이 또 있었다. 선주가 배 안 어딘가 감추어두었던 댓병 막소주를 꺼내왔던 것이다. 왜 술을 감추어두냐고 묻자, 선주는 음주 운항이 금지되어 있기 때문이라고 했다. 음주 운항? 음주 운전처럼 음주 운항이란 말도 있었단 말인가? 그런데 실제로 음주 측정까지 한단다. 그러고 보니까 정말 그럴 수 있을 것 같았다. 취중에도, 그 바다가 어부들에게는 엄연한 현실이라는 사실이 그 말을 통해 명백하게 전해져왔다. 그때 바다를 지긋이 응시한 것은 쑥스럽게도 다름아닌 나였다. 그러면서 나는 다시 한번 비유의 파도를 타고 바다를 보았다.

……문학이란 현실의 바다 위에 떠 있는 유희의 배가 아닐까? 그러나 문학이라는 배는 유희이면서 유희 이상인, 현실 위에 떠 있으면서 현실을 건너가게 하는 그런 신비한 의미의 공간, 여행의 시간을 열어준다. 그때 그 배를 젓게 하는 '어떤 힘'의 원천은 아마도, 저 드넓고 밑 모를 바다에서 건져진 현실의 정수와도 같은 고기들을 가장 근원적인 유희 정신으로 조리해 연금술적으로 빚어낸 진미의 언어일 것이다. 언어야말로 문학의 모든 것을 가능케 하는 근본, 문학 그 자체나 다름없으니까. 그렇다면 이 땅에서 그 핵심을 가장 깊이 응시한 작가는 다름아닌 이청준 선생이리라.『잃어버린 말을 찾아서』의 구성이 극명하게 보여주는 것처럼('언어사회학 서설' 연작과 '남도 사람' 연작은 그처럼 맞붙어 얽혀 길항할 때 더욱 의미를 쏟는다), 선생의 문학을 지배하는 모든 관계의 문제는 언제나 언어의 문제로 수렴된다. 당신의 가장 최근 작품에 이르기까지도 변함없이.

육지로 돌아온 것은 배 안의 술을 남김없이 비운 때쯤이었을 것이다. 아직도 해가 기울려면 남은 시간이 있었다. 그러나 선생은 굳이 다른 행로를 찾으려 하지 않았다. "오늘은 이대로 퍼집시다." '퍼집시다'였는지 '비웁시다'였는지 확실치 않으나 그게 그날의 연출 내용인 듯했고, 배우인 우리는 그 말에 따라 그날 거처하기로 되어 있는 선생의 누님 댁으로 향했다. 가는 차 안에서 선생은 당신의 생가가 있다는 야트막한 산등성이 너머를 가리켰고, 또 다른 여기저기서 "여기가 「살아 있는 늪」에 나오는 그 길인데…" "「눈길」 속의 그때는 버스 정류장이 있던 저기까지 걸어서…" 하는 식으로 당신의 살 속에 박혀 있는 시간의 자리들을 슬쩍슬쩍 들춰 보여주었다. 듣다보니까, 장흥 땅 어디치고 선생이 소설을 길어올리지 않은 곳은 없는 듯했다. 아니, 거꾸로 말해야 더 옳을지 모르겠다. 장흥 어디에도 선생이 당신의 소설로 덮지 않은 곳이 없다고. 하기야 그곳이 고향인들, 있는 그대로 저절로 무슨 의미가 솟겠는가. 의미는 머리로 부여하는 것이지만, 동시에 가슴으로 덮어줌으로써만 완성될 수 있다.

훤히 트인 푸른 들판 너머에 있다는 바다를 허공에 뒤집어엎은 듯 하늘이 일렁여 보이는 선생 누님 댁 뜨락에서, 결국 우리는 퍼졌다. 어린아이 같은 발상법이 팔짝팔짝 뛰는 신현림 시인과, 누님처럼 푸근하지만 혼자만의 애틋한 비밀을 숨기고 있는 듯한 정은숙 시인과, 허술한 표정 뒤로 날카로운 직업 의식의 눈을 닫지 않는 정은령 기자는, 일찌감치 바닷가로 산책을 나간 모양이었다. 나는 바둑광인 김병익 선생의 유혹에 넘어가 바둑판이 놓인 평상 위에 앉았지만, 선머슴처럼 사람 좋은 정중모 사장이 자꾸 내미는 술잔의 유혹도 만만치 않아서, 내 손은 바둑알을 집으랴 술을 꺽으랴 뭐가 뭔지 뒤죽박죽이었다. 그 와중에, 비평가 권택영 선생이 온다는 전갈이 왔다. 다음날엔 일찍 정은령 기자가 회사 일로 돌아갈 참이었다. 그리고 빠질 수 없는 일로 이날 새벽에 서울로 떠났던 우찬제가 어느 시점에선가 돌아오게 되어 있었다. 불과 3박 4일의 일정인데도, 누군가는 떠나고, 누군가는 새로 오고, 누군가는 떠났다가 돌아왔다. 그리고 선생은 그 모든 이에게 최선의 예를 갖추었다.

……내가 아는 한(이런 단서는 행여 선생에게 누를 끼치지 않기 위해서다), 선생은 사람들과의 관계 속에서 흐트러지는 법이 거의 없다.

그건 즐거울 때나 서운할 때나 마찬가지다. 아주 즐거울 땐, 백설같이 새하얀 머릿결에 여전히 동안인 선생의 표정은 묘한 장난기를 떠올리며 몽실몽실하게 어떤 신비로움마저 내뿜는데, 실제 감정의 표현은 "예끼!" 하는 간투사를 내던지는 정도다. 반면, 기분이 언짢을 때는 자연히 얼굴이 굳거나 무심해지지만, 말은 더욱 멀리 돌며 진중해진다. 그러다가 견디기 어려워지면 아예 침묵하는데, 그때가 가장 격한 마음을 억누르는 순간이 아닌가 싶다. 내가 보아온 한(거듭 이런 단서를 다는 것은 솔직히 김현 선생에 대해 말할 수 있는 것만큼은 이청준 선생과 가까이서 지내지 못했기 때문이기도 하다), 선생은 마음을 버린 사람과는 대놓고 싸우지 않는다. 차라리 선생은 슬며시 물러선다. 얼핏얼핏 선생에게 그런 일화를 듣기도 했지만, 당신 자리를 끝내 넘보면 그냥 양보하고 물러서서 다른 자리를 찾는다. 그리고 그곳에서 새 소설을 쓴다. 그 상상적 언어를 통해 상대가 자신의 뜻을 알아듣기 바라며. 용서와 화해라는 선생의 소설적 주제는 그 모든 것을 함축하고 있다.

  선생의 누님이 손수 정성을 들인 저녁상을 푸짐하게 즐긴 뒤, 젊은 축에 속하는 사람들끼리는 오가는 이들과의 반가움과 아쉬움을 나눌 겸, 대덕 읍내의 노래방으로 가서 몇 곡씩 뽑으며 몸도 조금 흔들었다. 그러나 아무래도 주인공이 빠진 것 같아 되돌아왔을 때, 선생은 식구들과 술잔을 기울이고 있었다. 염치없는 건지 아닌지, 우리는 어김없이 술자리에 끼여들었다. 꽤 술에 젖은 선생은 떠오르는 대로 이런저런 이야기를 했고, 나도 취할 대로 취해 있었으므로 대부분의 이야기는 들으면서 흘렸다. 그래도 기억나는 이야기 두 가지. 그 하나는, 선생의 고향 마을 사람들이 선생의 생가 표지를 길가에 세우자는 걸 말렸다는 혹은 거절했다는 것이었다. 거기엔, 죽은 다음에 자기들이 세워주면 의미있을 수도 있지만 살아서 당신 돈으로 세우라고 하는 게 무슨 헛소리냐는 것과 돌 기념물보다는 언어로 남는 게 더 소중하다는 뜻이 담겨 있었다(얼핏 『당신들의 천국』의 동상 이야기가 머리를 스쳤다). 다른 하나는, 선생이 술을 들 때마다 틈틈이 흘리는 김현 선생과 얽힌 일화들. 그건 이제는 돌이킬 수 없는, 그러나 당신이 소중하게 간직하고 있는 진한 관계의 흔적들이었다.

……치열한 우정이라고 이름붙여야 할까, 한국 문단사의 보기 드문 에피소드인 두 사람의 관계는 어쩌면 당신이 꿈꾸는 관계 맺기의 한 전범일 수 있다. 나이는 이청준 선생이 세 살 위지만 4·19 세대 문인들의 말트기 운동(?)을 통해 맺어진 친구로서, 피를 나눈 듯 서로를 이해하는 동지이자 피를 튀기듯 상대를 파고드는 비판자이기도 했던 두 사람은, 그런 사랑과 긴장이 하나된 언어의 자장 속에서 서로를 자극하고 부추기는 뜨거운 관계였다. 직접 보진 못했으나 문학적으로 심하게 다투고 다시 술로 풀고 한 일이 여러 번 있었다고 하는데, 생전의 김현 선생으로부터 나는 이청준 선생의 개인적 모습에 관한 이야기는 많이 듣지 못했다. 뚜렷이 기억나는 표현은, "청준이? 의뭉허지…, 의뭉해"라는 것 정도다(그건 속이 깊고 깊다는 뜻으로 한 말이었다). 그러나 이청준 선생이 작품을 발표할 때마다, 김현 선생은 그걸 제일 먼저 찾아 읽었고 긍정적으로든 비판적으로든 빠짐없이 그 이야기를 했다. 그리고 이청준 선생이 당신의 동세대 작가라는 게 행운이자 행복이라는 말도 여러 번 했다. 그런 작가가 있기에 비평할 맛이 나고 의욕도 불타오른다는 것이었다. 이런 사정은 이청준 선생 경우에도 같았다. 김현 선생처럼 읽어내는 사람이 있기에, 그 한 사람 때문에라도 소설을 함부로 못 쓰겠다는 것이었다. 오오, 그처럼 인간적 관계를 새로운 문학적 성취로 승화시킨 두 분께, 끝내 문학으로 영원히 사는 축복이 있을진저!

새로운 아침 빛 속에서 바라본 마량 부두는 내 마음처럼 한가했다. 아침 식사를 이미 끝낸 우리가 그 부두의 횟집에 들른 것은 아침부터 술을 마시기 위해서가 아니었다. 어죽이 일품이라는 그 집에는 스케치북이 하나 보관되어 있었다. 이청준 선생과 함께 왔던 사람들이 그

때마다 글 한 구절씩을 남긴 스케치북 속에는, 낯익은 이름들과 그들의 육필이 옹기종기 모여 있었다. 선생과 관계된 작은 집단의 기억을 그렇게 간직해놓음으로써, 그 선술집은 개인사적인 시간을 슬쩍 공개하는 살아 있는 박물관이 되어 있었다고나 할까. 그러나, 선생이 그곳을 거쳐 다음 행선지로 우리를 안내한 곳은 보다 큰 기억의 공간, 이 나라의 문화사적 박물관이었다. 강진군 대구면에 있는 고려청자 요지. 우리나라 국보·보물급 청자의 8할 이상이 만들어졌다는 그 유적지에서, 우리는 청자자료박물관과 그 옛날의 가마터, 그리고 지금도 청자를 굽고 있는 작업장들을 산책하듯 천천히 맴돌았다. 그 구석구석에서, 혼신의 넋을 담아 청자를 빚고 깨고 또 빚고 했을 옛 도공의 숨결이 아직도 스며나오는 그런 곳이었다. 아아, 장인들의 땅.

……조금 전에 썼던 이청준 선생과 김현 선생의 그런 관계도, 두 정신의 저 밑자리에 언어 하나하나에 대한, 그리고 그것이 결합되어 빚어지는 작품 하나하나에 대한 문학적 장인 의식이 깔려 연결되어 있지 않았다면 불가능했을 것이다. 김현 선생이 「장인의 고뇌」라는 해설을 붙였던 당신의 첫 소설집 『별을 보여드립니다』에 나오는 줄광대로부터 최근 작품의 목수에 이르기까지, 이청준 선생의 주요 인물들의 상당수는 장인들이거나 장인 의식을 벗어나지 못해 불구로 취급받기 일쑤인 현대인들이다. 누구보다도 장인들을 사랑하며, 당신 자신도 장인이라 여기기 때문일 것이다. 왜 선생은 장인적인 것에 집착하고 거기에 자신을 몸담는가? 비록 지금은 불구로 취급받지만 거기에 새로운 관계, 새로운 세상을 만들어내는 힘이 숨어 있다고 믿는 까닭이 아닐까? 나는 믿는다, 선생은 당신 자신도 확신할 수는 없는 그 믿음에 그러나 끝까지 자신을 걸고 있다고. 전집을 엮는 과정에서, 나는 선생의 그런 면모를 다시 엿보았다. 선생은 이미 나온 책들의 페이지마다 깨알같은 글씨로 수정에 수정을 거듭하고 있었다(내 개인적 의견으로, 이번 전집은 선생 자신의 손으로 당신 작품의 마지막

판본을 확정해나간 데 무엇보다 중요한 의미가 있다). 내가 보기엔 이미 완성품인 작품들을 놓고 말이다.

그런 장인 정신을 선비의 차원에서, 그러나 복고적이 아니라 근대적으로 보여준 선학 중의 한 분이 다산(茶山)이리라. 우리는 강진만을 우회해 '다산초당'으로 갔다. 한데 언제부터 그리 복작대는 관광지가 되었는지, 나는 그 행렬에 낄 엄두가 나지 않았다. 불현듯, 몇 해 전 겨울에 그곳에 갔을 때의 그 적요함과 초당 옆 정자 위에서 강처럼 길게 늘어진 강진만의 바다를 바라보며 홀짝였던 술이 그리웠다. 다산이 솔방울을 지펴 끓인 차의 물을 댔다던, 가뭄에도 마르지 않는다는 약천의 물맛이 간절했지만, 나는 체념한 마음으로 다른 우리들이 초당에 다녀오는 사이 파전 가게에서 이날의 첫 술을 마셨다. 그리고는 중간 어디선가 육개장을 한 그릇씩 먹고 '땅끝'으로 갔는데, 거기서도 이상하게 짜증이 났다. 여전히 관광객들이 복작대고 있었던 것이다. 나는 새삼스레 거기서 어떤 '끝'의 체험을 기대하지는 않았었다. 벌써 여러 번 와봤고, 이미 우리는 끝이나 다름없는 자리들을 부랑하고 있었으니까. 그런데 전날처럼 바다 위로 한없이 퍼지고 난 후에 다시 굽이굽이 휘어지는 지상의 길로 들어서서, 계속 그토록 세속적인 어지러움을 겪는다는 게 잘 겪어지지가 않았다.

그게 내 속에 곪은 병, 일종의 순수주의적 편협증 탓이 아닐까 하는 반성과 회한에 휩싸인 건 한참 뒤의 이야기고, 그때는 다만, 다시 한번 그런 나의——우리의——속을 꿰뚫어본 듯한 이청준 선생이 빤히 건너다보이는 그날의 최종 종착점을 한번 더 우회해 송지 달마산의 '미황사'로 발길을 돌린 게 마음을 다스려주었었다. 다시금 거기서, 세상과의 거리를 어느 정도 확보할 수 있었던 것이다. 절 자체는 대단치 않았지만, 그곳은 자연이 그 자체로 절인 듯한 곳이었다. 절 뒤로 삐죽삐죽 삐쳐오른 기암들 하나하나가 그 자체로 온갖 형상의 불상을 이루고 있었다. 그래, 여긴 부처가 따로 필요 없겠구나 싶은 심정이 절로 들었고, 그렇게 이어지다 보니 종도 따로 필요 없겠구나

하는 생각마저 들었다. 없는데도 있는 불상, 들리지 않는데도 들리는 종소리. 선생이 그렇게까지 미리 연출을 준비했다는 건 물론 지나친 소리겠지만 당신 같은 감각의 경지에 오르면 의도하지 않은 것까지도 그 감각에 의해 정리되는 법. 절묘하게도 선생은 그렇게 이 세상의 양극단을 슬쩍 대비시켜 내비치고 나서야, 그 세속적 어지러움과 그 초월적 자연스러움의 사이 어디쯤 된다고 느껴지는 곳으로 우리를 안내했다.

지금 생각에, 그 여행을 통해 선생이 마지막으로 드러내보이고자 했던 것은 바로 그 '사이'였다. 그리고 그 '사이'에, '사이' 그 자체로서의 여행의 절정을 기획해놓고 있었다. '땅끝'이 저만치에 비껴 보이는 벼랑 위, 바다와 뭍의 경계선에 자리한 그곳은 또한 하늘과 바다의 사이이기도 했다. 그곳은 '사구포 휴게소'였다. 그 이름이 좀 뭐했지만, 해안 도로를 달리는 사람들의 단순한 휴게소와는 전혀 다르게, 그곳은 그 집 주인장이 마음먹은 바 있어 삶의 마지막 거처로 마련해 가다듬어가고 있는 그런 공간이었다. 그곳에서, 저 위로 남빛 하늘을 올려다보고 저 아래로 옥빛 다도해를 굽어보며, 그리고 예정되어 있는 절정에 설레며, 우리가 기다림을 채울 수 있는 것이라곤 술밖에 없었다. 거기서 또, 얼마나 많은 맥주병을 굴렸는지 모르겠다. 불쌍한 술, 불쌍한 인간. 그 '사이'를 가르는 바람이 꽤 심해서 더 술이 당겼는지도 모르겠다. 바람은 때로 빈 병을 불 때의 그런 고동 소리를 냈다.

그 바람 소리를 타고, 기어이 와야 할 것이 왔다. 멀리 완도로부터 소리꾼들이 도착했던 것이다. 젊은 여인네 소리꾼 둘, 해맑은 얼굴의 한 청년 고수, 그리고 그들의 대부의 풍채를 지닌 한 어르신. 해남을 지키는 향토 문화인이라 할까, 그 우록(友鹿) 선생이란 분과 이청준 선생은 반갑게 손을 잡았다. 정갈하게 차려진 음식상에 둘러앉아 술잔과 덕담을 얼마만큼 나누고, 드디어 소리가 시작되었다. 두 소리꾼은 처음엔 잡가로 목청을 다듬는 데서부터 시작하여 차츰 춘향가로

흥보가로 넘어가며 소리를 고조시켜갔다. 서서히 남도 사투리와 남도 가락과 남도 목청이 기막히게 하나로 어우러져들었고, 끊어질 듯 맺힐 듯 절절이 이어지며 굽이치는 소리는 두 여인의 몸 속에는 없는 어디로부턴가 끝없이 우러나오는 것만 같았는데, 그 울림은 이만치 앉아 있는 내 발끝에서부터 점점 솟구쳐오르며 온몸을 휘감았다. 음반으로 들은 적은 있어도 직접 육성으로 접한 것은 그때가 딱 두번째였는데(먼젓번도 이청준 선생이 마련한 자리에서였다), 나는 그게 그처럼 몸을 흔드는 것인 줄은 예전에 미처 몰랐었다. 마치 내 몸 전체가 그 소리 덩어리인 양, 온 넋이 온몸으로 울리는 소리! 내 몸을 울리고 떠오르는 그 소리는 우리의 머리 위로 퍼지며 둥근 궁륭처럼 덮여왔다.

 ……그 판소리의 궁륭은 첫날 보림사에서 들은 종소리의 궁륭과 다르면서도 닮았었다. 그 둘은 또 바다 위에 둥글던 하늘 궁륭과도 통하는 것이 있었다. 그 둘은 하늘을 모방해 하늘처럼 우리를 하나로 덮어주는 그 무엇인가이다. 그러나 그 둘은 어떤 의미에서는 조금, 어떤 의미에서는 많이, 다르다. 우리 삶의 저쪽에 하늘이 있고 이쪽에 땅이 있다면, 종소리와 판소리는 공히 그 사이에 있다. 그럼에도 다른 점은, 종소리가 그 사이의 저쪽 경계선에 있다면 판소리는 이쪽 경계선에 있다는 것이다. 그래서 그 둘의 지향도 다르다. 단순화시키자면, 종소리는 세속을 초월로 이끌어 들어가려 하지만, 판소리는 초월을 세속으로 이끌어 들어가려 한다. 그러나 가장 미묘하면서도 근본적인 차이점은, 종소리는 제 소리의 한계를 넘어 완전히 초월로 넘어가기를 원하지만, 판소리는 세속으로 완전히 넘어가기를 원치 않는다는 것이리라. 판소리가 세속으로 넘어가면 종국엔 그 '사이'도, '저쪽'도 소멸될 테니까. 판소리는 세속의 경계 아슬아슬한 저쪽에서 세속의 가사를 담되, 그것을 초월적 음감으로 다르게 새롭게 느끼도록 만든다. 그 세속이 다르게 새롭게 살도록 만들기 위하여. 그렇게 보면, 판소리가 위치한 그 '사이'는 매개의 자리이고 새로운 소통의

자리이다. 그곳은 '조율사'의 자리이며 '새로 태어나는 말'의 자리, 요컨대 이청준 문학의 자리인 것이다.

  소통은 발화자와 수신자의 어우러짐으로 완성된다. 판소리는 삶과 예술에 있어서의 그러한 면을 가장 잘 육화시킨 양식이다. 그렇지만 그날 그 자리의 우리는 판소리에 서툴었다. 대부분, 속으로는 절실히 느끼고 원하면서도 대꾸의 방식엔 미숙했던 것이다. 이청준 선생을 빼고는, 서양 음악 전공이면서도 판소리에 관심이 많은 서우석 선생과 국문학 전공인 우찬제가 나름대로 추임새를 넣으려고 노력은 했지만, 소리꾼들은 흥이 조금씩 죽는 것 같았다. 그런데, 그때였다. 어느 사이엔가, 이청준 선생이 소리꾼들 뒤에서 꺼떡꺼떡 어릿광대춤 비슷한 것을 추고 있는 것이 아닌가. 말하자면 선생은 소리꾼들과 우리 사이에 길을 터주기 위해 당신의 온몸을 던지고 있었다. 그 어릿광대짓에 분위기는 다시 반전되었다. 여기저기서 원초적인 추임새가 터지고 어깨가 들썩였다. 누군가 거나한 기분에 혹 소리꾼도 유행곡을 즐기면 한 곡 뽑아보기를 청했고, 소리꾼들은 마다하지 않았다. 순간적으로 그게 예술가로서의 그들을 대한 예의에 어긋나는 청일 수도 있겠다고 생각했지만, 들어보니 나같이 무지한 자에겐 그게 판소리에 접근하는 빠른 길일 수도 있었다. 그들의 유행가는 전혀 새로웠으니까. 예기치 못했던 선생의 춤사위처럼.

  ……그리하여 나는 잠깐 동안 그 여행의 연출가이면서 동시에 배우인, 넋과 몸 그 전체로 작가인 이청준 선생의 영상이 온전하게 켜졌다가 슬며시 꺼지는 것을 보았다. 판이 끝난 후, 나는 커다란 유리벽 밖 멀리로 등대불만이 깜박거리는 캄캄한 하늘과 바다를 내다보며, 선생의 문학이 그리고 이청준이라는 존재가 훗날 어떻게 남을 것인가를 혼자 자문했다. 그때 취기를 가르며 나를 뭉클하게 만들었던 것은 다름아닌 선생의 「선학동 나그네」의 끝부분에 나오는 이런 구절이었다: "지금도 그 선학동 어딘가에 여자의 노랫가락 소리가 들려오고 있는 듯, 그리고 그 노랫가락 속에 한 마리 학이 되어 떠도는 여인

의 모습을 보고 있기라도 하듯이 눈길이 새삼 아득해지고 있었다."
선생은 아마도 우리 눈을 아득하게 하는 그런 무엇인가로 이 세상에
남으리라. 하늘에 새겨진 노랫가락처럼 없으면서도 있는, 소리로 학
의 이미지를 떠올리게 해주는 그런 존재로서.

그 마지막 밤에, 나와 김경수와 우찬제는, 여행중 이청준 선생을
뒷바라지하느라 고생이 많았던 정중모 사장을 위로하기 위해 거의
새벽까지 화투장을 돌리며 술을 마셨다. 나는 내 주머니가 거의 다
털렸을 때쯤 모로 쓰러졌고, 그리고는 느지막이 일어나 바다 공기를
들이켜며 아침을 먹으러 갔는데, 왠지 이청준 선생은 상당히 예민해
있었다. 전날 밤을 혼곤히 지낸 것은 좋았으나, 그 틈에 사소한 현실
적 착오가 생겼던 듯싶었다. 무슨 일인가 탐문해보니, 소리꾼들을 보
내며 그들에 대한 예의로써 건네졌던 사례에 뭔가 모자람이 있었던
모양이었다. 그런 게 선생의 깊은 정이겠지만, 어쨌든 당신은 상당히
오랫동안 안절부절을 못했다. 세상사가 으레 그렇듯, 선생의 여행 연
출이 다 끝났다 싶은 순간에 마지막 마무리의 어려움이 생긴 것이었
다. 그러나 선생은 숙고 끝에 해결책을 찾아냈다. 애당초의 예정을
바꿔, 우록 선생을 찾아가기로 한 것이다. 선생은 미리 전화를 했고,
우리는 어차피 가야 할 길을 따라 해남으로 향했다.

해남 한쪽 끝에, 앞이 조림지로 가려진 우록 선생의 집은 갓 새로
지은 서당 같은 느낌을 주었다. 천장이 높아 여름에도 꽤 서늘할 듯
한 너른 거실에서, 이청준 선생은 앞뒤 사정을 고하고 소리꾼들에게
전해주십사며 슬며시 봉투 하나를 옆으로 놓았다. 서울로 돌아오고
도 한참 뒤에야 「다시 태어나는 말」에 인용된 그분이라는 걸 알았지
만, 우록 선생은 차 한잔이나 나누고 떠나라며 집 바로 옆에 정자처
럼 세워져 있던 다실로 자리를 옮겼다. 그리고 서두름 없이 차를 끓
였다. 그분이 앉은 자리 옆의 조그만 창문을 열자 그리로 곧 지하수
물을 뜨게 되어 있는 건축적 배치가 아주 실용적으로 보였다. 우록

선생은 다기로 차를 우려내 이런저런 찻잔에 나누어 건넸는데, 그 잔들이 하나같이 다른 모양새였다. 누군가가 이렇게 제 각각인 찻잔을 쓰는 이유가 있느냐고 물었고, 그분은 그냥 되는 대로 마시면 되지 찻잔이 중요한 게 아니지 않느냐고 대답했다. 그리고 덧붙이길, "일본에도 가봤는데 요것조것 하도 형식을 찾아서……" 다도에 정통한 분이 내뱉는 그 한마디는 저릿한 데가 있었다. 형식이 궁극적 소통은 아닌 것이다. 우록 선생의 차는 그윽했다.
　그러고 보니, 그 여행은 무등산의 차 한잔으로부터 열려 해남의 차 한잔으로 닫혀가는 모양새였다. 이청준 선생의 여행 연출은 뜻하지 않았던 악재마저도 또 다른 기회로 바꿔, 그렇게 수미일관의 형태로 마무리되었다. 이제 남은 것은 굳이 잊으려 했던 현실로 돌아가는 과정으로서의 뒤풀이뿐이었다. 우리는 관광 인파에 섞여 월출산 '무위사'에서 수월관음도와 아미타삼존도를 보고 절 앞의 냄새나는 화장실에서 배설을 한 뒤, 광주로 올라가 하남 쪽 신시가지 빌딩 속의 한 식당에서 돼지갈비와 소주로 점심을 먹었다. 그리고는 고속도로 길. 떠날 때와는 달리 시시껄렁한 잡담이나 나누는 게 귀로의 방식이었지만, 서울로 들어가기엔 너무 날이 밝다는 생각이 들었는지, 선생은 문득 유성 인터체인지로 빠지자고 했다. 그곳에서 선생의 친지 가족과 저녁을 나누며, 우리는 도시를 워밍업한 셈이랄까. 서울이 가까워지자, 매캐한 냄새와 현란한 불빛들이 속을 울렁이게 만들었다. 그나마 밤이 깊어 어둠으로 가려진 서울로 들어온 게 다행스러웠다. 이젠 군더더기를 덧붙일 필요가 없었다. 양재역 사거리에서 선생은 간명하게 돌아서서 총총히 멀어져갔다. 〔소설가〕

제 2 부

삶의 진실을 찾아서

언어와 현실의 갈등

김 치 수

I

  한 사람의 작가에게서 그 작가의 고유한 세계를 발견한다고 하는 것은 비평이 해야 할 가장 중요한 일 가운데 하나일 것이다. 아니 그 고유의 세계를 발견할 뿐만 아니라 그 세계가 가지고 있는 의미를 분석해낸다고 하는 것은 바로 그 작가와 작품을 제대로 읽어내는 방법이 될 것이다. 그러나 정작 어떤 작가를 들고 그의 문학 세계를 이야기하고자 했을 때 그것이 대단히 추상적이거나 무의미한 것이 되지 않게 하는 것은 생각만큼 쉬운 일은 아니다. 왜냐하면 작가가 하나의 작품을 쓴다고 하는 것은 그 작가로서는 그때까지의 여러 가지 경험을 추체험하는 것이며 동시에 새로운 경험을 창조하는 일이기 때문이다. 여기에서 새로운 경험을 창조한다고 하는 것은 바로 '작품을 만드는 경험'의 창조성을 의미한다. 물론 작가는 작품을 쓸 때마다 이처럼 경험 창조를 하고 있지만, 이때의 창조의 경험은 개개의 작품에 따라 다른 것이다. 작품을 쓴다는 것이 언제나 다시 시작한다는 의미를 띠는 것도 그 때문이겠지만, 만일 그렇지 않다고 한다면 작품 자체가 일종의 유형화로 떨어짐으로써 새로운 작품의 긴장을 우리로 하여금 경험하게 해주지 못하는 것이다. 그렇기 때문에 작가가 하나의 작품을 쓴다는 것은 설사 그가 쓰고 있는 이야기 자체 행위가 창조적 행위임은 두말할 필요도 없거니와 독자가 작품을 읽는 행위도 창조적 행위일 수 있고 또 그래야 할 당위성을 갖는다. 이 말은 작가의 새로운 경험인 작품을 독자가 단순한 경험으로서 소비해버릴 경우에 그 작품과 독자 사이의 관계가 비진정한 관계로 끝나고 만다는 것을 의미한다. 여기에서 비진정한 관계란 작품과 어떤 독자 사이에 이루어지는 고유한 관계가 아니라, 그 작품의 일차적 독서만으로 어떤 독자하고나 이루어지는 관계이다. 그렇기 때문에 이 비진정한 관계에 의할 것 같으면 하나의 작품과 어떤 독자 사이에 은밀하고 심오한 만남은 이루어지지 않게 되고 개별적인 의미가 사라진 유형화된 부딪침만이 있을 뿐이다.

    이러한 현상은 오늘의 산업 사회가 부딪치고 있는 문화의 유니폼화라고 할 수도 있을 것이고 문화의 소비재화 현상이라고 부를 수도 있을 것이다. 다시 말해서 옛날의 개인은 자신이 입게 되는 옷을, 자신이 살고 있는 사회에서 쉽게 구할 수 있는 재료를 자신의 신체적 조건에 맞추어서 그 사회의 미적 감각에 맞는 디자인과 색상에 맞게 만들어 입었기 때문에 그 개인이 살고 있는 사회에 따라 옷의 형태와 색깔이 달랐다. 그러나 오늘날에는 웬만큼 개방된 사회에서는 그것이 동양이든 서양이든 신체적 조건이 어떠하든 동일한 형태의 옷을 입게 된다. 전세계의 이러한 유니폼화를 순전히 경제적 측면에서 대량 생산으로 인한 가격의 저렴화로 설명할지 모르지만, 이것은 그 이면에 자리잡고 있는 무수한 모순을 외면한 채 눈앞의 이익으로 모든 것을 설명하려고 하는 조직화된 게임에 지나지 않는다. 즉 전세계를 자신들의 시장으로 삼으려고 하는 대자본과 새로운 식민주의는, 한편으로 저렴한 가격이라는 이름으로 세계 시장을 획득하고 다른 한편으로는 그러한 유니폼화를 통해서 정신적 식민지를 개척하게 되며 또 한편으로는 저렴한 유니폼을 제공하는 대가로 희귀한 자원을 흡수하는 것이다. 물론 여기에서 함정은, 스스로 신체적 조건에 맞는 옷을 만들어 입는 것보다 대량 생산의 유니폼을 사 입는 것이 손쉽다는 데 있다. 이러한 현상은 가령 우리가 살고 있는 주택이나 문명의 여러 가지 이기(利器)에서 일반화되고 있다. 물론 이러한 현상에 대해서 분개하고 개탄하는 것은, 자칫하면 경제와 문화의 고립주의에 빠질 위험이 있다. 그러나 여기에서 우리가 의식화시켜야 하는 것은, 이와 같이 모든 분야에 있어서 유니폼화가 결국 우리로 하여금 창조적 사유를 할 수 있는 기회를 박탈하면서 모든 것을 소비재로만 만들어버리지 않을까 하는 질문의 세계이다. 이러한 가능성이 독서 행위에서 일어났을 경우 문학 작품과 어떤 독자 사이의 관계의 유형화로 드러난다.

  소설은 바로 이처럼 유형화되는 관계로부터 스스로를 벗어나게 하려고 하는 내재화된 노력을 하면서 동시에, 유형화되고 있는 모든 것을 의식화하려고 하는 외재적인 노력을 하는 문학의 장르이다. 역사적으로 소설이 끊임없이 변화해온 것은 소설 자체의 유형화로부터 벗어나고자 하는 소설의 노력의 표현이며, 삶의 여러 가지 양상뿐만 아니라 동일한 사건까지도 다양한 각도에서 바라보아온 것은, 삶이나 그 삶을 살고 있는 우리의 의식 자체의 유형화를 극복하고자 하는 소설의 또 다른 노력의 표현이다. 여기에서 극단적인 예를 하나 들면, 김옥균이라고 하는 역사적인 실제 인물을 소설로 다룬 역사소설이 한 편, 혹은 여러 편 있다고 해서 그를 다룬 역사소설이 다시 나올 수 없는 것이 아니라는 데서 찾아볼 수 있다. 새로운 역사소설은 김옥균이라는 인물을 지금까지와는 다른 방법으로, 또 다른 각도로 다룬 것이 될 것이다. 여기에서 주목해야 할 것은 어떤 대상을 묘사하거나 서술한다고 하는 것은 단번에 그 대상을 파악하여 완전히 안다는 것을 의미하지 않는다는 사실과, 따라서 묘사나 서술을 통해서 그 대상과 하나의 관계를 맺게 된다는 사실이다. 그렇기 때문에 하나의 대상은 그 대상을 바라보는 사람에 따라 다른 특성을 드러내게 되고 그 사람과 새로운 관계를 맺게 된다. 따라서 작가의 개성이란 그 작가가 대상과 맺게 되는 관계에서 드러날 수 있는 것이며 그 구체적인 예가 작가에게는 작품일 수밖에 없다. 작가는 그러한 자신의 독특한 안목으로 대상의 정체를 밝히고자 하는 사람이며, 다른 사람에 의해서 밝혀진 대상의 정체에 대해서 만족하지 못하는 사람일 뿐만 아니라, 끊임없이 대상의 정체를 탐구하는 사람이다.

그러한 이유로 작가는, 이 세상에 수없이 많은 작품이 이미 씌어졌음에도 불구하고 새로운 작품을 쓰는 것이며, 그 새로운 작품을 통해서 우리에게 현실을 이해하는 새로운 방법을 알려주는 것이다. 그러나 이처럼 현실의 정체에 대한 탐구가 외형적으로 드러날 만큼 실용적인 의미를 띨 수 없는 것은 소설의 미학이 갖는 고유성에서 기인한다고 할 수 있다. 왜냐하면 소설은, 르포르타주나 논픽션처럼 있는 그대로 보고하는 것으로 완성되는 것도 아니고 관공서의 공문서나 재판관의 판결문처럼 현실적인 기능을 수행하는 것도 아니기 때문이다. 소설은, 르포르타주나 논픽션, 공문서나 판결문과 동일한 언어를 사용하지만 그 언어의 사용 방법에 있어서 다르다. 언어의 사용 방법이 다르다고 하는 것은 그 언어의 사용을 지배하고 있는 질서가 다르다는 것을 의미한다. 공문서나 판결문의 언어는 그 글을 현실적인 효과와 그 의미의 단일성을 최대의 질서로 생각하고 있는 데 반하여 소설의 언어는 그 글을 문학적인 효과와 그 의미의 복합성을 최대의 질서로 삼고 있다. 물론 여기에서 '문학적인 효과'와 '의미의 복합성'이 바로 문학 비평과 문학 연구의 대상이 되거니와, 이와 같은 문학 언어의 특성 때문에 작가가 현실을, 다시 말해서 대상을 탐구한다고 하는 것은, 학자나 수사관이나 신문 기자가 현실을 분석하고 해석해내는 것과 다른 의미를 띠고 있다. 작가가 탐구하고 있는 현실은 그 자체가 이미 겉으로 드러날 수 있는 성질의 것이 아닐 뿐만 아니라, 그 작가에 따라서 얼마든지 그 모습을 달리할 수 있는 성질의 것이다. 다시 말해서 학자나 수사관이 대상으로 삼고 있는 현실은, 그걸 다룬 학자가 누구이든, 그걸 수사한 수사관이 누구이든 똑같은 것으로 나타나야 하지만, 작가가 다룬 현실은 그 작가에 따라서 모두 다른 모습을 띤 것으로 나타나야 한다. 만일 어떤 작가에게서 나타난 현실의 모습이 다른 작가에게서도 동일하게 나타난다면 표절이라든가 아류라든가 하는 시비가 생기게 되는 이유도 여기에 있다. 따라서 하나의 작가가 태어난다고 하는 것은 지금까지 존재한 어떤 작품에서도 볼 수 없었던 현실의 어떤 모습을 새로운 탐구의 방법에 의해 드러낸 작가가 나왔다는 것을 의미한다. 그러나 그것이 지나치게 강조됨으로써 어떤 작가의 '기괴성'에 대해 지나친 의미를 부여하는 따위의 이야기를 문제로 삼는 것은 아니다. 적어도 작가의 개성이 얼마만큼 설득력을 가지고 있느냐 하는 데 따라서 그 작가의 개성의 뛰어남이 있기 때문이다. 그리고 이러한 점에서 이청준의 작품 세계를 탐구해본다고 하는 것이 독자에게 대단히 보람 있는 만남이 될 수 있으리라고 하는 것은 바로 그의 그러한 개성 때문이라고 해도 지나치지 않을 것이다.

II

1965년에 사상계사의 신인 작품 모집에 단편「퇴원」이 당선됨으로써 문단에 등장한 이청준은 여러 가지 측면에서 대단히 특기할 작가이다. 그에게 관심이 있는 독자라면 쉽게 간파할 수 있는 일이기는 하지만 첫째 그는 1965년 이후 오늘에 이르기까지 거의 중단 없이 작품을 발표하고 있다. 모두 70편이 넘는 장·단편을 15여 년에 걸쳐 계속 발표한다고 하는 것은 얼핏 보면 별로 주목할 만한 사실이 아닌 것처럼 보일지도 모른다.

그러나 다른 작가들과 비교할 때 그처럼 기복이 없이 꾸준히 작품 활동을 지속적으로 해온 작가는 그 유례가 대단히 드물다. 특히 그의 작품을 읽은 독자들은 누구나 알고 있는 것처럼, 어떤 주제든지 쉽게 넘어가지 않는 그가 작가적인 개성을 가지고 이처럼 많은 작품을 거의 비슷한 속도로 발표해왔다는 것은 작가로서의 그의 직업 의식이나 지성으로서의 작가 의식에 있어서나 괄목할 만한 저력을 소유하고 있음을 말한다. 어떤 작가에게서 그가 쓴 모든 작품이 걸작이기를 기대하는 것은 대단히 어려운 일일지 모르겠지만, 이청준에게는 태작이 대단히 드물다. 이 말은 그의 작품 대부분이 우리에게 긴장을 요구하고 있고, 우리로 하여금 한국에서 사는 삶의 의미에 대해서 생각하게 하며 나아가서 소설과 문학에 대한 근본적인 질문을 던지게 한다는 것을 의미한다. 그러한 사실들을 이제 검토해보기는 하겠지만, 이처럼 독자를 오랫동안 긴장시킬 수 있다는 그의 능력은 그의 작가적 생명의 장수를 보장해주는 것이다. 게다가 그가 받은 '동인문학상' '한국일보 창작문학상' '이상문학상' '중앙문화대상' 등의 상을 보게 되면, 작가에게 있어서 상을 거론하는 일이 좀 우스운 일이지만, 적어도 이청준의 수상에 대해서는 일반적으로 납득하고 있는 것처럼 보인다.

그러나 이청준이 주목을 받아야 할 이유 중에서 그가 15년 동안 14권의 창작집과 장편소설을 갖고 있다는 사실보다 더 중요한 것은 그의 작품 세계가 하나의 경향을 가지고 있는 것이 아니라 여러 가지 경향을 가지고 있다는 사실이다. 여러 가지 경향이라고 하는 이유는 물론 그의 작품의 소재가 다양하다는 것도 포함된다. 그의 작품 속에는 6·25 사변이라는 충격에 관한 이야기도 있고, 활 쏘는 사람이나 매잡이나 항아리 굽는 사람과 같은 장인의 이야기도 있고, 오늘날의 단순한 월급쟁이 이야기도 있으며, 소설을 쓰거나 잡지사 기자를 하는 지식인의 이야기도 있다. 이러한 소재의 다양성이 필연적으로 소설의 다양성에 기여한 것 가운데 하나이기는 하겠지만, 그리고 바로 그 소재의 다양성이 필연적으로 주제의 다양성을 불러일으키는 데 공헌한 것은 사실이겠지만, 그의 소설이 여러 가지 경향을 띠고 있다고 하는 것은, 각각의 소설에서 추구하고 있는 것이 다양하고, 따라서 그 추구하는 방법도 다양하다는, 그래서 삶이나 문학에 대해서 제기하고 있는 문제도 다양하다는 것을 의미한다. 물론 이러한 다양성은 이청준이라는 작가 자신이 세계를 보는 관점이나 자신의 삶을 보는 관점의 다양성에서 기인하고 있을 것이다. 이 말은 작가 자신이 세계나 삶에 대해서 이미 기성의 관념을 가지고 있다는 것이 아니라 작가가 작품을 통해서 그 관념을 추구하고 있고 형성하고 있다는 것을 의미한다. 실제로 이청준 소설은 외형적으로 눈에 보이는 현실을 추구하는 것이 아니라 현실의 눈에 보이지 않는 감추어진 세계를 끊임없이 찾아가고 있다. 이것이 이 작가에게 있어서 주목해야 될 세번째 특기 사항이기도 하지만, 그의 소설의 서두는 어느 작품에서나 단정적이고 확실한 상황이 등장하는 것이 아니라 미지의, 불확실한, 그래서 소설 속에서 찾아가야 될 상황이 등장한다. 그러나 그렇다고 해서 그 상황의 진정한 의미가 소설의 결말에 가면 완전히 드러난다고 할 수는 없다. 왜냐하면 그의 소설에서는 그러한 상황이 가능하게 한 여러 가지 조건들이 차츰 밝혀질 뿐, 그 상황에 하나의 의미만을 작가가 부여하고 있지는 않기 때문이다. 오히려 작가는 그 상황에 의미를 부여함으로 인해서 상황 자체를 닫힌 상황으로 만드는 결과를 초래하는 것을 두려워한 나머지, 그 상황을 가능하게 한 조건들만을 밝혀냄으로써 그 상황의 의미를 열어놓고 있는 것처럼 보인다. 말을 바꾸면 독자들 각자가 그러한 여러 가지 조건들과 상황의 관계를 스스로 생각함으로써 소설의 독서 자체를 소비적이 아니라 창조적인 행위가 되도록 하고 있다는 말이다.

물론 여기에는 그러한 가능성을 뒷받침해주는 기술적인 전거가 있다. 이청준 소설의 화법의 특색이라고 할 수 있는 그것은 화자의 관점으로서 드러난다. 다시 말하면 그의 소설의 대부분의 화자는 항상 전지전능의 위치에 있는 것이 아니라 작중인물 가운데 한 사람이거나 혹은 한 작중인물의 관점을 빌리고 있다. 그러한 예를 그의 세 편의 중요한 소설의 서두를 살펴보면 쉽게 알 수 있다.

1) 지난 봄 갑자기 세상을 등지고 만 민태준 형은, 그가 이승에 있었다는 흔적으로 단 한 가지 유물만을 남겨놓고 갔다. 아는 이는 다 알고 있는 일이지만 그것은 별로 값지지도 않은 몇 권의 대학 노트로 되어 있는 비망록이었다. 우리는 그가 원래 시골집에 논섬지기나 땅을 가지고 있었고, 처신에도 별고 궁기를 띠지 않았기 때문에 설마 옷가지 정도는 정리할 게 좀 남아 있으리라 생각했지만, 사실은 그게 아니었던 것이다. 하지만, 민형의 임종 순간이 노트 몇 권밖에 남길 수 없을 만큼 비참한 것은 물론 아니었다. 나이 서른넷이 되도록 결혼 살림도 내보지 못한 민형은 모든 것을 미리 알고 주변을 말끔히 정리한 다음 스스로의 임종을 맞았으리라는, 어쩌면 그 임종은 민형 자신에 의하여 훨씬 오래전부터 계획되었는지 모른다는 추측이 유력했던 것이다. 하고 보면 그의 유품인 비망록은 그가 간 뒤에도 남겨두고 싶은 유일한 소지품이었음이 틀림없을 거라고들 했다.　　——「매잡이」

　　위의 인용에서 볼 수 있는 것처럼 화자는 '나'라고 하는 작중인물이고, 지금 여기에서는 지난 봄에 죽은 '민태준'의 유일한 유품으로 하나의 비망록이 있을 뿐이라는 정보를 우리에게 제공한다. 그러나 그의 죽음이 어떤 성질의 것이고 화자 자신에게 무슨 의미를 갖고 있는 것인지에 관해서는 구체적으로 언급이 없지만 '모든 것을 미리 알고 주변을 말끔히 정리한 다음 스스로의 임종을 맞았으리라'고 함으로써 앞으로 그 인물의 죽음을 중심으로 한 '알려진 바 없는' 중요한 부분을 화자가 찾아갈 것임을 암시하고 있다. 따라서 독자는 이제 중요한 부분을 찾아가기 위해서는 화자를 따라가면 되는 셈이며 그것이 소설의 독서가 된다는 것을 알 수가 있다. 물론 여기에서 화자가 독자보다 많이 아는 것이 없다는 것은 아니다. 벌써 앞에서 인용한 사실 자체가 화자의 눈앞에서 벌어진 현장의 전달이 아니라는 점에서 화자가 독자보다 더 많은 정보를 가지고 있다. 이 소설을 조금만 더 읽으면 화자가 "사실을 고백해야 할 것 같다"고 하면서 "실상 앞에 말한 모든 이야기는 지금 내가 말하려는 고백을 전제하면서 지금까지 주변에서 생각되고 있었던 사실들을 그대로 적었을 뿐인 것이다. 그리고 이것은 나 자신으로서는 그런 것들에 좀더 많은 것을 알고 있다는 말이 되겠다. 그것은 사실이다. 그리고 그렇다는 것을 나는 바로 오늘 아침에 알게 된 것이다"고 함으로써 독자보다 화자가 더 많은 것을 알고 있음을 인정한다. 그러나 이 소설의 그 다음의 전개는 기지(旣知)의 사실이 아니라 미지(未知)의 사실을 찾아가는 이야기로 가득 차 있다. 다시 말하면 화자 자신이 다른 사람보다 더 많이 알고 있다는 사실 자체가 '오늘 아침'에야 드러난 것처럼 소설의 주제는 화자에 의해 밝혀져가는 부분이지 이미 알고 있는 부분이 아니다. 따라서 이미 알고 있는 사실은 바로 그러한 주제를 찾아가는 데 필요한 전제 조건에 지나지 않는다. 그러니까 이청준 소설에서 화자가 독자보다 더 아는 것이 있다면, 그것은 이러한 전제 조건에 지나지 않을 뿐, 정작 화자 자신이 알고 싶어하는 것 — 그것은 또한 독자 자신이 알고 싶어하는 것이기도 하다 — 은 화자가 찾아가는 형식을 취하고 있다. 그러한 예를 「소문의 벽」 서두에서도 쉽게 주목할 수 있다.

 2) 아무리 깊은 취중의 일이었다고는 하지만, 그날 밤 내가 박준을 대뜸 나의 하숙방까지 끌어들이게 된 데는 어딘지 꼭 그럴 만한 이유가 있었을 것만 같다. 왜냐하면 그날 밤 박준이 처음 나의 눈앞에 나타났을 때까지만 해도 그는 아직 나에게는 얼굴도 성도 모르는 생면부지의 사내에 불과했고, 또 그런 박준은 아무리 그가 기괴한 모습으로 나를 놀라게 하려 했다 해도 다방 거리나 신문 같은 데서, 나는 하루에도 몇 차례씩 그런 돌발적인 사건들을 만나고 있었으니까 말이다. 한데 그런 내가 그런 박준을 하숙방까지 끌어들여 함께 밤을 지낸 것이다. 아무래도 무슨 이유가 있었을 것만 같다. 하지만 나는 지금 당장 그 이유를 생각해낼 수가 없다. 도대체 어떻게 해서 내가 그를 나의 하숙방

까지 끌어들일 생각을 먹게 되었는지, 스스로 납득할 만한 동기가 떠오르질 않는단 말이다.

위의 예문에서도 1)에서와 마찬가지로 화자 자신이 소설의 작중 인물인 것은 틀림없지만, 그렇다고 해서 그가 남들보다 사태를 분명히 알고 있는 것은 아니다. 위의 예문 1)과 2)에서 공통적으로 볼 수 있는 것은 이 두 화자의 말 속에 '추측'이 잔뜩 자리잡고 있다는 사실이다. 예문 1)에서 "임종을 맞았으리라" "오래전부터 계획되었는지 모른다"는 추측과 "남겨두고 싶은 유일한 소지물이었음이 틀림없을 거"라는 추측이 있는 반면에 예문 2)에는 "아무래도 무슨 이유가 있었을 것만 같다"든가 "그럴 만한 이유가 있었을 것만 같다"고 하는 추측이 들어 있다. 이러한 추측을 통해서 이청준의 화자는 독자의 호기심을, 아니 독자의 긴장을 불러일으키는 한편, 자기 자신이 앞으로 그 소설 속에서 해야 할 일을 암시하고 있다. 그것은 소설의 서두에서 독자와 함께한 화자 자신의 추측이 사실인지 아닌지, 그리고 사실이라면 그것이 무슨 의미를 띠는지 찾아가는 것이다. 그리고 이처럼 찾아가기 위해서 화자는 언제나 '그럴 만한 이유'가 있을 것으로 추측을 하면서도 그걸 지금 당장은 확실히 알 수 없는 것으로 제시한다. 그러나 이처럼 몇 가지 추측을 가능하게 하려면 그 추측의 전제 조건에 해당하는 정보들을 화자가 제공할 수밖에 없고, 그런 점에서 화자가 독자보다 다소간 많은 정보를 갖게 되는 것을 피할 수 없는 사실이 된다. 이와 같은 현상이 「병신과 머저리」에서 나타나고 있다는 것은 결코 우연일 수 없다.

   3) 형이 소설을 쓴다는 기이한 일은, 달포 전 그의 칼끝이 열 살바기 소녀의 육신으로부터 그 영혼을 후벼내버린 사건과 깊이 관계가 있는 듯했다. 그러나 그 수술의 실패가 꼭 형의 실수라고만은 할 수 없었다. 피해자 쪽이 그렇게 생각했고, 근 십 년 동안 구경만 해오면서도

그 쪽에 전혀 무지하지만은 않은 나의 생각이 그랬다.

여기에서도 이미 두 가지의 중요한 정보가 화자에 의해 제공되고 있지만 그 두 정보 사이의 관계는 추측으로 나타나 있을 따름이다. 즉 형이 소설을 쓴다는 정보와, 의사인 형이 수술한 소녀가 달포 전에 죽었다는 정보는 화자가 독자보다 더 많이 알고 있는 사실이지만, 이 두 사실 사이에 어떤 관계가 있을 것이라는 추측은 1)과 2)에서 이미 '무슨 사유'라는 이름으로 제시된 것과 마찬가지로 화자가 만들어낸, 다시 말해서 그 관계에 관해서 독자로 하여금 상상을 하게 하는 것이다. 만일 화자가 그 관계에 관한 추측을 하지 않았더라면 독자로서는 그 관계가 어떠할 것이라고는 생각조차 할 수 없는 성질의 것이다. 그러나 일단 화자가 거론한 이상 독자는 그 화자가 일으켜놓은 호기심을 가지지 않을 수 없다. 따라서 독자의 관점은 이제 화자가 이끄는 데로 화자와 '함께' 움직이게 된다. 이것을 화법에서 '동반의 관점'이라고 명명한다면, 이청준의 소설은 바로 그 동반의 관점으로 소설적 긴장의 출발점을 삼는다. 일단 이처럼 추측을 하게 하고 상상을 하게 함으로써 독자로 하여금 앞으로 화자와 함께하게 될 여행이 미지의 모험으로 가득 찰 것임을 기대하게 하고 끝없는 의혹 속에 빠지게 될 것임을 느끼게 한다. 특히 예문 1) 2) 3)과 같은 소설의 서두 다음에는 반드시 무언가 밝혀지지 않은 대목들이 있음을 이야기함으로써 바로 그 대목을 밝혀가는 과정을 소설의 전개 과정으로 삼게 된다. 가령 1)의 예문 뒤에 "그러니까 모든 죽음이 그렇듯이 그의 죽음에 대한 좀더 중요한 부분은 전혀 알려진 바가 없는 셈이다"고 한다든가 예문 2)에 뒤이어서 "그 밖에 형에 대해서 내가 확실하게 알고 있는 것은 아무것도 없는 셈이다"고 하는 것은 그의 소설이 끊임없이 '왜'라는 질문을 하고 그 질문에 대한 대답을 추구하는 양식을 띠고 있음을 이야기하기에 충분하다.

III

　이와같이 질문과 대답의 추구로 일관되고 있는 이청준의 소설들에게 그 작중인물들이 던지고 있는 질문의 근본은 무엇인가? 여기에 대한 대답을 얻기 위해서는 아마도 그의 소설 속에서 소설을 다루는 작품을 검토해보는 것이 가장 좋은 방법일 것이다. 왜냐하면 바로 그러한 작품에서 이 작가의 소설에 관한 의견이 가장 직접적으로 드러나고 있기 때문이다.
　이청준의 소설에는 여러 가지 다양한 직업인들이 등장하고 있지만, 이 직업인들이 모두 자기 분야에 대해서 만족하고 있지 못하고 자기가 살고 있는 세계와 불화 속에 빠져 있다. 그 가운데서 소설가를 직업으로 택하고 있는 주인공의 소설들이 여러 편 있지만, 모두 실패한 소설가를 다루고 있다. 가령 「조율사」에서 글을 쓰지 못하는 소설가 '나'와 좌절을 겪는 평론가 '지훈'이 그렇고 「소문의 벽」에서 결국 미쳐버리고 마는 소설가 '박준'의 경우도 마찬가지이며, 「병신과 머저리」의 '형'이 소설을 불태우는 것도 소설가로서 스스로의 패배를 이야기하는 것이다. 그렇다면 이들 주인공에게 있어서 소설을 쓴다는 것은 무엇인가? 「소문의 벽」에서 주인공은 "작가는 누가 뭐래도 진술을 끊임없이 계속하지 않고는 살아갈 수 없는 족속"이라고 하고 있고 「지배와 해방」의 주인공은 "작가는 언제나 그가 도달한 세계에서 또 다른 다음 번의 이념의 문을 향해 끝없이 고된 진실에의 순례를 떠나야 하는 숙명적인 이상주의자일 수밖에 없다"고 한다. 이러한 주인공들의 발언을 통해서 이청준에게 있어서 소설을 쓴다는 것은, 진실을 이야기할 수 없는 상황에서도 그것을 말하는 행위이며 하나의 진실을 이야기하는 것이 아니라 끊임없이 새로운 진실을 찾아서 이야기하는 것임을 알 수 있다. 위의 예문에서 '누가 뭐래도'라는 조건절은 작가 자신의 글쓰는 행위가 작가의 외부적 조건과는 상관없이 작가의 개인적·윤리적 결단으로 이루어짐을 이야기한다. 그렇기 때문에 「지배와 해방」에서 "독자와 사회에 대한 한 작가의 책임이란 그러니까 결국 그의 개인적 삶의 욕망과 독자들의 삶을 위한 어떤 일반적인 가치 질서의 실현이라는, 복수 기여가 되어야 한다는 그 지극히도 이율배반적인 관계 속에서 힘들게 마련되어야 할 운명의 것"이라고 한다.

작가가 자기의 외부의 조건과 상관없이 진실을 이야기한다고 하는 것은, "작가라는 것은 세상을 향해 뭔가 끊임없이 자기 진술을 계속할 의무를 자청하고 나선 사람들"이라고 한 것처럼 스스로 작가이기를 선택한 사람이다. 그런데 그러한 작가에게 외부의 압력이 주어진다면 그 작가는 필연적으로 갈등을 느끼게 될 것이고 그 갈등이 심화되면 결국 정신적인 상처를 갖게 된다. 바로 그러한 의미에서 이청준의 소설 속의 소설가는 바로 정신적인 질환을 가지고 있고 따라서 소설가로서 실패한 사람들이다. 물론 이청준의 소설은 바로 이들 소설 속의 소설가들의 실패를 통해서, 혹은 그 실패의 대가를 치르고 이루어진 것이다. 「소문의 벽」의 마지막에 오면 이 소설의 주인공 박준이 "자기의 내면에 용틀임치는 진술욕과 그것을 불가능하게 하고 있는 전짓불 사이에서 심한 갈등과 불안을 느끼기 시작했다. 그리고 그 정체 불명의 소문과 갈등을 빨아먹으며 전짓불은 그의 의식 속에서 엄청나게 크게 확대되어갔다. 한데 바로 그 전짓불은 어렸을 때부터 그의 의식 속에서 은밀히 발아를 기다리고 있던 그 갈등과 불안의 씨앗이었다. 이제 그 씨앗이 발아를 시작한 것이다. 그리고 그것은 박준의 마지막 소설 속에서 한 작가로 하여금 끝끝내 정직한 진술을 할 수 없게 만들어버린 방해 요인의 상징으로 훌륭하게 완성되어지고 있다"고 해석을 내린다. 말하자면 소설가 박준의 실패 요인을 어렸을 때의 정신적인 상처 때문이라고 밝혀냄으로써 이 소설은 끝나고 있다. 여기에서 주목을 해야 할 것은 박준 자신이 어려서 정신적인 상처를 입게 된 '전짓불'에 대한 공포가 이 작가에 의해 단순한 심리주의적 해석으로 끝나고 있지 않다는 사실이다. 이 소설뿐만 아니라 다른 소설에서도 그렇지만 이청준의 주인공들은 모두 '불행한 과거'를 가지고 있다. 그러나 그 '불행한 과거'가 과거의 '한때' 일어난 일로서 이미 끝난 이야기라면 이 소설에서 현재의 불행의 원인을 거기에서 찾는 것 자체가 심리주의일 것이다.

물론 「소문의 벽」의 박준이나 「병신과 머저리」의 '형'이 모두 과거에 깊은 정신적인 상처를 가지고 있는 것은 사실이다. 6·25 사변 때의 기억으로 나타나고 있는 '박준'의 전짓불 사건은 상대편의 정체에 따라 진실을 말해서 죽을 수도 있고 거짓을 말해서 죽을 수도 있다. 이것은 '나'의 생각이나 이데올로기와는 상관없이 그리고 그 생각과 이데올로기를 토론할 수 있는 여지도 없이 그것이 자아가 아닌 상대편과 같은 '편'이냐 아니냐에 의해서만 삶과 죽음이 결정되는 택일적인 상황인 것이다. 따라서 상대편의 정체를 모른 채 상대편이 누구냐에 따라 양극의 결과를 가져온다는 것은 '우연'에다 모든 것을 맡기는 결과가 된다. 미친개에게 물리는 것과 같은 이러한 상황을 폭력의 지배를 받는 공포의 상황이라고 일컬을 수 있을 것이다. 이청준 주인공에게 있어서 '전짓불'과 연관된 어린 시절의 상처는 「퇴원」에서도 나타난다. 주인공이 어린 시절에 남몰래 즐기던 비밀이 있었는데 그것은 광 속에 가득 찬 볏섬 사이에 있는 틈 속에 '어머니'와 '누이'의 속옷을 깔아놓고 잠시 잠을 자고 나온다는 것이다. 이 사실이 아버지의 '전짓불'에 발견되어 주인공은 이틀 동안 이유도 모른 채 그 속에 갇혀 있었다. 여기에서는 '전짓불'을 든 사람의 정체는 분명히 '아버지'였으나 왜 '아버지'가 화를 내고 '그'를 광 속에 가두어버렸는지는 전혀 설명이 되지 않는다. 다시 말하면 '나'의 행위가 왜 이틀 간의 감금에 값하는 것이었는지 전혀 설명이 없다. 이 말은 아버지의 분노의 원인을 알 수 없다는 것이다. 그것은 「소문의 벽」에서 자신이 어느 쪽이라고 밝히면 상대편의 마음에 들 수도 있고 안 들 수도 있는 것과 마찬가지이다. 이와 같이 비논리에 의한 어린 시절의 정신적 상처는 「개백정」에서도 똑같이 드러난다. 6·25 전쟁 때 '말씨가 설고 거센 총잡이들'이 나타나면서 그 산골에 살던 어린 주인공의 집안에 이치를 따질 수 없이 죽음의 그림자가 드리우고 있다. 그러한 가운데 '개 공출'로 이미 '노랑이'의 죽음을 경험한 주인공에게는 죽은 줄로 알고 있던 '복술이'가 "앞발 하나를 몹시 절뚝거리고" "두 눈마저 이미 시력을 잃고" "오른쪽 눈은 눈두덩이 두껍게 부어올라 이미 뜰 수조차 없게 되어 있었고" "피가 흐르고 있는 왼쪽 눈은 피로 범벅이 된 눈두덩 털 때문에 형체조차 알아볼 수가 없게" 된 채로 나타난다. 그러나 이처럼 '복술이'까지 죽이려고 든 것은 '개가죽' 숫자가 모자라서 그런 것이 아니라, '노랑이'의 가죽을 취한 뒤에 공짜로 먹어본 고기 때문이었던 것이다. 다시 말하면 개를 잡을 수 있는 권력을 손아귀에 쥐고 있는 사람이 권력 없는 사람의 정신적인 상처는 전혀 생각하지 않아도 되는 두려운 상황, 무쇠탈처럼 논리적인 사유도, 토론의 여지도 없이 무조건 강요되는 두려운 상황에 의해서 주인공이 입은 상처는 「소문의 벽」에서 '박준'이 전짓불에 입은 상처에 못지않은 것이다.

　이 두 상황에서 공통적인 특성을 살펴보면 우선 그것은 비논리가 지배하는 것으로 나타난다. 비논리가 지배한다는 것은 합리적인 사고를 할 수 없게 할 뿐만 아니라 호소할 길조차 없다는 것이다. 여기에는 힘이 지배할 뿐 '말'로 할 수 있는 상황이 아니다. 말이 지배할 수 없다는 것은 '법'이 없다는 것을 의미한다. 왜냐하면 '법'은 곧 말이기 때문이다.

　그러나 주인공의 어린 시절에 입은 상처는 이러한 폭력에 대한 공포만으로 드러나는 것이 아니다. 가령 「눈길」 같은 작품에서는 주인공의 어린 시절에 경험한 가난에 대한 공포가 정신적인 상처를 이루고 있다. 다시 말하면, 도회지에서 고등학교를 다니던 시절에 '집'을 잃은 어머니의 가난으로 인한, 아니 자기 자신의 가난으로 인한 상처는, 주인공으로 하여금 '어머니'에게 '빚진 것'이 없다고 생각하려고 하게 만들지만, 이렇게 겉으로 드러난 '적대감' 이면에는 그 반대의

'친화감'이 깔려 있다. 아니 주인공에게서 나타나는 어머니에 대한 적대감은 사실은 주인공이 자신의 상처를 되돌아보고자 하지 않는 과거의 기피증이지 어머니에 대한 문자 그대로의 적대감은 아니다. 그것은 '나'가 '아내'에게 어린 시절의 가난에 대해서 이야기해주고자 하지 않고, 따라서 그 이야기가 나올 만했을 때 다시 서울로 떠남으로써 어머니로부터 그 이야기가 나오는 것을 방지하려고 했지만, 일단 그 이야기가 '어머니'에게서 '아내'에게로 전달되는 순간에 '부끄러움'을 느끼는 것으로 충분히 설명된다. 그렇기 때문에 어린 시절의 가난은 그에게 '부끄러움'이 되어 가능하면 그것에 관한 이야기를 하지 않으려고 한다.

그러나 주인공의 어린 시절의 정신적인 상처에 대해서 하나는 '전짓불'에 대한 공포 때문에, 다른 하나는 '가난'에 대한 부끄러움 때문에 이야기하기를 꺼려 한다고 하는 것은 '진실'을 말하지 않는다는 점에서 똑같은 행위이다. 개인적인 차원에서 '말'을 하지 않는다고 하는 것은 그것이 외부에서 금기로 되어 있기 때문인 경우와 자기 내부에서 스스로 자제를 하는 경우로 나눌 수 있고, 그런 점에서 위에서 말한 공포와 부끄러움은 그 두 가지를 설명하기에 충분한 것처럼 보인다. 이와 같은 사실에 대한 인식은 가령 「소문의 벽」에서 '박준'의 두 편의 소설이 잡지에 발표되지 못하고 있는 사실에 대해서 다음과 같이 이야기하는 데서도 드러나고 있다.

그런데 이 두 편의 작품들은 결국 양쪽 다 빛을 보지 못하고 만 것이다. 하나는 '시대 양심'이라는 것에 바탕을 둔 편집자의 문학 이념과 어긋난다는 이유에서, 그리고 다른 하나는 소위 그 '문제의 소문'을 두려워하는 신념 없는 편집자의 조심성에 의해서.

위에서 전자는 자율적인 제동에 의해서 후자는 타율적인 제동에 의해서 두 작품이 햇빛을 보지 못하는 경우를 설명하고 있다. 작품이 발표가 되지 않는다고 하는 것은 작품의 사물의 상태를 말하는 것이며, 작품이 발표된다고 하는 것은 작품의 언어의 상태라고 일컬을 수 있다. 따라서 진실을 이야기하지 않는 것은 진실의 사물의 상태이지만 진실을 이야기하는 것은 진실의 언어화라고 할 수 있다.

이러한 관점에서 볼 때 이청준의 주인공은 어렸을 때부터 그것이 '공포'에 의해서건 '부끄러움'에 의해서건 자신의 의사를 표시할 수 있는 자유를 박탈당한 정신적 상처를 가지고 있다. 자신의 의사를 자유롭게 표시할 수 없다고 하는 것은 그 주인공이 살고 있는 세계가 논리적이지도 이성적이지도 않다는 이야기이며 동시에 그곳은 비논리가 지배하는 세계일 수밖에 없다는 것을 말한다. 그리고 이렇게 주인공이 살고 있는 세계의 부조리성은 어린 시절만의 추억이지 않다는 데 주인공의 보다 큰 비극이 있는 것이다. 즉 「뺑소니 사고」라는 소설에서 주인공 '배영달'은 '기자'로서의 사명감과 '역사에 대한 책임' 사이에서 '양진욱'이라는 인물과 부딪친다. 그는 '금식'이라는 이름으로 백성들을 속이면서 '우상'이 되었던 '일파 선생'의 죽음의 정체를 파악하고 그것을 신문에 알리려고 한다. 반면에 '양진욱'은 '일파 선생'의 금식에 속임수가 있지만 그것이 수행하게 된 역사적 역할의 중요성 때문에 자신의 본래의 직업마저 던져버리고 '일파 사상 연구회'를 맡고 나선다. 그러나 결과는 일파 선생의 허위 금식에 관한 폭로 기사가 신문에 나간 것이 아니라 배영달 기자의 뺑소니 사고에 의한 사망 기사가 신문에 나간 것으로 나타난다. 말하자면 이 주인공은 우리가 살고 있는 사회에서 역사에 대한 책임이라는 이름 아래 그것이 몇 사람의 독점물로 바뀌는 모순을 경험한다. 그리고 그 모순을 드러내고자 기사를 쓴 순간에 우연인지 아닌지 모를 뺑소니 사고를 당한다. 그러나 여기에서 보게 되는 '뺑소니 사고'는 전쟁중에 경험했던 '전짓불' 사건이나 '개백정' 사건과 유사한 것이다. 그것은 논리로 설명되지 않는 어떤 것의 존재에 대한 이청준의 투철한 인식이며, 전쟁 때처럼 겉으로 드러난 무서움이 아니라 보이지 않는 공포가 끊임없이 우리를 둘러싼 채 위협하고 있는 상황에 대한 인식이다. 그리고 이러한 인식을 통해서 이청준의 주인공은 이야기하지 못하게 되어 있는 체제 쪽의 금기와 싸우게 되지만 결과는 언제나 실패로 나타나고 있다.

IV

이청준의 이러한 소설 세계를 그 자신이 설명해준 소설을 든다면 그것은 아마 「빈방」일 것이다. 이 소설은 주인공이 살고 있는 세계와 주인공 사이에 있는 갈등을 단적으로 보여주면서 동시에 이 작가의 작품들에 나타난 여러 가지 상징적인 징조들을 설명해준다. 이 소설에는 '지승호'라는 인물이 '나'라는 신문 기자의 하숙집에 동숙인으로 들어온다. 그런데 '지승호'는 딸꾹질이 시작되면 그치지 못하고 계속하게 된다. 얼핏 보면 이 소설도 '지승호'의 딸꾹질의 정신적인 원인을 찾아가는 형식을 취하고 있다. 그는 원래 어느 공장에서 그 회사의 생산부 직원으로 근무를 하다가 충격적인 사건의 경험을 한 뒤에 딸꾹질을 하기에 이르렀다. 바로 그 충격적인 사건이란, 노임을 올려달라는 여공들에 의해 조합 책임자로 받들어진 지승호가, 여공들의 알몸 항의에 소방 호스의 찬물 세례가 주어진 다음, 자신의 입장을 설명할 수 없을 정도로 난처한 입장에 빠지는 것이다. 그러나 그의 딸꾹질은, 자신의 거북한 입장 때문에 생긴 것도 아니고 찬물을 끼얹은 알몸 때문에 생긴 것도 아니다. 그것은 그 사건을 취재해간 기자의 기사를 기다리는 과정에서 생겨난다. 그 순간에 그는 11월의 추위 속에서 알몸에 찬물 세례를 받은 여공들의 사건을 정신적으로 다시 체험하게 된다. 그가 여기에서 경험한 것은 두 가지 무서움이다. 하나는 찬물 세례로서 눈에 보이는 무서움이라면, 다른 하나는 기사가 활자화되지 않는 눈에 보이지 않는 것에 대한 무서움이다. 그리고 그가 딸꾹질이라는 증세를 나타내게 된 것은 바로 눈에 보이지 않는 힘을 경험하고 난 다음이다. 여기에서 기사가 활자화되지 않았다는 것은 진실이 언어화되지 않았다는 것을 의미한다. 다시 말하면 무서움에 대해서 이야기할 수 없는 포비아의 상황이 그로 하여금 말 대신에 딸꾹질을 하게 하고 그 때문에 주인공은 고통을 받는다. 특히 신문 기자로 있는 '나' 마저 이야기를 모두 알고 난 다음에는 딸꾹질을 시작한다고 암시되고 있는 것을 보면 오늘날 우리는 모두 딸꾹질 환자일는지도 모른다.

  물론 이처럼 이청준의 주인공이 거의 모두 '병신'이거나 '환자'이며 그들에게 그럴 만한 원인이 무엇인지 찾는 것이 그의 소설 세계라면, 이른바 그 정신적 상처가 '심리학적'이거나 '정신분석학적'으로 과연 현재의 병의 원인으로 굳어질 수 있는 것인가 질문을 던지게 된다. 왜냐하면 주인공들의 현재의 정신 상태에 대한 원인으로서만 과거의 정신적 상처가 존재한다면, 그것은 다분히 심리학과 정신분석학에 모든 것을 맡기고 마는 결과가 될 것이기 때문이다. 그러나 위에서 살펴본 바와 같이 그의 주인공은 어렸을 때에만 무서움에 의해 정신적인 상처를 입은 것이 아니라 나이가 들면서도, 그리고 지금까지도 포비아의 상황에 의해 끊임없이 위협받고 상처받고 있는 것이다. 따라서 「소문의 벽」의 '박준'이 소설을 못 쓰고 있는 것은 과거의 '전짓불' 때문만이 아니라 오늘의 '전짓불'의 존재 때문이기도 하며, 「병신과 머저리」에서는 형만이 과거의 상처로 인해서 소설을 끝맺지 못하고 있는 것이 아니라 "나의 아픔 가운데에는 형에게서처럼 명료한 얼굴이 없었지만" 그러한 '나' 도 화폭을 완성시키지 못하고 있다. 이 말은 6·25의 전상이라는 정신적인 상처를 가진 '형'이 소설을 끝맺지 못하지만, 그 이유를 단순히 과거의 상처 탓으로 돌릴 수만은 없음을 말한다. 그것은 그러한 과거가 없지만 그림을 완성시키지 못하는 '나'의 정신적인 상처로 설명될 수 있다. 말을 바꾸면 스스로 책임지는 일을 두려워하고 그래서 자신의 그림마저 형의 소설의 결말에 의존하게 된 '나'의 습관의 원인을 말한다. 또한 「가면의 꿈」에서 지연의 남편 '명식'은 어렸을 적부터 소문난 '천재'로서 현재의 직위인 판사가 되기까지 일종의 '천재 놀음'만을 해온 것이다. 바로 이 '천재 놀음'에 대한 자각으로 인해서 자신의 본래의 얼굴이 사실은 가면을 쓴 얼굴에 지나지 않는다는 것을 깨닫고서 그 가면 쓴 얼굴에 가면을 뒤집어쓰는 행위를 하게 된다. '천재 놀음'만을 해온 자신의 본래의 얼굴이 바로 가면을 쓴 얼굴임을 깨닫고 그 가면을 쓴 얼굴을 혼자 있는 시간에만은 보이고 싶지 않아서 또 다른 가면을 쓰게 된 주인공의 상처는, 주인공이 직장에서는 가면을 쓰지 않는다는 사실로써 설명된다. 왜냐하면 체제 속에서 생활하는 일상적인 자신의 모습이 가짜라는 의식은, 그 동안 자신의 삶이 보이지 않는 힘의 지배를 받아왔다는 사실의 자각이기 때문이다. 따라서 현재의 주인공의 불행이 과거에만 그 원인이 있다고 주장하기 위해서 이청준의 소설이 주인공의 과거를 찾아간다면 그것은 심리주의요 정신분석학에의 호소일 따름이다. 그러나 그러한 불행이 과거에도 있었고 오늘날에도 있었다는 사실의 의식화를 위해 찾아지고 추구된 것이라면 그것은 심리주의에 빠질 수 없는 것이다.

　그렇다면 이청준의 주인공들 가운데 소설가라든가 기자, 혹은 판사가 많다는 것은 무엇을 말하는가? 그것은 이들이 모두 '말'을 다루는 것을 직업으로 갖고 있다는 사실로써 설명될 수 있다. 앞에서도 언급한 것처럼 이들 주인공들이 경험한 세계는 진실을 '말'로 바꿔놓는 것을 금지한 세계이다. 진실을 진술한다는 것이 불온하게 취급당하고 무서움의 지배를 받는 포비아의 상황에서 이들이 '말'을 다루는 직업을 가지고 있다는 것은 그들이 직업적으로 성공할 수 없는 근본적인 이유를 내포하고 있다. 역사적으로 그들은 진실의 진술이 필요한 사회에서 살고 있는 것이 아니라 마음에 드는 진술만이 필요한 사회에서 살고 있으면서 동시에 진실의 진술을 하고자 한다. 따라서 그들은 정신적인 갈등을 느낄 수밖에 없고 그 상처로 인해서 때로는 미치거나 때로는 죽거나 때로는 글을 쓸 수 없게 된다. 그러나 그럼에도 그들이 글을 쓴다는 것은 그들이 비논리가 지배하는 포비아의 상황에 '말'로써 대항하는 것이지 힘으로 대항하지 않는다는 것을 의미한다. 이것은 이청준의 소설 세계 전체가 우리의 삶에 있어서 기막힌 알레고리의 세계임을 증언해주고 있다.

이청준의 소설이 가지고 있는 또 하나의 힘은, 그의 소설 어디에나 존재하는 정신적 상처가 사실은 우리가 흔히 갖게 되는 상처들이라는 것이다. 따라서 그가 탐구하고 있는 상처의 종류가 다양하고 그 상처의 성질이 다양하다는 것은 그가 삶의 정체를 그처럼 여러 가지 각도에서 탐구하고 있음을 의미한다. 특히 그의 소설들 가운데 「매잡이」라든가 「과녁」이라든가 「줄」과 같이 오늘날에는 볼 수 없는 '매를 부리는 사람'과 '활을 쏘는 궁사(弓士),' '줄타는 광대'를 다루고 있는 것은 삶의 다양한 탐구로서 그의 소설 세계를 풍부하게 하는 요소 가운데 하나일 것이다. 그러나 이청준이 이들 장인(匠人)들의 세계를 다루는 보다 근본적인 이유는 장인들의 삶이 교환가치의 지배를 받지 않는다는 사실, 이들의 쇠퇴가 오늘의 막강한 문명에 기인한다는 사실, 이들이 피해자일 따름이지 전혀 가해자일 수 없다는 사실, 그리고 그러한 사실의 언어화가 소설의 탐구적 성격의 중요한 부분일 수 있다는 사실에 있을 것이다.

그러나 그러한 진실의 언어화가 힘 앞에서 실패하고 좌절할 수밖에 없다는 사실을 이청준은 그의 주인공들의 상처를 통해서 너무나 잘 알고 있지만, 그리고 그렇게 언어화한 것이 현실적으로 무슨 효용을 지니고 있는지 알 수 없는 세계에 살고 있지만, 그는 바로 우리 자신이 할 수 있는 일이 그것임을 이야기하고 있다. 그것은 작가가 선택한 것이 말이며 진실일 뿐 폭력이 아니기 때문이다. 그리고 작가가 꿈꾸는 사회는 힘이 아니라 '말'이 지배하는 사회이기 때문이다. 그는 갈등을 느끼게 하는 사회에서 어떻게 사는 것이 가장 사람답게 사는가 끊임없이 질문을 하며, '말'을 통해서만 그 질문이 가능하고 또 극복이 가능해야 한다고 생각하는 작가인 것이다. 따라서 이청준의 일련의 작품에 '언어학 서설'이라는 부제가 붙어다니는 것은, 진실에 관한 자유로운 추구와 '말'의 완벽한 지배로 요약되는 그의 문학관을 표현하기 위한 것이다. 언어의 영토가 완전히 자유롭게 되는 것을 우리가 꿈꾸는 이념이라고 한다면, 이청준은 우리의 이념을 의식화시켜주는 작가다. 〔『매잡이』해설, 1980〕

미백(未白)의 사상 또는 이청준의 글쓰기의 기원에 대하여

김 윤 식

I. 얼굴 감추기의 길

 "농담같이 들리는 얘기지만, 저는 항상 제가 도달한 것의 마지막의 것을 썼어요." 이것은 우리 시대가 낳은 웅숭깊은 작가 이청준의 10년도 전인 1981년의 어느 장면에서 한 말이다. 이러한 말은 작가 치고 누구나 할 수 있고 또 해야 마땅한 것이 아닐 수 없는데도 불구하고 유독 이씨의 경우에서 의미심장하게 느껴짐은 웬 까닭일까. 이 물음을 되새겨보는 것이 이 글의 목적이다. 그러기에 이 글은 이청준론일 수 없고, 다만 순종 한글 세대의 한 사람이 그때그때마다 '도달한 마지막의 것'이 무엇이며 그것이 우리 시대의 무엇을 증거했는가를 엿보는 것에 지나지 않는다.
 순종 한글 세대란 무엇인가. "다시 돌아오시겠죠?"라고 묻는, 간호원 미스 윤의 글썽거리는 목소리와 뽀얀 눈빛을 가슴에 새기며, 마침내 퇴원하지 않을 수 없었던 데뷔작 「퇴원」(1965)에서 최근작 「가해자의 얼굴」(1992)에 이르기까지 이씨의 소설을 열심히 읽는다고 읽었지만 어느 편이냐 하면 나는 충실한 독자라 할 수는 없다. 거짓으로 위궤양을 칭병하여 친구의 병원에서 무위도식하며 청춘을 허송하지 않을 수 없었던 세대의 고뇌를 나는 이해할 수는 있어도 공감할 수가 없었다. 다르게 말하면 『광장』(최인훈)의 주인공 이명준의 낭만주의적 심성에 훨씬 마음이 빼앗기는 그러한 세대랄까 심정의 자리에 내가 서 있었던 것처럼 회고된다. 그러나 평론가 김현 그는 그렇지 않았다. 그는 이청준을 이해할 뿐만 아니라 공감하고 있었다. 이해가 논리의 범주라면 공감은 세대적 범주에 속하는 것이 아니겠는가. 김현이 「퇴원」을 거론하면서 이청준 소설의 핵심에 놓인 것이 가난의 논리나 변명이 아니라 가난의 '체험'임에 주목하고 그것이 위궤양 형태로 발현되었음을 지적한다든가, 어머니와 누이의 속옷을 광속 볏짚 속에 깔아놓고 그 속에서 낮잠을 즐기던 유년기의 회상 장면을 이끌어내어 이청준 문학의 원초적 풍경을 찾아내고 그것이 마침내 열림과 닫힘의 창작 원리로 이어졌음을 밝히는 일련의 작업은 논리의 범주에 속한다. 워낙 날카로운 분석력과 직관을 겸비한 김현이기에 가능한 이러한 분석력은 최인훈을 논할 경우에도 어김없이 발휘되는 것이어서 순종 한글 세대적 의미 관련과는 무관하다. 이 점에서 김현에겐 이청준 문학은 이해의 범주에 지나지 않는다. 그렇다면 무엇이 그로 하여금 이청준 문학에 공감케 했는가. 바로 이 물음이 중요한데, 곧 그와 이청준 문학이 간단없이 이해의 지속을 가능케 했음이 그것이다. 공감이란 이해를 매개로 한 노력이었던 것. 바로 이 노력이 문제였던 것이다.

"1960년 같은 교양학부 강의실에서 1년을 함께 보냈는데도 그때 그에 대한 기억은 거의 없다"라고 동급생 이청준을 김현은 거침없이 말해놓는다. 그의 기억에 있는 이청준이란, 김승옥이 자취하고 있던 성북동 산기슭의 허름한 집의 자취방 윗목에 떨떠름한 얼굴로 앉아 있던 표정에 지나지 않았다. 거의 평생을 둔 두 사람의 교우 관계에도 불구하고 이청준의 개인사에 대해 아는 것이 아무것도 없다고 김현이 실토하고 있는데, 그렇다면 무엇이 두 사람의 관계를 지속하게 했을 뿐 아니라 유례없는 긴밀성을 지속하게 했을까. 이 물음 속에는 60년대 문학의 비밀 하나가 잠겨 있을 뿐 아니라 두 문학적 거인의 문학적 삶의 비밀조차 잠겨 있는 터이어서 흥미롭기 그지없는, 문학사적 장면이라 부를 만한 것이다. 기본항은 이렇다. 작가 이청준이 자기 개인사를 발설하지 않는다는 것. 다시 말해 작가는 자기 개인사를 노출하지 않음으로써 비로소 작가일 수 있다는 명제가 그것. 자기 개인사를 절대로 노출하지 않겠다는 것이 작가일 수 있는 이유로 상정된 문학관이란 과연 어떤 것인가. 작품만이 전부라는 것으로 요약되는 이 문학관에서 필연적으로 도출되는 것이 작품제일주의 혹은 작품최우선주의이다. "근 20여 년을 사귀어오면서도 나는 그가 그의 글 속에 피력한 과거 외에는 그의 과거를 거의 모른다"(『문학과 유토피아』, p. 247)라고 김현이 절망적으로 실토한 것이 음미될 사항이 아닐 수 없는 것은 이 과제에 관련되기 때문이다. 작품으로 모든 것을 말하기인 그러한 세계 앞에 선 김현이 할 수 있는 일은, 작품을 통해 이청준의 마음의 비밀 그러니까 그 '과거'를 판독하는 작업이다. 김현에 있어 이청준 작품 읽기란 광주제일고 출신이며 독문학 전공의 이 친구의 내면 판독에 해당되는 것. 그것은 문학이라든가 예술이라는 것과는 아무 관련 없는 일종의 암호가 아닐 수 없었다. 이청준이 '음험하게'(이 용어를 김현만큼 자주 쓴 사람은 없다) 숨겨놓은 암호를 필사적으로 찾아내고자 하는 노력, 이것이 김현 비평의 표정이 아니었던가. 한쪽은 교묘한 방식으로 보물 감추기에 열중하고, 그것을 다른 한쪽이 찾아내기에 여념이 없음, 이 두 고수의 숨바꼭질 속에 60년대 문지 그룹의 이른바 문학주의의 본질이 놓여 있다. 어째서 그것이 문학주의인가. 이 물음은 일변으로는 이청준 문학론에로 향하지만 다른 한편으로는 김현론에로 향하는 것이기도 하다.

II. 패자의 복수 행위 —— 자기 구제의 방식

문학주의란 무엇인가. 이 물음의 60년대적 발현이 이청준·김현에서 뚜렷해졌음에 주목하지 않는다면 문학사적 진술은 조금 공허해질 것이다. 이 명제가 성립되기 위한 전제 조건은 작품 쓰기가 작가의 삶의 실천이라는 점에 놓여 있는데, 이를 보통 문학을 통한 자기 구원이라 부른다. 어떤 문학 행위도 작가의 삶의 실천이 아닐 수 있겠느냐고 반문될 수 있음은 물론이다. 그러나 문학 행위가 그 작가의 삶의 실천이라 할 때 '자기 구원'이라는 조건이야말로 특징적이자 특권적이라 할 것이다. 이청준은 이 점을 이렇게 말해놓고 있다.

새삼스럽게 고백할 것도 없는 일이지만, 나의 문학 작업은 (……) 애초에는 자기 구제의 한 몸짓으로서 출발되었고 아직도 나의 노력의 많은 부분은 그것에 바쳐지고 있다고 생각된다. 나는 나의 문학이 그러한 자기 구제적 몸짓에서 시작되었고 또 계속해서 그것에 많은 노력이 바쳐지고 있다는 사실을 부끄럽게 생각하지 않는다.
— 창작집, 『소문의 벽』 후기

여기서 말해진 '자기 구제'가 의식적이든 아니든 다음 두 가지 문학관과 스스로 다름을 가리킴이다. 진보주의자들이 말하는 리얼리즘이 그 하나. 리얼리즘계에서 말하는 삶의 실천이 역사·사회적 의미에 보다 깊이 관련된 것이라면 이청준이 말하는 '자기 구제'란 무엇이겠는가. 이는 60년대 속에 던져진 한 시골 청년의 문학을 통한 개인적인 자기 완성의 길을 가리킴에 지나지 않는다. 어째서 허다한 길을 두고 유독 문학 행위를 선택하고 그것으로써 자기 구제의 방편으로 삼아야 했던가를 물을 수도 있지만 이 물음을 여기서 논의하는 일은 적당치 않다. 중요한 것은 문학 행위를 삶의 실천이라 할 때 그것이 개인적 차원이라는 것에 있다. 자기 구제 또는 자기 구원이란 사회·역사적 문맥에서가 아니라, 한 인간에 뿌리를 둔 것이고, 그 뿌리에 관련된 구제이자 구원이고 또 완성인 까닭이다.
다른 하나는, 이른바 영혼의 구제라는 범주와 구별된다는 점. 이청준에 있어 자기 구제가 사회적·역사적 관련에서가 아니라 어디까지 나 개인사적 자리에 선 것이라고 했을 때, 그것은 그의 운명에까지 연장되었거나 관련된 것이라 하기 어렵다. 이 점에서 문학을 통한 삶의 실천이 운명과 관련된 김동리적 자기 구원과는 뚜렷이 구분지을 수가 있다. 김동리에 있어 자기 구원이란 다음과 같은 형국을 이루고 있다.

> 한 작자의 생명(개성)적 성실에서 파악된 세계(현실)에 비로소 그 작가적 리얼리즘은 시작되는 것이며, 그 세계의 여율(呂律)과 그 작자의 인간적 맥박이 어떤 문자적 약속 아래 유기적으로 육체화하는 데서 그 작품(작가)의 '리얼'은 성취되는 것이다.
> ─ 김동리, 「나의 소설 수업」, 『문장』, 1940. 3, p. 174.

「무녀도」「황토기」를 낳은 논리가 이 인용 속에 뚜렷하다. 아무리 몽환적 비과학적인 것이라도 그것이 작가의 절실함에 관련된 것일 때, 그것이 문자적 약속 아래 유기적으로 형상화된다면 가장 훌륭한 작품일 수 있다는 김동리의 이 문학관에서 주목되는 것은, 세계(현실) 쪽에 중요성이 있다는 진보적 리얼리즘계의 반영론에 정면으로 대결되는 뚜렷한, 거의 유일한 문학관이라는 점에서 찾을 수 있다. 문학이 자기 구제라 할 때, 그것은 주체의 측면에 설 때라는 점을 김동리만큼 근본적인 데서 내세운 이론가는 없었다. 주체적 문학관인 소이연이 여기에 있다. '구경적 삶의 형식'으로 요약되는 이 주체적 문학관이 반영론을 기반으로 하는 진보주의자들의 리얼리즘(임화·이원조 중심의 인민민주주의 민족문학론)과 정면으로 대결할 수 있었던 것은 결코 우연이 아니다. 세계(현실)가 중요하지 않고, '나'가 제일 중요하다는 것, '나'를 세우고 관찰하기 위한 한갓 소재로서 겨우 세계가 있을 뿐이라는 김동리의 이 굉장한 사상이 범신론에 뿌리를 두고 있음은 자명하다. '나'란 자연(신)과 통할 수 있는 세계이다. 여기에 비한다면 인간이 만든 사회적·역사적 세계(현실)란 참으로 보잘것없는 그 무엇이 아닐 수 없다. 그렇다면 인간의 소산인 역사·사회적 현실로서의 문명이란 무엇이겠는가. 큰 가치란 없는 것이거나, 적어도 절실한 것일 수 없다. 이러한 '구경적 삶의 형식' 탐구가 진짜 문학이라면 그것을 종교나 철학의 영역이라 해야 하지 않을까. 문학 행위가 자기 구제의 방식이라 할 때 개인이 아니라 인류의 구원, 산문이 아니라 시적 세계이며 그것이 종교나 철학에로 나가는 것이라면 문학의 독자성이란 어디서 찾아야 하는 것일까. 이러한 의문에 부딪히게 되겠거니와, 이 의문의 근대성 부정으로 치닫고 마침내 근대적 산물인 소설 부정에로 나아간다는 것은 음미될 사항이라 할 것이다.

　이청준이 말하는 자기 구제란, 진보주의자들이 말하는 역사·사회적 실천으로서의 리얼리즘과는 물론, 김동리가 말하는 '구경적 삶의 형식'으로서의 구도(求道)적 문학관과도 매우 다르다. 그가 지향하는 자기 구제란, 복수하는 방식의 일종으로 요약된다. 복수란 물론 복수하기이다. 문학 행위의 원초적 동기가 복수하기에 있다는 것, 그것이 이청준에 있어 글쓰기의 기원이라면, 이러한 또렷한 자각 행위란 참으로 특권적이자 특징적이라 하지 않을 수 없다. 대개의 사람은 글쓰기의 기원을 자기 삶의 실천이라든가 자기 구제의 방식이라는, 썩 그럴듯한 명분만을 내세우고 그 이상을 언급하지 않음으로써 명분을 삼지만, 이청준은 아예 그것을 복수 행위라고 내세웠던 것이다. 그는 한 작품의 작중인물의 입을 빌려 이렇게 실토해놓고 있었다. "문학 욕망은 애초 우리가 살고 있는 현실 질서와의 싸움에서 패배한 자가 그 패배의 상처로부터 자신을 구해내기 위한 위로와 그를 패배시킨 현실을 자기 이념의 질서로 거꾸로 지배해 나가려는 강한 복수심에서 비롯된다"(「지배와 해방」, 1977)라고. 그러니까 이청준에 있어 글쓰기의 기원은 패배가 전제되어 있다. 현실에서 왜 그는 패배했는가. 무엇이 그를 패배자로 규정하게끔 만들었는가가 궁금하지 않을 수 없다. 그 패배가 철저하면 할수록 비례하여 복수심이 불타오른다는 사실을 묻는다면, 복수심의 강도란 그의 작품의 밀도에 비례한다고 하지 않을 수 없다.

이 복수 행위란 어떻게 드러나는가. 당초에 그것은 자기 이외의 독자가 전제되지 않는 일기 형식일 터이다. 일기 형식에서 한걸음 더 나아가 단 하나의 독자를 전제로 한 것이 편지 형식일 터이다. 자기만이 골방에서 쓰는 일기에서, 독자 한 사람을 지배한 형식이 편지라면, 소설은 불특정 다수를 지배하는 방식의 하나라 할 수 있다. 이 소설이라는 방식으로 옮겨갈 때 필연적으로 치러내야 할 일이 잠복되어 있었는데, 쓰는 자 자신의 시선과 얼굴을 자기 글 속에 숨겨 들어가는 일이 그것. 어째서 그러한가. 복수 행위란, 싸움의 일종이되 가장 은밀하게 치러내야 가능한 싸움인 까닭이다. 글로써 사람들을 만날 때, 그는 복수 행위를 감행하는 것이니까 절대로 자기가 지금 복수 행위를 하고 있다는 낌새를 나타내어서는 안 될 것이다. 자기의 모습을 은밀히 숨기고 있어야 상대방을 속이고, 상대방을 지배하고 상대방에 복수 행위를 할 수가 있다. 글쓰는 이의 시선이 숨겨진 글일수록 독자와의 싸움에선 세련된 전술을 구사한 글이며, 글쓴이의 복수심과 지배욕이 강하면 강할수록 그의 얼굴과 시선은 더욱 음흉하게 숨어들게 마련이다. '복수·지배·해방' 심리적 메커니즘은 "아비는 종이었다. 밤이 깊어도 오지 않았다"(未堂)의 그것에도 그대로 적용된다. 종의 자식이라는 것, 바람 속에서 자랐다는 것, 병든 수캐와 진배없다고 만천하에 외쳐대는 것이야말로 복수 행위의 또 다른 전략이 아니었던가. 종의 자식이지만, 또는 가장 비천한 존재이지만 문학에서만은 황태자라는 것, 미의 세계에서라면 그 누구보다 윗자리에 있다는 것. 이러한 전략은 조선조의 몰락 남인들의 기독교에의 귀의에서 드러나는 심리적 메커니즘과 한치도 다르지 않다. 스스로 신의 종이 됨으로써 그들이 거절당한 현실 정치(권력 구조)에 복수하는 행위로 선택된 것이 기독교였던 때문이다. 현실 정치를 아주 형편없는 우스운 것으로 변질시키는 전략으로 선택한 삶의 방식이 거기 은밀히 작동하고 있었던 것이다. 현실 정치보다 비교도 할 수 없을 만큼 위에 있다고 생각되는 신의 종이 됨으로써 자기를 거절한 현실 정치 위에 군림하고자 하자는 심리적 메커니즘이란 세속적으로 말하면 복수심에 지나지 않는다. 이 점에도 그들은 헤겔의 주인·노예 변증법의 틀 속에 있다.

그렇다면 이청준 그는 '아비는 종이었다'와 몰락 남인들의 가톨릭의 종 되기의 경우와 어떤 점에서 구분되는 것일까. 이 물음 속에 이청준 문학의 본질 영역이 들어 있거니와, 이 사실을 당초부터 알아차리고 지속적으로 이 사실과 마주쳐 나간 것이 김현 비평이다.

III. 문학주의의 성립 과정 —— 김현과 이청준의 힘 겨루기

앞에서 이미 엿본 바와 같이 김현은 이청준에 대해 동급생이라는 것 이외에 아는 것이 전무하였다. 김현 앞에 놓여 있는 것이라고는 그의 작품 「퇴원」「소문의 벽」『당신들의 천국』 등등이었을 뿐. 이러한 작품이란 이청준이라는 동급생이 같은 동급생인 김현을 향한 복수 행위에 다름아니었다. 작품이란 어떤 경우에도 비평가의 처지에서 보면 도전의 대상이다. 당초 도전적 자세를 하고 저만치 놓여 있는 존재인 까닭이다.

이청준의 복수심이 가장 은밀히 숨겨진 것, 그것이 그의 작품이기에, 그 숨겨진 복수심을 적발해내기야말로 김현의 몫이었다. 이는 그만큼 이청준이 김현에게 도전적이었음을 새삼 말해주는 것이기도 하다. 김현에 복수하고 김현을 정복·지배하기. 그것이 이청준의 글쓰기였다는 것이 대체 무슨 소리인가. 이청준의 글이 그만큼 치열하고도 높았다는 뜻이 아닐 수 없다. 김현의 눈에 비친 당시의 글들이란 소금장수 이야기라든가 현실 반영이란 이름의 리얼리즘계란 너무도 평면적이자 분명한 것이기에 거울모양 빤한 것이어서 아무런 흥밋거리도 될 수 없었다. 그런 총중에 유독 이청준의 글만이 뚜렷해 보였는데 소금장수의 눈으로는 어림도 없고, 리얼리즘계 눈으로도 닿지 않는 그런 경지였다. 야심만만한 김현에 도전적 자세를 취하고 있었던 것은 이청준뿐이었다. 이청준이 은밀히 감추고자 한 것 그것이 바로 복수심의 정체인 만큼 이를 찾아내어 만천하에 드러내기, 그것이 바로 김현의 글쓰기가 아니었던가. 이청준이 음험하게 감추고자 한 것 그것을 찾아내어 폭로하기, 이 싸움이 두 사람 사이에 운명처럼 전개된다. 여기가 60년대 문학주의의 본질 영역이다.

 김현이 기를 쓰고 찾아낸 이청준의 복수의 근거 그러니까 이청준이 은밀히 감추고자 한 것은 과연 무엇일까. 김현이 찾아낸 것은 이를테면 다음과 같은 것이다. 이는 물론 이해의 측면이지 아직도 공감의 영역이 아니다.

 (A) 그와 대화할 때는 그러므로 오래 끈질기게 기다려야 한다. 그 기다림이 익어 좋은 냄새를 풍기기 시작할 때 그는 예의바른 웃음을 거두고 품속에 깊숙이 간직한 비수를 슬며시 꺼내드는 것이다. 그 비수는 양날을 가지고 있다. 한편 날은 가난의 날이며 또 한편 날은 문학의 날이다. 지독하게 고생하며 켜왔으면서도 그는 가난을 코에 걸고 다니는 사람을 제일 싫어한다. 그의 가난이 얼마나 심했는지 나는 정확하게 모른다. 내 머릿속에 남아 있는 것은 그의 대학 시절의 담화 한 토막이다. 자취를 하고 있던 그는 너무나 먹을 것이 없어 어느 날 그의 친구에게 부쳐온 참기름 한 되를 그것이 깨를 짠 것이니 영양가가 많으리라 내리 짐작하고 다 마셔버린다. 며칠 계속된 죽을 듯한 설사…… 그 가난이 그로 하여금 가난놀이를 증오하게 만든다. 〔……〕 그가 정말 말하고 싶은 것은 진짜 가난한 사람은 가난에 대해 부끄러움 없이 떳떳하게 얘기하지 못한다는 체험의 중요성인 것이다.

—『문학과 유토피아』, 문학과지성사, 1982, p. 248

 이 인용에서 우리는 손쉽게 김현이 스스로 규칙 위반을 감행한 대목을 지적할 수 있다. 이청준의 대학 자취 시절의 삽화 도입이 그것. 이청준의 복수하는 방식이 자기의 얼굴을 철저히 감춤에 있는 만큼 오직 이청준의 글을 통해서만 그 정체를 적발 폭로해야만 게임의 규칙에 맞는 것이다. 그럼에도 김현은, 글과는 무관한 삽화를 도입함으로써 규칙 위반을 저지르고 있다. 그만큼 김현이 이 승부에서 질 수 없다는 것, 그만큼 이 첫번째 승부의 중요성을 말해주는 것이라 할 것이다. 삽화까지 동원, 규칙 위반까지 하여 마침내 김현이 찾아낸 것은 '가난에 대한 부끄러움의 인식'이었다. 정확히는 가난에 대한 부끄러움의 인식의 체험적 수준에 관한 것이었다. 이청준의 글쓰기(복수심)의 기원이 가난이고, 그것에 대한 부끄러움의 인식이고, 또 그것이 체험의 수준에서 행해졌다는 사실의 발견이야말로 김현 비평의 승리이지만 이 승리는 불행히도 다음 두 가지 취약점을 가진 우승패였다. 하나는 앞서서 이미 지적된, 글 아닌 삽화 도입이 그것, 다른 하나는, 이청준의 글 속에서 그 가난의 근거를 찾아내긴 했으나 작품으로서의 글에서가 아니고 『작가의 작은 손』이라는 산문집에서 이끌어냈다는 것. 이러한 규칙 위반은 그만큼 이 대결이 김현에 있어 힘겨웠음을 새삼 말해주는 것이자 동시에, 그만큼 이청준의 글쓰기의 기원, 복수심의 정체에 육박했음을 가리킴이다.

이 고비랄까 이 기원을 일단 확보한 다음 단계란, 김현에 있어서는 문학적 싸움으로, 그러니까 규칙 위반 없는 승부로 일관될 수 있었는데, 그 실마리는 김현 비평의 다음 장면에서 잘 엿볼 수 있다.

(B) 매우 시적인 필치로 묘사되어 있는 이 대목을 자세히 읽어보면 납득이 가지 않는 대목들이 두세 군데 있음을 알게 된다. 어린애들에게 광이란 다락방과 마찬가지로 가장 신비스러운 놀이터 중의 하나이다. 그곳이 환히 드러나 있는 경우란 썩 드물기 때문에, 그 속에는 항상 무엇인가 신비스러운 것이 있는 것 같은 느낌을 준다. 그 광에 어린애가 들어가 노는 것은 그러니까 이상할 것이 하나도 없는 행위이다.

납득이 잘 안 가는 점은 1) 왜 그 주인공이 자기 몸이 들어가면 꼭 맞는 틈에 어머니와 누이들의 속옷을 깔아놓고 거기에 들어갔는가 2) 거기에 들어가면 왜 스르르 기분 좋게 잠이 왔는가 3) 그가 거기에서 자는 것을 보고 왜 그의 아버지는 그렇게 화를 냈는가 4) 그가 광에서 지낸 이틀 동안의 감정상의 변화는 왜 그의 기억 속에 남아 있지 않는가 5) 문이 열렸을 때 갈기갈기 찢긴 옷가지는 어디에 있던 옷가지인가 6) 그리고 그것은 누가 찢은 것인가 따위들이다. 위의 것들 중에서 앞의 것들은 사실로 그냥 받아들인다고 하더라도 마지막 두 가지 점은 사실적 묘사로 받아들이기 힘든 것들이다. 확실한 것은 어머니와 누이들의 옷가지가 갈기갈기 찢겨져 있었다는 것뿐인데, 그 옷가지가 어머니와 누이의 옷장의 그것인지 아니면 주인공이 볏섬 사이에 깔아놓은 것인지 애매모호하며 더 나아가 아버지가 갈기갈기 찢어버린 것인지 주인공이 광에 이틀 동안 갇혀 있으면서 찢어버린 것인지 그것 역시 애매모호하다. 그 문맥 밖에서 또 납득이 가지 않는 것은 이틀 동안 굶었는데도 주인공이 배고픔을 느꼈다는 기억을 갖고 있지 않다는 것이다.　　　　　　　　　　　　　　—『문학과 유토피아』, p. 251

　　데뷔작 「퇴원」 속에 나오는 주인공의 유년기 회고 장면을 두고 김현이 이처럼 정밀히 분석의 시선을 던졌거니와 이 장면이야말로 중요한데 자기 특유의 비평관을 확립하게 되기 때문이다. 그 비평관이란 단순히 심리 분석이 아니라 해석학에 해당되는 것이며, 그의 평론집 『분석과 해석』(1988)에서 그 무르익은 모습이 드러난다. 해석학이란 무엇인가. 딜타이류로 말하면 정신과학이지만 김현에 있어 그것은 정신사의 심리적 독법, 그러니까 글쓰기의 기원 탐구라 할 수 있다. 그러한 해석학의 김현적 방식이 바로 (B) 대목이다. 김현이 이청준과 맞서는 대목 그러니까 페어 플레이의 진입 장면이 바로 1)~6)까지의 분석이다. 이청준이 은밀히 감추고 있는 그의 글쓰기의 기원이 '가난에 대한 이청준 특유의 부끄러움에 대한 체험'에 있음을 알아차렸으나 가난한 체험을 가져보지 못한 김현으로서는 이해는 할 수 있지만 공감할 수가 없었다. 그 이해함에는 논리의 수준이며, 그 때문에 작품 바깥의 두 가지 자료(대학 시대의 삽화와 작가의 산문집)가 동원되어야 가까스로 가능하였다. 이 단계를 넘어선 첫 장면이 위의 (B)이다. 작품 자체만을 대상으로 하여 그 속에 은밀히 감추어진 작가의 얼굴 찾기, 바로 그것이 그 작가의 글쓰기의 기원에 해당되는 것이다(김현의 이러한 방법론이 김원일에 유려하게 적용되었음은 참으로 인상적이다. 분단 문제 자체에 김현이 아무런 흥미를 느끼지 않았다고 보는 것은 속류적 견해이다. 김원일의 글쓰기의 기원을 김현만이 밝혀내었음이 그 증거이다. 김원일의 글쓰기의 기원이란, '가짜 아비 되기'였던 것인데 김현은 이를 두고 '이야기의 뿌리'라 불렀다).

이때부터 이청준의 글쓰기란 오직 작품으로 국한되었고 그 속에 필사적인 보물 숨기에 나아갔으며, 그것을 필사적으로 추적하는 김현 비평이 전개되었다. 이 두 거인의 쫓고 쫓기는 장면이란 그 자체가 일종의 장관이 아닐 수 없는데, 다음 두 가지 의미가 그 속에 뚜렷이 흐르고 있었던 까닭이다.

첫째 모든 논의란 작품에 국한된다는 것. 이를 문학주의라 부를 것인데, 이 문학주의가 이른바 문지 그룹이 주도해간 문학사적 위업이다. 어떤 작품 외적인 것도 인정하지 않는다는 것으로 요약되는 문학주의란, 문학 작품이 고도의 상상력의 산물임을 전제로 한 것이다. 이 경우 상상력의 질을 좌우하는 요인이란 무엇인가. 일목요연한 해답이 주어진다. 시나 소설, 희곡 따위가 있는 것이 아니고 글쓰기만 있다는 것, 그 글쓰기란, 언어의 조직에 다름아닌데, 그 언어의 조직체 속에 글쓰기의 기원이 작동하고 있다는 것. 김현 비평이 소설보다 시 쪽에 일층 깊은 통찰이 던져졌던 것은 그가 시를 편애하는 것이 아니고 글쓰기의 기원과 그것의 언어적 조직이 시 쪽에서 한층 뚜렷한 것으로 인식되었음에 관련된 것이다. 이것이 곧, 작품이 묘사의 대상으로 삼은 현실에는 아무런 흥미도 가질 수 없다는 이른바 리얼리즘 혐오증으로 속화되었을 따름이다.

　둘째, 바로 이 점이 이 논의의 핵심이겠거니와, 이청준·김현의 변증법이다. 이청준은 김현을 속이기에 필사적이고 김현은 이청준의 허점을 폭로하기에 필사적이라는 것, 이를 조금 과장하면 주인·노예의 변증법이라 부를 것이다. 이 두 고수의 숨바꼭질이 20년을 넘게 지속되었음이란 과연 무엇인가. 김현은 이청준의 글이 신통할 때, "나 술 한잔 사고 싶은데, 내 술 먹고 가서 넌 그만 죽어버려라"라고 하기를 마지않았다. 이청준 그는 그가 도달한 '마지막의 것'만을 썼던, 적어도 그러고자 했음과 이것이 관련되어 있음은 물론이다. 「가위 밑 그림의 음화와 양화」(1984)를 썼을 때 김현이 이청준에게 이런 시비를 걸었다. "어머니 이야기를 팔아먹다 팔아먹다 바닥이 드러나니까 이제는 다시 제 돌아가신 아버지를 팔아먹기 시작했더구만"이라고. '제 돌아가신 아버지 팔아먹기'의 결정판인 『키 작은 자유인』(1990)이 출간되었을 때 이청준은 남몰래 통곡하고 있었는데 그의 거울(자의식)이었던 김현이 타계했던 까닭이다.

　지금껏 나는 이청준론을 쓴답시고 김현론을 쓰고 있단 말인가. 그렇지 않다. 당초에 말한 대로 이청준론도 김현론도 아닌 그 중간 곧 문학주의에 대한 회고에 지나지 않는다. 나는 김현의 이청준론이 이해의 수준이라 말하고 그것의 객관성을 문제삼는 척했다. 김현 비평이 최인훈론이나 김지하론에도 빈틈없이 작용된다라고 한 것이 그것. 그러나 저 이청준과의 거의 평생에 걸친 승부 걸기로 미루어보면, 이해의 수준과 더불어 공감의 수준이었음이 저절로 판명된다. 그렇지 않고는 그러한 지속성이 유지될 이치가 없다. 김현이 그의 만년에 가서 이를 실토하고 있지 않았던가. "내 육체적 나이는 늙었지만 내 정신의 나이는 언제나 1960년의 18세에 멈춰 있었다. 나는 언제나 4·19세대로서 사유하고 분석하고 해석한다. 내 나이는 1960년 이후 한 살도 더 먹지 않았다"(「머리말」, 『분석과 해석』)라고. 얼마나 분명하며 또한 단정적 고백인가. 1960년 이후 한 살도 더 먹지 않았음이란 무엇인가. 유신 세대나 광주 사태 세대의 사유 양태를 잘 이해하지 못한다는 사실의 문학적 고백이 아니었을까. 이는 김현의 말이지만 동시에 이청준의 말이기도 하다.

IV. 원죄 의식으로서의 부끄러움——글쓰기의 기원

4·19 세대가 가장 잘할 수 있는 글쓰기 그것이 이청준의 문학주의임을 김현과의 관계를 통해 지금껏 살펴본 것으로 친다면, 이제부터는 이청준 그 홀로의 표정을 엿볼 차례여야 하지 않을까. 그러나 그런 일은 내가 유독 잘할 수 있는 처지에 있지 않은 만큼 수많은 이청준론에 미루는 쪽이 현명할 터이다. 다만 나는 김현이 제기해놓은 문제를 조금 부연함으로써 이 항목을 채우고자 하는데, 김현이 어딜 가고 지금 여기에 없기 때문이다.

가난에 관한 문제를 그는 어떻게 다루어나갔던가가 그 한 가지. 김현이 그토록 정신을 차려 밝히고자 했던 이청준의 글쓰기의 기원인 가난의 문제를 작품 「눈길」(1977)에서만큼 품격 높게 처리된 것은 달리 없다고 나는 생각한다. 줄거리는 이렇다. 한 마을에 소년이 있었다. 그는 도시에 있는 중학교에 들고 자기 힘으로 돈을 벌며 학업에 열중하였다. 워낙 집안이 가난한 탓이었다. 방학이 되었을 때 소년은 고향집으로 가기가 난처했다. 풍문에 의하면 집안이 송두리째 망해 살던 집마저 팔려나가고 가족이 흩어졌기 때문. 그러나 소년이 갈 곳은 거기뿐. 마을에 접어들자 모든 것이 그대로이고 조심스럽게 자기 집 골목에 이르자 어머니가 그 집에서 달려나오지 않겠는가. 아들 손목을 쥐고 방안으로 들어가자 평소와 다름없이 작은 궤짝과 이불이 놓여 있지 않겠는가. 이튿날, 새벽 아들이 도시로 떠날 때, 어머니는 아들과 함께 눈길을 밟으며 차부까지 바래다주었던 것. 그 아들을 보낸 어머니가 아들이 남긴 눈 발자국을 되짚어 마을로 되돌아오면서 "내 아들아, 부디 복 많이 받아라"라고 주문처럼 외우지 않겠는가. 그런데 마을 입구에 와서 어머니는 집으로 들어올 수 없었는데, 눈

위에 쏟아지는 아침 햇살의 눈부심 때문이었다. 그 눈부심 속에 형언할 수 없는 부끄러움을 느꼈던 것이다. 「눈길」에서 중요한 것이 이 부끄러움의 의미인데 그것이 인간이 갖추어야 될 최소한의 법도와 관련되었음에 주목할 것이다. 이제 팔린 집이었지만 어머니가 집주인에게 사정하여 아들에겐 집이 그대로 있는 것처럼 생각하게 함으로써 가난이 지닌 부끄러움의 존재 방식을 특권화했던 때문이다. 어째서 어머니는 아침 햇살에 그토록 부끄러워 얼굴을 들 수 없었을까. 무슨 일이 잘못되기만 하면 그저 그것이 스스로의 타고난 어떤 '숙명의 허물'로 치부하기가 아니었던가. 일종의 '원죄 의식' 같은 것이 아니었던가. 가난을 원죄 의식의 일종으로 인식하기, 이것만큼 굉장한 착상의 패기가 따로 있을까. 이 원죄 의식을 글쓰기의 기원으로 삼았다는 것은 원죄 의식이라든가 그러한 범주에 해당되는 어떤 종류의 의식을 갖지 못한 사람들을 지배할 수 있는 방식의 일종이 아닐 수 없다. 가난을 부끄러움의 의식으로 체험한 사람이 그렇지 않은 사람에 복수하기란 이 원죄 의식으로 그들을 지배해나가기가 아니었던가.

  이 개인사적 경험 수준에서 이끌어낸 원죄 의식을 고향 또는 고향 사람에로 확산해나가기 곧 공동체의 성스러움(부끄러움의 인식)에로 확충해나가기가 「키 작은 자유인」(1990)이다. 부끄러움의 인식이라는 이름의 원죄 의식이 고향(공동체)에로 확산되어나가기, 그것은 또한 '제 몸으로 젖은 옷 말리기' 작전이기도 하다. 젖은 내복을 속에 입고 사람들 앞에 나타난 경우를 생각하면 이 비유가 얼마나 글쓰기의 본질에 육박하고 있는가를 짐작할 수 있다. 그것은 집안에 불치의 환자를 두고 있는 가족이 인내해야 될 부끄러움으로 요약될 수 있을지 모른다. 그것은 그러기에 자기 의식의 일종이 아닐 수 없다. 이청준의 글쓰기의 기원, 그것은 남이 갖지 않은 자기 의식을 기초로 한 점에서 특권적이자 특징적이다. 개인사에서의 원죄 의식, 그것의 공동체적 발전 형태로서의 고향 의식까지가 초기에서 중기까지의 이청준 문학의 핵심이었다. 그 공동체적 전개가 민족 공동체의 수준 다시 말해 원죄 의식으로서의 민족 의식에로 바야흐로 전개되는 장면이 최근작 「가해자의 얼굴」(1992)이다. 가해자의 자기 의식에서 비로소 부끄러움이 확인된다는 이 심리적 메커니즘이 장차 전개될 통일문제에 어떤 빛을 던질 것인가는 주목거리가 아닐 수 없다.

글쓰기의 기원이 가난에 대한 부끄러움에 있다는 것, 그것은 원죄 의식모양 숙명적이라는 점에서 자기 구원의 길이 아닐 수 없다. 제 몸으로 젖은 옷 말리기의 상태에 있는 한, 글쓰기의 샘은 마를 날이 없다. 젖은 옷이 결코 마르지 않기를 염원하면서 그것을 말리고 있기에, 젖은 옷은 마르면서도 늘 젖어 있는 형국이다. 어째서 이러한 일이 지속적인가를 물을 때 비로소 우리는 이청준 문학의 변증법에 마주치게 되는 셈이다. 글쓰기가 자기 구원의 방식이라 할 때, 그것은 패배한 자가 그를 패배시킨 현실에 복수하기라는 것. 그 복수 행위란, 패배자의 가장 소중한 특권적인 자만이자 자질인 원죄 의식을 매개항으로 하여 전개되어 있다. 복수 행위란 패자가 승자에게 도전하는 행위로 일단 규정될 것이다. 이 이항 대립에서 주목되는 것은 패자의 자기 의식이 승자로 나타난다는 사실이다. 이를 보증하고 있는 것이 바로 원죄 의식이다. 자기 의식이란 무엇인가. 이 물음에 고전적 해답을 내놓은 것이 헤겔이 아니었을까. 의식이 당초 자기 바깥에 찾고자 한 존재를 자기 속에서 발견했을 때 이를 자기 의식이라 부른다. 자기 의식이란 먼저 욕망에 의해 스스로 드러난다. 욕망은 스스로의 대상 곧 '타자'에 대립하며, 만족을 얻기 위해서는, 필요하면 그 '타자'를 파괴한다. 이리하여 자기 의식은 자기 확신을 얻게 되고 나아가 한층 높은 단계로서는 '승인을 위한 투쟁'에 이르게 된다. 주인·노예의 변증법이 여기서 성립된다. 곧, 두 개의 자기 의식은 자기를 긍정하기 위해 '생사를 건 싸움'으로 대립된다. 이 싸움은 한쪽이 상대방에 승인됨 없이 상대를 승인함에 동의할 때 비로소 중단된다. 그는 자유보다 차라리 생명을 선택했기에 복종하며 노예가 된다.

그의 주인이 된 상대방은 죽음을 두려워하지 않았기에 주인이 될 수 있었다. 그러나 주인은 스스로의 인간의 몫을 잊고 즐김에 빠져 타락하며, 한편 노예는 노동을 통해 자기를 해방한다. 노예는 노동을 통해 사물을 이루어감으로써 자기 자신을 세우며, 훈련을 통해 자율성에로 자기를 끌어올린다. 주인이 노예로 되고 노예가 다시 주인으로 되는 이 변증법적 과정이 인류의 진보(자유의 무한한 발현)라고 보는 것이 이른바 주인·노예의 변증법이다. 마르크스는 자본가와 무산자의 관계에서 이것을 원용하였고 니체도 그러하였고 사르트르를 위시한 실존주의자들도 그러하였다.

주인이 노예를 지배함이란 향유의 문제에 관련되는데, 이 점을 헤겔은 명쾌히 드러내고 있다.

> 이제 주인은 그 존재를 제압하는 권력인가 하면 이에 대해서 그 존재는 타자 즉 노예를 제압하는 권력이므로 모름지기 여기서 주인은 바로 그 타자를 자기에게 종속시키는 결과를 가져온다. 이런 점에서 또한 주인은 노예를 통하여 간접적으로 사물에 관계한다. 그러나 이때 일반적인 의미의 자기 의식이라고 할 노예는 사물에 대한 부정적인 관례를 취함으로써 오히려 이 사물을 지양한다. 그러나 동시에 이 사물은 노예에 대해서 자립적인 측면을 지니기도 하므로 노예는 결코 자기의 부정 행위에 의해서도 사물을 절멸시킬 정도의 극단적 상태로 몰고 가지는 못한다. 〔……〕 그러나 이와는 달리 주인으로서는 이러한 매개 작용을 통하여 사물의 순수한 부정을 뜻하는 직접적 관계 속에서 향유 Genuss를 누린다. 〔……〕 주인은, 자립성의 측면은 다만 사물을 가공하는 노예에게 떠맡겨버리는 것이다.
> ― 임석진 옮김, 『정신현상학』(I), 지식산업사, p. 265

노동에 의해 주인과 노예의 서열이 역전되었을 때, 노예는 '나'(주인)라는 주체가 된다. 본질적으로 주인만의 것이라 할 자기 표현이 노예(나)에 의해서도 가능하다고 인식되는 것, 이것이 자기 의식의 표현이라는 개념의 성립이다. 노예가 소외된 노동을 극한까지 뚫고 나감으로써 소외를 극복한다. 노예의 노동은 소외되었음과 동시에 있을 수 있는 자기 소외(돌출)라는 이중의 소외의 의식이 여기에서 나타난다. 노예의 노동이 당초 주인의 의도와 욕망의 대행이라는 의미에서 소외된 것이다. 그러나 또 주인의 의도가 노예에 의해 전면적으로 실현될 때가 온다. 그 순간 노예의 이 이중의 소외가 극복된다. 노예의 주인에 대한 두려움과 봉사가 주인의 의도와 욕망의 내면화에 다름아니지만 그 내면화가 행해진 그때 이미 노예의 주인에 대한 승리가 결정된 것이라 할 수 있다.

이청준에 있어 글쓰기의 기원이 자기 구원의 형식으로서의 복수심에 있다고 했을 때 그것은 노예의 자리에 서 있음을 가리킴이 아니었겠는가. 노예가 주인에 봉사하기란 자유를 버리고 비겁하게 삶(굴욕)을 선택한 까닭이다. 그러나 그는 굴욕 속에서 부끄러움이라는 원죄의식을 획득함으로써 그를 둘러싼 이중의 소외 의식을 극복하여 주인으로 역전해갈 수 있었다. 기실 주인이란 노예(나)의 내면화된 모습에 다름아니었던 것이다. 「비화밀교」(1985)를 이 시각에서 읽으면 훨씬 생산적일 터이다. 쫓고 쫓기는 구도로 되어 있는 『자유의 문』(1989)도, 쫓기던 자가 어느 틈에 쫓는 자로 자리바꿈하는 『인간인』(1992)도 이 도식 속에서 가장 잘 설명될 수 있다. 도스토예프스키와 카뮈에 도전한, 그의 대표작으로 꼽히는 『당신들의 천국』(1976)에서도 사정은 같다. 조백헌 원장(소록도)을 모델로 한 이 작품의 기본선은 황장로(문둥이)와 조원장(성한 자) 사이에 벌어진, 생사를 건 싸움에 다름아니었다. 주인·노예의 변증법 구도에서 한치도 벗어난 것이 아니다. 그것이 도스토예프스키나 카뮈에의 도전인 것은 자유로도 해결될 수 없으며, 또한 사랑으로도 해결될 수 없는 문제에 육박한 까닭이다. 오직 '자생적 운명'이라는 제3의 인식 없이는 자유도 사랑도 무화된다는 것. 이 작품을 두고 쫓고 쫓기는 관계를 20여 년이나 지속해온 김현이 "뛰어난 소설이다. 이 글을 끝내면서 내가 할 수 있는 마지막 말은 그것뿐"이라 했을 때, 그는 비평가이기를 포기한 것인가 아니면 이청준 문학에서 주인·노예의 변증법의 초극 현상을 예감한 발언일까. 나는 아직도 이 의문을 풀지 못하고 있다.

V. 주인·노예의 변증법 비판

『당신들의 천국』은 물론 뛰어난 소설이다. 그러나 나는 이 작품에 관해 할말이 많다. '자생적 운명'이 과연 주인·노예의 변증법의 초극일 수 있는가에 자신이 서지 않기 때문이다. 공부가 모자라는 탓이리라.

이청준 그는 당초 자기의 패배감을 은밀히 작품 속에 감춤으로써 그것이 지배의 논리(주인 되기)이기를 꾀하였다. 이 점에서 그의 글쓰기는 오직 작품(문학주의)의 수준에 오를 수가 있었다. 이를 집요히 추적함으로써 비평가의 자리에 선 김현과 이청준은 쫓고 쫓기는 관계에 있었다. 그러나 이청준에게 이러한 관계가 이중적이었는데, 그가 창조하는 인물들의 쫓고 쫓기는 관계가 설정되었기 때문이다. 비평가와 작가 사이의 이러한 관계, 작중인물 사이의 이러한 관계 속에 놓인 작가 이청준의 선 자리는 어디였던가. 이 물음은 중요한데, 그가 비평가를 이기거나 그 반대라 해도 또는 조백헌이 황장로에 이기고 또는 그 반대라 해도, 결국 주인·노예의 변증법 속의 놀음에 지나지 않는 것이다. 왜냐면 노예가 노동에 의해 주인의 자리에 올라서도 조만간 그는 그 노동을 즐김으로써 노예로 전락될 운명에 있기 때문이다.

최근 나는 팔레스타인 출신으로, 미국에서 문학 선생 노릇 하는(컬럼비아 대학) E. 사이드라는 사람이 쓴 『오리엔탈리즘』(1978)을 읽고 기묘한 생각을 떨치기 어려웠다. 그에 따르면 오리엔탈리즘이란 동양과 서양 사이에 설치된 '존재론적·인식론적' 구별에 바탕을 둔 사고 양식으로 규정된다. 이 존재론적·인식론적 구별이란 동양이, 주체인 서양에 의해 표상(지배)되는 객체로 설정된 사태를 가리킴이다. 주체인 서구에 의해 객체인 동양이란, 혼돈·침체·몽매함·자연성·암흑·여성적인 것·방종함 등 단적으로 말해 활성화되지 않은 자연적인 것을 표상하고 있다. 곧 이는 주체인 서양에 의해 지배된 이미지인 것이다. 다시 말해 동양은, 서양에 대해 선험적으로 있었던 것이 아니라 차라리 서양이 동양을 생산한 것이라 할 것이다. 동양이란 영원히 서양으로부터 계몽받아야 될 대상이라는 것이다. 만일 동양이 계몽받아 자각하여 이른바 주체화에로 나아간다면 어떠할까. 동양이 주체화를 감행하는 것 자체가 서양의 지배를 감수하는 행위가 아니겠는가. 동양과 서양을 대립적으로 보는 한, '주인·노예의 변증법'의 틀 속에서 한 발자국도 벗어나지 못하는 것이 아니겠는가. 『오리엔탈리즘』에서 그 저자가 아무리 새로운 정보와 비판 이론을 내세우더라도 결국은 헤겔의 틀 속의 놀음에 지나지 않는 것이 아니겠는가.

이와 꼭 같은 말을 이청준에게도 해볼 수 없을까. 가령 『자유의 문』에서의 작가 주영섭의 죽음을 치밀한 계산으로 헤아릴 수 있는 백상도 노인의 자리가 혹시 주인·노예의 변증법의 틀을 깰 수 있는 가능성을 지닌 것일까. 혹은 대흥사를 둘러싸고, 쫓기던 자가 쫓는 자로 자리바꿈하기는 어떠할까. 마침내 주인공 안장손이 죽으면서 그와 소리꾼의 딸 난정과의 사이에서 태어날 '일출처럼 눈부신 아이의 이미지'를 떠올리는 것이 변증법의 틀 벗어나기에 해당되는 것일까. 나는 아직도 무어라 말하기 어려운 것처럼 느껴지는데, 백상도 노인도, 안장손의 최후의 이미지도, 『당신들의 천국』의 '자생적 운명'의 수준에서 크게 벗어난 것으로 보이지 않기 때문이다.

그렇다면 최근작 「가해자의 얼굴」은 어떠할까. 이 작품이 이청준의 작품 계보상 조금 낯선 것인데, 통일 문제(이른바 분단 문학)를 다루었다는 점에서 볼 때 그러하다. 「흰 철쭉」(1985)이 분단 문학의 범주에 들기는 하나 매우 우회적이자 상징적이어서 다만 한 인간의 사물

(꽃)에 대한 그리움으로 다루어졌을 뿐이다. 그 때문에 이는 작가가 어떤 역사 의식에 불타오르는 경우와는 구별된다. 그만큼 분단 문제란 이 작가에게는 열의의 대상이 아니었다. 「가해자의 얼굴」에서도 마찬가지로 말을 할 수가 있지만 다만 여기서는, 『인간인』을 쓰고 난 뒤의 공허감이 한 가지 방향을 모색하게 했다는 시선으로 읽을 때, 상당한 의미층이 엿보일 터이다.

> 민족 분단의 모순 상황이 초래된 왜곡된 역사와 현실의 피해들이지요 [……] 그 왜곡된 모순 상황의 피해는 아버지나 어머니 세대뿐이 아니라 저의 젊은 세대들의 삶까지 부당하게 억눌러대고 있으니까요. 통일로 해서만이 이 모든 왜곡과 모순 상황, 오늘의 반역사·반민족적 장애물들을 일거에 극복·제거해 나갈 수 있는 근본 자세거든요.
> ─『가해자의 얼굴』, 중원사, 1992, p. 174

주인공 김사일의, 대학생인 딸의 통일관이 이러한 수준이었다. "우리는 쓰라린 과거를 잊고 함께 뭉칠 수 있다. 과거사를 붙들고 있어 봐야 무슨 소용이 있겠는가"(김일성의 W. P. 지[1992. 4. 15]와의 회견)라는 목소리와 한치도 다르지 않다. 미체험 세대인 대학생으로서는 이러한 발언을 할 수 있을지 모른다. 그러나 체험 세대로서 이런 발언이 과연 가능할까. 이청준이 문제삼는 것은 가해자와 피해자의 변증법의 악순환이다. 지금껏 보아온 바와 같이 이 헤겔적 변증법의 틀에 평생을 두고 통달한 작가가 바로 이청준이 아니었던가. 가해자가 어느 순간에 피해자가 될 수 있는가. 마찬가지로 피해자는 어떤 자리와 계기를 만나면 돌연 가해자로 돌변하는 것인가. 이 심리적 메커니즘을 악마적인 정확성으로 파헤칠 수 있는 작가의 그 악마스런 솜씨를 통일 문제라는 장대한 구도 속에서 바라볼 날이 있을지도 모를 일이다. 이 점에 대해 나는 양가적인 태도를 지니고 있다. 한편으로는 작가 이청준이 그 악마적인 기량과 심리적 독법으로 가해자·피해자

(주인·노예)의 변증법 속에 통일 문제를 다루는 장대한 문학의 솟아오름, 그러니까 분단 문제로 된 『당신들의 천국』에 도전할 것을 열망하지만 다른 한편으로는 「가해자의 얼굴」 쪽을 좁게 파내려가기를 동시에 열망한다. 전자의 세계관, 주인·노예의 변증법의 악순환에서 결코 벗어나지 못한다는 점에서 결국은 분단과 통일의 악순환에 멈출 것이다. 그것은 문제 해결이 아니라 문제 제기의 범주이다. 한편 통일에 관한 한 '민족 성원 모두가 가해자다'라는 명제의 추구란 피해자를 전제하지 않는 마당이기에 변증법의 악순환의 고리를 끊는 그러한 사고 유형에 속할 것이다. '모두가 가해자다'라고 할 때, 피해자가 전제된다 하더라도 그것은, 변증법 속의 그것들모양 대칭적이 아니라 비대칭적일 터이다. 가해자만이 있는 논리, 피해자만이 있는 논리의 탐구, 그것만이 변증법적 악순환을 벗어나는 길이라면, 이 길을 탐색해보는 일이 일층 근본적인 과제가 아닐 것인가. 물론 이청준은 조금 알고 있겠지만 나는 그 길을 아직도 잘 알지 못한다. 다만 내가 아는 것은 우리 문학사에서는 일찍이 「바위」「무녀도」의 작가 김동리가 그러한 변증법의 틀을 깨었다는 사실일 뿐이다. 근대성을 기본항으로 하는 모든 진보주의자(리얼리스트)에 김동리가 정면으로 맞설 수 있었는데, 근대성에 대한 '반근대'로 맞선 것이 아니라 '비근대' 또는 '몰근대'를 내세움으로써 근대성을 무화시키는 방법론을 그가 발견했던 까닭이다(졸저, 『한국현대문학사상사론』, 일지사, 1992).

나의 이러한 주문이 얼마나 주제넘은 일인가를 모르는 바 아니지만, 독자의 이러한 투정도 없다면, 김현이 없는 이 마당이어서 조금 쓸쓸하지 않을 것인가. 그의 쓸쓸함이 얼마나 깊은가는 그가 최근에 쓴 시 한 편이 이를 새삼 증거한다.

    강진만(康津灣)
    뻘길 따라

갯나들 가는 길에

　　까막섬
　　반겨주는
　　마량포구 완도집
　　정성을 담아내는 한창 나이 아낙네는
　　시어머니 솜씨 배워
　　모습 또한 닮았나

　　어머님
　　그리워서
　　갯나들 가는 길에

　　파도가
　　마중하는
　　마량포구 완도집
　　재 너머 계시온데도 곧장 가지 못하고
　　흰머리 송구스러워
　　한숨 돌려가는가.　　　　　　—「마량정경(馬良情景)」

　그는 고향의 노모를 뵈러 자주 하향한다. 그럴 때마다 막바로 달려가지 못하고 30리 상거에 있는 완도집에 들러 지체해 마지않았다. 그가 노모보다 머리가 센 까닭이었다. 노모 앞에 센 머리를 보이기에 송구한 마음이 그의 발걸음을 자주 멈추게 하였던 것. 그의 아호를 미백(未白)이라 한 연유이다. 나는 이 아호를 사랑한다. 이청준 문학의 출발점이자 그의 글쓰기의 기원인 부끄러움의 원죄 의식이 그 속에 뿌리내려 있다고 믿기 때문이다.　　〔『작가세계』, 1992년 가을〕

갇혀 있는 자의 시선
——이청준의 작품 세계

오 생 근

I

　이청준은 독특한 관점으로 다각적인 측면에서 작품 소재를 이끌어 오고 있지만 그의 작중인물들은 한결같이 광기와 허기, 불안과 피곤, 외로움 등에 사로잡혀 있다. 그들은 근본적으로 현실에서 어떤 욕망이 충족되지 않은 자들이다. 그들은 거의가 소속해 있는 집단과 불화를 일으키거나 그 집단과의 관계에서 일탈하려는 인간들이다. 그들은 내면 속에 키워온 정신적 질서가 타인들의 그것과 일치하지 않는다는 것을 의식하기 때문에 갈등과 이기의 현장에서 작가는 개인의 패배와 좌절을 선언하지도 않고 또한 개인의 승리를 외치지도 않는다. 이청준의 작가적 관심은 언제나 그 개인의 내면적 고통과 파탄이 위기 속에서 진행되는 과정에 조사(照射)되고 있을 뿐이다.
　그럼에도 불구하고 작가는 냉정하고 치밀한 방법으로 또는 음험한 수법으로 그 개인의 의지를 방해하고 좌절케 한 상황과 타인에 대해서 복수를 감행한다. 복수하는 방법, 그것은 철저히 소설 속에서 전개된다. 소설은 그의 유일한 무기이며 현실에 대해서 거는 정당한 싸움이다. 다른 표현을 빌리자면, 그의 소설은 작가의 구체적 현실에서 얻어진 소외 의식에 대한 보상 행위의 노정이다. 그 보상 행위란 단순히 소외된 자기 입장에 대한 변명이거나 변호를 의미하지 않는다. 그는 무엇보다 사태를 감정적으로 파악하는 태도를 거부한다. 그러므로 그의 소설은 한 개인의 내면 속에 울분과 분노와 소외를 일으키게 한 현실과 직접적인 충돌을 겪지 않는다. 그는 단지 한 개인의 선량한 의지가 방해를 입게 되는 입장을 끈질기게 추구함으로써 방해를 입히는 상황을 본질적으로 파고들어 비판할 뿐이다. 그러므로 그의 소설은 상황에 대한 도전이며 개인의 정당한 자기 주장이며 자유의 완강한 보루이다.

그의 소설은 빈번히 격자소설의 형식을 취하거나 그 속에서 소설론을 진술하고 있다. 다시 말해서, 그것은 소설에 의한 소설의 반성을 개진한다. 그는 어떤 대상을 포착하는 데 일차적인 사고나 언어에 머물지 않는다. 그것은 대상에 대한 인식의 수단으로서 일차적으로 사용된 언어가 아무래도 미흡하기 때문에 이차적으로 계속되는 반성의 태도인데, 이것은 또한 작가 자신의 현실에 대한 인식 태도가 굳어져 있는 것이 아니라 끊임없이 회의와 모색을 하고 있다는 점을 반증해준다. 그의 언어는 현실을 인식하는 태도이기 때문이다. 그러므로 이청준은 주어진 현실의 외양보다는 그 외양 속에 감춰진 진실을 들춰내려 한다. 그는 주어진 현실의 허울과 껍질 앞에 있지 않고 현실의 껍질을 비집고 그 안쪽을 집요하게 들여다본다. 작중인물의 자기 자신에 대한 내면적 반성 역시 그런 각도에서 어긋나는 것이 아니다. 그러므로 그의 소설에는 언제나 관찰자의 시선이 따른다. 관찰자는 소설 밖에 있는 것도 아니며 작가의 의식 속에 추상화되어 있는 것도 아니다. 관찰자는 대부분 그의 소설 속에 있다. 관찰자는 관찰되는 대상과 거리를 두면서 동시에 거리를 두지 않고 있다. 왜냐하면, 관찰하는 입장은 대상과의 거리를 상정하는 것이지만, 관찰자의 의식이 관찰되는 대상 속에 들어가 거의 일치해서 움직이기 때문이다. 그의 소설 속의 광인(狂人)이나 장인(匠人)을 연상하면 그들이 좌절하고 몰락해가는 과정을 관찰하는 다른 작중인물이 존재하고 그 관찰자의 관점이 바로 작가의 관점이라는 것이 쉽게 짐작된다.

그러므로, 그들의 내면 심리는 거의 관찰하는 인물의 의식 속에서 추체험된다. 작중인물의 내면 속에 들어가 있으면서 동시에 밖에 있다는 이중성은 이청준의 작가적 특성을 형성한다. 인간과 세계를 보는 그의 눈은 맹목적인 감정과 울분에 휘말려 들지 않고 그것을 극복하려는 의식을 수반한다. 그 의식은 끝없는 갈등과 긴장과 반성을 담고 있다.

그의 소설은 그러한 고통에서 얻어진 결론을 보여준다기보다는 고통의 과정을 진술한다. 그 과정이 작가의 몫이고 그 과정을 완결시키는 것은 독자의 몫이다. 그는 작품의 한계, 작가의 한계를 뚜렷이 인식하고 있다. 그는 삶의 진실과 소설의 진실에 동일한 비중을 부여한다. 그러나 그것은 삶과 소설과의 균형이 정체되어 있거나 분리되어 있다는 말이 아니다. 그에게 있어서 소설과 삶은 서로가 맞물고 돌아가는 톱니바퀴의 관계를 이룬다. 바로 그러한 이유 때문에 그의 어떤 소설은 관념소설인 것처럼 보일지라도 소설적 흥미와 설득력을 상실하지 않게 된다. 그의 관념은 삶의 진실과 유리된 그것이 아니라 삶의 진실과 동화된 그것이기 때문이다. 그의 소설은 우리의 현실을 인식하는 탐구의 수단이지 결코 결론은 아니다. 그는 결론을 내릴 수도 없고 결론지으려 하지도 않는다. 그가 변화하는 현실의 문제에 대해서 어떤 결론을 얻었다면 그는 더 이상 소설을 쓰지 않을 것이다. 그가 소설을 쓰는 것은 그의 작가 의식이 현실의 여러 모순과 부딪치고 난파하고 방황한다는 것의 반증이다. 이청준의 소설이 치밀한 계산과 조형의 의지로부터 산출된 것이면서도 산만하다는 느낌을 버릴 수 없는 이유도 마찬가지 관점에서 이해될 수 있다.

그의 소설은 하나의 혼돈이지만, 그것은 의도화되고 계산된 혼돈이다. 그의 소설은 형식과 의미의 틀 속에 닫혀 있는 것이 아니라 열려 있는 것이다. 그러므로 그의 진술은 주제(또는 한정된 의미)와 형식의 틀에 저항하거나 그것을 부수고 뛰쳐나오려는 성향을 내보인다. 뛰쳐나오는 몫, 그것이 바로 독자의 몫이고 그 몫을 풍부하게 내보이고 있다는 점이 이청준의 작가적 역량이다. 그는 그의 문학이 자기 구제의 몸짓에서 시작되었다는 것을 밝히고 '그의' 문학 안에서 스스로 구원받고자 했던 자기가 보다 보편적인 자기로 돌아가 그것과 만나지기를 원한다. 이러한 그의 정직한 고백은 그의 작품을 이해하는 중요한 열쇠가 되고 있다. 한 개인의 진실이 그 개인의 문제 해결에 머물지 않고 보편적인 진실로 확산되기를 바라는 작가적 태도는 그의 중요한 관심이기 때문이다. 이청준의 문학적 성과가 보편적인 진실로 확산된 것이었는가 아닌가 평가하는 것은 어떤 척도로 결정될 수 있는 문제가 아니다. 그것은 작가의 진실을 드러내려는 모든 노력을 통해서 부수적으로 얻어지는 문제일지 모른다.

II

스타로뱅스키 Starobinski는 『살아 있는 눈』이란 비평집을 통해서 정신분석적인 의미에서 작가의 시선이란 문제에 관심을 집중하고 있다. 그 이유는 첫째 작가는 주어진 현상에서 한계를 바라보는 것에 만족하는 사람이 아니기 때문이다. 여기서 시선의 의미는 의식의 문제이기도 하다. 올훼나 외디프스의 신화처럼 작가란 운명적으로 가시적 현실 속에 감춰 있는 어떤 진실을 꿰뚫어보려는 위험한 욕망에 사로잡힌다. 또한 보려는 욕망은 인간의 감각 중에서 가장 근본적인 것이며 그것은 지치지 않는 열정을 수반한다. 그 열정은 시시포스의 도로(徒勞)와 같은 것이어서 영원히 충족되지 않는 욕망이며 모험이다. 그러한 작가의 시선에서는 무엇을 포착했는가가 중요한 것이 아니며 접근하려는 열정이 중요한 것이다. 보려는 욕망에 사로잡힌 작가에게 만족할 만한 실체의 얼굴이란 그 어느 곳에도 존재하지 않기 때문이다. 그러므로 시선의 행위는 완성되거나 도달하는 것이 아니라 끊임없는 열정과 상승에의 의지를 초래한다. 둘째로 시선의 테마가 중요한 것은 작가가 자기 자신과 현실을 또는 세계를 어떻게 보는가 하는 문제 때문이다. 그러한 문제는 근본적으로 작가의 창조적 자아가 타인과 현실과의 관계를 어떻게 맺고 있는가 하는 관점의 문제와 연결된다. 자아와 세계와의 올바른 관계를 규명하려는 노력이 바로 작가의 진실이다. 그 관계는 일상적이며 상투적인 관계가 아니라, 인간적이며 살아 있는 관계이다. 살아 있는 관계는 일상적인 규약의 관계에서 일탈한 자만이 발견할 수 있는 것이다. 그렇다고 그는 그 관계 밖에 있는 국외자가 아니다. 일상적인 관계 밖에 있기 때문에 그는 관계 안에 있으려는 노력을 부단히 감행하지만 그것은 과거의 낡은 관계로의 회귀를 지향하는 것이 아니라 보다 진정한 관계를 맺으려는 것이다.

　스타로뱅스키의 이러한 시선의 테마를 이청준의 작품 속에 그대로 적용하려는 것이 이 글의 목적은 아니다. 어떠한 현상을 이해하는 데 이론이 선행할 수 없는 것처럼, 한 작가의 작품을 이해하는 탐구의 과정에서 외국 비평가의 비평 방법을 맹목적으로 추종할 필요는 없는 것이다. 그럼에도 불구하고 스타로뱅스키의 시선의 테마와 큰 차이를 보이지 않는 관점에서 이청준의 작가 의식과 만나려는 우리의 노력은 그의 작품 속에서 시선의 중요성이 작가의 현실 인식의 태도에 있어서 어떤 본질적인 구조를 형성할 만큼 확연히 드러나고 있기 때문이다. 또한 그 구체적인 이유의 일단은 이 글의 서두에서 암시하기도 했지만, 그의 소설이 근본적으로 이 사회의 적응하지 못하는 한 개인이 자아의 진실과 사회의 진실을 일치시키려는 정신적 모험이라면, 그 모험의 과정에서 변형되는 삶의 태도가 시선의 드라마 속에 압축되고 있기 때문이다.

　이러한 과정은 또한 작품을 평가하고 이해하는 태도에서 작품이 담고 있는 의미나 주제 혹은 그것의 형식을 심판하고 설명하는 것으로 만족하는 상투적 비평을 거부하려는 태도와 무관하지 않다. "나는 타자다"라는 랭보의 유명한 말처럼, 작가와 작품이 또는 작가의 의도와 작품의 주제 혹은 형식이 결코 일치되는 것이 아니라는 것을 인정한다면, 그리고 적지 않은 감동적인 문학 작품이 그러한 불일치에 의거한다면, 작품 속에 담긴 그러한 간접화 현상을 주목해야 하며 동시에 작품에 내재하는 무의식적 성향을 표출해내는 작업도 중요할 것이다. 그것을 외면하는 상투적 비평은 작가의 상투적 현실 인식을 조장하며, 결국은 진정한 고통 속에서 씌어진 작품을 외면하게 되는 위험에 빠지게 될지 모른다.

  이청준은 그의 문학 작업이 "자기 구제의 한 몸짓으로서 출발"한 것이며 아직도 여전히 그의 "노력의 많은 부분은 그것에 바쳐지고 있다"는 것을 고백하고 있다. 그는 무엇 때문에 자기 자신이 구제받아야 할 존재라고 생각하게 되었는가? 그의 정신적 외상이 무엇인가를 규명하기 위해서는 아마도 그의 성장기의 가족 상황이나 어떤 중요한 개인적 사건들이 면밀히 검토되어야 할지도 모른다. 그러나 그러한 여건이 마련되어 있지 않은 현재의 상황에서 우리가 짐작할 수 있는 것은 다만 그의 성장기의 정신적 외상이 중요한 영향을 미쳤으리라 하는 점이다. 그 상처는 대체로 두 가지 유형으로 분류할 수가 있다. 첫번째는 성장기의 소년이 의식의 눈을 뜨게 될 무렵, 순수한 의지로 이 세계와 그 자신에 대한 의문을 표시할 때, 밖에서 오는 반응이 부정적인 충격이었다는 점이다. 두번째는 성장기 소년의 순수한 의지와는 상관없이 6·25를 전후한 시대적 불행을 무서운 공포의 기억 속에서 체험했다는 점이다. 그 두 가지 각도에서의 체험은 그의 소설을 이해하는 데 중요한 단서인 것처럼 보인다. 개인의 진실과 시대의 진실이 어디서 행복하게 만나는가 하는 작가적 고뇌도 바로 그러한 각도에서 이해될 수 있기 때문이다. 그 두 개의 관점에 대한 구체적인 예증은 다음과 같다. 「꽃과 뱀」은 조화를 파는 꽃가게의 한 소녀의 이야기를 담고 있다. 그 소녀는 어느 날 생화를 파는 다른 꽃가게 유리 창문을 통해서 꽃에 물을 주는 것을 발견한다. 그 소녀는 그날

이후 커다란 의문과 당혹에 사로잡힌다. 부모에게 물어보아도 그 의문은 풀어지지 않는다. 그러던 어느 날 소녀는 모든 꽃에 물을 끼얹어버림으로써 종이로 만든 꽃들을 못 쓰게 만들어버린다. 소녀의 행위에 대한 부모의 반응은 격렬한 분노였고 소녀에게는 가혹한 매질이 가해진다. 그 일이 있은 후부터 소녀는 아주 달라져버린다. 소녀는 침묵을 지키거나 슬픈 표정을 짓는다. 「행복원의 예수」의 주인공은 한밤중 우연히 고아원 보모의 옷 벗은 목욕 장면을 훔쳐보았다는 사실이 사건의 계기가 되어 행복원을 쫓겨나고 방황을 한다. 이러한 이야기들은 결국 한 개인이 소속한 가정이나 집단의 규범 안에서 안주하다가 다른 세계를 발견하고 그 규범을 위반했을 때 얻어진 불행임을 암시한다. 「마기의 죽음」 역시 비인간화된 사회에서 그 사회가 금지하고 있는 비밀의 세계를 들여다보았다는 이유 때문에 죽음을 각오하게 된 특이한 사회의 인간을 그리고 있다. 그들 모두가 비극적 운명의 포로들이다. 대부분의 일상인들은 그 사회가 금지하는 규범 밖의 것을 보았다 하더라도 그 규범 안으로 들어온다. 규범 밖의 세계는 혼돈과 회의와 모험의 세계이기 때문이다. 일상적 인간에게는 그러한 세계를 견뎌낼 힘이 없기 때문에 그것은 고통스러운 부담이다. 그들은 그 부담되는 세계를 외면하고 일상적인 규범의 굴레 속으로 다시 돌아온다. 아무 일도 일어나지 않았던 것처럼 일상인의 생활은 다시 평탄하게 진행된다. 그러나 이청준의 작중인물들은 다른 세계를 보았다는 점이 비극적 운명을 형성하며 그 운명을 감내하는 길을 선택하게 된다는 사실이 중요하다. 두번째 유형은 그의 단편 「개백정」과 「침몰선」에 암시되어 있다. 「개백정」에서는 외삼촌네가 반동분자로 몰려 총살을 당한 이후, 외종형의 생존 여부에 대한 소문을 중심으로 어머니의 공포와 불안, 기르는 개를 잡아가는 장면을 목격했을 때 얻어진 충격 등이 한 소년에게 상처를 입히는 과정이 서술된다. 「침몰선」 역시 전쟁을 둘러싼 민심의 변화를 간접적으로 체험하고 의식의 눈을 뜨게 되는 소년의 이야기다. 그러나, 무엇보다 중요한 암시를 해주는 소설이 『씌어지지 않은 자서전』이다. '나'는 어느 날 환상 속에 나타난 심문관에게 어떤 음모에 대한 자백을 강요받고 '내'가 기억하는 생애의 사건들을 진술하게 된다. 어린 시절의 중요한 사건은 '허기'와 '전짓불'에 관련된 것이다. '허기'는 극심한 경제적 빈곤에서 얻어진다. 그러나 '허기'에 관련된 기억이 중요한 것은 배고픔이란 본능적 욕망이 현실에서 충족되지 않았을 때 연을 날리면서 그 욕망을 일시적으로 잠재우며 견디었다는 점 때문이다. 그러므로, 이청준의 '허기'라는 용어는 작가가 어린 시절에 뼈저린 가난을 체험했다는 사실을 추측하게 하는 것보다는 욕망이 충족되지 않는 현실에 대해서 한 개인이 취한 정신적 태도에 의미의 중요성을 부여해야 한다. 그 정신적 태도란 욕망을 만족시키려고 성급한 행동에 뛰어들지도 않고 욕망을 망각해버리지도 않는다는 점이다. 그것은 후에 단식이란 정신적 결단과도 연결되는데, "시장기를 견디고 그것을 쫓기 위해서" "데모로 밤을 밝히는 것" 같은 생각이 든다는 진술에서 보여지듯이 욕망이 충족되지 않을 때 다른 행동에 뛰어듦으로써 일시적으로나마 그 현실을 간접화하는 방법에 중요성이 부여될 수 있다. 그 방법이 연을 날리는 행위라든가 데모에 뛰어드는 것일 수도 있고 환상의 세계 속에 잠입하는 것일 수도 있다. 그처럼 작중 인물의 모든 행동의 원인은 직접적으로 표출되어 있지 않고 간접화되고 있는 것이다. 그 다음 '전짓불' 사건은 보다 세밀한 분석을 필요로 한다. 그것은 『씌어지지 않은 자서전』의 주인공의 뚜렷한 공포의 기억으로서 그리고 「소문의 벽」의 소설가 박준의 고백 속에서 등장한다. 그것은 6·25 이후의 불안한 상황 속에서 얻어진 것인데, 상징적인 의미를 담고 있는 '전짓불'의 공포는 전짓불 뒤에 가려진 사람의 정체를 알 수 없이 일방적으로 자백을 강요받기 때문에 더욱 고통스러운 고문으로 부각된다. 더욱이 상대편의 물음은 정직하게 답변하기 어려운 물음이다. 일반적으로 그러한 상황은 한 인간이 극단적으로 불안한 입장에 놓였을 때의 절망을 표상한다. 그것은 일방적으로 '관찰당하는 자'의 절망이다. 정당한 인간 관계는 서로간에 시선을 교환하는 관계이다. 그 관계가 "타인은 지옥이다"라는 사르트르의 부정적인 시선일 수도 있고 "사랑과 빛의 교환"이라는 엘뤼아르의 긍정적인 시선일 수도 있다. 그것은 모두가 정당한 인간 관계에서 발생되는 존재론적인 의식의 태도이다. 그러한 인간 관계가 깨뜨려지고 한쪽의 시선이 보는 능력을 상실했을 때, 다른 쪽 시선의 일방적인 폭력이 진행된다. '관찰당하는 자'는 곧 갇혀 있는 자이다. 그의 자유는 관찰하는 자의 눈에 예속된다.

이러한 관점을 종합하면 작중인물들의 성장기에서 얻어진 상처가 두 가지 양상으로 전개되었다는 점을 확인하게 된다. 하나는 이 세계에 대해 눈을 뜨는 성장기의 소년이 순수한 의문을 표시했을 때 가해진 억압이고 다른 하나는 밖의 현실이 소년의 의지에 영향을 미친 억압이다. 그러나 개인의 자유로운 의지가 방해를 입었을 때 그 의지는 환상 속에서 끈질기게 재생되거나 다른 형태를 통해서 변형된다. 그것은 결코 은폐되거나 망각되지 않는다.

III

결국 이청준의 작중인물들은 이 세계가 그들을 위해서 만들어지지 않았다는 사실을 깨닫게 된다. 연약한 그들은 저항해오고 억압해오는 이 세계에서 그들 나름대로 적응하는 방법을 배운다. 이 세계를 거부할 수는 없기 때문이다. 그러나 적응하는 태도는 언제나 서투르다. 작가의 표현을 따르면 그들은 끊임없이 '쑥스러워' 하는 자들이다. '쑥쓰러워' 하는 인간은 이 세계에 대하여 또는 자기 자신에 대하여 그 어느 한편에 정당성을 결정하는 인간이 아니다. 자기 자신의 정당성을 강렬히 주장하려는 개인주의자는 적극적인 의지를 확산하며 이 세계에 대한 능동적인 몸짓을 감행할 것이며 그 반면에 이 세계의 정당성을 옹호한다면 적응하지 못하는 자기 자신의 병적인 성향에 대해서 자학의 화살을 겨누었을 것이기 때문이다. '쑥스러워' 하는 인간은 자아의 분열을 일으킨다. 자아의 진실이 옹호되지 않는 사회에서 이청준의 작중인물들은 이중적인 자아를 소유하게 된다. 그들은 근본적으로 이 사회를 떠날 수 없다는 이유 때문에 이 사회에 순응하는 척하는 외면적 자아와 동시에 사라지지 않는 개인의 욕망과 진실을 옹호함으로써 사회를 거부하는 내면적 자아를 공유하게 된다. 사르트르의 용어를 빌리면 그것은 '사물화되려는' 의식과 그것을 의식하는 의식이다. '사물화되려는' 의식은 사물 또는 현실과 일차적인 관계를 맺는 의식이고 그 의식을 바라보는 또 하나의 의식을 설정함으로써 두 개의 자아를 유출한다는 환상에 빠진다. 이청준의 이중적 자아는 분리되어 있는 것이 아니다. 그것은 이 세계와 자기 자신에 대해서 갖는 정신적 태도 속에 공존한다. 그는 이제 「꽃과 뱀」의 누이처럼 이 세계에 대한 의문을 고백하지 않는다. '전짓불' 사건으로 표상되는 이 세계의 권위와 공포의 상황이 한 개인의 정당한 자유를 허용하지 않는다는 것을 너무도 잘 알고 있기 때문이다. 그러나 동시에 이 허위의 세계를 보복하려는 욕망은 음험하고 강렬하게 번식한다. '전짓불'로 상징되는 세계는 가면의 세계이다. 정체를 볼 수 없는 '전짓불'의 조명은 가면의 시선이다. 이청준은 그 가면의 정체를 벗기려 한다. 그러기 위한 수단으로서 자기 자신은 관찰당하는 입장에 놓이지 말아야 한다. 그것은 대상의 시선 속에 갇혀 있는 것이기 때문이다. 그는 자유로운 시선을 소유하고 싶어한다. 그러나, 이 세계의 모든 관계가 그의 시선에 자유로운 날개를 부여하지 않는다. 그는 어쩔 수 없이 음험한 방법을 취하게 된다. 이 세계에 순응하는 척해 보이는 개인의 의지를 외면적 자아라고 편리하게 명명했지만 다른 말로 바꾸면 그것은 가면의 얼굴이다. 그가 가면을 썼을 때 이 세계는 무의지적으로 노출된 세계이다. 주체와 객체 사이의 전도된 상황이 전개된다. 가면의 얼굴은 자유로운 의지를 방해하는 이 세계에 대한 복수이며 반항의 행위이다. 그것은 자기의 모습을 드러내지 않고 관찰하는 입장에 서려는 태도이다.

그의 작중인물들은 빈번히 자기의 신분을 감추려고 하거나 또는 자기 자신을 떠나려는 욕망에 사로잡혀 있다. 그들은 사회에서의 신분증을 잃어버린 자들이다. 그들에게는 현재를 규정짓게 하는 과거가 없다. 그들은 과거를 잃어버린 자들이다. 그들은 과거를 망각한다.

    1) 언어가 완전히 소멸된 거기에는 슬프도록 강한 행동의 욕망과 향수만이 꿈틀거렸다. 허나 나에게는 이미 그 욕망마저도 죽어버리고 없는 것 같다. 완전한 자기 망각. 그렇게 나는 시체처럼 여기 병실에 누워 있는 것이다. ──「퇴원」

    2) 할 수 없이 나는 그녀와 만나기 전의 나를 증명하지 않으면 안 되었다. 그러나 그 방법이 막연했다. 너무나 당연한 이야기지만 나에게도 그 과거라는 것이 있음은 물론이다. 그런데도 나는 그것을 아내의 눈에 보여줄 도리가 없었다. ──「나무 위에서 잠자기」

그들은 과거를 망각하거나 과거를 기억하려는 노력을 의식적으로 회피하고 있다. 그들은 또한 자신의 실체를 정면에서 바라보지 않는다. 그들은 자기 자신을 외면함으로써, 자기 자신을 떠난다.

    그때 물구멍에서 보았던 나의 얼굴만은 이상스럽게도 영 잊혀지가 않았다. 가끔씩 그때 그 얼굴이 떠오르곤 했다. 그리고 나는 그 얼굴이 떠오를 때마다 가슴속에서 희미하게 피어오르는 어떤 독특한 감정이 있어 될수록 그것을 잊어버리려고 했다. ──「조율사」

타인의 시선 속에서 자기의 모습을 드러내지 않으려는 의도는 자기 자신의 의식 속에서 자기의 모습을 자각하지 않으려는 욕망과 결부된다. 그는 존재하지 않으면서 존재하는 방법을 취한다. 타인의 시선이 닿지 않고 자기의 일방적인 시선만이 살아 있을 때 그는 은밀한 쾌락을 즐긴다. 「소문의 벽」 속에 삽입되고 있는 박준의 소설은 숨어 있는 기쁨을 기술한다. 또한 「가면의 꿈」 속에서 명식은 피로해질 때 가면을 쓰고 휴식에 잠기는 습벽을 갖고 있다. 그는 가면을 쓰고 밤 외출을 나다닌다. "가면의 외출에서 그는 퇴근 때의 피곤기와 짜증스런 신경질을 말끔히 씻고 돌아오곤 했다." 그러므로 가면을 쓰고 세상을 바라보는 것은 휴식과 안정과 내면의 평화를 안겨준다. 가면을 쓰는 것은 분명히 일종의 속임수이다. 가면을 쓰는 사람은 가면을 쓰지 않았을 때의 자기 자신을 떠나려는 사람이다. 그는 타인의 얼굴을 소유하거나 타인의 얼굴 속으로 들어가려는 인간이다. 그것은 변신에의 의지이다. 가면의 속임수는 이 세계의 규범을 위반하며 세계를 개혁하려는 음모의 한 작업이 아니라 순수한 의식의 우월성을 견지하기 위한 연극적인 유희이다. 작중인물들은 빈번히 타인을 속이는 쾌감을 즐기지만 그 속임수는 타인을 증오하고 피해를 주는 방법으로서의 그것이 아니라 유쾌하거나 또는 동정적인 행위이다. 그것은 특별히 어떤 목적을 지향해가는 방법이 아니다. 속임수를 쓰는 자는 근본적으로 이 세계가 엄숙하게 구성되었고 사회 규범은 진지하게 준수되어야 한다는 것을 신봉하지 않는다. 그는 이 세계에서 허황된 요소를 발견하고 그것을 이용하여 순간적으로 현재의 자기로부터 빠져나가 다른 인간이 되려고 한다. 남을 속이고 놀라움을 주는 것은 왜곡된 자기 자신의 개성적 표현이기 때문이다. 「별을 보여드립니다」에서 친구의 속임수가 애상을 담고 있는 것도 마찬가지 이유에서이다. 「행복원의 예수」의 주인공은 행복원을 쫓겨나온 이후 이 세계에서 죄에 대한 규범과 그 규범을 깨뜨리는 것이 그 누구에게도 발각당하지 않고 너무나 간단히 이루어질 수 있다는 사실을 깨닫는다. 그것은 어떤 대상의 허점을 꿰뚫어보고 그 허점을 이용하는 사람의 소득이다. 「문단속 좀 해주세요」의 이상한 소매치기는 속임수의 진지한 작업을 역설한다. "떳떳하게 상대방과 대결하여 거기서 응분의 소득을 얻어내고 있으니까 훌륭한 노동이 아니겠습니까. 상대방과 대결하여 그의 허점을 찾아내고 그것을 가장 효과적으로 요리해나가는 일련의 작업 과정이 말입니다. 그러자니 거기에는 자연 어떤 유의 자기 창조라든가 긴장까지도 요구되고 있는 형편이죠." 그러나 소매치기의 결의는 언제나 실패에 그치고 만다. 속임수의 흥미가 지속되는 것은 그의 말처럼 상대방이 긴장을 하며 응전해올 때 가능한 것인데 대체의 경우 상대방은 의식의 긴장을 풀고 있다. 왜냐하면 속임수를 행사하는 인간의 얼굴은 가면이기 때문이다. 상대방은 가면의 얼굴을 모른다. 그러면 가면의 얼굴은 자기 자신이 가면이라고 주장한다. 소매치기가 자기 자신이 소매치기라는 것을 밝히듯이. 그러나, 가면의 얼굴 앞에 서 있다는 사실을 확인했을 때는 상대방 역시 가면을 쓴다. 다시 말하자면 상대방은 본래의 자기 모습을 드러내지 않고 거부 반응을 일으키는 것이다. 그러므로 가면을 쓴 자의 입장에서는 진정한 인간 관계에 대한 열망은 영원히 충족되지 않는다.

이청준의 작중인물들은 사랑과 화해의 인간 관계를 갈구하고 어떤 점에서는 그러한 관계를 형성하는 것처럼 보인다. 그러나, 사실상 그의 작중인물들은 동일한 위상에서의 진정한 관계를 소유하지 못하고 있다. 그들은 사랑을 원하면서도 증오를 실행한다. 그들은 사랑과 화해의 관계에서 언제나 실패한다. 그 이유는 다음과 같다. 하나의 이유는 가면을 쓴 휴식은 일시적인 방편이지 영원한 안정을 주는 것이 아니라는 점이다. 「가면의 꿈」에서 명식이 "가면 속으로 눈물을 흘리며" 자살을 하고 마는 이야기가 그 점을 훌륭히 설명해준다. 또 하나의 이유는 가면을 쓰려는 자의 의도가 근본적으로 이 세계 속에서의 자기 존재를 강렬하게 의식하는 개인주의자의 그것이라는 점이다. 그것은 이 세계에서 자기의 존재를 영원히 소멸해버리겠다는 의지가 아니라 다른 방법으로 이 세계를 지배하겠다는 적극적인 의지이다. 말을 바꾸면 그것은 개인주의자의 우월한 의식이다. 그것은 또한 개인을 관찰하는 타자의 시선이 개인을 초라하고 쑥스럽고 불안하게 만들기 때문에 초라하지 않고 당당한 자기 모습을 내보이고 싶은 자기 현시의 욕망이다. 자기 자신을 감춘다는 것은 자기 자신을 드러내고 싶다는 배반된 욕망이므로 가면의 수단은 일시적인 단계에서 머물 수밖에 없다. 가면은 영원한 수단이 아니다. 『썩어지지 않은 자서전』과 「조율사」에서의 단식의 주제라든가, 작중인물들이 예기치 않은 이유를 들면서 부산이나 목포로 떠나는 소위 실종의 주제는 그러한 각도에서 설명이 된다. 단식은 허기와 관련된다. 허기는 광기·열정·불안 등의 용어와 별 의미의 편차를 보이지 않는다. 그러므로 단식의 행위 속에는 그러한 감정이 은밀히 소용돌이치고 있다. 단식은 이 세계와의 일상적인 관계를 결연히 끊겠다는 의지이면서 새로운 자기 창조라는 환상을 내포한다. "단식의 꿈은 환생이라고들 합니다. 다시 태어나는 것 말입니다." 그러므로 단식을 기도하는 주인공은 세계로부터의 도피와 체념을 원하지 않고 자기 모습의 재창조, 보다 정확히 말하여 자기 자신의 관계를 재창조하려는 욕망에 사로잡힌다. 실종의 주제 역시 동일하다. 작중인물들은 위기와 불안에 사로잡힐 때, 끊임없이 자기 자신을 떠나려 하거나 소속된 집단으로부터 사라지려 한다. 그러나 이들의 '떠남'과 '사라짐'은 떠나기 위해 떠나는 그것이 아니라 돌아오기 위해 떠나는 것이다. 떠나는 것은 타인의 시선으로부터 떠나는 것이지만 타인의 시선이 완전히 사라진 곳에서는 그들은 존재하지 않는다. 그들은 타인의 시선을 원하기 때문에 시선을 회피하는 것이다. 「소문의 벽」에서 박준의 실종은 그런 점에서 중요한 의미를 제시해주고 있다. 박준이 실종한 사건에 대한 '나'의 해석이 그것을 잘 설명해주고 있다.

1) 박준을 정말로 미치게 한 것은 박사님 당신이란 말입니다. 박준이 이 병원을 찾아오기 전부터 그 전짓불에 견딜 수 없는 괴롭힘을 당하고 있었던 것은 사실입니다. 하지만 박준은 그래서 자신의 피난처로 이 병원을 찾아왔던 것입니다. 이 병원 안에서 자신을 광인으로 심판

받음으로써, 그 전짓불과 불안한 소문들과 모든 세상일로부터 자신을 해방시키고 싶었던 것이지요. 한데 불행하게도 그가 피난처로 찾아온 병원이야말로 진짜 전짓불, 더욱더 무서운 전짓불의 추궁이 그를 기다리고 있었던 것이란 말입니다. 박사님은 그가 누구보다 큰 진술의 욕망을 지니고 있기 때문에 오히려 더욱 철저하게 그 욕망을 숨겨버리려고 했던, 그러지 않을 수 없었던 박준을 이해하지 못했던 것입니다……

2) '녀석, 어쩌면 녀석은 다시 나를 찾아올지도 모른다.' 제법 확신에 찬 기대를 품어보기도 했다.

박준의 실종은 '전짓불' 사건이라는 정신적 외상에 그 근거를 둔다. '박사님'과의 대화는 그 상처를 재생시킨다. 자기의 모습을 감추고 상대편의 일방적인 진술을 강요하는 공포가 엄습한다. 박준은 병원을 뛰쳐나온다. 박준은 완전히 사라진 것일까? 아니다. 박준의 모습은 은밀한 '나'의 옹호 속에서 존재한다. '나'는 박준을 초조하게 기다리고 있기 때문이다. '나'의 기다림이 절실할수록 그는 '나'의 마음속에서의 공간을 확대한다. 그는 부재로서 존재한다. '나'의 기다림은 '나'의 시선이며 '나'의 시선이 살아 있는 한 그는 존재하는 것이다. 이처럼 사라진 인물을 옹호하고 기다리는 다른 인물이 존재하기 때문에 그 인물은 완전히 사라진 것이 아니다. 「조율사」에서는 "한 여인과 소설에 대해서 똑같이 진실을 맹세"하던 '나'라는 주인공이 은경이란 여인과 헤어짐으로써 점진적인 내면의 파탄이 진행되는데 표면적으로 몇 가지 병 증세를 찾아내고 단식을 결심한다. 비슷한 시기에 '나'는 조카를 떠맡아달라는 시골 형수의 편지를 받고 엉뚱하게 죽음의 소문 속에 가려진 이종형의 정체를 찾으러 간다는 표면적인 이유를 내세워 갑자기 부산행 열차에 오른다. 이 두 가지 사실을 통해서 추측할 수 있는 것은 단식=도주, 은경과의 파탄=시골에서의 기대이다. 시골에서의 기대는 일상적인 세계의 완강한 유혹이다. 그 기대를 만족시켜주기 위해 '나'는 경제적 능력과 사회적 신분을 확립해야 한다. 그러나 '나'에게는 그것을 감당할 능력이 조금도 없다. 일상적인 세계와의 부조화는 실연=현실의 파탄과 동일하다. 그 파탄 때문에 '나'는 엉뚱한 도주를 감행하지만 그것은 완전한 도주가 아니다. "아무도, 정말 이 세상 아무도 지금 나의 소재를 모를 것이다"라고 생각하며 '나'는 안도의 휴식을 취한다. 그에게 정신적 부담감을 주는 타인의 시선은 사라진 것이다. 그러나 단식이 새로운 환생을 기원하는 것처럼 도주 역시 새로운 자기 모습의 출현을 기대하는 것이다. 이청준적 인물들은 자유를 속박하는 타인의 시선을 회피하지만 그들은 타인의 시선을 갈망하는 자들이다. 부산으로의 도주를 감행한 '나'의 모습은 이종형을 찾는다는 광고 때문에 서울에 있는 영인을 통해 발각된다. 그것은 근본적으로 타인의 시선을 필요로 하는 작가의 조작이다. "어쨌든 영인의 편지로 인하여 이제 나에게서는 그 괴상한 쾌감이 한꺼번에 사라져버리고 말았다. 갑자기 많은 눈들이 주위에서 나를 숨어 보고 있는 것 같아졌다. 나는 그 환상에 손상을 입히지 말고 돌아오라는 영인의 충고를 따른 편이 나았을는지 모른다."

이제, 우리는 그의 소설에서 중요한 의미를 차지하고 있는 가면과 단식, 도주의 테마가 일시적인 것이라는 것을 알게 되었다. 그것은 타인과 세계에 대한 관계에서 자기 태도의 얼어붙은 결정이 아니라 피곤한 고행의 흔적이었다. 그것은 또한 자유로운 표현이 억압당한 한 개인이 지니게 되는 강력한 변신에의 의지이다. 그 의지를 보다 잘 설명하기 위해서 가면을 쓴 인물들의 일방적인, 개인적인 태도가 타인과 관계 속에서 어떤 충돌을 겪게 되는가 그리고 어떤 관계를 형성하고 있는가 하는 점을 살펴야 할 것이다.

IV

    가면을 쓰고 현실을 바라보려는 태도가 일정한 거리를 유지한다면, 그리고 그 행위가 어느 때나 임의적으로 허용될 수 있는 것이라면, 그 가면은 현실을 외면하거나 방관하는 유희의 한 양식일 수 있다. 그러나, 이청준의 가면은 근본적으로 이 세계의 도처에 널려 있는 가면을 벗기겠다는 의도에서 획득된 것이다. 이 세계 또는 현실의 가면은 개인의 자유와 진정한 인간적 표현을 억압하는 모든 굴레로 표상되기 때문이다. 그 굴레는 어떤 정치적 체제일 수도 있고 이 사회의 엄숙한 위선적 성향일 수 있다. 그것은 '전짓불'의 공포처럼 한 개인의 정당한 진술을 가로막는다. 허위와 위선과 악의 얼굴, 그것이 가면의 표정이다. 작가의 가면은 그러한 악의 가면과 거리를 두지 않고 충돌한다. 그런 점 때문에 「소문의 벽」에서 박준이 병원이란 현장에서 "자신을 광인으로 심판받음으로써 그 전짓불과 불안한 소문들과 모든 세상일로부터 자신을 해방시키고 싶었던" 것처럼 그는 자기의 가면으로부터 해방되기를 원한다. 그러나 그 충돌의 현장에서 그 욕망은 종종 충족되지 않고 좌절한다.

    그 충돌의 현장을 개인과 개인 사이의 갈등이란 관점에서 볼 때 사랑의 관계가 의미있는 것으로 부각된다. 사랑이란 근원적으로 두 개인이 만나려는 강렬한 욕망에 기반을 두고 있기 때문이다. 이청준에게서 사랑은 육체적인 사랑이 아니다. 그것은 두 개의 서로 다른 의식의 만남이며 충돌이다. 그것은 행복한 화해의 양상을 띠기보다 불행한 고통의 관계를 노출한다. 왜 사랑이 불행해지는 것인가? 그 이유를 발견하기 위해서 몇 가지 유형을 뽑아본다.

    1) 「무서운 토요일」에서 영혼의 교합을 갖지 못하는 젊은 부부는 불감증 때문에 약의 효험을 빌려서 토요일만 성관계를 갖는다. 아내는 인간이 아니라 기계처럼 반응할 뿐이며 아이를 낳는 것도 거부한다.

어느 피곤한 토요일 밤, 잠자리에 들어설 무렵, '나'는 의례적인 약을 먹는 시늉만 하고 내려놓는다. 아내는 욕정에 부풀어오르는데 그녀를 뿌리치고 나옴으로써 '나'는 복수를 한다.

2) 「병신과 머저리」에서 '나'는 뚜렷한 이유를 밝히지 않은 채 혜인과 헤어진다. 어색하고 소녀적 취향이 없지 않은 이 소설에서 그 이유를 추측할 수 있는 근거란 "…… 영영 문을 열지 않을 성주에게, 혜인 올림"이라는 편지의 거북한 표현을 통해서 '나'의 사랑은 쟁취하려는 적극적인 사랑이 아니라 소극적인 은폐된 사랑이라는 점이 드러난다.

3) 『썩어지지 않은 자서전』에는 시인 윤일과 음악대학 졸업생 은숙의 사랑이 삽화적으로 그려져 있는데 그것은 은숙의 자살로 끝맺음된다. 은숙이 남긴 유서는 다음과 같다. "…… 그렇게도 무관심하고 피곤하고 당신의 말대로 죽이고 싶도록 미워하면서 다방에 앉았다가도 그곳을 나와 어두운 밤길로 접어들면 당신은 나의 어깨에다 가만히 손을 얹어주곤 했지요. 그 따뜻한 손길을 잊을 수가 없어요. 아무도 없는 데서 누가 우리를 보면 몹시 비웃기라도 할 것처럼 당신은(저도 마찬가지였습니다만) 두려워하고 있었지요. 우리는 아무의 눈에도 띄지 않는 곳에서만 그럴 수 있었어요. 숨어서 말예요. 마치 우리는 그런 것이 용서되어 있지 않은 것처럼, 그럴 권리가 처음부터 주어지지 않은 사람들처럼 밤을 같이 지내면서도 우리는 늘 그런 기분이었지요. 그래서 우리는 그렇게 미워하려고 애를 썼는지 모릅니다."

4) 「조율사」에서는 '나'와 은경이 헤어지게 되는데 서로간의 자기고민을 갖고 있는 입장에서 자유로워지려는 은연중의 욕망이 그 이유가 되고 있다.

5) 「꽃과 소리」의 가면을 쓰고 화장품을 판매하는 청년은 어떤 아가씨와 사랑하게 되나 곧 문제가 개입된다. "이 친구는 늘 아가씨를 낮에만 친했답니다. 그러니까 낮이라면 이 친구가 가면을 쓰고 있을 때지요. 그래 가면을 쓰고 아가씨를 사귀었다가 정작 밤에 가면을 벗고 제 얼굴이 되면 아가씨는 이 친구를 싫어해버린다구요."

이러한 몇 가지 예증이 아니더라도 대체로 인간 관계는 부정적으로 기술되고 있다. 1) 2) 4)의 경우는 일인칭 소설이라는 작가적 관점에서 한계가 있겠지만 대체로 사랑의 문제에서 '나'의 입장을 옹호하는 데 바쳐지고 있다. 3)과 5)의 경우는 3인칭 서술이긴 하지만 밖에서 본다는 한계 때문인지 남자와 여자의 내면 속의 갈등을 심층적으로 파헤치지 않고 있다(그것은 물론 주관적 관심으로, 밖에서 보는 것이다). 이 모든 사랑은 왜 개인의 내면적 공간을 확대하거나 개인을 극복하는 희망과 빛의 세계로 상승하지 못하고 좌절하는 것인가? 사랑이란 그 용어의 정확한 의미에서 관심 interest에 의거한다. 관심이란 나와 세계, 나와 타인 사이에 존재한다는 말이다. 그것은 나를 떠나서 타인이 되려는 욕망이기도 하다. 다시 말하면 개인의 한계를 극복하고 타인 지향 또는 세계 지향적일 때 관심이 태어난다. 그러나 작중인물들은 개인의 한계를 초월하지 못하고 있다. 그들은 정신적인 미성년이다. 그러므로 한 개인이 이 세계로부터 가장 자유로울 수 있는 공간이 사랑임에도 불구하고 그들은 속박되어 있다. 물론 사랑은 자유이면서 속박이고 개인을 극복하는 수단이면서 개인의 한계를 자각하게 하는 계기이다. 그러나 작중인물들이 보여주는 사랑의 인간 관계는 "영영 문을 열지 않을 성주"란 표현에서 진단되고 있듯이 성숙한 관계가 아니다. 다시 말하자면 그 관계는 성숙한 에고의 두 인간이 자유의 공간에서 체험되는 존재론적인 갈등이나 인간 조건의 한계에 대한 자각이라기보다는 성장기에 내면적인 문제가 해결되지 않은 자기 중심주의자의 편협한 단절이다. 사랑하는 남자는 사랑하는 여자의 입장에 서지 않는다. 그들은 타인을 이해한다기보다는 자기 중심적인 평가에 급급하다. 그러므로 대부분의 이청준적 사랑은 좌절하지만 그 좌절의 이유가 분명히 밝혀져 있지 않다. 그것은 자기 중심적 사랑이기 때문이다. 극단적으로 말하여 여자는 남자 주인공의 의식이 기술되는 데 필요한 소도구에 불과하다. 그렇다면, 작가는 앙드레 말로처럼 사랑이 인간을 결코 행복하게 만들 수 없다는 비극적 인식에 사로잡혀 있는 것인가? 물론 아니다. 「조율사」에서 보여지듯이 그들은 사랑의 회한을 잊지 못할 만큼 그것에 집착하고 있다. 그럼에도 불구하고 그들은 여자의 내면 속에 들어가지 않기 때문에 사랑의 좌절이 조금도 비극적 감동을 유발하지 않고 있다. 그러므로 그들은 사랑의 자유를 누리지 못하고 사랑의 구원을 얻지도 못하면서, 당연한 좌절을 경험하게 된다.

그들의 시선은 서로의 영혼을 꿰뚫지 못하고 자의식이란 벽 속에 갇힌다. 그것은 어둡고 음울한 비극적 시선이다. 『씌어지지 않은 자서전』에서 시인이 "아무의 눈에 뜨이지 않는 곳에서만" 사랑의 표현을 한다는 사실은 그러한 비극적 시선이란 의미와 결부되고 있다. 마찬가지로 「꽃과 소리」에서 가면을 쓴 화장품 장수의 사랑이 낮에만 가능하다는 것도 동일한 의미를 내포한다. 가면이 한 인간의 표현을 자유롭게 만드는 수단이라면 어둠 역시 그러하다. 여자는 가면 속에서 어둠 속에서 가려진 남자를 사랑한다. 남자는 비로소 은밀한 사랑의 손길을 보내고 있기 때문이다. 그들은 가면 속에서, 어둠 속에서 비로소 자유로워진다. "아무의 눈에도 뜨이지 않는 곳에서" 그들은 자유로운 사랑의 표현을 한다. 그러나 타인의 시선을 의식해야 하는 다방에서는 "무관심하고 피곤하고" "죽이고 싶도록 미워"하게 된다. 그것은 타인이 '나'의 자유를 구속한다는 존재론적인 자각이라기보다 '나'의 의식과 감각의 불일치에 기인한다. 의식은 감각을 억압한다. 의식은 살아 있는 내면의 시선이다. 의식이 떠오르는 곳에서 사랑은 불가능하다. 사랑은 가장 자연스러운 감각의 반응이기 때문이다. 그러므로 의식과 감각의 갈등이 연속된다.

> 단지 나는 그녀의 입술에 나의 입술을 잠시 대었을 뿐이었다. 그 이상은 아무 일도 없었다. 그때 어둠 속에서 누구나 그렇듯이 잠시 서로의 눈동자를 들여다본 것은 사실이었다. ─「조율사」

위의 인용절은 친구처럼 지내는 미묘한 두 남녀가 우연히 입맞춤을 하게 되는 상황의 묘사이다. 위의 문장의 흐름 속에서 "사실이었다"라는 동사가 어색하게 연결되고 있다는 사실에 주의가 기울어진다. 자연스러운 문장이라면 "우리는 잠시 서로의 눈동자를 들여다보았다"로 연결되어야 할지 모른다. 그러나 "들여다본 것은 사실이었다"라는 문장을 통해서 '들여다본' 행위만으로는 어색하고 쑥스러워지는 감정을 감추려는 작가의 의도가 엿보인다. 문장의 어색함은 작중인물의 심리적인 어색함이며 동시에 작가의 그것이다. 그 어색함이란 물론 '입맞춤'이라는 감각적인 행위 때문이다. 그러므로 이청준에게서 사랑은 자연스러운 감각의 융합이 아니라, 그 감각을 억제하고 방해하는 의식의 개입 때문에 대체로 실패한다. 그러나 때때로 어둠 속에서 그 의식이 잠자는 때가 있다. 의식으로부터 자유로워질 때 그들은 비로소 행복해진다. 그러나 그들이 행복을 느끼는 그 어둠과 가면은 언제나 계속되는 것이 아니다. 낮과 밤의 이율 배반, 그것은 내면적 갈등을 수반한다는 점에서 견디기 어려운 고독이다. 그 고독을 극복하기 위해서는 타인의 시선을 무시할 수 있어야 한다. 그러나 타인의 시선을 무시할 정도로 그의 의식은 대범하지 못하다. 또한 그것을 무시한다는 것이 작가적 진실의 관점에서는 현실의 허위를 동조하는 것처럼 보일지도 모른다. 그럼에도 불구하고 그의 인간 관계는 현재의 밀폐된 단계로부터 열려 있는 영혼의 만남으로 상승해야 하지 않을까? 그것은 사랑의 기쁨과 환희를 위해서가 아니라 삶 속에 깊이 침윤된 존재론적 갈등의 심화를 위해서이다.

　이청준의 자기 중심적 사랑은 사실상 타인과 만나려는 강력한 욕망 때문에 얻어진다. 그러나 그 '강렬한 욕망'은 쑥스럽기 때문에 밖으로, 타인에게 자유스럽게 표현되지 않는다. 루소의 경우처럼, 이청준의 내면 속에는 '살아 있는 눈'이 행위를 규제한다. 그 눈으로부터 해방되기 위해서 그는 수없이 많은 행동을 기도한다. 그러나, 표현된 행동은 내면 속에 오랫동안 소심한 갈등을 통해서 표현된 것이기 때문에 타인, 또는 상황과의 관계에 있어서 균형을 깨뜨려버리게 된다. 그러므로 행위는 지나치게 과장되지 않으면 지나치게 위축되어 있다. 그는 다시 내면의 껍질 속으로 들어온다. 그렇게 피곤한 좌절이 되풀이된다. 「조율사」에서 '내'가 '영인'과 입맞춤을 하게 된 것도 그 좌절을 되풀이하지 않기 위해 나의 용기를 시범해 보인 것이나 다름없다. '나'는 사실상 '은경'이란 여자와 입맞춤을 하고 싶은 것인지 모른다. 그러나 '은경'에게 그런 행위는 불가능하므로 좌절하게 된다. 그녀의 시선이 살아 있기 때문이다. 정확히 말하면, 그녀의 시선은 '나'의 내면 속에 살아 있는 것이다. 그러나 '나'의 시선은 그녀의 내면 속에 들어가지 못한다. 그럴 여유가 없기 때문이다. '나'는 관찰당하는 자의 위기에 빠진다. 밖으로는 태연하지만 괴로운 시선의 싸움에서 상처를 입은 '나'는 '영인'이란 여자를 대상으로 삼는다. 그녀는 친구이고, 그녀는 사물이다. 사물화된 시선은 '나'의 의식을 속박하지 않는다. '나'는 시선의 의식으로부터 자유롭다. '나' 자신이 더욱 자유로운 인간이란 것을 내보이기 위해서, 의식의 장벽 속에 갇혀 있는 소심한 인간이 아니라는 것을 '나' 스스로에게 증명해주기 위해서, '나'는 엉뚱하게 '영인'과 입을 맞추게 된다. 그러나 '영인' 역시 완전한 사물이 아니다. 그녀의 시선이 인간화될 때 '나'는 그녀로부터 떠난다. 피곤한 고행이 다시 반복되는 것을 원하지 않기 때문이다. 고행이 사라진 인간 관계란 존재하지 않는 것일까? 갇혀 있는 고독으로부터 해방되고 타인의 내면과 자유로운 융합을 가질 수는 없는 것일까? 타인의 시선이 존재를 구속하지 않고 명징한 빛의 시선으로 상승될 수는 없는 것인가? 이청준의 닫혀진 자기중심주의가 은밀하게 지향하는 것은 이 모든 의문의 해답 속에 포괄되어 있다. 타인과 단절되었다고 느끼기 때문에 타인과 만나려는 열망이 솟아오르기도 하지만 타인에 대한 열망이 너무나 강렬하기 때문에 타인과 단절되는 것이기도 하다. 작가는 그러한 열망을 방해하는 것이 개인적인 결함 때문이라기보다 사회의 영향임을 때때로 암시한다.

「가수」는 한 개인이 절망적인 고독을 극복하고 타인과 만나는, 타인과의 일체감을 보여주는 상황이 4·19라는 시대적 배경 속에서 전개된다. 이청준에게서 4·19는 구체적 현실의 사건이라기보다는 내면 속에 이상화된 공간이다. 그 공간 속에서 모든 자유는 허용되고 타인의 시선이 '나'의 행위를 구속하지도 않는다. 그런 점에서 다시 말하면 바람직한 상황이 주어질 때 '나'의 단절은 형성되지 않았을 것이라는 의미가 부각된다. 데모 대열 속에서 영훈이 한 낯선 젊은이에게 이름을 공유하도록 허락한 것은 바로 그러한 의미를 함축하고 있다. 이름이란 한 개인의 존재를 지시하는 기호이다. 그러므로 이름을 공유한다는 것은 서로 다른 두 존재의 행복한 결합이며 만남이다. 그러나 이름이란 기호는 동시에 피상적 껍질에 불과한 것이기 때문에 그 결합은 영원한 것이 아니다. 한 개인이 내보이는 생의 궤적과 또 다른 개인의 그것과는 결코 일치하지 않는다.

「가수」는 그것을 일치시키려는 한 개인의 무모한 모험을 추적한 것이다. 그것은 결국 죽음을 통해서나 완성될 뿐이다. "죽음은 공포가 아니었습니다. 영훈은 이미 그 죽음까지도 삶의 한 형식으로 이해하고 있었어요. 물론 두려웠을 테지만 말입니다. 그러나 그때의 두려움은 오히려 그가 생을 성실하게 생각하고 있었다는 증거지요. 공포로 뛰어든 것이 아니라 그의 생은 외로움으로 이 죽음을 포옹한 것이지요." 타인과의 거리에서 분출되는 외로움은 삶의 차원에서 결국 해소될 수 없는 것일까? 작가는 작중인물들의 불행한 인간 관계의 결말을 보면서도 결코 부정적인 결론을 내리지 않는다.

V

이청준의 작중인물들은 이질적인 가치관이 공존하는 현실에서 그 어느 한편의 질서 체제를 옹호하거나 선택하지 못하고 언제나 모순된 방황 속에 분열을 일으킨다. 그것은 바로 현실에서의 작가의 위상이며 작가의 창조 행위는 그러한 방황과 혼돈 속에서 질서를 지향하는 끈질긴 의지를 바탕으로 한 것이다. 그러므로, 이청준의 소설은 자아의 진실이 실현되지 않는 사회에서 갇혀 있는 인간의 정신적 모험이다. 시선의 드라마는 그 모험의 궤적 속에서 진행된다. 그것은 일상적 현실과 상투적인 관계를 맺지 않으려는 고행이기도 하다. 그 고행은 소설 속에서 완결되지 않고 있다. 진정한 삶이 그렇듯이 그의 소설은 완성되고 닫혀진 작품이 아닌 것이다. 그러므로 그의 소설은 '어떻게 사는가?'에 대한 해답이 아니라 물음이다. 그 물음 속에 해답이 암시되어 있을지도 모른다. 보다 정확히 말한다면, 그 해답은 독자의 현실 속에서 쟁취해야 하는 것이다. 그러나 작가의 물음이 보다 보편적인 의미로 확산되기 위해서 타인 또는 사회와의 긴장을 외면한 자기 중심적 고뇌는 지양되어야 할 것이다.

〔『문학과지성』, 1974년 가을〕

겹의 삶, 겹의 문학
―후기 이청준에 대하여

성 민 엽

　모든 체계는 인간에 대해 억압적이라는 사실이 여러 비판적 사유들에 의해 밝혀져왔다. 여기서 '모든'이라는 어사는 각별히 주목되어야 한다. 기존 체계의 억압성은 양식 있는 사람이라면 대체로 인식하는 바이거니와 그 인식은 흔히 기존 체계를 보다 비억압적인 것으로 개량해야 한다는 생각이나 기존 체계를 혁명적으로 타파하고 비억압적인 새로운 체계를 세워야 한다는 생각으로 나아간다. 그러나 모든 체계가 억압적이라면 비억압적 체계라는 것은 부재의 상태로밖에 존재할 수 없는 것이 아닌가. 그렇다면 새로운 체계에 대한 전망과 추구는 자신이 전망하고 추구하는 것 자체의 억압성에 대한 맹목 위에 자리하는 것이며, 그 체계의 비억압성에 대한 믿음은 실제로는 인간에 대한 또 다른 억압을 낳게 되는 것이 아닌가. 그렇다면 새로운 체계에 대한 전망과 추구는 그 자체 해방과 억압이라는 상반으로 이루어진 것, 다시 말해 하나의 모순이 아니겠는가.
　80년대의 한국 문학은 주로 정치적 계기에 의해 촉발되어 억압의 문제에 정면으로 부딪쳐가며 전대미문의 문학적 성과를 낳았고 문학의 지평을 크게 확대하였다. 이성복·황지우에서 박노해·백무산에 이르는, 그리고 이인성·임철우에서 정도상·방현석에 이르는, 또 진형준·정과리에서 김명인·조정환에 이르는 그 확대된 지평은 아주 다양한 모습과 움직임들로 채워져 있는데, 지금 이 글의 관심에 입각하여 본다면, 그 중 다수는 비억압적인 새로운 체계에 대한 전망과 추구라는 점에서 공통 분모를 가지며 이른바 주류를 이루어왔다. 그 주류는 일정한 시대적 의의를 가지는 것이며 앞으로도 더욱 활발하게 추진되어야 하는 것이지만, 그러나 그 추진에는 그에 대한 근본적 반성이 수반되어야만 한다. 즉 그 전망과 추구가 갖는 맹점이 부단히 경계되고 의식화되고 전복되어야 하는 것이다. 이 근본적 반성의 수행 또한 적지만은 않았고 그 수행의 방법과 층위 역시 다양하게 나타났거니와, 80년대 문학의 진정성은 그 많은 부분을 여기에서 확보받았다고 말해도 과언이 아니다.

이청준은, 정확히 말하면 「다시 태어나는 말」(1981) 이후의 후기 이청준은 위와 같은 문맥에서 각별히 주목되어야 한다. 후기 이청준이라는 표현은 「다시 태어나는 말」 이후, 「벌레 이야기」(1985)와 「비화밀교」(1985)를 거쳐 근자에 전작 장편으로 발표된 『자유의 문』에 이르는 소설 세계를 지칭한다. 그 세계는 체계와 인간의 대립을 문제 삼으면서 극력 인간을 옹호하는 세계라고 일단 얘기될 수 있다. 그러나 그 인간 옹호는, 얼핏 그렇게 여겨지기 쉽겠지만, 진부한 휴머니즘이나 경박한 인간 중심주의에서 별로 멀지 않은 것이 결코 아니다. 중요한 것은 여기서 인간이라는 것이 본질적으로 모순적인 존재로서 파악되고 있다는 점이다. 이청준의 인간 옹호는 모순적 존재로서의 인간에 대한 옹호이며, 그 인간의 모순을 없는 것으로 치부하거나 타매해야 할 것으로 몰아붙이는 모든 억압적 체계에 대한 비판이다. 이청준이 보기에는, 인간을 옹호한다는 명분으로 출발한 체계화의 시도가, 그것이 아무리 진정성으로 충만해 있다 하더라도, 인간의 모순을 무시하거나 배제하게 되면 바로 그 자리에서부터 그 체계는 인간에 대한 억압으로 바뀌는 것이다. 이청준이 추구하는 것은 그 모순을 껴안으면서 그 모순을 넘어서는 자유인이다. 이러한 이청준의 탐구는, 체계 자체를 보다 포괄적이고 보편적인 것으로 확대하면서 거기에 생명이라는 이름을 부여하고 있는 김지하의 탐구와 더불어 좋은 대조를 보이면서 근본적 반성의 대표적인 두 모습을 이룬다. 억압이라는 것이 정치적인 부분, 표층적인 부분에만 있는 것이 아니라 일상적인 것, 심층적인 것에도 은밀하게 작용하며 심지어 언어 자체에도 깊숙이 새겨져 있음을 추적하고 드러내는 작업은 그 두 모습 사이에 있는, 보다 일반적인 반성의 양상으로 자리매김될 수 있을 것이다.

　1965년의 등단작 「퇴원」이후로 이십몇 년을 한결같이, 긴장으로 충만한 글쓰기를 계속해온 이청준의 소설 세계는 몹시 다양해서 한두 마디로 총괄적으로 요약한다거나 일목요연하게 분류하기가 거의 불가능해 보인다. 일찍이 김현이 그의 중요한 이청준론 「대립적 세계 인식의 힘」에서 "이청준의 소설적 관점은 아주 다양하다. 그가 볼 수 있고 느낄 수 있고 생각할 수 있는 모든 것이 그의 소설의 제재를 이룬다"고 말했던 것도 그 다양성에 관한 언급이고, 이청준에 관한 작가론·작품론 들을 모아 단행본(『이청준』, 도서출판 은애, 1979)을 펴내며 전반적 검토를 행하는 자리에서 김병익이 "그의 소설들이 우리의 역사적·사회적 갈등의 표명으로 접근되는가 하면 정치적 혹은 정신적 자유를 위한 문학으로 해석되기도 하고 인간 혹은 한국인의 원형에 대한 탐구로 분석되기도 하는 것, 따라서 그의 작품의 생성 과정을 귀납하거나 반대로 그의 문학적 이념을 그의 소설에서 연역하는 것과 같은 상반된, 적어도 다양한 접근법으로 이청준론이 씌어진다는 것은 당연한 일"이라고 지적하였던 것도 역시 그 다양성에서 비롯되었던 것이다. 그러나 그럼에도 불구하고, "그 다양성을 꿰뚫는 통일된 원리 같은 것이 있지나 않을까" 하는 생각은 해볼 만한 생각이고 또 해볼 만할 뿐만 아니라 해보아야 하는 생각이다. 그 생각을 밀고 나가 김현은 그 통일된 원리를 대립적 세계 인식으로 파악했고 김병익은 "불행한 원체험과 그것을 승화시키려는 지적 조작의 대립"으로 파악했는데, 이 파악들은 작가 이청준을 이해하는 데 있어 그 동안 퍽 유용한 길잡이가 되어왔다. 그러나 우리는 지금 그 안내도들과는 다른 길을 열고자 한다. 그것은 후기 이청준과 그가 80년대 이후의 한국 문학에서 갖는 독특한 자리를 파악하기 위해서이다. 우리의 길은 억압과 해방이라는 개념으로부터 단서를 마련한다.

이청준의 억압은 사회와 개인, 집단과 개인의 관계에서 전자가 후자에 가하는 억압으로 나타나는데, 그 양상은 폭력적이며 개인은 정신적 외상을 입고 고통받는다. 그 억압의 전형적인 예를 우리는 「소문의 벽」(1971)의 박준이 유년 시절에 겪은 전짓불 체험에서 찾아볼 수 있다. 정체를 알 수 없는 전짓불빛이 대답을 강요한다. 어느 편인지를 밝히라는 것이다. 전짓불의 정체만 알 수 있다면 대답은 어렵지 않지만, 그러나 전짓불의 강한 불빛 때문에 그 뒤에 선 사람이 어느 편인지는 죽어도 알아낼 수가 없다. 대답이 틀렸을 경우 돌아오는 것은 죽음뿐이다. 여기서 전짓불의 정체와 상관없이 정직한 자기 진술을 함으로써 설혹 복수를 당한다 하더라도 그것으로 개인의 도덕성을 확보하면 된다는 식의 발상은 별로 의미가 없다. 박준의 말처럼 "그 전짓불은 도대체 처음부터 이쪽을 복수하고 간섭하기 위해서 존재"하는 것이기 때문이다. 이쪽을 복수하고 간섭하기 위해서만 존재하는 전짓불은 이 세상 어디에나 온갖 형태로 존재하며, 박준은 그 전짓불의 공포를 견디다 못해 결국 미쳐버리고 만다. 폭력적 억압에 정신적 상처를 받고 그 때문에 고통을 겪는 이청준 소설의 많은 주인공들은 모두 또 다른 박준이라고 말해질 수 있다. 「퇴원」(1965), 「황홀한 실종」(1976), 「빈방」(1979) 같은 작품의 주인공들은 말할 것도 없고, 이청준이 그 삶에 대체로 긍정적 가치를 부여하는 장인들 역시 그 억압의 메커니즘으로부터 자유롭지 못하다. 이청준의 장인들은 어느 의미에서는 시대 착오적 인물들이라 할 수도 있다. 장인이란 무엇인가. 장인의 삶과 장인의 가치는 소생산자적 생산 양식을 기반으로 성립되는 것인바, 산업 사회에서는 이미 그 기반을 상실한 것이 아니겠는가. 이청준의 장인들이 비극적 삶을 살 수밖에 없는 사회 역사적 까닭은 여기에 있는 것이지만, 지금 우리의 논의의 가닥에 맞추어보면 산업 사회의 현실, 산업 사회의 가치는 이청준의 장인들에게 그 자체 폭력적 억압으로 작용한다. 거기에 아랑곳하지 않고 장인의 삶, 장인의 가치를 추구하려는 그들을 이 세계는 내버려두지 않는다. 복수하고 간섭하는 것이다. 장인들은 고통을 겪고 비극을 맞이한다. 가령 「줄광대」(1966)의 허노인과 운은 "구경꾼 놈들의 간덩이를 덜컹덜컹 내려앉게 해주"도록 "재주를 좀 부"리라는 단장의 요구에 아랑곳 않고 의연한 줄타기를 계속하지만 필경 줄에서 떨어져 죽고 만다.

 이청준은 그 특유의 복합적 소설 구조를 통해 억압의 메커니즘을 끈질기게 추적해왔다. 그런데 그 추적은 추적에만 머물지 않고 차츰 억압으로부터의 해방의 가능성에 대한 탐구로 이어져간다. 이 탐구가 적극적으로 행해진 대표적인 작품이 『당신들의 천국』(1976)과 「다시 태어나는 말」이다. 『당신들의 천국』은 지배와 피지배의 관계를 문제삼고 있다. 지배와 피지배의 관계는 그 자체 억압적 관계이다. 그 억압으로부터의 해방은 지배자의 선의에 의해 확보되지 않는다. 지배자는 지배자로서 일방적으로 힘을 행사하고 피지배자는 피지배자로서 그 힘의 일방적인 지배를 받을 때 지배자의 선의는 그것까지도 일종의 억압에 다름아닌 것이다. 이청준은 해방의 가능성을 자유와 사랑의 화해적 결합으로부터 찾는다. 그러면 자유와 사랑의 화해적 결합은 어떻게 가능할까. 이 작품에서 그 전망을 자기의 삶으로써 추구하는 인물이 조백헌이다. 조백헌은, 김현의 적절한 지적처럼, 이청준의 다른 주인공들과는 퍽 다른 모습을 하고 있다. 그는 긍정적 신념으로 충만한 인물인 것이다. 조백헌은 지배자로서 자유와 사랑의 화해적 결합을 추구하다 실패한 뒤, 이번에는 병원 원장이 아닌 민간인으로서 소록도의 주민이 되어 그 결합을 실천한다. 그러나 이 성공은 어디까지나 개인적인 것에 지나지 않는다. 여기서 그는 지배자도 피지배자도 아닌 자리에 서 있는 것이며, 그의 존재와 관계없이 지배/피지배의 관계 자체는 여전히 억압으로서 존속하고 있는 것이다. 그리하여 문제의 진정한 소재가 드러난다. "자생적 운명에 근거한 힘의 행사"가 그것이다. 자생적 운명에 근거한 힘의 행사가 이루어질 때 지배/피지배 관계는 그 자체 억압태로부터 해방태로 전환될 것이라는 것이다. 그러나 기자의 질문처럼, 이 섬에서 과연 그럴 때가 올 수 있을까. 이 질문에 대한 조백헌의 답은, 그것은 곧 작가 자신의 답과 다르지 않은데, 아직 당위의 세계에 속하는 것일 따름이다.

「다시 태어나는 말」은 연작 『잃어버린 말을 찾아서』의 마지막 작품이다. 이 연작은 두 계열의 작품으로 이루어져 있다. 하나는 말에 관한 것이고 다른 하나는 소리에 관한 것이다. 여기서 말은 그 본디 모습을 잃어버리고 거짓과 폭력으로 변해버린 것으로 나타난다. "사물과의 약속을 떠나버린 말, 실체의 옷을 벗어버린 말, 내용으로는 이미 메시지가 될 수 없는 말, 일정한 질서도 없이 그것들 스스로 원하는 형식으로밖에는 남아 있을 수가 없는 말"인 것이다. 이 말이 억압태라면 여기서 해방태로서 제시되고 있는 것이 소리이다. 이 소리는 이청준에게 한, 즉 "삶의 과정에서 맺혀진 어떤 매듭, 옹이"를 "삶으로써 풀어나가는 한 양식"으로 받아들여지고 있다. 「선학동 나그네」를 예로 들면 이렇다. 여기서 소리는 우선 장인적 가치의 한 최고의 경지이며 놀라운 교감의 세계이다. 그 교감은 두 번에 걸쳐 나타난다. 삼십 년 전 "포구에 물이 차오르고 선학동 뒷산 관음봉이 물을 타고 한 마리 비상학으로 모습을 떠올리기 시작할 때" 노인과 그의 눈먼 어린 딸이 소리를 하면 "선학이 소리를 불러낸 것인지 소리가 선학을 날게 한 것인지 분간을 짓기가 어려운 지경"이었던 것이 그 첫 번째이고, 이 년 전 노인의 장성한 딸이 다시 선학동을 찾아와 소리를 하자 이미 마른 땅으로 변해버린 선학동이 "옛날의 포구로 바닷물이 차오르고 한 마리 선학이 그곳을 끝없이 노닐기 시작"하는 것이 그 두번째이다. 장님 딸이 죽은 아비의 유골을 암장하기 위해 선학동을 찾아들었다가 남몰래 떠나는 이 두번째 경우에서 더욱 분명해지는바 그 소리는 한을 푸는 일에 다름아니다. 이 한풀이로서의 소리의 깊은 의미는 「다시 태어나는 말」에서 밝혀진다. 「다시 태어나는 말」의 시점이 되고 있는 지욱은 거짓과 폭력이 되어버린 말로 인해 고통받아오던 끝에 초의의 다도(茶道)를 소개한 김석호를 찾아간다. 그는 김석호에게서 「선학동 나그네」의 장님 여자의 배다른 오라비에 대한 이야기를 듣는다. 그 사내는 "(의붓)아비를 죽이고 싶어한 부질없는 자신의 원망을 후회하고, 그 아비와 누이를 버리고 달아난 자신의 비정을 속죄하고 (……) 그러나 이제 와선 이미 서로를 용서하고 용서받을 길이나 사람이 없음을 덧없어하면서, 그 회한을 살아가고 있는 사내"이다(지나는 길에 지적하자면, 「선학동 나그네」에서는 여자가 어렸을 때부터 장님이었던 것으로 되어 있는데 「다시 태어나는 말」에서는 사내가 그들 부녀를 버리고 달아난 뒤에 여자가 웬일로 앞을 못 보는 장님이 된 것으로 되어 있다. 개연성으로 보자면 앞쪽이, 장인적 가치나 한의 깊이를 강조하는 입장에서 보자면 뒤쪽이 더 설득력이 있어 보인다). 김석호는 그 사내의 모습에서 초의의 모습을 발견하는데, 김석호에 의하면 초의의 차 마심의 마음이나 그 사내의 마음은 다름 아닌 용서이다. 여기서 한풀이로서의 소리는 삶에 대한 깊은 화해와 용서라는 의미를 갖게 된다. 소리가 해방태가 되는 것은 바로 이 자리에서이다. 지욱은 이 해방태로서의 소리로부터 자신이 찾아 헤매던 진정한 말을 발견하게 된다. 그것은 바로 자유와 사랑으로 충만한 용서인 것이다. 이 용서로부터 말이 다시 태어난다는 것을 이청준은 오랜 탐구의 결론으로 제시하고 있는 것이다.

그러나 이청준의 탐구는 그 용서라는 결론에 머물지 않는다. 이청준은 그 결론으로부터 다시 새롭게 출발하는 것이다. 그는 계속해서 그 용서의 실천에 대한 탐구로 나아간다. 여기서 후기 이청준의 세계가 열리는 것이다.

「벌레 이야기」는 그 용서라는 것을 실천하기가 얼마나 어려운가에 대한 이야기이다. 한 아이가 유괴당해 살해되었다. 극심한 고통 속에서 몸부림치던 아이의 어머니는 어렵사리 기독교에 귀의하여 차츰 고통으로부터 벗어나게 된다. 처음에는 오로지 아이의 영혼의 구원을 위해 교회를 찾았던 것이, 차츰 신앙심이 깊어지면서 범인에 대한 원한과 복수심에서 헤어나고 주님의 사랑과 은혜에 감사드리게 되며, 드디어는 범인을 용서하기에 이르른다. 그런데 바로 이 자리에서 문제가 생겨나고 사태는 비극으로 치달리게 된다. 아이의 어머니가 자기 용서의 증거를 원했고, 그리하여 범인을 만나서는 그가 이미 주님의 용서를 받았다는(정확히 말하면, 독실한 기독교인으로 변한 그가 그렇다고 믿고 있다는) 사실에 부딪히게 되는 것이다. 그 사실 앞에 아이의 어머니는 절망한다. 화자인 남편은 이에 대해 다음과 같이 진술한다.

아내는 한마디로 그의 주님으로부터 용서의 표적을 빼앗겨버린 것이었다. 그리고 그의 용서의 기회를 잃어버린 것이었다. 아내에겐 이미 원망뿐 아니라 복수의 표적마저 사라지고 없었다. 뿐만이 아니었다. 그녀가 용서를 결심하고 찾아간 사람이 그녀에 앞서서 주님의 용서와 구원의 은혜를 누리고 있었다. 아내와 알암이의 가엾은 영혼은 그 사내의 기구(난들 어찌 그것을 용서라고 말할 수 있으랴)를 통하여 주님의 품으로 인도될 수가 있었다. 아내의 배신감은 너무도 분명하고 당연한 것이었다. 그리고 그 절망감은 너무도 인간적인 것이었다.

이 배신감과 절망감을 견디지 못하고 아이의 어머니는 마침내 자살이라는 비극적 최후를 선택하고 만다. 기독교에 초점을 맞추고 보면, 이 작품은, 김주연이 요약한 것처럼, "기독교의 교리가 사랑과 용서에 기반을 두고 있으면서도, 그것이 인간 자체의 삶을 등한시하고 교리에만 도식적으로 매달릴 때 오히려 인간의 삶을 파괴해버릴 수도 있다는 무서운 교훈"의 이야기라고 말해질 수 있다. 그리고 역시 김주연의 지적처럼, "기독교 교리에서의 용서의 강조가 이웃 부인 집사의 그것처럼 삶의 실제를 무시한 비인간적인 것이 아니라는 사실에 대한 배려가 충분치 못"하다는 것과 "아내 자신의 믿음 자체에 문제가 있다는 점이 간과되고 있다"는 것이 이 작품의 결함으로 보여질 수 있다. 그러나 시각을 조금 달리하고 보면, 이 작품은, 앞에서 말한 것처럼, 용서를 실천하기가 얼마나 어려운가에 대한 이야기로 읽힌다.

용서를 실천하기가 왜 어려운가 하면, 인간이란 불완전한 존재인 것이기 때문이다. 작가는 여러 곳에서 인간의 불완전성에 관한 언급을 하고 있다.

   1) 사람에게는 사람만이 가야 하고 사람으로서 갈 수밖에 없는 길이 있는 모양이다.
   그리고 사람에겐 사람으로 할 수 있고 할 수 없는 일이 따로 있는 모양이다.
   2) 하지만 아내는 김집사 앞에서 거기까지는 아예 말을 하지 않았다. 말할 필요가 없었기 때문일 터였다. 말을 한들 누가 그것을 제대로 이해할 수가 없었기 때문일 터였다. 왜소하고 남루한 인간의 불완전성 ─그 허점과 한계를 먼저 인간의 이름으로 아파할 수가 없는 한 김집사로서도 그것은 불가능한 일이었다.

아이의 어머니가 자기 용서의 증거를 원하는 것이나 이미 주님의 용서를 받은 범인을 오히려 용서할 수 없는 것은 그녀가 불완전한 인간이기 때문이다. 주님의 섭리의 완전성에 비추어보면, 자기 용서의 증거를 원해서는 안 되는 것이며 인간적 배신감에도 불구하고 당연히 범인을 용서해야 하는 것이다. 그 불완전한 인간을 이청준은 벌레'라고 부르고 있는 것인데, 그러나 이 작품의 열린 결론은 그 벌레에 대한 고통스러운 옹호를 향하고 있다. 여기서의 불완전한 인간이라는 것은 기실 모순적 존재로서의 인간의 또 다른 표현이다. 돌이켜보면 이청준의 많은 작품들의 주인공들은 모순적 존재로 나타나고 있다. 이 점은 권택영에 의해 적절히 지적된 바 있는데, 가령, 「매잡이」(1969)에서 곽서방과 민형의 삶은 "사랑과 증오, 아픔과 환희, 잔인함과 아름다움"의 모순 속에 존재하며, 「이어도」(1976)에서 천남석과 양주호의 이어도는 "자신이 속한 상황을 떠나고픈 갈망이 막상 그것이 실현되는 순간에 되돌아오고픈 갈망으로 바뀌는 애증의 모순성"의 상징이고, 『제3의 현장』(1983)에서 백남희는 자신을 납치한 구종태에게로 되돌아와 이미 죽어 있는 구종태의 시신을 깨끗이 씻어준다. 이들의 곁에는 그 모순성을 이해하지 못하며 오직 일차원적 사실의 명료성만을 신봉하는 인물들이 있다. 「매잡이」의 일인칭 화자, 「이어도」의 선우중위, 『제3의 현장』의 오검사 들이 그렇다. 이청준이 보기에 인간의 삶의 진실은 그 모순성에 있는 것이고, 그리하여 그는 그 모순성을 옹호하는 것이며, 이런 맥락의 연장에서 「벌레 이야기」에서는(다른 점을 지적하자면, 그것은 삶의 진실이 앞의 작품들에서는 합리주의에 대한 모순성으로 나타나고 있는 데 비해, 이 작품에서는 종교적 계율의 완전성에 대한 모순성으로 나타나고 있다는 점이다) 화자의 입을 통해 다음과 같이 쓰고 있는 것이다.

하지만 나는 이제 겨우 그 아내의 절망을 이해할 수가 있었다. 그리고 비록 아이를 잃은 아비가 아니더라도 다만 저열하고 무명한 인간의 이름으로 그녀의 아픔만은 함께할 수가 있을 것 같았다.

정리하면 이렇다. 이청준이 추구하는 용서는 실천하기 어렵다. 왜냐하면 인간은 불완전하고 모순적인 존재이기 때문이다. 그러나 진정한 용서는 그 인간의 불완전함·모순성 밖에 있는 것이 아니다. 그것은 불완전함·모순성 안에서 추구되어야 한다. 그러니까 이청준은 '인간의 능력과 책임 안에서의' 용서를, 그것이 아무리 어려운 일이라 하더라도, 추구하고 있는 것이다.

「비화밀교」 역시 용서에 관한 이야기인데, 이 작품은 증거의 문제에 초점을 맞추고 있다. 용서를 내용으로 하는 제왕봉에서의 제의는 눈에 보이지 않는 힘으로서 이 세상에 작용한다. 조선생은 이 제의를 다음과 같이 설명한다.

> 이곳은 산 아래서 이루어지는 모든 세속의 질서가 사라지고 그저 한 가지 이 산 위에서만이 간절한 소망으로 〔……〕 나도 그것이 무엇인지는 확실히 말할 수 없지만 〔……〕 하여튼 오직 한 가지 소망에로 자신을 귀의시켜, 그 소망으로 하여 모든 사람들이 한데 뭉쳐서 어떤 보이지 않는 힘을 탄생시키고, 그것을 지켜가는 숨은 근거지가 되고 있는 셈이지 ……

그 소망과 힘의 내용은 용서이다. 제왕봉의 제의는 서로가 서로를 용서하는 용서의 자리인 것이다. 이 용서는 공동체적 용서인바, 말하자면 사회적 대립과 갈등을 사랑과 용서로써 해소하는 공동체적 장치인 셈이다. 실제로 사회적 억압이 심할 때 제의 참석자가 부쩍 많아진다는 것은 이 제의의 사회적 기능을 충분히 암시해준다. 그런데 중요한 것은 이 제의가 세상에 증거되어서는 안 된다는 점이다. 다시 말하면 용서는 가시적 현상 세계의 질서로서는 떠오르지 않는, 떠올라서는 안 되는 숨은 힘이라는 점이다. "그것은 숨어 있는 존재로서만이 오히려 그 역할이 가능"하다. 왜 그런가 하면, "우리 누구나가 감지하고 확인할 수 있는 가시적 현상 질서는 기본적으로 우리의 현실에 대한 지배의 질서로 작용하는 것"이고, "그 음지의 힘에다 어떤 가시적 질서를 부여하여 그것을 논리화하고 증거해보이면 그 순간에 그것은 현상의 세계로 떠올라와 그 가시적 현상 세계의 지배의 질서 혹은 지배의 논리로 합세해버리기" 때문이다. 이쯤에 이르면 현실적 변혁론으로부터의 항변이 예상된다. 그것은 정신주의가 아닌가. 현실적 변혁에의 실천적 참여를 포기한 그것의 실제적인 사회적 기능은 갈등을 일시적으로 해소하고 모순을 온존시키는, 일종의 현상 유지적 이데올로기가 아닌가. 작품 속에 바로 이러한 현실적 변혁론자들이 등장한다. 그들은 이 제의의 세상에의 증거를 촉구한다. 결국 이 작품의 말미는 이 제의가 필경 스스로를 현상 세계에 드러내게 되는 장면을 그리고 있다(아마 그 드러냄의 결과는 비극일 것이다. 이 드러냄을 '80년 봄 광주와 연결짓는 김병익의 해석은 퍽 암시적이다).

작중화자는 숨김의 계율과 드러냄의 욕망 어느 쪽에도 선뜻 동의하지 못한다. '나'는 오히려 양쪽 모두에 대해 회의하는데, 그 회의의 자리가 여기서는 소설의 자리, 문학의 자리로 이어진다. 소설가인 '나'의 소설질이라는 것은 "조선생과는 반대로 그 보이지 않는 어둠 속의 세계와 삶의 현상들에 대해 인간 정신의 밝은 빛을 쏘아비춰 그것을 가시적 삶의 질서로 끌어들이려는 노릇"이다. 그러나 비화밀교의 제의는 세상에 증거되어서는 안 되는 것이고 그러므로 소설로 씌어져서는 안 되는 것이다. 그러니 '나'의 소설은 "사실을 보여주지 않고 그것을 증거"해야 하는 것이며, 이 공안 앞에서 '나'는 출구를 찾지 못한다. '나'가 이 소설을 이런 형태로 쓸 수 있게 된 것은 실제로 비화밀교의 제의가 세상에 증거되어 사실이 드러나고 비극으로 완성되었기 때문이다.

이 숨김과 드러냄, 계율과 욕망, 가시적 질서와 비가시적 힘이라는 문제에 대한 탐구가 보다 진전되고 있는 작품이 『자유의 문』이다. 장편 『자유의 문』은 산중에 은거하고 있는 백상도 노인과 노인을 찾아온 소설가 주영섭, 두 인물의 대화를 골격으로 짜여져 있다. 한 비밀스런 기독교 교파의 일원인 백상도 노인은 눈에 보이지 않는 힘으로 이 세상에 작용하려는 역사(役事)를 행하다가 좌절을 겪고 입산, 은

거중이다. 그는 자기 증거를 금하는 계율과 인간이기에 어쩔 수 없이 솟구치는 자기 증거욕 사이에서 갈등하는데, 그 갈등을 해소하기 위해 두 번의 간접 살인을 한다. 그를 추적해온 두 사람에게 자신의 이야기를 들려줌으로써 자기 증거를 행하고 그들을 죽임으로써 계율을 지키는 것이다. 세번째 추적자인 주영섭은 노인에게 계율의 미망됨을 깨우치려 애쓰지만 필경 세번째 희생자가 되고 만다.

이 작품이 「비화밀교」로부터 진일보한 것이 될 수 있었던 것은 숨김과 드러냄, 계율과 욕망, 가시적 질서와 비가시적 힘이라는 문제에 접근함에 있어서 인간의 본원적 욕망에 대한 시각을 포괄하였다는 데 있다. 「비화밀교」에서의 증거욕은 변혁론자의 당위적 논리의 수준에 있었던 것인 데 비해 여기서의 증거욕은 인간의 본원적 욕망의 수준에 있는 것이다. 그 욕망은 인간의 불완전한 존재, 모순적 존재로부터 비롯되는 것일 터인데, 여기서 이청준은 그 욕망을 옹호하는 입장에 선다. 증거를 금하는 계율이 인간의 본원적 욕망을 무시하거나 배제하고 인간의 불완전성 · 모순성을 부정하는 억압적 독단으로 변할 때 그것이 자신의 본뜻을 떠나 어떻게 인간에 대한 죄악으로 되어버리는가를 백상도 노인의 일생을 통해 보여주고 있는 것이다. 그런 의미에서 이 작품은 「벌레 이야기」와 「비화밀교」의 종합이라 할 만하다.

그리하여 「비화밀교」에서 찾지 못했던 '소설질'의 출구가 여기서는 찾아진다. 주영섭의 목소리로 설명되는 그 출구는 다음과 같은 것이다.

　　소설은 그 증거 행위 자체의 순간을 향유할 수 있을 뿐. 그것이 이룩해낸 어떤 현상 세계의 절대적 지배 질서, 더욱이 그것이 우리 삶의 자유와 사랑을 부인하는 반인간적 계율화의 길을 갈 때는, 그것을 누리거나 돌아서기보다도, 거기 대해 새로운 증거를 행해나갈 준비를 서둘러야 하거든요. 그래 그것을 일종의 소설의 숙명이라 했습니다만, 소설이란 그렇듯 그의 증거 행위가 한순간에 모두 도로가 되어버린다 하더라도, 그렇기 때문에 오히려 더 그것을 포기함이 없이 증거와 도로를 끝없이 되풀이해가는 과정 속에 그 참값을 드러내는 것이라 할 수 있지요. 거기에 바로 소설의 증거의 본질과 의미도 깃들여 있는 것이구요.

끊임없이 증거하고 현상화하며 동시에 끊임없이 자기를 갱신하는 소설의 본질과 의미는 바로 "인간의 유한성과 그 도덕성에 바탕한 실천적 자유와 사랑"이다. 이것은 「벌레 이야기」에서 말해진 "인간의 능력과 책임 안에서의 용서"와 같은 것이다. 「벌레 이야기」와 『자유의 문』은 종교적 신념 체계와 관련하여 인간의 모순적 존재 내에서의 실천적 자유와 사랑, 즉 용서를, 혹은 보다 일반적인 말로 바꾸면 삶의 진실을 옹호하고 그 의미를 밝히고 있지만, 기실 여기서의 종교적 신념 체계는 이 억압의 시대에 인간에 대한 폭력으로 결과되는 모든 이데올로기의 전형으로 나타나는 것인바, 이청준은 그 이데올로기의 억압과 폭력에 맞서 인간의 이름으로 자유와 사랑을 역설하고 있는 것이다.

인간의 모순적 존재는 인간의 삶을 단층(單層)의 삶이 아닌 겹의 삶이 되게 한다. 이청준 소설은 이 겹의 삶에 대한 진지하고 깊이 있는 탐구이다. 이청준 소설의 중층 구조에 대해 언급할 기회가 없었지만, 간략히 말하면 그 구조는, 흔히 얘기되는 것처럼 이청준 소설이 결론을 말하기 위한 것이 아니라 그 결론에 이르는 과정을 체험하게 하기 위한 것이라는 데에서 비롯되는 것이기도 하지만, 지금 우리의 관심에 입각하여 본다면 그것은 겹의 삶에 대한 문학적 탐구로서의 겹의 문학의 형태적 특성이라 할 수 있다.

글을 맺으려는 자리에서 문득 누군가의 가능한 항변이 들려오는 듯하다. 이청준의 자유와 사랑, 혹은 용서라는 것은 필경 개인주의적 자유주의라는 이데올로기에 지나지 않는 것이 아닌가 하는 항변이 그것이다. 그 항변에 설득력을 부여해줄 만한 부분적 요소들을 이청준 소설이 적잖이 가지고 있다는 것은 부인할 수 없을 것 같다. 소생산자적 생산 양식을 기반으로 하는 장인의 삶과 가치에 대한 이청준의 경사 같은 것이 그 대표적 예이다. 그러나 이청준의 개인과 자유는 개인주의적 자유주의에 갇힐 좁은 의미의 것이 아니다. 그것은 인간의 인간다운 삶, 억압 없는 삶을 이룸에 있어 포괄적 의미에서 반드시 획득하여야 할 항목들인 것이다. 이 포괄성이 이청준에게 걸릴 혐의를 견뎌내게 해준다는 점을 마지막으로 지적해두자.

〔『문학과사회』, 1990년 여름〕

이청준 소설의 중층 구조*

권 택 영

　절대 의미, 혹은 객관 진리가 모호해져서 상대적이 되다가 복수적으로까지 나아가는 불확실성의 시대에서는 '인생이 무엇이냐' 라는 물음보다 '어떻게 사느냐' 라는 물음이 더 의미있을는지 모른다. 인생의 목표란 것이 언제나 도달하면 저만큼 물러서는 신기루 같은 욕망의 산물일진대 과정의 중요성을 제외하고 무엇에 의지할 것인가. 이런 생각을 해보면 소설 읽기에서도 '어떻게 씌어졌느냐' 라는 물음이 '무엇에 관한 것이냐' 라는 물음을 선행할 수 있는 것 같다. 사실주의 시대 문학에서는 형식이 내용을 담는 그릇이었던 것에 비해 모더니즘 시대(혹은 후기모더니즘 시대)에 기법의 탐색이 중시되는 것은 단순히 그것이 실험을 위한 실험이 아니고 각 시대의 리얼리티(객관진리) 개념이 달라지기 때문이다.[1]

---

* 이 글이 실린 『이교도의 성가』(나남, 1988)는 이후 이청준 문학전집(열림원, 1998)에서 『제3의 현장』이라는 제목으로 재출간되었음.

1) 모더니즘 문학은 일견 자연주의 문학의 연장이자 동시에 그것에 대한 반발이라고도 볼 수 있으나, 다른 한편으로는 1차 대전을 겪은 후 맞게 되는 객관 진리에 대한 우선적 회의로부터 연유되었다고도 볼 수 있다. 객관 진리보다 인간 의식에 반영된 진실에 더 의존하는 헤밍웨이 문학과 진실이 어떻게 개인의 의식에 따라 다르

이청준의 소설을 읽고 있노라면 자주 '어떻게 씌어졌느냐'의 문제가 '무엇에 관한 것이냐'를 선행하고 있음을 느낀다. 유독 '나'라는 화자를 내세워 소설을 전개한다든지 그 화자가 어떤 사건을 전달하는 중층 구조를 쓴다든지 탐정소설을 연상시키는 추구 과정이라든지 우화적 수법이라든지 하는 것 등은 궁금함으로써 독자를 긴장시키다가 모호함 속에 독자를 풀어놓는다. 사실주의 문학 애호가들이 일견 관념적이라고 비난을 내릴 수도 있는 이런 기법은 또 다른 안목을 가지고 그것을 들여다보면 지극히 관념적인 것을 비난하는 것이 그의 문학이라는 역설도 낳는다. 이런 역설의 가능성 속에서 끊임없이 화자가 객관화되고 있다는 인상은 다른 작가의 경우와 비교해볼 만한 이청준 문학의 특징이 아닌가 싶다. 일인칭 소설에서 작가가 '나'를 통해 보는 세계를 주관적 입장에서 그릴 경우, 흔히 화자는 그를 둘러싼 상황에 대적하여 그 어려움을 어떻게 극복하느냐의 실천적 입장이 된다. 서영은은 「먼 그대」에서 이런 주관적 입장이 되어 화자를 극복과 인내의 표상으로 그린다. 그러나 이청준의 경우, 화자는 스스로를 되돌아보는 성찰적 요소를 지닌다. 「조율사」와 같은 일인칭 소설의 경우에도 그렇지만 중층 구조[2]인 경우엔 더욱 그런 것 같다.

이청준이 중층 구조를 사용하여 거두려는 효과는 무엇인가, 그리고 독자는 중층 구조와 평면 구조의 소설을 어떤 식으로 달리 읽어야 그 효과를 얻어낼 수 있는가. 이런 의문을 가지고 우선 이청준 스스

게 그려지는가라는 '리얼리티의 상대성'을 보여주는 포크너의 문학은 객관 진리보다 인간 의식에 반영된 진실이 우선된다는 모더니즘 시대의 공통된 특징을 담고 있기 때문이다. 다시 말하면 새로운 문학 형식이란 각 시대의 진실 탐색과 손을 맞잡고 이루어지는 실험이 아닐까 하는 게 필자의 소견이다.

2) 간혹 평론가들에 의해 '중첩 구조' 혹은 '격자소설'로도 언급되는 중층 구조란, 일인칭 화자가 주인공이 되어 그를 둘러싸고 어떤 사건이 전개되는 평면 구조와 달리, 일인칭 화자가 어떤 사건을 전달하는 무대 속의 무대와 같은 이중 구조를 말한다. 이에 대해서는 본론에서 좀더 자세히 언급할 것임.

로의 발언을 찾아보기로 하자.

이때 안쪽에 담겨진 이야기는 대개 평면적 스토리의 전개로 한 인간의 경험과 삶의 태도에 관한 유형을 보여준다. 그리고 그 이야기를 바라보고 그것과의 교유와 관찰 속에서 우리의 삶에 대한 종합적인 반성과 평가의 역할을 수행해나가는 시선을 또 하나 바깥에 마련한다. 바깥에 마련된 관찰자의 시선은 그러니까 그 안쪽에 진술된 일회적이고 평면적인 경험의 유형을 최종적 진실로 확정지으려는 목적에서가 아니라 그것을 의심하고 시험하며 반성하는 역할의 수행자로서 마련되어지고 있는 것이다. 따라서 그의 시선은 언제나 일회적 경험에 대해서는 불신과 의심을 일삼는 부정적 태도가 불가피해질 수밖에 없으며, 그것은 곧 그 작가의 일회적 경험을 작가 자신과 독자들 공유의 총체적 세계 안으로 귀속시키려는 노력으로서 그 자신의 최종적인 판단을 겸손하게 유보해버리는 자세를 취해 보인다.
— 이청준, 『작가의 작은 손』, 열화당, p. 187

그리고 이하에서는 몇몇 평론가들의 언급을 살펴보자.

그의 기술 양식의 기본 패턴은 격자소설적 방법이다. 그의 소설에서는 한 인물이 자신의 사고 질서에 의해서 자신의 삶을 살아나가는 것이 아니라, 항상 타인들에게 관찰당하고, 그 관찰의 결과가 종합됨으로써 존재할 뿐이다. 다시 말하자면, 작가는 한 인물에게 합당하다고 알려진 의식 체계를 부여하는 대신에 그 인물을 둘러싼 관찰·보고를 종합함으로써 그를 존재하게 한다. 그의 소설 속의 인물들은 그런 의미에서 생성하는 것이 아니라 생성된다.
— 김현, 「장인의 고뇌」, 『이청준』,
우리 시대의 작가 연구 총서, 은애, p. 144

그의 소설은 빈번히 격자소설의 형식을 취하거나 그 속에서 소설론을 진술하고 있다. 다시 말해서 그것은 소설에 의한 소설의 반성을 개진한다. 그는 어떤 대상을 포착하는 데 일차적인 사고나 언어에 머물지 않는다. 그것은 대상에 대한 인식의 수단으로서 일차적으로 사용된 언어가 아무래도 미흡하기 때문에 이차적으로 계속되는 반성의 태도인데, 그것은 또한 작가 자신의 현실에 대한 인식 태도가 굳어져 있는 것이 아니라 끊임없이 회의와 모색을 하고 있다는 점을 반증해준다.
— 오생근, 「갇혀 있는 자의 시선」, 같은 책, p. 33

그의 소설은 중첩 구조를 갖는다. 이 말은 그의 소설에 나타나는 복수의 사건 전개들이 실은 하나의 모티프를 풀어가고 있음을 지적한다…… 이 중첩 구조는 복수의 모티프가 변증법적인 것이 아니라 복선적인 지향을 보여준다. 이는 그의 소설이 그 안에서 충동하고 싸우며 지향하는 복합체가 아니라 하나의 주제가 반추, 심사되고 탐구되는 단색적 세계임을 의미하는 것이다.
— 김병익, 「왜 글을 쓰는가?」, 같은 책, p. 124

이청준 소설에서 무수하게 나타나고 있는 격자소설의 양식이란, 말에 대한 탐구를 하고 있는 작가 자신의 자기 점검의 수단으로 나타나고 있다. — 김치수, 「소설에 대한 두 질문」, 같은 책, p. 203

1. 화자의 객관화

어둑한 방안으로 한 줄기 햇빛이 들이비칠 때 죽어 있던 공기는 갑자기 살아 숨쉬기 시작한다. 눈에 보이지 않던 조그마한 먼지의 입자들이 빛줄기를 따라 너울대며 춤추는 모습은 무(無)의 공간에서 유(有)를 얻어내는 창조 행위의 산물을 연상시킨다 — 마치 어둑한 무대 위에 비치는 한 줄기 조명이 등장 인물의 손끝 놀림과 숨소리까지도 관객에게 전달하려 듦으로써 무대와 객석 사이에 유기적 얽힘의 장을 마련하듯이. 그런데 무대 속에 또다시 무대가 있는 경우 조명은 어떻게 비춰져야 할까. 소위 중층 구조, 혹은 격자 구조를 취하는 소설들은 바로 이런 무대 속의 무대와 같은 입장이 아닐까 생각해본다. 등장 인물들의 사고와 행위를 통해 어떤 이야기가 직접 전달되지 않고 '나'라는 화자를 통해 어떤 사건이 독자에게 간접 전달될 경우 독서 행위의 핵심이 되는 독자의 상상력은 어떻게 조준되어야만 작가가 마련한 우선적 질서를 크게 배반하지 않고 재창조 행위를 수행할 수 있게 되는가.

'나'를 화자로 삼는 일인칭 소설과 '나'를 화자로 삼는 중층 구조 소설의 차이는 전자가 '나'의 시점으로 작품이 전개되는 단일 무대임에 반해, 후자는 '나'에 의해 전개되는 이중 무대라는 차이일 것이다. 따라서 전자의 경우에 비록 사건이 화자의 사고와 능력의 범위 내로 제한되어 표출된다 할지라도 그가 작품의 주인공이라는 것은 어렵지 않게 가늠된다. 그런데 후자의 경우에서 '나'는 자칫 사건과 독자 사이를 오가는 중개자의 역할쯤에서 멈추게 되고 말 우려가 있다. 독자의 상상력이란 게 쉽사리 화자가 전달하는 사건에만 조준되기 쉬워서(그것이 이 경우에 작가가 마련한 속임수요, 독서 행위 과정의 함정인지도 모르지만) 화자와 전달 사건 사이의 대응 관계는 간과되기 십상이다. 따라서 작가가 중층 구조 기법을 사용할 경우 그가 고용한 화자는 단순히 사건을 전달하는 화자에서 멈춤이 아니고, 혹은 저자 자신의 안목을 대변함에서만도, 독자의 관점을 짊어지게 함만도 아닌 그 이상의 어떤 독특한 역할이 있지 않을까 하는 의문이 제기된다.

이청준의 성공한 단편들은 대부분 이와 같은 중층 구조를 사용하는데 그것은 우선 '나'라는 화자를 등장시켜, 전개될 사건에 대한 호기심을 독자의 호기심 수준으로 내리맞추어 소설의 시작부터 말미까지 독자의 관심을 사로잡아 '나'와 독자가 같이 문제를 풀어나가는 듯한 착각을 일으키게 한다(화자는 독자보다 사건에 더 연루되어 있음에도 불구하고). 그리하여 탐정소설과 비슷한 수법으로 한 계단 한 계단 의혹을 제기하고, 독자의 호기심을 환기시키고 충족시켜가다가 결국에는 해답 없는 종국적인 삶의 문제를 던져놓고 사라져버리는 '열린 소설'의 특성을 갖는 것이다. 탐정소설의 패러디와 같은 이런 기법은 화자의 관점이 곧 독자의 관점인 듯 느끼게 하여 독자를 문제의 현장으로 끌어들이는 친화력을 갖게도 하지만, 동시에 작가 자신의 관점이 화자로 대변되는 듯 느끼게 하여 작가의 음성을 독자의 수준에 내리맞추게도 하는 것이다. 따라서 작가와 화자와 독자가 같은 수준에서 어떤 문제에 부딪히고 있다는 환상을 창조하는 것이다. 자신의 음성을 짐짓 낮추어 보여주는 작가의 이러한 기법상의 겸손은 아무런 해결책도 제시하지 않는 '열린 소설'의 주제상의 겸허성과도 일치한다고 볼 수 있다. 그럼에도 불구하고 화자의 역할이 단순히 사건의 전달자나, 작가와 독자의 관점을 대변하는 듯한 환상의 창조자로만 멈추게 하지 않고 그에게 그 이상의 자유를 주어 '나'를 객관화시켰을 때, 이청준 소설의 삶에 대한 열린 태도는 한층 완성되는 것 같다.

　이제 독자의 상상력을 화자와 그가 전달하는 사건 사이에 조준시켜본다. 그리하여 '나'와 전달 사건 사이의 역동적 대응 관계를 살펴봄으로써 이청준 소설이 지닌 중층 구조라는 기법이 주제의 전달에 어떻게 한몫을 하는지 알아본다.

I. '통증'으로부터 격리된 미감아

　의사인 형이 어느 날 갑자기 소설을 쓰기 시작한다. 화가인 '나'는 형의 소설을 훔쳐보며 텅 빈 화판을 앞에 놓고 그 소설이 결말에 의해 자신의 그림이 완성되어질 것을 기대한다. 자신의 실수 탓만도 아닌 어느 소녀의 죽음이 형으로 하여금 6·25 사변 당시 패잔병으로 겪은 아픈 상처를 더듬게 하고 그 결말을 초조히 기다리던 화자는 어느 날 형 대신 결말을 적어놓는다. 상사에게 괴롭힘을 당하면서도 악으로 버티어내던 김일병이 부상을 당해 어쩔 수 없이 그에게 굴복의 수모를 겪는다. 위생병으로서, 또 한 인간으로서 곁에서 이를 지켜보며 형은 그를 구출하지 못했다. 이런 형의 아픔을 이해할 수 없는 '나'는 형이 김 일병을 죽이고 먼길을 탈출할 수 있었다고 단순한 결말을 내린다. 동생의 결말을 북북 찢어 내며 형은 말한다 — 자신은 병신이지만 너는 그만도 못한 머저리라고.

단편 「병신과 머저리」(1967)는 화자인 동생이 형의 방황과 그가 쓰는 소설 내용을 추적하여 독자에게 전달하는 중층 구조 형식을 지닌다. 그리하여 독자는 얼핏 동생의 관점에 편승하여 동반자적 입장에서 형의 고민과 그가 쓰는 소설의 내용에 관심의 초점을 맞추게 된다. 그런데 자세히 보면 형이 보여주는 어떤 징후에 대한 반응과, 형과 그 징후에 대해 동생이 보여주는 반응이 비교·대조됨으로써 소설의 핵심은 형과 그가 쓰는 소설이라기보다 형을 포함한 어떤 현상에 대한 '나'의 대응으로 옮겨진다. 이것은 '나'와 혜인의 관계가 형과 형수의 관계에 대조됨으로써 좀더 확실해지고, 이보다도 김일병을 죽이는 '나'의 결말과 상사를 죽이는 형의 결말이 대조됨으로써 더욱 선명해진다. 끝까지 형수를 주장하여 아내로 맞는 형과 혜인에 대한 감정을 황망히 정리하여 거두어들이는 동생. 얼굴을 그려놓은 동생의 그림을 보며 형은 이렇게 말한다. "선생님이 그리는 사람은 외롭구나. 교합 작용이 이루어지는 기관은 하나도 용납하지 않았으니……" 아픔이 오는 곳을 알기에 인내와 자기 주장을 할 수 있는 형은 "사실로서 오는 것에 보다 순종하여 관념을 파괴할 수 있는 힘"이 있었으나, "아픔만이 있고 그 아픔이 오는 곳이 없는" 동생은 '통증'으로부터 격리된 환부를 모르는 미감아가 아니었던가 생각된다. 그리고 이것이 동생이 갖는 한계요, 인간에 내재된 더 큰 보편적 아픔의 근원이 아닐까 여겨지는 것이다. 이렇게 볼 때, 이 단편의 주인공은 얼핏 전달자 역할을 맡는 것 같았던 화자라고 판명된다. 이런 수법은 한층 더 교묘하게 위장될 때 「매잡이」(1969)의 경우에서처럼 겹겹이 구조를 지니게 된다.

평생을 이곳저곳으로 자료 수집을 하러 다녔을 뿐 단편 하나 제대로 발표한 적이 없던 민형이 취재 노트를 남기고 죽는다. 소설가인 '나'는 민형의 생전에 민형의 귀띔으로 매잡이가 사는 마을에 내려가 중식이란 소년을 통해 꿩을 잡는 얘기며 곽서방과 매에 관한 얘기를 취재하여 「매잡이」란 단편을 발표한다. 곽서방의 매에 대한 사랑 얘기와 꿩몰이에 대한 집념, 그리고 변해버린 시대에 적응하지 못하고 끝내 목숨을 버리려는 그의 단식 등을 엮은 것이다. 이제 '나'는 다시 그 마을에서 곽서방의 임종을 맞게 되는데 끝내 곽서방에게서 민형과의 교감(交感) 내역을 듣지 못한다. 궁금증을 안고 서울로 올라온 화자 앞에 민형의 자살이 기다리고 있었고, 얼마의 시간이 흐른 후 펼쳐본 민형의 유고는 바로 곽서방의 죽음을 예견한 「매잡이」라는 단편이었다.

현대소설이 무엇을 쓰느냐보다 어떻게 쓰느냐에 더욱 고심하게 되었다면 바로 이 「매잡이」야말로 기법의 문제를 진지하게 다룬 작품이 아닌가 싶다. 세 편의 「매잡이」란 단편이 나오게 된 경위를 '나'라는 화자가 밝히고 있는 이 작품은 곽서방, 민형, '나'라는 서술상의 중층 구조가 소설 속의 소설이라는 내용상의 중층 구조에 묘하게 접합되어 있다. 우선 화자가 소개하는 첫번째 「매잡이」는 두번째 민형의 「매잡이」를 간접적으로 소개하면서 은연중에 그 두 작품의 차이를 드러낸다. 또한 곽서방과 민형의 죽음을 연결짓지 못함으로써 세 편의 단편이 각기 존재하는 '나'의 인식 세계와, 곽서방의 죽음과 자신의 죽음을 일치시킴으로써 두 편의 단편을 하나로 연결지을 수 있는 민형의 인식 세계가 대조된다. 따라서 민형의 죽음에 의해 세 개의 단편이 하나로 묶여 있음에도 그것을 감지하지 못하는 '나'의 한계가 스스로 드러난다.

「병신과 머저리」에서 형은 6·25 당시 겪은 어떤 상황에 감응과 충전을 일으키지만 동생은 그렇지 못하다. 마찬가지로 매잡이에 얽힌 어떤 상황에 감응과 충전을 일으키는 민형에 비해 '나'는 그렇지 못하다. 더 이상 꿩을 잡을 수 없으면서도 그 집념을 버릴 수 없던 곽서방과 소설을 쓰지 못하면서도 그 집념을 버릴 수 없던 민형 사이에는 매잡이의 풍속에 관한 심오한 철학이 매체가 되어 상호 교감이 가능했다. 그 철학이란 민형이 자신의 단편 가운데서 밝히는 매와 매잡이, 그리고 매잡이와 그를 부리는 사람 사이에 존재하는 생존의 참혹한 투쟁과 아름다움이라는 모순성이었다. 민형이 쓴「매잡이」에 나오는 화자(민형)와 곽서방의 대화를 보자.

　　──당신은 매를 아끼는 것입니까?
　　──아끼고 있습니다.
　　──그렇다면 매의 운명에 대해서 생각해본 일이 있습니까?
　　── ……
　　──이상하군요. 학대와 굶주림과 사역이 당신이 매를 생각하는 방법의 전부라는 것은.
　　──알 수 없습니다. 나는 매를 부리는 사람일 뿐입니다. 하지만 그건 매잡이를 부리는 쪽도 마찬가집니다.
　　──어떻게 마찬가질 수 있습니까?
　　──선생은 매가 하늘을 빙빙 돌거나 땅으로 내리박힐 때 그 곱고 시원스런 동작을 보신 일이 있겠지요. 그건 아름답습니다. 아마 선생도 그렇게 생각하셨겠지요. 하지만 난 알고 있습니다.
　　나는 눈으로 다음 말을 재촉했다 ──
　　──그 아름다움이 무엇인지를 말입니다. 한데 선생은 이 일에 관해서……　　　　──『매잡이』, 민음사, pp. 305~06

일찍이 중식이란 소년에게서 들은 이런 이야기를 단편에 옮기면서도 '나'는 그 의미를 느끼지 못한다. 왜냐하면 '나'는 그저 사실을 추구하고 사실을 사실대로만 받아들일 뿐 사랑과 증오, 아픔과 환희, 잔인함과 아름다움 등 삶의 피할 수 없는 모순을 감지하지 못하기 때문이다.

민형의 소설은 '나'라는 화자가 등장하고 곽서방을 그 화자의 눈을 통해 볼 수 있게 된 데 반하여, 나의 것은 곽서방이 '나'라는 화자 없이 삼인칭으로 직접 묘사되고 있다는 것뿐이었다.

— 같은 책, p. 304

민형의 소설과 자신의 것의 차이는 '나'에게 있어서 이렇듯 피상적인 기술 이상을 넘지 못하고 있다. '나'의 "관심은 끝까지 민형과 그 이 소설에 대한 쪽이며 곽서방과 소년을 포함한 매잡이의 풍속 자체에 대한 것은 아니었기" 때문이다.

「병신과 머저리」에서 같은 상황에 대한 소설의 결말을 각기 다르게 내림으로써 형과 동생의 차이를 드러내보이듯, 곽서방에 대한 민형과 '나'의 소설의 차이는 두 사람을 대조시킨다. 민형을 대변하는 화자의 눈을 통해 곽서방을 그린 민형의 소설은 그것이 없이 그냥 사실만을 나열한 삼인칭 소설과 어떤 차이가 있을까. 그것은 민형과 곽서방이 삶의 한계와 모순성을 공유할 수 있었던 것에 비해 '나'는 그저 취재한 사실을 이야기로 엮을 수 있었을 뿐이라는 차이가 있을까. 그래서 소설 가운데 '나'의 첫번째 단편이 인용되고 난 후 민형의 단편에서 핵심이 되는 화자(민형)와 곽서방의 대화 부분이 인용된 것은 바로 이런 차이를 대조하기 위함이 아니었던가 생각된다. 이쯤이면 「매잡이」는 「병신과 머저리」에 사용된 기법이 좀더 확산되고 발전되었으며 주제면에서도 유사하다는 결론에 이른다.

이와 비슷한 구조는 「줄광대」에서도 찾아볼 수 있다. 운이라는 줄광대가 있고 줄광대에 관한 얘기를 전달해주는 트럼펫 부는 사내가 있고 그 이야기를 취재하는 '나'가 있다. 운과 아버지의 관계는 매와 매잡이, 혹은 매잡이와 그를 부리는 자의 관계를 연상시키고, 폐병을 앓는 트럼펫 사내는 결핵을 앓는 민형을 연상시킨다. 줄광대와 매잡이의 풍속은 모두 아름다움과 잔혹함이라는 모순에서 공통된다. 그리고 사내와 접촉을 통해 점차 묻어나는 '나'의 동정과 이해, 그러면서도 끝내 벗어나지 못하는 어떤 한계는 그가 상황에 대응하며 자발적으로 노출시키는 인간적 결함을 암시하는 것 같다. 그런데 이런 구조는 으레 이청준 특유의 정갈한 어투와 자연스레 전개되는 서술 속에 묻혀 쉽사리 드러나지 않는데, 그것에 아름다운 환상을 곁들인 「이어도」(1976)에서는 더욱 그렇다.

천남석과 이어도라는 어떤 징후가 있고, 그것을 증거하는 양주호가 있고 이들을 취재하는 선우 중위가 있다. 자신이 속한 상황을 떠나고픈 갈망이 막상 그것이 실현되는 순간에 되돌아오고픈 갈망으로 바뀌는 애증의 모순성, 이런 징후를 증거하는 양주호의 직관과 그가 선우 중위에게 보여주려는 진실에 이르는 길, 이에 비하여 가시적 현상에 매달려 사실에만 집착하려는 선우 중위의 한계 ("사실에의 봉사는 언제나 중위를 즐겁게 했다") 등, 얼핏 천남석을 주인공으로 보게 되는 독자의 성급한 시선은 무대의 조명을 중층 구조의 사이로 비출 때 어떤 사건을 취재하며 이에 대응하는 선우 중위의 인간적 한계에 머무르게 된다. 여기서 화자의 안목이 독자의 것이고 동시에 저자의 것이라는 환상에 의해 그의 인간적 한계는, 곧 현대에 사는 인간의 보편적 결함으로 확대된다는 느낌을 갖는 것은 어렵지 않다. 중층 구조라는 기법은 이런 방식으로 어떤 일회적 현상의 기술에만 멈추지 않고, 그것을 전달하는 화자를 등장시킴으로써 역동적인 대응 관계를 통해 주제의 전달에 한몫을 담당한다고 볼 수 있겠다.

이청준의 소설에서 화자가 객관화되어 보편적인 인간의 결함을 드러내는 것은 언제나 이런 중층 구조에 의해서만은 물론 아니다. 화자의 객관화란 글쓰는 이가 스스로를 반성하는 한 가지 방법으로서 그가 대응하는 어떤 현상에 대해 상대방에게만 문제의 근원을 두지 않는 태도라고 보겠다. 그리고 그것은 독자로 하여금 스스로에게 책임을 묻게끔 독자에게 자기 반성의 기회를 제공하기도 하는 것이다. 여기서 잠깐 「조율사」(1973), 「엑스트라」(1973), 「시간의 문」(1982)에서 화자의 객관화가 어떻게 이루어지고 있는지 살펴보기로 하겠다. 비록 중층 구조를 벗어나 무대 속의 무대는 아닐지라도 '다름'을 논하여 '같음'으로 돌아오는 우회법이란 것을 빌려보려는 것이다.

II. 현재에서의 부재를 완성하는 법

중편『조율사』에서 화자인 '나'는 어떤 상황에 직접적으로 연루되어, 앞에서 토론한 작품들과 달리 중층 구조를 지니고 있지는 않다. 그러나 독자의 상상력이 쉽사리 화자가 서술하는 어떤 상황에만 조준되어 그가 상황에 대응하는 방식이 간과될 우려가 있다. 흔히 화자가 증거하는 상황들이란 게 불합리하고 의혹적이고 불만스러운 것이어서 '나'와 동반의 시점에 선 독자는 상황에만 분석의 메스를 가하고 싶어지는 것이다. 이 경우에는 화자로부터 상황을 분리시키지 않고 그 역동적 대응 관계에 독자의 상상력을 조준하면 다음과 같은 자기 반성의 문이 열린다.

오랫동안 연주회를 갖지 못하는 악사들은 차츰 자신들이 연주회를 가지려던 악사임을 잊고 조율이 자기들 본래의 몫이었던 것처럼 착각하게 된다. 그래서 소리가 옳게 나는지 조율만을 일삼는 그들은 스스로 무익한 패배자들이라는 자조로부터 벗어나지 못한다. 그러나 한 번의 통쾌한 연주 끝에 조율조차 하지 못하는 악사(지훈의 경우)가 이상과 현실의 팽팽한 긴장에 의해 마련되는 평형과 조화라는 것을 잃는 모습은, 삶이란 어차피 선과 악의 대립과 갈등 속에서만 균형을 취한다는 '거문고의 전설'을 연상시킨다(평화를 갈구하는 사람들이 거문고의 무현(武絃)을 없앴더니 그 소리를 듣지 못하는 백성들이 정말로 전쟁을 일으키더라는 것이다). 이같이 불합리하고 불만스러운 상황 속에 처해 있는 주인공 '나'는 능동적으로 겪어내야 할 삶의 현장에서 계속 도피함으로써 문제의 핵심으로부터 끝없는 우회를 되풀이한다. 예를 들면, 어머니의 정을 거부하고 은경의 사랑을 거부하고 김규혁에 대한 환상을 소멸시키는 것 등, 그는 자신이 원하는 것을 주장하지 못하고(아니, 자신이 정말로 원하는 게 무엇인지 잘 모른다고 하는 편이 낫겠다) 계속 관념적인 것으로 도피하는 것이다. 도움을 청하는 형수의 편지를 받고 김규혁을 만나러 부산으로 간다든지, 은경이 마지막으로 구애하는 현장에서도 다른 생각으로 자아를 방어하고 있다든지 신이에게 베풀 수 있다는 게 그 끔찍한 단식의 현장이라든지 등등, 「병신과 머저리」의 동생처럼 조율사인 '나'에게도 아픔만이 있을 뿐, 그 아픔이 어디서 오는지 환부를 모르기에 "사실로서 오는 것에 보다 순종하여 관념을 파괴할 수 있는 힘"이란 게 없다. 이런 의미에서 그에게 마지막 기회였던 친구 영인이 사랑을 고백했을 때 "단식을 하려구 해요"라는 그의 대답은 현재에서의 부재를 완성한 기막힌 응수가 아니었던가 싶다.

좋아하는 여자(순영)에게 연애 편지를 써서 라이벌 관계에 있는 같은 반 친구에게 그 친구 이름으로 건네주고 그들의 사랑을 지켜보던 단편 「엑스트라」의 주인공 '나'는, 성장한 후에도 줄곧 남의 연설문이라든지 자서전을 대필해주다가 영화의 엑스트라로 일하게 된다. 그러던 어느 날 한번쯤은 자신의 삶을 살아야겠다고 결심한 '나'는 스스로의 일생을 극화한 시나리오를 감독에게 보이고 그것이 마음에 든 감독은 감동적 클라이맥스를 완성시켜달라고 한다. 고심중인 그에게 감독은 그것이 영화화되면 여주인공은 순영으로 하고, 남주인공은 감독 자신이 맡겠노라고 장담한다. 이 얘기를 듣고 화자가 완성시킨 클라이맥스는 스스로를 엑스트라로 완성시킨 기막힌 응답이었다. 그러면 화자가 완성시켜야 했던 감동적 클라이맥스는 어떤 것이어야 했나. 독자의 상상력을 상황보다 상황에 대적하는 화자의 모습에 조준하면 '나'의 인간적 한계가 드러난다. 순영의 출연설을 기쁘게 받아들이지 못하는 닫힌 마음, 자신이 주연을 맡지 않음으로 맺게 되는 소극적이고 자조적인 결말, 이런 것들이 '나'를 일관성 있는 엑스트라로 만든 게 아닐까. 결국 우회를 되풀이하는 「조율사」의 화자와 누구의 탓도 아니고 스스로의 결함에 의해 남의 인생을 사는 「엑스트라」의 화자는 현재에서의 부재를 멋지게(?) 완수하는 사람들이라는 것이다. 이제 「시간의 문」에 이르면 이 현상은 한층 더 미묘하게, 내포적인 양상으로 발전된다.

카메라가 대상을 찍는 순간보다 자신이 그것을 인화하는 순간에 의미를 부여함으로써 미래를 찍는 작가라고 생각하던 유종렬은 실상은 과거를 현재화하며 살기에 과거의 시간대 속에 사는 사람이었다. 그에게 있어 현재의 시간과 존재 자체는 언제나 실종이었다. 그러기에 하늘과 바다 등, 무생물만을 대상으로 삼던 그가 결혼을 하고 월남전 취재를 다녀오면서 인간의 모습, 처절한 전쟁의 상흔들을 담기 시작한 것은 그에게는 조그만 성장이었다. 인간 속에서 생생한 삶과 죽음의 현장을 포착하던 그는 다시 불만을 갖기 시작한다. 찍히는 자와 찍는 자 사이에 존재하는 건널 수 없는 거리를 의식한 것이다. 카메라가 대상을 정지시킴으로써 그는 대상 안으로 들어가 함께 흐를 수가 없기 때문이다. 그러던 그는 드디어 해상에 표류한 난민선을 향해 가는 자신의 뒷모습이 찍힘으로써 그 꿈을 완성시킨다.

이것이 「시간의 문」에서 화자인 '나'에 의해 전달되는 사건이다. 이제 독서 행위의 초점을 '나'와 사건 사이에 맞추면 유종렬의 예술가로서 완성은 인간으로서의 실패를 내포한다는 역설을 탄생시킨다. '나'는 유종렬 유작 전시회를 계기로 자신이 접촉했던 유종렬의 과거를 소개한다. 이런 과거 이야기는 전람회와 연관된 현재의 행위와 교차되다가 마지막에 미망인과의 대화를 통해 종결됨으로써 어느 예술가의 소망 충족에 대한 평가가 시도된다. 남편은 시간의 문을 열고 대상 속으로 흘러들어갔으나 그를 사랑하던 아내를 향해서는 문을 닫고 갔다는 그녀의 말에서 '나'는 가슴속에 맹점의 동공을 느낀다. 결국 유종렬은 현재에서의 부재를 완성시키고 간 것이다. 오로지 사진만으로 인간과의 교감을 추구했던 한 예술가의 실제 삶에서의 피할 수 없는 실패는 모두 각기 혼자 가야 하는 이야기의 결말과 함께 삶의 모순과 인간의 한계를 암시하는 '열린 소설'로서의 메시지 아닌 메시지를 남긴다.

「시간의 문」에서는 '나'와 유종렬이 약간의 공모는 있었다 해도 화자와 사건 사이는 비교적 기계적인 거리를 유지하고 있는데,「소문의 벽」(1971)과「빈방」(1979)에서는 이 관계가 한층 더 유기적이 되어 놀라운 아이러니를 낳는다.

III. 돌이켜 행해지는 이중 증거

「소문의 벽」에서 박준이 표출하는 징후와 그것을 추적하며 전달하는 화자의 관계는「조율사」에서처럼 화자가 상황에 직접적으로 연루되는 경우는 아니다. 그것은「병신과 머저리」류의 중층 구조와 비슷하면서도 조금 다른 일면을 지닌다. 다시 말하면 중층 구조이면서도 징후의 증거와 '나' 사이가 훨씬 더 역동적이다.「소문의 벽」의 서두에서 화자는 박준이라는 괴상한 자와의 하룻밤에 대해 살짝 운을 떼 놓고 자기 고민을 털어놓는다. 잡지사의 편집장으로서 원고가 잘 안 걷힌다는 것이다. 그리고는 다시 박준에게로 돌아가 그에게 얽힌 징후를 증거하는데, 그 과정이 곧 원고가 왜 걷히지 않는가에 대한 대답이다. 아니 그러면서도 그 이상의 것이다. 화자가 정신병원에서, 그리고 잡지사나 신문사 등지에서 거두어들이는 박준에 대한 자료는 상당히 흥미 있는 수법에 의해 서술된다. 박준 자신의 진술들인 거부당한 두 편의 소설, 인터뷰가 실린 신문지 조각, 미발표의 원고, 그리고 인터뷰 전모가 실린 신문 등이 중간 중간에 인용되고 그 사이에 조각난 자료들을 연결시키는 접합체인 양 박준의 정신 상태가 '어둠 속의 전짓불'이라는 메타포와 연결되어 조금씩 발전된다. 이런 서술 과정에서 화자는 탐정소설을 연상시키는 수법으로 독자의 호기심을 유발했다가는 충족시키곤 한다. 두 편의 소설들이 두 편집자의 의도와 어긋남으로써 거절되는 것은 전짓불 뒤에 서 있는 어둠의 정체를 점쳐내야 하는 박준의 진술 공포와 연결된다. 그리고 그것은 전짓불의 정체가 무엇이든지 자신이 진실이라고 생각하는 것을 진술해야 한다는 작가의 신념으로 발전되며, 결국 박준이 미칠 지경에 다다른 것은 그런 진술 의지를 좌절시키는 누구나의 전짓불, 즉 소문의 벽 때문이라는 내용이 화자의 추적에 의해 서술된다. 그런데 독서 행위의 초점을 이런 징후와 화자 사이에 맞추면 박준을 치료하려던 정신과 의사뿐 아니라 화자 자신까지도 또 하나의 전짓불 뒤의 심판관이라는 게 드러난다.

박준이 화자를 찾아와 도움을 청하는 것은 모두 세 번이다. 첫날 밤. 느닷없는 그와의 만남은 '피곤하고' '귀찮은' '나'의 기분을 호기심으로 바꾸어놓는다. 그의 어둠을 싫어하는 괴벽과 돌연한 출현에 못지않은 이상스런 사라짐 때문이다. 두 번째 만남은 의사의 진술 강요에 견디다 못해 미칠 지경에 이른 그가 다시 찾아왔을 때이다. 그의 정신 상태를 점검할 여유도 갖지 않은 성급한 '나'는 '위압적인 태도'로 '명령하듯' 박준을 병원으로 되돌려보낸다. 세번째 만남. 애걸하다시피 도움을 청하는 그에게 "지금 그런 부탁을 하고 있는 내가 누구인지 알고 있기나 하는가요?"라고 준엄하게 반문함으로써 '나'는 결정적인 실수를 저지른다. 이런 화자의 태도는 정도의 차이는 있다 하더라도 자신이 위험하다고 비난하는 의사의 단호함이나 그의 직업적인 호기심과 크게 다를 바가 없으며, 특히 마지막 반문은 동정과 도우려는 의지에도 불구하고 화자 자신이 또 다른 전짓불 뒤의 심판관이 아니었던가라는 의문을 자아내게 한다. 그렇다면 이 소설에서 화자는 징후를 증거함과 동시에 스스로가 그 징후의 원인이기도 하다는 이중 증거를 수행하고 있는 셈이 아닌가.

이제 「빈방」의 경우를 들어 이런 수법을 확인해본다. 딸꾹질하는 하숙 동숙인, 지승호와 신문사 일에 실망하고 있는 신문 기자인 '나.' 지승호의 삼 년째 계속된다는 이상한 딸꾹질 증세를 진단해가는 화자는 선의에서 출발했음에도 불구하고 끝내 치료는커녕 도리어 서둘러 그를 내쫓는 결과를 빚는다. 회사의 집단 농성과 그것이 신문에 보도되지 않는다는 진술 거부에서 비롯되는 지승호의 딸꾹질은 진실이 보도될 때라야 치료될 수 있는 병이었기에 그는 의도적으로 신문 기자와 동숙한다. 진실의 보도를 화자에게서 기대했던 것이다. 그러나 그런 사실을 모르는 화자는 그저 동정심과 호기심으로 성급하게 그에게서 말의 뿌리를 캐내려 하고 그의 과거를 추적하려 애쓴다. 그리고는 마침내 지승호로부터 진상을 듣게 되지만 화자 자신도 끝내 신문에 보도하지 못하고 만다. 결국 '나'의 성급한 도움의 의지는 역설적으로 그를 서둘러 내쫓는 결과만을 낳은 것이다.

> 하지만 솔직히 말씀드리면 이선생께선 좀 서두른 편이었지요. 그래 전 처음부터 이선생께서 일을 너무 서두르지 마시라고 미리 말씀을 드리고 있었지요. 이선생께서 정 절 위해 주신다면 그게 오히려 해로움이 될 거라구요. ——「빈방」, 『살아 있는 늪』, 홍성사, p. 183

따라서 화자는 지승호의 딸꾹질이라는 어떤 징후를 추적·증거하면서 동시에 자신도 그 딸꾹질의 원인이라는 이중 증거를 돌이켜 행하고 있는 것이다.

지금까지 이청준의 중·단편 가운데서 유사한 기법이 사용된 몇 편을 골라 세 종류로 나누어 공통점을 살펴보았다. 화자의 객관화를 염두에 두고 그의 소설을 분석하다 보면 암시적인 수법이 성공한 경우일수록 의외로 흥미 있는 결과를 얻게 된다. 예를 들어 최근에 발표된 「벌레 이야기」의 경우를 보자. 초등학교 4학년이 된 아들을 잃은 아내의 고통과 죽음에까지 이르는 아픔을 남편의 관점에서 그려 나간 이 단편은 이청준의 어떤 작품보다도 암시적인 기법이 사용된 것 같다. 우선 표면적으로 이 단편은 아들을 유괴하고 죽인 유괴범이 그 어머니의 용서를 받기 전에 어느 누구의 용서를 먼저 받을 수 있느냐라는 문제와, 기독교가 하나님의 교리에만 얽매여서 인간적 아픔을 간과할 때 진정한 인간의 구제에 실패한다는 실례를 보여준다. 그러나 그런 상황을 엮어내는 화자를 비롯한 등장인물들간의 역동적인 대응 관계에 독서 행위의 초점을 맞추면 조금은 다른 시각으로 주제에 접근할 수 있을 것 같다. 아들을 잃은 슬픔과 범인에 대한 증오를 김집사의 도움으로 사랑과 용서의 계율로 다스리던 아내는 죄인까지 용서하겠노라는 지나친 욕심을 갖게 된다. 아내와 인간 의지의 한계를 이해하지 못했던 남편인 '나'는 이를 저지하지 못했다. 아내 속에서 질식해가는 인간을 보려 하지 않고 주님의 엄숙한 계율만을 지키려 했기에 김집사는 실패한다. 마지막으로 아내의 참담한 아픔의 뿌리를 보고도 '나'는 어찌할 수 없었다. 이 세 사람 모두가 어찌 사랑과 용서의 계율을 몰랐던가. 모두 다 그것을 실천하려 애썼으나 그것이 얼마나 어려운지를 이 우화적인 이야기는 전해주는 것 같기 때문이다. 그렇다면 이것은 사랑과 용서란 얼마나 수행하기 어려운 것인가에 관한 소설이 되기도 하는 것이다. 이제 중층 구조가 좀더 내포적이고 장편소설의 골격으로까지 발전된 예를 『이교도의 성가』(1988)에서 살펴보기로 하겠다.

2. 화자의 해체화[3]

납치범 구종태에 의해 자신의 아파트에 감금된 가수 백남희는 2주일 만에 탈출했다가 되돌아온다. 돌아온 현관 앞, 집 안에서는 음반에 실린 자신의 노래가 끝나고 한 방의 총소리가 울린다. 피 흘린 주검을 정성스레 닦아주고 노래를 다시 틀어놓은 뒤 발길을 돌린 그녀는 수원 별장에 파묻혀 있다가 보름 만에 경찰에 의해 체포된다. 사건 후 그녀의 잠적, 옆머리를 쏘는 권총 자살의 범례를 깨뜨리고 앞이마에 드러난 자국, 그리고 무엇보다 탈출한 그녀가 되돌아와 피를 닦아주고 노래까지 틀어놓고 나갔다는 석연치 않은 사실 앞에 오검사는 솔직한 진술서를 요구한다. 몇 번이나 되풀이되는 진술서 작성 과정과 마지막에 시행되는 현장 검증이 장편 『이교도의 성가』의 표면에 드러난 줄거리이다. 그러나 재미있는 추리소설로 지나쳐버리기에는 이 작업에 함축된 의미는 너무 크다. 주제면에서는 장편 『당신들의 천국』을 비롯한 그외의 중·단편에서 작가가 꾸준히 추구해온 '진실 탐색'의 연속이고, 기교면에서는 그가 즐겨 사용하는 중층 구조의 보다 함축적인 연속이요, 발전이기 때문이다.

지금까지 이청준이 사용해온 중층 구조는 화자가 어떤 사건이나 징후를 독자에게 전달해주는 것이었다. 그리고 이 전달 과정에서 화자가 그 현상에 대응하는 모습, 다시 말하면 현상에 자기를 비추어 보이는 모습을 통해 독자는 일회적 현상에 대하여 성급한 해석을 내리는 데에 제동을 받게 된다. 그리고는 그러한 우선적 해석이 반추되고 역전됨으로써, 소설은 '열림'으로 마무리지어지는 것이었다. 이제 이와 같은 중층 구조는 『제3의 현장』에서 훨씬 더 암시적이어서 얼핏 드러나지 않았다. 그 이유는 화자인 백남희가 전달하는 사건이 타인의 것이 아닌 바로 자신의 경험이기 때문이다. 그리고 이 소설은 화자와 그가 전달하려는 '피랍 경험' 자체와 '역동적 대응 관계'가 평행의 관계로 진행되면서 동시에 상호 보완적이기도 하다. 이 둘 사이가 평행이면서 상호 보완적인 까닭은 화자가 진술하는 '피랍 경험' 속에서 이루어지는 납치범에 의한 화자의 해체와 몇 번씩 재검되는

---

3) 여기서 '해체'란 화자가 과거를 재경험하려 애쓰면서 끊임없이 스스로의 진술에 회의를 품는 자기 인식의 해체를 의미한다. 언어가 과거를 정확히 기술하지 못한다는 것은 인식에 불순물이 끼어들기 때문이다. 인식의 주체를 더 이상 안정되고 통합된 것으로 인정하지 않으려는 경향은 이미 하이데거로부터 시작되었으나 후기 구조주의자들에 이르러 더욱 고조된다. 예를 들어 정신분석학자이면서 후기구조주의에 속하는 라캉은 데카르트의 "나는 생각한다, 고로 존재한다"라는 말을 다음과 같이 대담하게 고쳐 쓴다. "나는 생각하는 곳에 존재하지 않고 나는 존재하지 않는 곳에서 생각한다."

진술 과정 속에서 화자 스스로 이루는 자기 해체가 병행되기 때문이고, 그러면서도 이 둘의 관계는 결국 현재 시점에서 회상되는 과거이기에 아무리 분리시키려 해도 분리되지 않는 얽힘의 장이라는 뜻이다. 그러면 이와 같은 얽힘의 장들이 어떤 방식으로 확장되고 상승되는지 살펴보기로 하겠다.

어떻게 자신을 괴롭힌 납치범에게 되돌아와 자살의 현장에서 그렇게 성녀 같은 행동을 할 수 있었는가? 이 의문은 오검사의 의문이기 전에 진술서를 앞에 놓은 화자 자신의 의문이었다. 그녀는 지금 자신이 겪은 경험의 진실을 밝혀내기 위해 진술서를 또다시 고쳐 쓰고 있었다. 납치범에 대한 고정 관념과 자신이 당한 일에 대한 사후 인식이 지나간 시간대를 재체험하게 하여 그것을 올바르게 기술할 수 없게 하기 때문이다. 다시 말하면 과거의 경험은 자꾸만 현재 그녀가 느끼는 피해 의식에 의해 인식되고 평가되어지는 것이다. 이런 그녀의 고민을 들은 검사는 현재형 문장으로 기술해볼 것을 권한다. 그러나 그녀는 다시 한번 낭패감에 빠진다. 그 현재형으로도 과거의 진실과 만날 수는 없음을 깨닫기 때문이다.

> 사람이 어떤 과거사를 말함에는 그 기억력의 가감으로 인한 일정량의 취사 선택이나 사후 비판의 개입 같은 것이 불가피해지게 마련인 듯싶었어요. 그렇게 말해진 기억 속의 과거란 그저 어떤 시간의 벽 바깥에서 되돌아본 사실의 일부이거나, 수많은 오류를 감내하면서 사후에 꾸며낸 반허구의 사실일 뿐, 그 과거의 일 자체의 실제는 아니었어요. ─『이교도의 성가』, 나남출판사, p. 53

차라리 함정과 오류를 시인한 과거형 진술이 현재형 진술보다 더 솔직한 게 아니냐는 그녀의 반성은 진실과의 만남을 위한 안간힘으로서 자신이 방금 이루어놓은 진술의 해체이고 이것은 곧 화자의 자아 해체라고도 볼 수 있다.

과거형으로도 현재형으로도 과거는 정확히 기술될 수 없다는 깨달음 속에서 그녀는 가능한 한 평가와 추론을 피하고 실제로 있었던 사실 그대로를 기술하려고 애쓴다. 진술이 어느덧 납치범에 의한 화자의 해체(작가는 계속 '파괴'라는 말을 쓰고 있다) 단계에 이를 때 그녀는 다시 한번 자신의 진술을 점검한다. 사실 자체는 논리가 아니라 모순과 오류를 동반하고 기억이 그토록 정확할 수도 감정의 굴절이 안 생겼을 수도 없으련만 문장이 다시 현재의 종합과 판단에 의해 논리적으로 일사분란하게 설명되고 있는 것이다. 그녀의 진술은 이제 "그 먼젓번 진술의 기억과 스스로의 진술 속에 완성되어지려는 문장들의 자기 주장"에 의해 사실과 멀어지고 있었던 것이다. 이런 깨달음으로 다시 한번 진술은 해체되고 동시에 그녀의 자아도 해체된다. 이와 병행되어 진술 속에서도 납치범에 의한 피랍자의 해체가 시도된다. 우선 구종태는 그녀에게 완전무결한 구조와 침묵의 제재를 내린다. 그녀의 내부에선 자기 의식이 파괴되고 육신만이 남는다. 그리고 육신의 기다림도 응답이 없게 되자 자의식과 육신이 완전히 해체된 무념의 상태에 이른다. 이 무념과 평화에서 두 사람 사이에는 믿음과 이해가 생기고 말과 행동의 자유가 따른다. 말하자면 타인의 완벽한 지배를 받을 순종의 자세를 지닐 때 그녀는 말과 행동의 자유를 얻게 된다는 역설이다. 그녀는 기꺼이 납치범의 지배를, 그것도 철저한 지배를 소망하게 된다. 진술은 여기에서 다시 한번 제동이 걸린다. 이 역설과 모순을 이해하지 못하는 오검사 때문만이 아니라 그녀 자신도 논리의 모순을 느낀 것이다. 끝까지 모순과 오류 속에서 명징한 논리를 추려내려는 검사와, 어쩌면 그 오류와 모순 가운데 오히려 진실이 있을 수도 있다는 화자의 견해가 대조되면서 이제 납치범에 의한 화자의 마지막 해체가 시도된다.

　납치자는 자신의 믿음을 맹목스럽게 증거하고 싶어하면서도 거꾸로 그에 대한 피랍자의 것은 이상하게 곧이들으려 하지 않는다. 그리하여 그는 자기 해명을 하려 든다. 그러나 "약탈자에게 무슨 이해와 해명이 필요한 것인가." 그녀는 이를 듣고 싶어하지 않는다. 그렇다면 이 단계에서 납치범에 대한 화자의 믿음과 이해란 철저한 굴종으로 복수하겠다는 일종의 피해 의식의 소산, 아니면 구종태의 질책처럼 "자신의 삶에 대해 전혀 어떤 적극성도 없는 체념 빠른 무책임성……"에서 연유한 것일는지 모른다. 가해자는 어디까지나 가해자의 자리에 남아 있어야 한다는 그녀의 피해자로서의 방어 기제와 가해자의 자리에 남아 있고 싶어하지 않는, 그래서 진정한 이해를 통해 화해를 구하려는 납치범의 욕망 사이에서 갈등이 일고 화자는 쉽사리 자신의 마지막 예고를 파괴하지 못한다. 화자에 의해 길게 서술되는 구종태의 불우한 과거는 독자로 하여금 연민과 감동을 자아내는 이야기임에도 불구하고 그 이야기를 들었을 당시 그녀의 반응은 부정적이었다. 그의 실패는 곧 자신의 실패인 듯하여 그녀는 이해는커녕 탈출을 시도했기 대문이다.

여기서 독자는 구종태의 과거가 명료하게, 감동적으로 전달됨을 주시할 필요가 있는 것 같다. 당사자가 없는 남의 이야기는 진술 자체가 곧 사실이다. 바라보는 눈과 그 대상이 같은 자리에 있기에 진술은 명료해진다. 그러면 왜 같은 내용이 당시에는 그녀에게 연민은커녕 구종태를 더 이상 참고 견딜 수 없게 만들었는데 지금은 독자에게 연민을 느끼게 진술되었는가. 그것은 구종태의 과거 이야기는 현재 화자의 인식에 의해 평가·기술되었다는 것이다. 집을 나온 뒤 구종태의 실패 현장을 찾은 화자는 그 참담한 모습에 구종태의 말이 전달하지 못한 아픔의 참모습을 보게 되고, 그가 갈 곳이 없음과 자신의 갈 곳 없음을 깨닫고 이제는 거꾸로 자신이 그를 납치하려 마음먹고 돌아온다. 그녀의 마지막 깨달음(자아 해체)은 이렇게 완성되지만 조금의 시차로 구종태는 먼저 삶을 거두어가고 만 것이다. 그러니까 구종태의 과거 얘기는 현재 화자의 후회와 원망과 아픈 마음을 반영하고 있는 셈이다.

소설은 이와 같은 식으로 '피랍 경험'과 '진술 과정'에서 일어나는 자아 해체가 교차적으로 반복되며 해체의 단계가 조금씩 차원을 높여간다. 말하자면 화자는 과거의 사건을 전달하면서 그것과의 대응 관계를 끊임없이 되돌아봄으로써 과거가 현재의 자신의 인식과 욕망에 의해 굴절되고 있음을 독자에게 보여주고 있는 것이다. 자의식의 장막을 헤치고 기억의 저편에 도사린 실체를 응시하려는 그녀의 안타까운 노력은, 진실이란 그렇게밖에 전달될 수 없다는 깨달음으로 이어지고 이와 같은 진실 탐색의 과정 속에서 하나의 경험이 엮어져 나간다. 자유와 사랑과 용서의 의미를 음미케 하는 화자 스스로의 마지막 해체를 향해서.

구종태에게서 탈출한 백남희는 구종태가 얘기해준 실패의 현장을 목격하고 언어가 얼마나 참모습을 전달하는 데 무력한지 깨닫는다. 그의 이야기가 움터오던 그녀의 작은 믿음과 이해를 송두리째 파괴한 것은 언어의 실패요, 자의적인 언어에 마지막 기대를 걸었던 구종태의 실패인 동시에 무엇보다 백남희 자신의 실패였던 것이다. 자신의 실패를 자인한 그녀는 "뜨거운 분노와 복수심"으로 그가 내게서 실패한 납치를 이번에는 내가 그에게 거꾸로 성공시켜주어야 한다고 다짐한다. 그리고 이 뜨거운 분노와 복수심이야말로 피랍자가 자의식의 마지막 벽을 부수고 자유 의지로써 납치범에게 내미는 용서와 사랑의 손길이 아니었는가 싶다. 그리고 이때부터 이상스럽게도 화자의 진술은 과거와 현재 사이에서 지금껏 되풀이되던 의구와 망설임을 벗어나 편안하게 자동 기술의 상태로 들어가게 된다. 자살이냐 타살이냐의 혐의를 명징한 논리로써 가려내려 한 검사의 의도와 진실과의 만남을 애타게 추구하던 진술자의 목적이 한곳에서 만나는 현장 진술은 이와 같이 가장 자유스럽게 해방된 상태에서 기술되기에 결코 거짓일 수 없겠으나, 그것은 또한 현재의 그녀의 인식과 욕망에 굴절되어 과거의 참모습이라 할 수도 없다. 그러므로 이 부분은 허구이면서 동시에 진실인 것이다.

서로가 돌아갈 곳 없는 사람들임을 깨닫고 그와 함께 있으면서 스스로를 위로받고 싶었던 그녀는 그것을 모른 채 먼저 가버린 구종태의 죽음을 연민과 원망으로 받아들이며 방안에 들어선다. 그러나 그의 주검에서 그녀가 목도한 건 침묵의 완성이었다. 말이 사라진 곳에서 오히려 구종태의 참모습을 접할 수 있게 된 그녀는 완전히 침묵의 언어로써 모든 진실을 듣는다. 그리고는 참모습을 찾아간 그의 앞에서 자신만이 갈 곳이 없음을 깨닫는다. 이쯤 와서 화자의 진지한 노력에도 불구하고 그녀가 지금껏 보여주고 있는 '제3의 현장'들보다도 한층 더 소설의 제목에 합당한 듯한 '제3의 현장'이 펼쳐진다. 다름아닌 현장 검증이다.

그토록 어렵고 불완전한 진술을 토대로 정확히 과거를 재현해보인다는 것은 가능하다. 그녀의 진술이 앞의 진술에 의해 계속 지배받으며 갈수록 사실에서 멀어져왔다는 것을 전제하면, 이 현장 검증이야말로 사실에서 가장 먼 현재 의식의 표출일 수 있다. 게다가 자살 현장에 대한 진술을 토대로 검사에 의해 작성된 일목요연한 현장 검증 시나리오는 검사의 주관이 개입된, 진술로부터의 또 한번의 굴절이다. 현장 검증 장소. 전날 미리 본 시나리오의 명령성이 그녀의 의식을 간섭하고 행동이 지시를 앞지른다. 그러다가 어느 순간엔가 그녀는 자연스레 잃어버린 시간대로 빠진다. 부질없는 말의 질곡에서 벗어나 참모습을 되찾은 자살자의 주검이 이제 침묵으로 그녀에게 바로 그 노래를 부르기 시작한다. 그리고 그녀는 비로소 자신이 돌아가야 할 곳을 알게 된다. 지금까지의 진술과 또 달라진 자살 현장, 그것은 현장 검증이 과거의 재현이라기보다 현재 그녀의 욕망의 정체가 무엇이냐를 보여주고 있음에 다름아니다. 그러나 여기서 중요한 점은, 화자가 이런 결과에 대해 거부와 회의 대신 이것이 곧 잃어버린 시간대의 재체험이라고 생각한다는 점이다. 오직 현재의 시선으로밖에는 만나질 수 없는 과거, 그 진실의 주관성과 허구성을 깨닫고 그것을 부정하거나 속이려 들지 않는 삶. 이것이 화자가 거둔 자기 해체의 마지막 결정체가 아니었을까. 그리고 이 깨달음에 값하는 진실에의 도달은 다름아닌 삶에 임하는 열린 자세가 아닐까 생각해본다. 소설의 중층 구조가 여기서 멈추지 않기 때문이다.

  이 소설은 과거의 경험을 진술하는 화자를 응시하는 바깥 시선, 다시 말하면 이 모든 것을 관찰하고 화자의 깨달음에 자기 모습을 직시하는 또 하나의 시선을 갖고 있다. 소위 공익의 논리를 대표한다는 오검사이다. 그는 논리를 헤집고 모순으로 삶을 이해하려는 화자와 대조적으로 모순에서 논리를 끌어내려 한다. 그러기에 검사의 질문과 진술자의 답변이라는 의례적인 조사 형식으로부터 역전된 질의가 두 사람 사이에서 연출된다. 진술자는 끊임없이 검사에게 스스로의 행적에 대한 의혹과 질문을 던지고 검사는 그것에 대해 종합적인 해명을 하려 드는 것이다. 그러나 종합과 논리의 중요성을 강조하는 오검사는 독자에게 적어도 두 번이나 과오를 드러냄으로써 명석한 판단일수록 진실에서 멀다는 아이러니를 보여준다. 그리하여 모순 속에서 진실을 찾으려는 화자가 자아를 끊임없이 해체시킴으로써 '허구로서의 진실'에 도달하는 것과 대조된다. 그는 화자의 노래가 자신도 모르게 시나리오 작성에 그녀의 결백을 위한 쪽으로 영향을 주게 되었음을 드러낸다. 그리고 이보다 더 큰 과오는 화자의 현재 욕망의 정체인 현장 검증의 마지막 부분을 과거의 재현으로 과신하고, 게다가 자신의 추리와 평가를 덧붙여 일목요연한 결론을 끄집어내는 것이다. 그러니까 가시적인 현상에서 진실을 추출할 수 있다고 믿은 명석한 검사의 판단은 진실의 허구성을 깨닫는 화자의 경우보다 훨씬 더 허구적이라는 역설이다.

  진실이 주관의 벽에 걸러짐을 깨달은 자와 그 깨달음에서 유리되어 주관에 의해 걸러진 진실을 객관적 진리로서 주장하는 자의 차이, 모순으로서 삶을 이해하려는 자와 사실에의 집착으로만 삶을 이해하려는 자의 차이 — 이것은 곧 '열림'으로써 삶에 임하는 태도와 '닫힘'으로써의 그것일진대 이런 관계가 「병신과 머저리」「이어도」「매잡이」등에서 보여준 이청준의 기법과 주제를 연상시키는 까닭은 무엇인가, 전쟁의 부조리한 경험을 통해 자아를 해체할 수 있었던 형과 그렇지 못한 동생의 한계, 이어도라는 환상을 버림으로써 자신이 속한 상황을 탈출하려던 욕망이 막상 그것이 실재하지 않음을 확인하는 순간, 그리하여 탈출의 가능성을 알게 되는 순간 스스로 그 환상을 창조함으로써 되돌아오고픈 욕망으로 바뀌는 모순. 이 같은 천남석과 이어도의 관계를 증거하는 양주호와 사실에의 집착에서 벗어나지 못하는 선우 중위의 한계. 굶주린 상태에서만이 매가 곧고 아름답게 먹이를 향해 내리꽂힐 수 있다는 생존의 잔인성과 아름다움이라는 모순에 삶을 침잠시키는 매잡이, 곽서방, 이것을 이해하는 민형과 그렇지 못한 화자의 한계. 이런 공통분모가 『이교도의 성가』에 내재된 중층 구조에도 적용되기 때문이다. 다만 화자의 위치가 제일 표피로부터 모순과 열림에 감응하는 가운데 영역으로 옮아갔다는 차이가 있을 뿐이다. 그리고 이러한 화자의 위치 변화는 화자를 중심으로 볼 때 삶을 응시하는 그의 성숙된 시선을 의미하는 게 아닐까 싶다.

3. 맺는 말

세계 문학의 흐름 속에서 한국 문학의 위치를 가늠한다는 것은 다른 나라의 문학 이론을 한국 작품에 적용하려는 시도와는 구별되어져야 한다. 문학 작품을 옹호하고 작품 자체에 대한 이해를 도모하는 입장에 서 있던 서구 문학 비평이 20세기에 들어서면서 점점 그 자체의 독자적인 영역을 확보하며 다양하고 놀랄 만한 이론을 정립해가고 있는 것은 주지의 사실이다. 마치 창작의 시대가 끝나고 비평의 시대가 도래한 것 같은 착각이 들 정도이다. 그러나 이론 정립을 위해 그들이 창작의 산물을 끊임없이 차용하고 있지만, 문학 작품이 이에 지나치게 구속되어 마치 비평 이론의 종속물로서 존재하는 것처럼 되어서는 안 될 것이다. 무릇 비평 이론들이란 '그 밝음에 의해 빛을 잃는다'는 역설을 안고 있기에 어느 이론이고 장·단점을 지니고 있게 마련이다. 이에 반하여 문학 작품이란 우리의 삶이 그런 만큼 정연한 논리보다는 비정형의 모순 속에서 이해되어져야 하기 때문이다. 따라서 작품의 분석이란 비정형의 모순을 드러내는 논리 정도이어야 하지 않을까 싶다. 그렇다고 해서 문학 이론의 이해와 그것을 작품에 적용하려는 시도가 무의미하다는 뜻은 전혀 아니다. 비평 이론이나 작품이 모두 넓게는 창조의 영역이며, 그것은 시대의 산물이기 때문에 이론을 앎으로써 작품의 경향이 좀더 정확히 진단될 수 있고, 그 이론을 작품에 적용해봄으로써 이론이 갖는 장·단점과 한계가 드러나고, 작품의 이해는 그 다양성과 심도를 얻을 수 있기 때문이다. 따라서 비평 이론과 문학 작품의 관계란 독자적이면서 상호 협조적이라는 매우 당연한 이야기가 거듭 강조될 필요가 있다. 만약 세계 문학의 흐름 속에서 한국 문학의 위치를 가늠해본다면(그런 시도가 의미없다고 생각되지 않기에) 작품 자체에 대한 이해와 정확한 분석이 선행되고 난 연후에 어떤 작가의 이런저런 경향이 어떤 조류와 공통점을 갖고 있다는 식의 우연적이고 사후적인 발견으로 이루어져야 하지 않을까 생각된다.

  이청준의 소설을 읽고 있노라면 그 속에 그려진 현실이 참으로 유동적이라는 느낌을 갖게 된다. 하나의 판단은 언제나 그것에 머무는 법이 없이 그 판단이 내려지는 순간 그와 반대되는 판단으로 자리를 바꾼다. 이에 상응하여 그의 소설에서 하나의 문장은 그것이 언급되는 순간 금방 다시금 그 반대 개념을 담은 문장으로 전이됨으로써 그 문장은 언제나 열려 있다. 다시 말하면 플러스와 마이너스로 표시될 수 있는 상호 대립적 이중성이 이원적 대립의 관계로 정체하지 않고 일원적 모순의 관계로 한곳에 존재함으로써 그 존재는 유동적이고 해체적이라는 것이다. 탈향의 갈망은 그것이 성취되는 순간 귀향의 갈망으로 자리바꿈을 하고 잔혹함과 아름다움이라는 대립은 동시에 존재함으로써 판단은 늘 유보의 상태에 있을 뿐이다. 그것은 '다름'

이란 오직 시간에 의해서 자리바꿈을 계속할 뿐이니 하나의 개념은 성립되는 순간 반대 개념으로 이전함으로써 이미 해체되어 있다는 데리다 Jacques Derrida의 차연 Différance을 연상시킨다. 구조주의자들이 작품 분석에 사용하던 플러스·마이너스의 이원적 대립 구조 binary opposition가 후기구조주의에 와서 일원적 모순 구조로 바뀌는 것은 현실이 점점 더 유동적이 되고 인간 인식의 한계가 가중된다는 것을 말해주는 것이리라. 대립과 종합이라는 것을 인정했던 헤겔의 변증법 시대와, 종합을 거부하고 대립만을 인정했던 구조주의의 이원적 대립항의 시대, 그리고 이제 후기구조주의에 이르러 마주보던 두 개념이 한자리에 모아짐으로써 어떤 기준도 인정치 않는 유동성의 시대의 리얼리티 개념은 각기 다르다.

유동성이란 모든 것이 있음은 모든 것이 없음이라는 무와 유의 공존을 의미하고, 이 모순 가운데에서는 어떤 절대 의미도 유보될 수밖에 없다. 절대 의미가 유보되는 현상과 언어의 지칭력 상실은 리얼리티의 주관성 혹은 허구성이라는 지점에서 연접된다. 그러므로 진실은, 명징한 논리가 아니라 오히려 모순 속에서 존재하지 않느냐는 『이교도의 성가』에서의 화자의 회의는 이청준이 끊임없이 추구하는 언어에 대한 반성과 무관하지 않은 것으로 보인다.

이청준이 시도하는 말의 탐구는 그의 연작소설집 『잃어버린 말을 찾아서』에서만이 아니다. 언어가 리얼리티(실체)를 지칭하지 못하고 개인의 인식과 욕망의 산물이라는 것은 『소문의 벽』에서는 소문으로, 『당신들의 천국』에서는 누구나의 가슴속에 존재하고 있는 내밀한 동상에의 갈망으로 표출되고 『춤추는 사제』에서는 역사의 기록이 주관적이라는 것으로, 「자서전들 쓰십시다」에서는 자서전의 허구성으로 그려진다. 남의 손에 의해 씌어지는 자서전의 허구성을 논하며 자서전 대필업을 그만두는 주인공 윤지욱의 경우는 『이교도의 성가』에 와서 백남희의 경우로 발전되며 말의 탐구는 더 내면적인 의식의 세계로 파고든다. 백남희가 진술 과정에서 보여주는 것은 과거의 경험이란 시간과 인식의 층에 굴절되어 그것을 기록하는 현재의 욕망과 평가의 산물에 지나지 않는다는 리얼리티의 허구성이었다. 이런 맥락으로 볼 때, 이청준 자신의 언급처럼 언어의 반성은 소설의 반성이고 이는 곧 삶의 성찰임을 알 수 있다.[4]

언어의 지칭력에 대한 회의는 일찍이 소쉬르 이래 서구 문학과 철학의 주요한 근간이 되어왔다. 언어란 실체와 무관한 자의적 표기일 뿐이라는 전제는 문학 작품의 분석에서 저자의 의도와 현실 반영이라는 측면을 삭제시켰고, 독자의 주관적 해석의 문을 열었다. 러시아 형식주의로부터 비롯된[5] 구조주의, 해석학 그리고 현대의 비평 이론에 이르는 영역은 물론, 모더니즘 이래의 소설 분야도 이런 언어의 반성과 연관된 리얼리티의 주관성·허구성의 탐색이었다고 해도 과언이 아닐 정도이다. '진실 탐색'을 밀고 나가다 보면 모든 것이 모순적인 '알 수 없음'의 영역에 도달하고, 그것은 동시에 '알 수 있음'이 되는 유동성의 한 표출이 누보 로망이나 메타픽션 등 실험소설의 근간이 아니었던가 하고 생각되기 때문이다. 그러나 이청준은 말의 탐구를 실험소설의 경지로 이끌어가지는 않는다. 소설의 형식이나 제시하는 도덕에 있어서 그는 소설이 삶의 반영이라는 전통을 벗어나려 하지 않기 때문이다. 언어가 지칭력을 잃고 공허하게 떠돌기에 「떠도는 말」i)에서 전화 속의 소녀는 '윤선생'이라는 소리가 좋아서 전화를 해대고 「건방진 신문팔이」ii)에서는 신문을 파는 일보다 팔기 위한 구호를 은밀히 즐긴다. 「선학동 나그네」iii)에서는 한의 매듭을 풀어내는 남도창이 타락한 말을 대신한다. i)은 언어가 폭력으로 바

---

[4] "이청준과의 대화." 「박경리와 이청준」, 『김치수 평론집』, 민음사, 1982, P. 210

[5] 1914년, Viktor Shklovsky로부터 시작된 러시아 형식주의는 문학에 대한 역사적이고 사회적인 접근을 거부한 점에도 불구하고 소쉬르 언어관의 직접적 영향을 받지는 않았다. 1930년에 정치적 압박을 받으면서 끝난 이 이론은 1920년 체코로 망명한 로만 야콥슨 Roman Jakobson의 프라그 학파에 의해 연장됨으로써 소쉬르 언어관과 결합된다. 그리하여 후일 프랑스 구조주의로 가는 접맥의 역할을 담당하게 되는 것이다.

뀌는 경우요, ii)는 언어의 자의성을 느끼는 경우요, iii)은 언어의 폭력과 지배를 벗어나 용서와 화해로 나아가는 한 가지 길이다. 이렇게 볼 때 이청준에게 있어서 말의 탐구는 언어의 자의성을 돌아보게 하여 독자를 깨어 있게 함으로써 시작되고 있다. 그리고는 공허한 말에 다시 의미를 불어넣으려는 재생의 시도로 끝난다. 그러니까 그것은 말 자체를 위한 말의 탐구가 아니고 인간성의 회복, 신뢰의 회복을 위한 말의 탐구인 것이다.

남도창이나 소리가 말의 지배에서 놓여나 용서와 화해로 나아가는 한 가지 길이듯, 중층 구조는 소설과 독자가 작가의 지배에서 놓여나는 한 가지 방법이다. 중층 구조에서 화자가 전달하는 사건은 대부분이 모순으로서의 삶이다. 그러므로 그 자체가 이미 열려 있다. 그런데 작가는 다시 이 열림의 장을 그의 의견으로 규정짓지 않기 위해 이를 의심하고 그것에 스스로를 비추어보는 바깥 시선, 즉 화자를 설정한다. 그러므로 '열림'은 다시 한번 열린다. 경우에 따라서는 제일 안쪽 사건에 감응하는 중간 인물을 설정하고 다시 표피에 이를 의심하는 시선을 둠으로써 두 인물을 대조시키기도 한다. 그러므로 중층 구조는 어떻게 메시지 없는 소설을 쓸 것인가라는 작가의 고심과, 어떤 선택을 내릴 것인가라는 독자의 책임 의식이 자리를 함께하게 하는 기법이 아닌가 싶다. 메시지가 없는 것도 메시지라는, 지배 아닌 지배의 가능성을 배제하지 않은 채 말이다. 그렇다면 이청준 소설의 메시지 없는 메시지는 무엇인가. 다시 말하면 어떻게 씌어졌느냐를 통해 얻어지는, 무엇에 관한 것이냐는 물음이다. 이 물음의 대답이 없으면 그것은 인간성 회복이라는 소설가의 중요한 몫이 제외되는 것이다.

중층 구조에서 제일 안쪽 사건은 아픔과 모순의 삶을 담고 있다. 그리고 전달하는 화자는 그것에 감응하지 못한다(유일한 예외인 백남희가 여자라는 것은 흥미롭다. 진리의 비정형성과 모순성을 여성에 비유한 니체와 데리다의 언급이 생각나기 때문이다). 그는 그저 사실과 논리와 가시적 현상의 질서에 집착하여, 혹은 어쩔 수 없는 욕망의 벽에 가려 모순으로서의 삶에 침잠하지 못한다. 그런데 화자의 이런 한계는 소설의 개연성에 의해 인간적인 결함으로 느껴지고 게다가 중층 구조가 갖는 장점인 작가·화자·독자의 동일 시점이라는 환상에 힘입어 누구나의 결함이라는 보편적 색깔을 띠게 된다. 『이교도의 성가』 후기에서 이청준은 소설가의 행위를 "더 정확한 눈길로 그 두꺼운 삶의 껍질 속의 상처를 짚어내고 그 아픔을 드러내야" 하는 것이라고 말한다. 그가 소설을 '자기 구제의 한 몸짓'이라거나 자기 부끄러움의 고백이라고 말하는 것은 그것이 단지 자기 반성의 몸짓일 뿐 아니라, 그것을 통해 누구나의 부끄러움을 보이고자 했던 게 아니었나 싶다. 그렇다면 중층 구조란 화자를 앞장세워 작가가 먼저 '살아 있는 늪'의 바닥에 내려섬으로써 독자를 동참시키려는 은밀한 수법이다. 그것은 독자의 자유로운 선택을 전제하기에 은밀하다. 가장 지배적이 아닌 방법으로서의 지배일 수 있기 때문이다.

〔『이교도의 성가』 해설, 1988〕

자유의 질서, 말의 꿈, 반성적 탐색*
— 이청준의 소설론

우 찬 제

I. 머리말

  이 글에서 나는 작가 이청준의 소설관과 창작 방법 및 글쓰기의 논리를 찾아 헤아려보고자 한다. 어떤 갈래의 글이든간에 글을 쓰는 이라면 누구든지 왜, 무엇을, 어떻게 쓸 것인가를 고민하게 마련이다. 글의 의도와 대상, 방법에 관한 고뇌 없이 글을 쓴다는 것은 상상조차 하기 어렵다는 말이다. 그러므로 이 세 가지를 종합적으로 검토해 보면 글쓰기와 관련된 저자의 거의 모든 것을 알아차릴 수도 있다는 말이 된다. 물론 글의 성격에 따라 각기 다른 담론화 과정 내지 구언화(構言化) 과정을 거치는 게 사실이어서, 경우에 따라서는 1차 텍스트에서 이 세 가지를 다 찾아내기 어려울 수도 있다. 특히 의도 같은 경우는 간접화의 정도가 심할 뿐만 아니라 때때로 실제에서 다채로운 굴절 양상을 보이는 것이라서 쉽게 헤아리기 어려운 부분이다. 그

---

  *『소설과 사상』 1995년 봄호에 실린 글 「억압 없는 자유의 꿈을 향한 언어 조율사의 반성적 탐색」을 제목을 바꿔 재수록한다.

릴 경우 우리는 작가의 산문을 비롯한 일련의 2차 텍스트를 참조하기도 한다.

 글의 의도와 대상(혹은 내용), 그리고 방법(혹은 형식)에 관한 메타언어적 접근은 한 작가의 총체적인 세계를 이해하는 데 많은 도움을 주는 게 사실이다. 또한 '저자의 죽음'이란 말이 상징적으로 웅변해 주는바, 작금의 글쓰기나 글읽기 풍토와 관련지어 볼 때, 이와 같은 논의는 문학과 저자의 존재 방식에 대한 새삼스런 생각거리를 제공할 수 있을 것이라 생각한다.

 우리가 살펴보고자 하는 이청준의 경우는 비교적 다른 작가들에 비해 자기 글쓰기의 태도나 방법에 대해 여러 방식으로 모색적인 논리화를 시도한 작가에 속한다. 그만큼 글쓰기, 혹은 소설 쓰기에 관한 자의식이 강했다는 말일 것이다. 소설 「지배와 해방」을 비롯하여 「비화밀교」, 『자유의 문』 등 여러 작품들과 「왜 쓰는가」 「존재적 언어와 관계적 언어 사이에서」 등의 여러 산문들에서 집요하게 탐색되고 있는 글쓰기 자체에 대한 논의가 그것을 증거한다. 그러므로 이를 종합적으로 검토하는 과정에서 우리는 이청준 소설을 객관론적 오류에 빠지지 않고 깊이 있게 이해하는 데 아주 중요한 입각점을 발견할 수 있으리라 믿는다. 아울러 이 논의가 이미 말한 바 문학과 저자의 존재 방식에 대한 근원적인 문제 제기가 될 수 있으리라는 것, 그리고 우리 한국인 나름의 소설관을 새롭게 정립하는 데 있어서도 적잖은 암시가 될 수 있으리라는 것을 보람으로 생각하면서 이 글을 시작하고자 한다.

II. 왜 쓰는가: 억압 없는 자유의 꿈을 위한 자기와의 싸움

 이청준은 「왜 쓰는가」라는 산문에서 그 대답의 여러 경우의 수를 이렇게 나열한 적이 있다: "쓰지 않을 수가 없으니까, 쓰는 게 즐거우니까, 우리의 삶을 좀더 살 만한 것으로 만들기 위하여, 우리의 삶의 터전을 넓히기 위하여, 자신의 삶을 위로받고 영혼의 아픔을 달래기 위하여, 가난하고 억눌린 자들의 용기를 위하여, 비리와 부정을 증거하기 위하여, 새 시대의 이념을 위하여, 자유를 위하여, 사랑을 위하여 〔……〕 또는 그 문학 행위 자체의 아름다움과 즐거움 때문에……"[1] 통상 작가들이 답할 수 있는 경우들을 모아놓은 것으로 보인다. 물론 다 가능한 대답이다. 그 중 이청준 개인의 대답은 무엇인가.

1) 복수심과 지배욕

여기에 답하기 위해 우리는 일단 소설 「지배와 해방」에 눈길을 주어야 한다. 소설 전체가 일종의 소설론이자 작가론적인 면모를 띠고 있기 때문이다. 한 작품에서 이 소설만큼 본격적으로 그리고 치밀하면서도 당당하게 자기 소설론을 밝힌 예를 우리는 그다지 많이 알지 못한다. 이 소설에서 작가 이청준은 강연 기록의 형식을 빌려 '왜 쓰는가'의 문제를 본질적으로 묻는다. 이 텍스트는 이정훈이라는 젊은 소설가의 강연 녹음을 지욱이라는 화자 주인공이 풀어가는 과정을 보여준 것인데, 주로 인물 담화가 전경화되고 그 인물 담화와 화자 담화 사이의 대화적 관계에 의해 인물 담화가 재해석되는 양상을 띠고 있다. 그 과정에서 인물 담화 내부의 복수 인물 담화간의 대화성 또한 엿보인다. 이런 서사 전략을 통해 작가의 존재 방식과 이념이 독특하게 제시된다. 이 텍스트에서 작가는, 인간이 언어를 잘못 부리게 되자 언어가 인간을 배반하게 되고, 현실이 개인을 억압하는 상황과 대결해야 하는 상황에 처해 있다. 이 같은 현실과 서사 상황을 설정한 이청준은 '복수심' '지배욕' '자유' '해방' 등의 핵심어를 적절히 관계지어가며 그의 문학론을 개진한다.

그는 글쓰기의 원천적 동기를 일단 복수심에서 찾는다. 현실의 질서에 패배한 사람들이 현실에 대한 복수를 꿈꾸면서 글쓰기를 시작

---

[1] 이청준, 「왜 쓰는가」, 『말없음표의 속말들』(나남, 1985), p. 157.

한다는 것이다. 그 복수를 통해 현실의 갈등으로부터 해방되기 위해 작가는 완벽하게 그 나름의 새로운 세계 질서를 꾸며간다. 그리고 자신이 문학으로 이념화한 복수심이 보편적인 인간 정신으로 승화되어 자신의 삶이 넓게 해방되기를 기대한다. 그러면서 한 사람의 작가가 된다. 이제 작가가 되면 개인적인 글쓰기의 동기 이외에 독자와 사회에 대한 책임 문제가 뒤따른다. 독자와 사회에 대한 일반적인 가치 질서의 실현이라는 사회적 책임과 개인적 삶 혹은 글쓰기의 욕망은 이 지점에서 이율배반의 관계에 놓이게 된다. 이 배리를 조화롭게 풀어나가야 한다. 그것은 숙명적이다. 이 숙명의 매듭을 풀기 위해 작가는 자신의 원초적인 동기인 복수심에 대해 반성해본다. 그 반성을 통해서 복수심을 적극적인 지배욕으로 고양시킨다. 있는 현실을 넘어서서 정녕 있어야 할 현실을 꿈꾸고, 그 꿈으로 모색한 '새로운 질서로 세계를 지배하고 싶은 욕망'이 바로 지배욕이다. 그것은 복수심을 적극적으로 실현하려는 '구체적 수단으로서의 의지 형태'이다. 복수심이 일종의 '파괴적인 정신 질서'인 데 반하여, 지배욕은 "개인과 사회간의 한 창조적인 생산 질서일 수" 있다. 복수심의 경우 대상을 억압하는 측면이 있다면, 지배욕은 그 억압적이고 나아가 "파괴적인 복수심으로부터 자신의 삶을 창조적으로 해방시켜나가기 위한 자신의 깊은" 욕망이다.

2) 억압 없는 자유의 꿈, 혹은 고된 진실의 순례

이청준이 설정한 지배욕은 문학이 현실에 대해서 가할 수 있는 역할이나 작용의 요체를 상정해본 것이다. 그런데 이 경우 지배라는 말에 오해가 있어서는 곤란하다. 현실 질서를 실제로 지배한다는 것이 아니다. 그럴 경우 문학의 패배는 이미 예정된 것이나 마찬가지다. 이를 작가가 모를 리 없다. 따라서 이청준이 지배하고자 하는 것은 차라리 초월 질서에 가깝다. 현실 질서에서 작가가 설 자리는 거의 없다고 생각하는 것이다. 작가가 어렵게 찾아낸 새로운 세계의 문이 열리는 순간, 혹은 그것이 독자들의 '동의와 승인' 속에서 현실화되는 순간 다시 작가는 현실에 패배하기 때문이다. 따라서 작가는 끊임없이 초월을 모색해야 한다. 새로운 세계의 문을 찾아나서지 않으면 안 된다. 자기가 찾아낸 새로운 세계의 문 안에서 안주하려고 하거나, 그것을 자기 몫으로 소유하려고 하면 현실이 그러한 것처럼 똑같은 억압의 양상이 나타날 수 있다. 그러므로 자기 자리를 차지하고 있으면 안 된다. 새롭게 자기 자리를 찾아 떠나야 한다. 그래야 승화된 지배욕을 억압 없이 실현시킬 수 있는 것이다. 그런 점에서 작가는 "언제나 그가 도달한 세계에서 또 다른 다음 번 이념의 문을 향해 끝없이 고된 진실의 순례를 떠나야 하는 숙명적인 이상주의자"일 수밖에 없는 것이다. 새로운 질서를 얻되 그것으로 현실을 지배하지 않는다는 것, 억압하지 않으면서 지배한다는 것은, 구체적으로 이청준에게 있어서 무엇인가? 어떻게 그럴 수 있겠는가? 그는 사람다운 삶에 바탕을 둔 삶의 큰 진실을 지배 수단으로 삼을 때 그것이 가능하다고 말한다. 예의 큰 진실을 위해 작가는 '자유의 질서'를 투시할 수 있는 '시선'이 필요하다고 강조한다. "자유의 질서야말로 우리의 가장 크고 깊은 삶의 진실이 아닐 수 없"는 것이기 때문이다. 이러한 논의를 바탕으로 작가는 다음과 같은 결론을 도출한다.

> 작가는 세계를 지배하려는 개인의 욕망에서 글을 쓰기 시작했으되, 그는 그 개인의 삶의 욕망과 독자의 삶을 다 같이 배반할 수 없다〔……〕 그는 자신의 욕망과 독자와의 창조적인 화해 관계에 놓일 수 있는 지배 방식을 통해 그 독자에 대한 작가로서의 책임을 수행해나가야 하는데, 그들은 원래가 이율 배반의 관계처럼 보일 수도 있다〔……〕 그러나 작가는 독자의 삶을 현실적으로 지배하려 하지는 않는다는 점, 그리고 그가 그의 독자를 지배해나가는 이념의 수단은 우리의 삶의 진실에 가장 크게 관계된 자유의 질서라는 점에서 양자의 갈등은 해소되어질 수가 있는 것이다. 〔……〕

결국 작가는 자유의 질서에서 독자를 지배해나간다는 것입니다. 억압이나 구속이나 규제가 아닌 자유의 질서를 찾아 그것을 넓게 확대해 나감으로써 이 세계를 지배해나간다는 것입니다. 지배라는 말이 흔히 우리들에게 인상지어지기 쉽듯이, 그는 우리의 삶을 그의 지배력으로 구속하고 규제하고 억압하는 것이 아니라 오히려 그것들로부터 우리의 삶을 해방시키고 그 본래의 자유롭고 화창한 삶의 모습으로 돌아가 있게 하려는 것일진대 독자들도 그의 지배를 승인하고 스스로 그의 질서를 따르지 않을 수가 없을 것입니다. ──「지배와 해방」[2]

이청준 특유의 관념적 진술이 돋보이는 이「지배와 해방」은, 거듭 말하지만, 작가의 문학적 태도를 잘 알려주는 소설이다. 비평가 김현의 문학론이 그랬던 것처럼 억압하지 않는 것으로써 억압을 절실하게 느끼게 하고 그것에 대해 반성하게 한다는 것, 억압을 승화시킨 보편적 이념으로 지배하여 '화창한 자유의 질서'를 생산할 수 있다는 것, 현실을 지배하지 않기 위해서, 다시 말해 새로운 억압으로 추락하지 않기 위해서 다시 새로운 이념의 문을 찾아나서야 한다는 것, 그리고 이런 태도를 가지고 글을 쓰는 이유는 "보다 인간다운 삶, 보다 행복스런 우리들의 삶 또는 그 삶에 대한 깊은 사랑 때문"이라는 것 등을 일목요연하게 보여주고 있는 것이다.

3) 자기와의 싸움, 혹은 반성의 창조성
현실에서 패배하거나 배신당한 자아가 그 현실에 복수하고자 하는 마음에서 글쓰기를 시작했으되, 그 복수심이 '창조적인 생산 질서'로서 지배욕으로 승화될 때 '자유의 질서'를 향한 꿈, 해방의 지평을 향한 꿈을 꿀 수 있게 된다는 것이 소설「지배와 해방」의 요체이다. 여기서 우리는 현실 세계와 소설적 자아 사이의 관계를 상정해볼 수

---

[2] 이청준, 『잃어버린 말을 찾아서』(문학과지성사, 1981), pp. 131~32.

있다. 즉, 자아는 현실과 갈등 관계에 있는 것은 사실이지만, 그렇다고 해서 자아가 현실과의 상호 투쟁 관계를 상정하지 않는다는 점이다. 만약 투쟁 관계로 설정한다면 현실적으로 패배가 예정되어 있거나, 설령 이긴다고 하더라도, 애초 갈등과 투쟁의 원인이었던 억압의 양상을 새롭게 만들어내는 결과를 낳을 수 있기 때문이다. 그래서 작가는 자아의 진실 쪽에 더 비중을 둔다. 비교적 최근에 씌어진 산문에서 이청준은 이 점을 거듭 분명히 밝히고 있다.

  소설질은 자기 바깥의 사람들이나 잘못된 세상과의 싸움의 양식을 취할 수도 있지만, 그렇지 못할 때는 그 자신이나 자신 속의 갈등, 허위 의식 같은 것들과의 반성적 양식을 취할 수도 있을 터이기 때문이다. 그리고 전자의 경우가 더없이 투철하고 힘있는 용기를 필요로 하는 소설의 길이라면, 후자의 경우 또한 그에 못지않게 중요한 우리 삶의 한 덕목으로서의 깊은 자기 성찰력, 그리고 그 허위 의식과 같은 내면의 적을 향한 참된 고뇌와 정직한 투쟁이 요구되는 또 하나의 소설의 값진 길인 때문이다. 우리의 삶에 항상 내면과 외면의 적이 함께 있음과 같이 소설 또한 그 힘과 용기, 내면의 갈등과 고뇌의 괴로움, 자신의 삶에 대한 성찰력 같은 것들이 두루 함께하고 있을 때라야 우리의 삶이나 세상에 대한 진정한 창조성을 발휘해나갈 수가 있겠지만, 그것들을 모두 한꺼번에 껴안을 큰 팔이 못 될 바엔 어느 남은 한쪽만이라도 분수껏 정직하게 껴안아보려 함이 그런대로 해볼 만한 값이 있는 노릇일 테니 말이다.[3]

인용문은 명쾌한 논리를 보인다. 잘못된 세상과의 싸움과 자기와의 싸움, 이 둘을 동시에 추구하면서 '삶이나 세상에 대한 진정한 창조성을 발휘' 하는 것이 소설의 최선의 길이라는 것은 알지만, 자신은

---

3) 이청준, 「내 허위 의식과의 싸움」, 『작가세계』 14호(세계사, 1992년 가을) p. 176.

우선 정직하게 자기와의 싸움, 즉 반성적 양식을 통한 의미있는 창조성을 도모해보겠다는 것이다. 개인의 내면적 진실에 기초한 창조성에서 억압 없는 자유의 원형을 발견하고자 하는 태도의 일단이다. 물론 거기서 출발하되, 작가가 궁극적으로 지향하고 싶은 지평은 개인의 진실과 집단의 꿈이 화해롭게 조화를 이루는 세계이다. 이 꿈을 위해 그는 소설을 쓴다고 하는 것이다.

이와 같은 동기로부터 우리는 작가로서의 이청준에 대한 몇 가지 단상을 추스를 수 있게 된다. 첫째, 개인적인 차원에서 볼 때 도덕적이고 이념적인 정결성을 추구하는 사람이라는 것이다. 문제를 자기 내면의 깊이 있는 반성과 성찰의 창조력에 의지하고자 하는 그의 태도는 이 같은 정결성에의 의지에 뒷받침을 받지 않는 한 불가능한 성질의 것이기 때문이다. 둘째, 타자의 존재 방식과 현상들을 두루 용인하고자 하는 다원주의적이고 자유주의적인 태도를 보인다는 점이다. 그가 끊임없이 억압 없는 자유의 꿈을 지향하는 것도 바로 이 때문이다. 동일자와 타자가 서로를 승인하고 서로의 자유를 인정하면서도 일반 의사를 도출해 '화창한 자유의 질서' 내지 보다 인간답고 행복한 삶을 열어나가고자 하는 그의 문학적 지향은 이 같은 타자애(他者愛)에서 연원하는 것이리라. 셋째, 현실주의적 이상주의자의 면모를 보인다는 점이다. 일견 모순 어법 같은 이 진술을 하는 이유는 다른 데 있지 않다. 이청준은 얼핏 보기에 이상주의자의 면모에 가깝다. 그 자신도 '숙명적인 이상주의자'라고 진술한 바 있거니와, 새로운 이념의 문을 향해 끊임없이 탐색의 도정을 벌이는 작가를 상정하고 있는 까닭이다. 그러나 그가 찾아나서는 '새로운 이념의 문'이란 곧 '있는 현실의 벽'을 올곧게 성찰하지 않고는 발견되지 않는 것이다. 다시 말해 현실의 지평에서 출발한 반명제 내지 합명제라는 것이다. 그러니까 이청준을 일러 현실주의와 이상주의 사이의 언어적 조율사라고 불러도 과히 틀리지 않을 터이다. 넷째, 따라서 이청준의 사유 방식은 상당히 변증법적이다. 이 같은 태도와 이념과 삶의 지평을 꿈꾸기 위해, 그것이 설령 불가능한 것이거나 현실적으로 패배하는 것이라 할지라도, 그 불가능성과 패배까지를 꿈꾸기 위해, 자기 언어로 꿈꾸기 위해 소설을 쓰는 것이라고 정리할 수 있겠다.

III. 무엇을 쓸 것인가: 증거와 암시의 변증법

무엇을 쓸 것인가의 문제 역시 왜 쓰는가의 문제와 떨어져 있는 게 아니다. 「비화밀교」에서 이청준은 화자 담화를 통해 "소설질이란 무엇인가. 〔……〕 보이지 않는 어둠 속의 세계와 삶의 현상들에 대해 인간 정신의 밝은 빛을 쏘아 비춰 그것을 가시적 삶의 질서로 끌어들이려는 노릇이 아니던가. 그 어둠 속의 것을 알리고 증거하여 보편적 삶의 덕목으로 일반화시켜나가는 일이 아니던가"[4]라고 진술한다. 여기에 인물 담화는 이렇게 대화한다: "사실의 기술이 아닌 사실의 암시와 증거 〔……〕 세상에는 우리가 미처 감득하지 못한 어떤 커다란 힘이 존재할 수도 있다는 〔……〕 그 깊은 소망의 샘물이 지금까지도 끊임없이 조금씩 조금씩 깊은 곳으로 스며 흘러내려오고 있었듯이."[5] 이 같은 대화적 진술에서 우리는 작가 이청준이 유형 무형의 현상과 그 이면의 본질을 증거하고 소망스런 새로운 삶의 덕목을 암시하는 일을 소중하게 생각하고 있음을 알게 된다. 즉, 그의 소설적 진술 내용은 증거와 암시의 변증법과 같은 관련이 있다.

1) 실패의 자기 기호

우선 이청준은 현상을 증거하기 위해 무수한 실패의 자기 기호들을 서사화한다. 그에 대한 메타서사는 장편 『자유의 문』에서 분명하다. "증거와 도로의 되풀이 과정 속에 소설의 진실이 드러날 수 있다는 것은 그 소설의 운명"[6]이라는 말에 백노인이 그것은 '파탄이나 멸

---

4) 『한국문학전집 28 · 이청준』(동서문화사, 1987), p. 313.
5) 앞의 책, p. 316.
6) 이청준, 『자유의 문』(나남, 1989), p. 254.

망'이라고 공박하자 다시 주영섭이 반론을 제기하는 대목이다.

> 그것은 소설의 파탄이 아니라 오히려 재탄생이며, 그로써 아무것도 보여줄 수가 없는 것이 아니라 우리의 삶과 정신의 자유, 나아가 그 소설 자체의 자유를 보여주는 것입니다. 〔……〕 소설 자체가 하나의 변화의 징후, 그 징후의 기호로서 보다 더 직접적인 기능을 수행해나가는 일이거든요. 그리고 그로써 소설은 그 전향적 창조성 속에 계속 다시 태어나는 것이며, 더 나은 삶과 세계의 질서, 바로 자유의 질서를 향해 나아갈 수가 있는 것이지요.[7]

의미론적으로 볼 때 소설은 실패의 자기 기호라는 말이다. 실패를 증거하는 것은 '삶과 정신의 자유'를 향한 '전향적 창조성'을 암시하며 동시에 소설과 삶을 계속 다시 태어나게 한다는 생각이다. 이 때문에 이청준은 소설 속에서 패배하는 사람들의 이야기를 많이 쓰고 있다. 처녀작 「퇴원」에서의 주인공은 유년 시절 아버지의 전짓불에 의해 패배한 상처의 기억을 안고 살아가는 인물이다. 성년이 된 그는 위궤양을 칭병하여 친구의 병원에 입원해 있지만, 실상 위장의 통증은 별문제가 아니다. 나중에는 통각(痛覺)도 못 한다. 그는 언어도 완전히 소멸되고 행동의 욕망마저도 죽어버린 것 같은 상태에서, 즉 "완전한 자기 망각" 상태에서 "시체처럼 여기 병실에 누워 있"다고 생각한다. 「병신과 머저리」에서 동생은 "환부다운 환부"도 없이 아파하고 그림을 그리지 못한다. 또 「떠도는 말들」을 비롯한 '언어사회학서설' 연작에서 주인공은 소설을 쓰지 못하고 시달린다. 「별을 보여드립니다」에서 인물들은 끝내 소망과는 달리 별을 보지 못한다. 「이어도」에서 소망의 섬 이어도는 끝내 찾아지지 않는다. 「시간의 문」에서 사진 작가 유종렬은 계속되는 현실적 실패의 극점에서 죽음으로

---

7) 앞의 책, p. 254.

입사해 들어가면서까지 자기 예술을 완성하고자 했지만, 여전히 현실에서 실패하는 것으로 귀결되기는 마찬가지이다. 『당신들의 천국』에서 조원장은 이념의 정당성과는 달리 현실에서 실패한다. 『자유의 문』에서도 역시 실패의 기호로서의 실종이 드러난다.

이와 같은 실패의 기호들은 현실에 대한 비관적인 전망을 보여주고자 하는 것이 아니다. 즉, 현실이나 소설의 '파탄이나 멸망'을 제시한 것이 아니라는 말이다. 그보다는 실패를 통해서 사람들이 실패를 반복하지 않게 한다거나 최소한 반성의 기회를 제공한다는 데 작가의 실패의 서사 전략의 무게중심이 놓인다. 이런 실패의 자기 기호는 앞서 본 「지배와 해방」의 논리와 상통한다. 작가가 새롭게 찾은 이념이 현실화되는 순간, 작가는 그 새로운 현실에 의해 다시 패배할 수밖에 없는 운명에 있으며, 그러므로 작가는 그것을 다시 반성하고 넘어서려는 꿈을 꾸게 되고 끊임없이 새로운 이념의 문을 향해 고된 진실의 순례를 떠난다는 말이다. 이런 맥락에서 본다면 이청준적인 의미에서 소설가 혹은 예술가는 현실에서 영원한 패배자이며 따라서 영원히 도전적인 삶을 살아가는 숙명적인 존재들이라 할 수 있다. 또한 소설을 포함한 문학에서 비극의 정당한 가치와 의미론을 이청준 스스로 내면화하면서 그것을 넘어서려는 전향적 창조성을 추구하고 있다는 사실 또한 짐작 가능하다.

2) 억압하는 현실과 상처받는 개인

실패의 자기 기호를 서사적으로 담론화하는 과정에서 이청준이 설정한 기본틀은 '억압하는 현실'과 '상처받는 개인'의 이항 대립이다. 현실과 사회는 개인적 삶의 실현 마당 혹은 개성과 욕망의 신장 마당이지만, 동시에 그것은 개인의 실현이나 욕망의 충족을 저해하고 차연시키며 혹은 억압하는 것이기도 하다. 개인이 자기 실현의 마당에서 오히려 억압받고 있다고 생각할 때, 그는 온갖 상처의 흔적들을 지니고 살 수밖에 없다. 바로 이렇게 상처로 얼룩진 인물들의 초상이

이청준의 소설에 많이 나타난다.[8)]

「퇴원」에서 주인공이 유년 시절 받아내야 했던 아버지의 전짓불이나,「소문의 벽」에서 박준이 6·25 때 당해야 했던 전짓불의 위협 같은 게 억압하는 현실의 단적인 상징이 된다.

    요즘 나는 나의 소설 작업중에도 가끔 비슷한 느낌을 경험하곤 한다. 내가 소설을 쓰고 있는 것이 마치 그 얼굴이 보이지 않는 전짓불 앞에서 일방적으로 나의 진술만을 하고 있는 것 같다는 말이다. 문학 행위란 어떻게 보면 가장 성실한 작가의 자기 진술이라고 할 수 있다. 한데 나는 지금 어떤 전짓불 아래서 나의 진술을 행하고 있는지 때때로 엄청난 공포감을 느낄 때가 많다.[9)]

이 전짓불은 "이쪽에서 정직해지려고 하면 할수록, 그리고 진술이 무거우면 무거울수록 더욱더 두렵고 공포스럽게 빛을 쏘아대"[10)]는 존재이다. 그것을 달리 말한다면 억압의 현실 원칙이며, 이는 작가의 진정한 진술 욕망과 쾌락 원칙을 방해하는 쪽으로 기능한다. 즉 개인의 자유로운 사고와 표현을 억압하고, 진리에 다가서고자 하는 언어의 진술을 저해하는 부정적 권력으로 작용한다. 그런데 이 공포의 상징이며, 억압의 실체인 전짓불이 상처의 역설적인 창조력을 낳을 수 있다고 이청준은 생각한다. 「전짓불 앞의 방백 — 가위 밑그림의 음화와 양화·2」에서 "전짓불의 감시에 강압당하고 있는 데선 쫓기는 자의 역설적 권리마저 생길 수 있고, 거기 의지하는 이점도 그리 적

---

  8) 이와 관련하여 『현대한국소설사: 1945~1990』의 저자는 다음과 같이 지적한 바 있다. "이청준의 문학 세계는 정신적인 질환과 증후군의 미학적 성격을 뚜렷하게 지니고 있다. 〔……〕 그의 인물들은 전쟁의 공포, 정치적 금제, 현실로 존재하는 경제적·사회적 갈등으로 이어지는 우리 사회와 역사의 환기를 위한 희생양들이다"(이재선, 『현대한국소설사: 1945~1990』(민음사, 1991), pp. 241~42).
  9) 이청준,「소문의 벽」,『매잡이』(민음사, 1980), p. 78.
  10) 앞의 책, p. 101.

지 않"[11]"다고 적은 것은 바로 이 때문이다. 감시와 공포와 억압은 그 것을 당하는 개인으로 하여금 부정적 세계의 실체를 분명하게 인식하게 할 뿐만 아니라 스스로 그 같은 억압의 주체가 되려고 하는 자기 경향성에 대해서도 반성하게 한다는 점을 포착한 것이다.

현실의 억압상을 다룬 이청준의 소설은 얼마든지 많다. 「잔인한 도시」나 「빈방 — 혹은 딸꾹질 주의보」 『당신들의 천국』 등등의 작품에서 작가는 현실 원칙에 입각해 힘을 행사하거나 소유하려고 할 때 생길 수 있는 억압의 양상을 예각적으로 주시한다. 하지만 대개의 작품에서 현실의 억압상은 직접적으로 증거되지 않고 인물들의 광기나 상처 안에 간접화되어 있다. 그러므로 독자들은 그 상처를 읽어내면서 현실의 억압상을 암시받고 해석하며 억압을 반성하고 비억압의 자유의 지평을 꿈꾸게 된다.

3) 내면 탐색, 존재의 근원 추구

그런 까닭에 이청준은 개인의 내면 탐색에 서사적 초점을 모은다. 「퇴원」 「병신과 머저리」 등 초기 단편부터 집요하게 자기 내면의 탐색에 열중했던 터이다. 그런데 이청준이 조망하는 내면은 결코 간단한 게 아니다. 매우 복잡한 복수 욕망의 주체들과 담화의 주체들이 서로 갈등하며 상충하기도 하고 대화하기도 하는 콤플렉스이다. 그리고 그 복수의 주체들 내지 동일자 안의 타자들은 각기 다른 세계와 현실 및 이데올로기에 의해 매개되고 간접화된 것이어서 사정은 더더욱 복잡해진다. 이 카오스의 세계는 쉽사리 질서화될 수 없다. 그리고 가시적으로 쉽게 감득할 수 있는 것도 아니다. 하지만 카오스와 콤플렉스의 소용돌이 속에서도, 이청준은 '삶에 대한 사랑과 믿음' 혹은 '자유의 질서'라는 지향 의식만은 긴장감 있게 유지하고자 한다.

---

11) 이청준, 『키 작은 자유인』(문학과지성사, 1990), p. 50.

어르신께서 말씀하신 그 눈에 보이지 않는 힘의 질서라는 것과 상관해 말한다면, 소설 일은 오히려 그 눈에 보이지 않는 불감득의 세계를 눈에 보이는 현상의 세계 위로 드러내 증거하고 그 질서 안으로 편입해 들이려는 쪽일 겁니다. 그러니 그건 어찌 보면 지금까지 어르신께서 행해오신 것과는 방법이 반대쪽이라고 할 수 있겠지요. 어른께서는 계율을 위해서 우리 삶에 대한 사랑과 믿음마저 버릴 수가 있으시지만, 소설 일은 오히려 그 믿음과 사랑을 위해서 자기 계율까지를 버려야 하니까요. 〔……〕
　그것은 소설이 거짓과 참진실을 증거하기 위해선 사람들의 삶이나 세상일 뿐 아니라 소설 자체의 계율에 대한 고백이나 검증도 함께 이루어져나가야 한다는 뜻입니다. 우리 삶을 속이고 굴레를 짓는 것은 세상일 뿐 아니라 소설 자체의 계율도 마찬가질 수 있으니까요. 우리 삶을 증거하려는 소설이 오히려 그것을 거짓되게 말하는 굴레가 될 때는 그 묵은 틀을 서슴없이 벗어던질 수가 있어야 한다는 말씀입니다.[12]

『자유의 문』에서 보이는 위와 같은 발화는 삶의 자기 해방을 바라는 작가 의식을 대변해준다. 그는 진실한 삶이란 본원적인 삶의 질서에 견주어 거짓이 없는 생이라고 생각한다. 보편적 일반 의사에도 어긋나지 않는 자유 의사이면서, 그 영혼의 자유 의사대로 자신의 삶이 영위되는 것이 소망스런 삶의 형태라고 상정하는 것이다. 이청준이 남달리 소설가를 포함한 예술가들의 세계를 많이 다룬 것도 이런 연유에서 멀지 않다. 「줄」의 줄광대, 「매잡이」의 매잡이 곽돌, 「병신과 머저리」의 화가, 「자서전들 쓰십시다」 「지배와 해방」 등 '언어사회학서설' 연작과 「소문의 벽」 「매잡이」 「비화밀교」 「조율사」 『자유의

---

12) 이청준, 『자유의 문』, pp. 251~52.

문』의 소설가,「서편제」「소리의 빛」「선학동 나그네」등 '남도 사람' 연작에서의 소리꾼,「불 머금은 항아리」의 도예가,「지관의 소」의 화가 등의 예술가들은 모두 자신의 현실과 이상, 내면과 외면, 현상과 본질의 괴리를 극복하고 자기 내면의 탐색과 예술혼의 고양을 통해 본원적인 생철학과 우주의 비밀에 접근하려고 애쓰는 인물들이다.[13] 출구 없는 듯 보이는 세상에서 살아내는 방법적 탐색을 통해서 삶의 문제의 근원을 헤아려보기도 했던「조율사」같은 경우도 있거니와, 작가의 내면 탐색을 통한 존재의 근원 추구는 인간의 구원의 문제로 이어지기도 한다.『당신들의 천국』같은 경우가 그 대표적인 예가 된다 하겠으며,「석화촌」등에서는 전통적 샤머니즘의 세계를 통해 고뇌하기도 한다.『자유의 문』에 이르면 이 문제가 핵심적인 주제로 부각된다. 종교인과 문학인의 삶의 이성적인 것을 소설적으로 '절대선'과 '실천선'으로 설정하고 양자의 갈등 및 대화 관계를 추적하고 있는 이 작품에서, "신앙이고 소설이고 궁극적으로는 양자가 다 현세와 내세를 망라한 인간 자체의 구원을 목적으로 하고 있는 인간 정신의 발양 수단"인 바에야, "그 둘은 한자리에서 출발한 한 목적의 두 갈래 길일 뿐일진대, 그 애초의 출발지인 우리의 삶의 마당으로 되돌아오고 보면, 소설과 신앙은 언제나 그 자리를 같이할 수가 있는 것"[14]이라고 한 진술은 이 점에서 퍽 의미심장하게 와 닿는다.

---

13) 이와 관련하여 작가는 다음과 같이 말한 바 있다: "그들은〔장인이나 예술가: 인용자〕대개 자기의 일에 인생을 걸고들 있는 게 보통이지요. 그리고 일생을 걸 만큼 기나긴 숙련의 세월 속에서 장인 의식은 생겨나는 거구요. 아마도 장인 의식이란 그 한 가지 일에서나마 자신의 생을 지탱해갈 만큼한 움직이지 않는 보람과 삶의 의미를 발견하는 데서 비롯되는 게 아닌가 싶어요. 어떤 일을 하든, 〔……〕 자기 일의 완벽한 경지 속에 들어서면 그들은 거기에서 자기 삶의 어떤 비밀과 아름다운 조화를 보는 것 같아요.〔……〕 우리들의 삶이라는 것은 그처럼 무서울 정도로 엄격한 오랜 숙련과 경험을 통해서만 비로소 어떤 실체에 가까워질 수 있는 거라고"(「남도창이 흐르는 아파트 공간 — 시인 김승희와의 대담」,『말없음표의 속말들』. p. 221).
14) 이청준,『자유의 문』, p. 255.

결국 이청준은 현실은 억압하는 부정적 권력의 실체이고, 그것 때문에 개인은 현실에서 실패하여 상처받을 수밖에 없으며, 이럴 때 상처를 준 억압하는 현실에 직접적으로 대항하고 투쟁하기보다는 개인의 내면을 정치하게 탐색함으로써 상처 안에 간접화된 억압의 실체를 인식하고 반성하게 하며, 나아가 존재의 근원과 인간 구원의 문제까지 암시적으로 탐색해 들어갈 수 있다는 자유주의적이고 소망적인 사유 작용을, 자기 소설의 기본적인 내용 종목으로 삼고 있다고 말할 수 있겠다.

IV. 어떻게 쓸 것인가: 탐색의 구조와 대화적 상상력

이청준의 소설론에서 중층적 탐색의 정신은 아주 중요한 것으로 보인다. 구원한 생철학마저 담고 있는 그것은 그의 소설 형식에서도 여실하게 나타난다. 탐색담의 구조와 액자소설 형식 및 복합적인 메타서술 양상 등을 통해, 그는 깊이 있는 이념을 대화적으로 탐색하며 현실과 관념을 깊고 넓게 그리고 유기적으로 조망한다.

1) 탐색의 구조와 열린 결말

「매잡이」「소문의 벽」「이어도」「시간의 문」『자유의 문』『인간인』 등등의 많은 소설들에서 이청준은 탐색의 구조와 추리소설 기법을 채용하고 있다. 즉 무언가를 찾아가는 이야기를 펼치고 있는 것이다. 물론 그것은 입었던 옷에서 떨어진 단추를 찾는 식의 탐색일 리가 없다. 그 탐색 대상은 때때로 아주 모호하고 추상적이며, 이전에 경험해보지 못한 미지의 어떤 것이다. 그리고 그것은 「이어도」에서 그런 것처럼 때때로 불가능한 것이기도 하다. 미지의 대상, 미경험의 과정, 불확실한 상황 속에서 서사적 주인공은 스스로 탐색적 욕망의 주체가 되어 서사적 도정을 걷는다. 탐색을 진행하는 문제적 인물과 그의 탐색을 재탐색하는 화자 사이의 대화적 관계는 또한 독자의 호기심이나 탐색의 욕망과 긴밀하게 조응되는 것이기도 하다. 이와 같은 탐색의 구조를 통해 작가는 정신의 논리적 성장을 도모하고 있는 것으로 보인다. 찾음의 방법은 다름아닌 찾음의 논리이며, 그것은 현대적이고 현상적 삶과 고전적이고 근원적 삶을 아우르는 사유의 폭과 깊이를 동반할 때에야 생겨나는 것이기 때문이다. 그러므로 그의 찾음의 이야기에 동참하는 것은 아주 고급한 지적 게임을 즐기는 것과 한가지이다. 독서 과정에서 독자는 스스로 자기 부과적인 탐색의 주체가 되어 작가의 탐색 경로와 견주어보게 되면서 은연중 자기 정신의 논리를 새롭게 형성시켜나아갈 수 있기 때문이다.

이청준의 찾음의 이야기에서 중요한 것은, 거듭 말하지만, 찾음의 과정적 진실성과 논리적 타당성이다. 탐색 대상이 무엇인지, 혹은 그 대상을 찾았는지 못 찾았는지 하는 탐색의 결과는 그 다음의 부수적인 문제이다. 그런 까닭에 이청준의 소설에서 결말은 자주 열려 있게 마련이다. 그는 자신이 탐색하여 나름대로 도달한 결과에 독자들이 턱없이 승복할 것을 심각하게 우려한다. 그럴 때 의도되지 않은 정신의 억압 양상이 나타날 수도 있기 때문이다. 즉 '확정적 진실'로 무엇을 주장할 때 "보다 현명하고 성실한 독자의 상상과 탐구의 노력을 방해할 수도 있기 때문"[15]이다. 따라서 결말의 확정성보다는 불확정성의 문으로 열어두는 것이다. 대신 탐색의 전과정에서 진지한 성찰 태도를 가지고 독자들과 지혜를 나누고 싶어한다. 다음은 과정의 진정성에 대한 작가의 텍스트 외적 발언의 일부이다.

추리소설 수법이나 액자소설의 복합 시선은 제겐 퍽 중요한 것으로 보입니다. 삶의 양상이나 세계에 대한 이해를 총체적 시선 속에서 한꺼번에 담을 수 있는 장치이니까요. 여러 시선을 주고 그 시선마다에 정당성을 부여할 수 있다는 소리지요. 나는 소설의 의미를 결코 끝에만 부여하지 않습니다. 소설의 전 전개 과정에 의미를 부여하자

---

15) 「남도창이 흐르는 아파트 공간 — 시인 김승희와의 대담」, p. 223.

는 사람입니다. 사실 소설의 과정 자체가 그 나름의 정당성과 의미를 지니는 것 아닙니까. 끝에 가서 반전시키는 것은 필요가 없을 수도 있지만 조금은 고의적입니다. 노파심인지 모르지만, 내가 마지막으로 도달한 결론이 독자에게 제시한 것이 아니라는 사실을 고백하고 있는 셈이지요.[16)]

2) 액자소설과 형식과 대화적 상상력

「매잡이」와 「가수」는 중층 구조로 된 액자소설이다. 그 밖의 많은 소설에서도 그 유형은 현저하다. 「매잡이」에서는 화자가 직접 세 편의 '매잡이' 텍스트가 교호되어 있음을 고백한다. 기존에 발표한 서사적 자아 '나'의 '매잡이'와 '민형'의 '매잡이,' 그리고 그 둘을 차용하여 새로 쓰고 있는 현재 진행형의 '매잡이' 텍스트가 그 셋이다. 이렇게 한 텍스트 내에서 세 텍스트로 다중적으로 분열되고 있는 양상은 곧 담화 주체의 다중적 욕망과도 긴밀하게 호응된다. 이 텍스트의 주체들은 서로 보고 보이는 관계를 바꾸어가면서 대화를 시도하며, 담론 또한 그 대화성에 초점을 맞추고 있는 실정이다. 또 이야기의 층위로 보더라도 '나'와 '민형'을 중심으로 한 외부 이야기와 '매잡이 곽돌'을 중심으로 한 내부 이야기가 시종 대화적 관계를 형성하고 있는 것으로 보인다.[17)] 작가 자신은 액자소설 형식에 대해 다음과 같이 설명한 적이 있다.

안쪽에 담겨진 이야기는 대개 평면적 스토리의 전개로 인간의 경험과 삶의 태도에 관한 유형을 보여준다. 그리고 그 이야기를 바라보고 그것과의 교유와 관찰 속에서 우리의 삶에 대한 종합적인 반성과

---

16) 「영혼의 비상학을 위한 자유주의자의 소설 탐색 ─ 권성우·우찬제와의 대담」, 『문학정신』(1990년 3월), p. 37.
17) 김병로, 「한국 현대 소설의 다성담화기법 연구」(한남대 대학원 박사학위 논문, 1994).

평가의 역할을 수행해나가는 시선을 또 하나 바깥에 마련한다. 바깥에 마련된 관찰자의 시선은 그러니까 그 안쪽에 진술된 일회적이고 평면적인 경험의 유형을 최종적 진실로 확정지으려는 목적에서가 아니라 그것을 의심하고 시험하며 반성하는 역할의 수행자로서 마련되어지고 있는 것이다. 따라서 그의 시선은 언제나 일회적 경험에 대해서는 불신과 의심을 일삼는 부정적 태도가 불가피해질 수밖에 없으며, 그것은 곧 그 작가의 일회적 경험을 작가 자신과 독자들 공유의 총체적 세계 안으로 귀속시키려는 노력으로서 그 자신의 최종적인 판단을 겸손하게 유보해버리는 자세를 취해 보인다. 이를테면 달리는 말 위에서 움직이는 표적을 쏴 맞추려는 격이다.[18]

내부 이야기가 일차적인 경험의 전개라면 외부 이야기는 그것을 반성하고 해석하는 종합적인 시선이라는 것, 그리고 이 두 겹의 시선과 이야기의 상호 대화 과정을 통해서 새로운 발견을 예비할 수 있다는 것이 인용문의 요지이다. 동종 서술 층위에서의 인물과 인물, 인물과 화자 사이의 대화성은 물론 이종 서술 층위 사이의 인물과 인물, 인물과 화자, 화자와 화자의 대화성, 특히 인물 담화와 화자 담화의 대화성 등은 이청준의 여러 소설들에서 확인할 수 있는 담화 양상이며, 그것이 서술의 중층성과 서술 내용의 복합성에 기여하는 것이 사실이다. 굳이 액자소설의 경우가 아니더라도 많은 소설에서 이청준이 대화(인물과 인물 및 인물과 화자)를 통해 의미 형성을 핍진하게 만들어가고 있다는 것을 우리는 어렵지 않게 확인할 수 있다. 결국 이청준의 액자소설론은 작가의 진정한 창작 태도의 문제와 직결되는 것이기도 하다. 수직 수평으로 중첩되는 여러 이야기의 궤적과 다발들을 견주어 대화시키고 그것을 통해 반성적인 사유 작용을 도모하며 총체적 세계로 진입하려는 그의 상상 체계와, 확정된 진실을 거부

---

18) 이청준, 「책 속에 길이 없다」 『작가의 작은 손』(열화당, 1978), p. 187.

하는 열린 정신의 역동성, 그리고 끊임없이 '새로운 이념의 문'을 찾아나서려는 태도를 그의 액자소설론은 함축하고 있다.

3) 시선의 깊이와 다원적 시점

이청준 소설에서 형식적인 특성으로 돋보이는 탐색의 구조와 액자소설 형식 등은 모두 시선의 깊이와 다원적 시점에 의거하는 것이다. 그가 끊임없이 강조하는 것도 이 대목이다. 「비화밀교」에서 소망의 샘물을 응시할 수 있는 시선의 깊이 혹은 현상 질서 이면의 비가시적인 힘을 성찰할 수 있는 힘을 강조한 바 있거니와, 그 밖의 여러 글에서 그가 소망하는 자유의 질서를 발견하기 위한 우선적인 필수 조건으로 내세운 것도 바로 이 시선의 깊이이다. 작가가 소망하는 시선의 깊이는 진정한 반성적 사유와 진실을 향한 정념, 내지 존재의 근원을 향한 탐색 욕망, 그리고 타자와의 대화적 상상력 등에 의해 확보될 수 있는 것이다. 그런데 이 시선의 깊이는 실제 서술 단계에서는 다원적 시점으로 제시된다. 한 현상에 대한 여러 시점을 각기 다른 각도·위치·처지·시간·욕망·이념에서 조망하여 서로가 서로의 반성적 거울로서의 타자가 되게 하고 그 타자들의 복합 사유를 종합하려는 의도를 보이고 있는 것이다. 그의 소설이 경우에 따라서 상당히 많은 곁가지들로 흩어져 있는 것처럼 보이거나 유기적인 긴밀감이 덜한 것처럼 보이기도 하는 것은 이런 사정과 관련이 있을 것이다.

V. 소설, 언어의 질서를 통한 삶의 사랑

앞에서 소설 쓰기와 관련한 '왜' '무엇을' '어떻게'의 문제를 살펴보았다. 여기서는 이청준의 언어관, 독자관 및 시대 정신론 등을 다각적으로 검토하여, 그의 소설론의 핵심에 이르는 사유의 궤적들을 주로 그의 산문들을 통해 살펴보기로 하겠다.

1) 소설 언어: 존재적 언어와 관계적 언어 사이에서

이청준은 "문학은 결국 말과 말의 질서를 통한 삶의 사랑"[19]이라고 생각하는 작가이다. 문학뿐만 아니라 일상 공간에서도 언어의 역할은 매우 소중한 것으로 보인다. 언어는 이미 그 사용 주체의 사상을 전달하는 도구 이상의 어떤 것으로 인식되기에 이르렀다. 라캉에 따르면, 주체의 의도나 진리에 따라 의미 작용이 결정되는 것이 아니고 오히려 의미 작용에 따라 언어 체계 내에서 주체의 위치가 지정되기도 한다는 것이다.[20] 문학에서 언어가 차지하는 지위나 중요성은 재론할 여지도 없으려니와, 그러므로 작가의 언어관을 특별히 주목하는 것은 의미있는 일이 된다. 특히 '언어사회학 서설' 등을 통해 일찍부터 언어의 문제에 각별한 관심을 보여온 이청준이 아니던가. 그의 언어관은 산문「존재적 언어와 관계적 언어 사이에서」에 잘 나타나 있다.

우리의 삶에 대한 문학적 인식의 실체는 그 삶을 이해하고 설명하는 언어의 질서이며, 그 기능이다. 따라서 우리의 삶의 안팎의 갈등은 바로 이 언어 질서의 안팎의 문제로 이해할 수 있을 것이다. 자기 고유의 삶 또는 그 방식에 대한 인식 기능으로서의 존재적 언어 질서, 혹은 우리의 삶과 정신을 균형 있게 조절하고 확대해나가는 사유 주체로서의 자율적 언어 질서와, 인간 상호간의 삶을 연결하고 약속과 정보의 수단으로서 사회적 기반을 형성하는 관계 기능의 공리적 언어 질서가 그 양면으로 이해될 수 있을 것이다. 존재의 삶과 관계의 삶을 예로 들어 말하면 그것들은 곧 존재적 언어와 관계적 언어 질서의 조건들 위에 놓이는 삶의 양식으로 말해질 수 있으며 [……][21]

---

19)「집단의 꿈과 개인의 진실」,『말없음표의 속말들』, p. 147.
20) Jacques Lacan, 권택영 편역,『욕망 이론』(문예출판사, 1994), p. 65.
21) 이청준,「존재적 언어와 관계적 언어 사이에서」,『말없음표의 속말들』, p. 139.

여기서 우선 이청준은 "우리 삶과 문학은 언어의 질서를 통해 인식할 수 있다"는 전제에서 출발한다. 그만큼 언어의 의미와 기능을 소중하게 생각하는 것이다. 그는 존재적 언어 질서와 관계적 언어 질서로 나누어 생각한다. 인용문에서 제시된 대로 전자는 사유 주체로서 개인의 고유하고 자율적인 인식 기능과 관련된다. 이에 반해 후자는 커뮤니케이션의 수단으로서 사회적 기반을 형성하는 것인데, 순수 개인의 입장에서 보면 타율적 언어 질서가 된다. 이 둘은 대립적으로 보이기도 하는 것이지만, 이 중 하나만으로는 삶을 형성할 수 없다. 존재적 언어 질서는 개인의 자유의 질서에 입각해 개인의 영혼을 신장시키고 자아를 실현하는 데 기여한다. 개인이 자유롭게 자기 구원과 자기 낙원에로 이를 수 있는 길은 이 존재적 언어 질서 위에서 열린다. 그러나 이것은 불가피하게 관계적 언어 질서에 간섭을 받지 않을 수 없다. 하고 보니 이제 관계적 언어 질서의 현상이 중요한 현안이 될 수 있다. 일련의 '언어사회학 서설' 연작을 통해서 이청준이 성찰하고자 한 것도 바로 이것이다. 그러나 그 결과는 매우 비관적이었다고 작가는 이 산문에서 고백한다. 관계적 언어 질서가 지나치게 타율적 공리성에 빠짐으로써 타락 일변도의 길을 걸은 까닭이다. 지난 유신 시절의 언어 상황을 생각해보면 작가의 이 같은 성찰에 십분 공감을 보낼 수 있게 된다. 그러니까 '언어사회학 서설'은 타락한 관계적 언어 질서에 반성을 촉구한 시도라고도 할 수 있겠다. 작가라면 어차피 숙명적으로 이 두 언어 질서 사이에 절묘한 조율을 시도해야 된다고 이청준은 생각한다. 그것을 통해 말의 실체와 삶의 실체를 통일시켜나가는 가운데 새로운 삶의 창조의 질서, 해방적 자유의 질서를 체감해나갈 수 있겠기 때문이다. 이를 위해 그는 부단히 새로운 소설 언어를 상상하고 창조하는 것이다. 소설 「다시 태어나는 말」이 감동적인 것도 이런 사정과 긴밀하게 관련된다. 요컨대 이청준에게 있어서 '삶'과 '언어'와 '소설(문학)'은 결코 분리될 수 없다. 그 종합에의 의지가 이청준 문학에서 진정성의 탑을 구축한다.

삶의 실체를 바탕으로 하여 그 실체와의 약속을 배반하지 않고 말이 곧 그 삶의 실체의 모습으로서 말과 삶이 하나가 되어질 때 그 말은 우리의 삶의 창조의 질서가 될 것이고, 우리의 삶과 말 자체를 더욱 높고 넓은 질서로 해방시켜나가는 자유의 질서가 될 수 있을 것이다.[22]

2) 소설적 감동: 작가와 독자 사이에서

언어의 문제에 관심이 많고, 특히 관계적 언어의 훼손 양상을 걱정하는 이청준이기에, 그는 독자와의 창조적 소통의 문제에도 현저한 관심을 보인다. 그는 피동적인 독자를 상정하지 않는다. 능동적이고 자율적이며 작가와 함께 상상적으로 꿈꿀 독자를 원한다. 그리고 그런 독자를 위한 서사적 담론을 형성한다. 앞의 4장에서 말한 바 거의 모든 형식적 서사 전략은 바로 이런 독자의 문제와 직결되는 것이라고 봐도 무리가 아니다. 탐색 과정이나 열린 결말의 빈 공간, 액자소설에서 복수 서술 주체들 사이의 틈, 다원적 시점 사이의 차이 등등 이런 것들을 독자가 창조적으로 참여하여 메우고 해석해주길 바라고 있다. 이미 밝힌 대로 그는 확정된 결과나 진실을 독자들에게 보여주지 않는다. 그것이 독자의 창조적인 감수성이나 사유 과정을 억압할 수도 있다고 작가가 생각하고 있는 까닭이다. 그러므로 소설적 감동도 작가와 독자 사이의 창조적이고 역동적인 대화 과정에서 생겨나고 증폭되는 정서적 양상이라고 그는 생각한다. 언어의 내포와 외연을 통해서 작가와 독자가 공유의 상상 공간에서 공동의 소망스런 꿈으로 만날 때 진정한 감동을 체험하게 된다는 것이다.

소설에선 무엇보다도 작자의 메시지가 감동이라는 형식으로 독자에게 전달되어야 하는 것이라 믿어지는데, 그 소설의 감동이란 작가와

---

22) 앞의 책, p. 141.

독자가 함께 만나는 데서 빚어질 수 있는 것이고 그 작가와 독자가 함께 만나는 공간이란 그 말이라는 기호를 매체로 하며 작가와 독자가 함께 자신의 상상력을 작동시키기 시작하는 바로 그 공유된 상상의 공간에서가 아니겠는가 말이다. 〔……〕 나는 소설을 쓰는 일이란 꿈을 꾸는 일이고, 독자가 소설을 읽는 일 역시 그 소설의 작자와 함께 꿈을 꾸는 일에 다름아니며, 그렇게 함께 꿈을 꿀 때만 논리를 뛰어넘는 소설의 감동을 경험하게 된다고 〔……〕[23]

3) 시대 정신: 개인의 진실과 집단의 꿈 사이에서

시대 정신의 문제에 대해서도 이청준은 일관된 태도를 유지한다. 그것은 한마디로 집단의 꿈과 개인적 진실 사이에서 변증법적인 조화를 이루는 가운데 형성될 수 있는 것이다. "집단의 꿈은 깊은 개인의 진실에서 꿈꾸어진 소망을 통하여 도달되며 그 꿈의 조화와 총화로써 비로소 화창한 모습이 나타날 수 있"[24]다는 진술이 그것을 분명히해준다. 그런데 주목되는 점은 여기서도 여전히 과정적 내지 형성적 진실을 중시한다는 것이다. "개인의 진실에서 꿈꾸어진 소망을 통하여"라는 부분이 그러하다. 이 대목에서 그는 다시 한번 전체주의적인 경험과 엄정한 선을 긋고 개인주의/다원주의/자유주의에 입각한 자기 태도를 분명하게 밝히고 있는 것이다. 그런 점에서 다음 인용문에서 보이는 '신발 가게'의 비유가 퍽 흥미롭게 다가온다. 이와 같은 생각은 지난 6, 7, 80년대 우리 문학계의 양대 산맥 중 한 맥을 대변하는 것이기도 하다. 그리고 그가 소설을 통해서 다가서고자 했던 세계도 이와 같은 "인간의 삶과 정신의 다양성"에 입각한 열린 '희망과 믿음'의 지평에 다름아니었던 것이다.

문학은 곧 시대와 개인의 삶을 감당할 알맞은 정신의 틀을 짓는 일

---

23) 앞의 책, pp. 158~59.
24) 앞의 책, p. 148.

이며, 그 정신의 틀, 정신의 신발은 다름아닌 우리들의 삶과 존재의 양식이요, 양식에의 꿈일 수 있기 때문이다. 〔……〕 문학에 있어서 시대의 정신이란 것은 우리들의 가게를 온통 같은 모양, 같은 크기의 정신의 신발로 가득 채워버리는 데서가 아니라, 우리 인간의 삶과 정신의 다양성에 대한 믿음을 전제로 하나의 틀로부터의 해방의 소망, 다른 자리는 다른 사람들의 조화롭고 풍성하게 꾸며주리라는 희망과 믿음 가운데서 오히려 크게 찾아질 수 있을 것임으로 해서다.[25]

VI. 맺음말: 소설의 꿈과 작가의 진실

지금까지 이청준의 소설이나 산문에서 보이는 작가 자신의 소설론을 거칠게나마 개관해보았다. '왜' '무엇을' '어떻게'의 문제를 중심으로 의도와 대상(혹은 내용), 그리고 방법(혹은 형식)에 관한 메타언어적 접근을 시도한 것인데, 소박한 리뷰에 그치고 만 느낌도 없지 않다. 특히 형식적인 측면은 구체적인 검증을 요하는 문제였는데, 지면 관계상 그렇지 못했던 점이 아쉽다. 전체적으로 볼 때, 내가 시도한 나름의 발견적/해석학적 독서를 넘어서 새로운 해석학적 독서와 실제 작품과의 거리를 검증하는 작업이 요청된다 하겠다. 어쨌거나 나의 독서 결과를 바탕으로 이청준이 생각하는 소설론의 핵심이 무엇인지를 밝히는 것으로써 이 글을 마감할까 한다.

이청준에게 있어서 소설은 일종의 '말의 꿈'이다. 그 꿈은 개인의 자유와 진실, 용서와 사랑에 대한 소망으로 아로새겨져 있다. 그것은 또한 생명의 총체적인 조화 양상이기도 하다. 그런 면에서 '남도 사람' 연작의 하나인 '새와 나무'에 제시되어 있는 '새와 나무'의 비유는 매우 의미심장하다. 이는 작가 자신이 산문을 통하여 분명한 해석을 해놓은 것이기도 하다. 나무는 "혼자서 수분을 빨아들이고 햇빛을

---

25) 이청준, 「문학의 신발 가게 — 이상문학상 수상 소감」, 『말없음표의 속말들』, pp. 149~50.

취하여 줄기를 키우고 잎을 펼치며 열매를 맺는" 자족적인 실체이다. 나뭇잎들이 무성해지면 새들이 찾아들고 아름다운 노래가 깃들여진다. "높고 울창한 나뭇가지 속에 갖가지 새들이 날아들어 그 낭자한 노랫소리로 하여 나무와 새가 하나의 삶으로 어우러져 합창을 하는 그런 사랑의 나무," 바로 그것이 이청준이 소설로 꿈꿀 수 있는 "가장 아름답고 힘찬 생명과 삶의 나무, 혹은 자유와 사랑의 빛의 나무"[26]라고 한다. 이 같은 새와 나무에 관한 꿈은 물론 행복한 것이다.

  이 같은 꿈을 위해 그는 자유와 억압, 용서와 복수, 이상과 현실, 존재적 언어와 관계적 언어, 개인의 진실과 집단의 꿈, 작가와 독자 사이에서 고뇌하고 그것을 종합하고자 애쓰지 않으면 안 되었던 것으로 보인다. 또 여러 가지 열린 형식으로 정신의 실험을 끊임없이 해왔던 것이다. 아울러 자신이 발견한 사유의 매듭이나 실험된 형식을 자신만의 것으로 소유하려 하지 않고, 거기서 벗어나 다시 새로운 세계의 문을 찾아나서고자 한 그의 문학적 역정이나 태도는, 우리로 하여금 작가의 진실이 무엇인가에 대해 새삼 숙고하게 만든다. 이런 저런 생각들을 추스르면서 이청준의 소설론을 요약 제시하자면 다음과 같다. 현실 원칙에서 보면 불가능성에의 꿈에 가깝고, 쾌락 원칙에서 보면 가능성 있는 소망의 꿈에 가까운 것이다. 그리고 다시 말하지만, 그것은 60년대 이래 우리 문학사에서 중요한 궤적을 형성한 심층적 문학 원리의 일환이기도 하다. 물론 가장 이청준적인 소설론이라는 점이 전제되어야 하겠지만 말이다.

  "소설은 언어의 질서를 통해 반성적으로 삶을 인식·해석하고, 창조적으로 사랑하며, 자유롭고 조화로운 새 세계를 꿈꾸는 담화 행위이다." 〔『소설과 사상』, 1995년 봄〕

---

26) 앞의 책, pp. 142~43.

자유와 사랑의 실천적 화해

김 현

　이 글은 이청준의 『당신들의 천국』을 가능한 한 자세하게 분석하는 것을 목표로 하고 있다. 그것은 그 소설이 나에게는 근년에 발간된 가장 좋은 소설 중의 하나로 생각되었기 때문이다. 이청준의 소설에 대해서 하나의 평문을 초한다는 것은, 문학 비평가로서의 내가 소설가로서의 그에게 빚지고 있는 상당량의 부채를 갚고 싶다는 의욕의 한 표현이다. 경제적·사회적·정치적인 여러 복합적 이유 때문에, 몇 사람의 동세대 작가들이 글을 쓰지 못하고(혹은 글을 안 쓰고) 있는 상황에서, 그 어느 때보다 정열적으로, 어떻게 생각하면, 거의 순교자인 태도로 작품에 달려들고 있는 데서 연유하는, 그에 대한 존경심을 나는 어떤 형태로든지 표현하고 싶은 것이다. 그런 존경심을 나는 이청준에게뿐만이 아니라, 박경리의 『토지』에 대해서도 느끼고 있다. 그 작가들의 제작 태도를 보고 있으면, 상업주의에 어떻게 영합할 수 있을까, 다시 말해 어떻게 하면 내 책을 사줄 독자의 비위를 맞출 수 있을까에만 신경을 쓰는 듯이 보이는 작가들에게 이런 작가들이 있다는 것을 크게 알려주고 싶다. 박경리의 『토지』는 그러나 아직 완결되지 아니한 작품이다. 거기에 대해서 짤막한 단평 한두 개로 자제하고 있는 것은 그것 때문이다. 그러나 이청준의 『당신들의 천국』은 완결된 작품이고, 그런 의미에서 해석자의 분석을 기다리는 작품이다.

 한 작가가 시대적인 제약에 의해서 그가 드러내보이고 싶은 작품의 주제를 직선적으로 내보이지 못하고, 그것을 우회적으로, 그것이 잘 드러나지 않게 표현한다는 것은 있을 수 있는 일이고, 또 그래야만 하는 일이다. 그러나 한국 문학사를 자세히 관찰하여 보면, 그런 우회적 수단을 발견한 작가들은 몇 되지 않는다. 카프 작가들의 예에서 극명히 보듯이, 대체적으로 작가를 억압하는 상황에서 도피해버린 자신의 태도를 정황의 제약이라는 편리한 이유로 변명해버리는 것이 통례이다. 일상적인 삶이라는 것을 경멸하는 체하면서도 거기에 안주해가지고 이렇게 된 것은 정황 때문이라고 강변하는 것이다. 정황의 의미를 따지고, 거기에 새로운 출구를 마련하려는 힘든 노력을, 자신의 무력함을 증명하는 일로 뒤바꾸는 정신적 곡예! 거기에서 한걸음만 더 나아가면 문학이라는 것이 이런 어려운 시대에 무슨 필요가 있단 말인가라는 문학 포기론으로 귀착한다. 문학이라는 것이 별것인가. 중요한 것은 살아남는 일이다. 그럴듯한 주장이다. 그러나 바로 그런 태도야말로 문학을 매명(賣名)의 도구로 만들고 문학을 문학에서 소외시키는 태도라 하지 않을 수 없다. 문학은, 인간을 자신의 생존 욕망 속에만 갇혀 있는 포유 동물과 구별하게 만드는 변별적 장치 중의 하나이다. 그것이 없다면, 인간으로 살아남는다는 말을 감히 할 수 없으리라고 생각한다. 문학은 그것을 제약하는 상황 그 자체의 기호가 됨으로써, 그것을 초월하는, 인간만이 가진 장치이다. 문학이 없어지는 날, 감히 말하거니와, 인간다운 삶도 없어진다고 할 수 있다. 문학이 있다는 사실이야말로, 문학을 억압하는 모든 세력에 대한 가장 강렬한 응답인 것이다. 내가 박경리나 이청준에게 존경심을 표현하고 싶은 것은, 그들이 포유 동물과 인간을 구분하는 변별적 장치로서의 문학의 쓰임새를 그 누구보다도 투철하게 깨닫고 있는 것 같기 때문이다.

『당신들의 천국』은 복합적 시선의 소산이다. 그의 상당수의 소설이 취하고 있는 격자소설적(格子小說的) 양식을 그것은 취하고 있지 않다. 그러면서도 격자소설의 기본 구조인 복합적 시선, 하나의 사건이나 인물을 여러 각도에서 접근하고 있는 격자소설적 시선을 그대로 차용하고 있다. 그의 격자소설이 시간적으로 고정된 하나의 사건이나 인물을 여러 각도에서 분석하는 것이라면, 『당신들의 천국』은 시간적인 변모를 감수하는 한 인물을 여러 각도에서 분석하고 있기 때문이다. 소설의 표면적인 개요만을 따라가자면, 『당신들의 천국』은 조백헌이라는 인물이 소록도의 병원장으로 취임하여, 그곳의 나환자들에게 새로운 희망을 불러일으켜주기 위해 애를 쓰는 얘기이다. 그 얘기는 3부로 나누어져 서술된다. 1부는 현역 대령인 조백헌이 소록도 병원장으로 취임하여, 그곳 환자들에게 새로운 천국을 만들어주기 위해 득량만 매몰 공사에 착수하여, 그것이 어느 정도 이루어지는 21개월 동안의 나환자와의 싸움을 그리고 있으며, 2부는 매립 공사를 둘러싼 9개월 간의 조원장의 정신적 방황을 그리고, 소설의 대단원을 이루게 될 3부는 조원장이 섬을 떠난 지 5년이 지난 후의 삼월에 한 사람의 시민으로 소록도에 되돌아와 2년 후 사월달에 미감아 두 사람의 결혼식 주례를 맡게 되는 것을 그리고 있다. 『당신들의 천국』의 표면상의 주인공은 그러니까 조백헌이다. 그 조백헌과 맞서는 인상적인 인물이 2부에서 크게 제시되는 황장로이다. 표면적인 구조만으로는 『당신들의 천국』은 조백헌이라는 야심 많고 정열적인 한 인물의 무용담처럼 보인다. 그러나 작가의 진정한 의도는 그 조백헌의 단순한 제시에 있는 게 아니라, 그 인물에 대한 복합적 비판에 있다. 그 비판을 가능케 하는 인물이 이상욱과 이정태이다. 1부와 2부의 기술은 조백헌에 관한 한, 이상욱의 시선에 의지해 있다. 그의 시선은 조백헌이 자신의 동상을 세우려는 인물이 아닌가 하는 데에 초점을 맞추고 있다. 소록도에 천국을 세운다는 미명하에 그가 실제로 하고 싶은 것은 자신의 명예욕이나 과시욕을 충족시키자는 것이 아닌가. 그 이상욱의 비판적 시선은 『당신들의 천국』의 1부를 단순한 기인의 기행 기록이 아니라, 비판되어야 할 권력인의 힘의 과시 기록으로 느껴지게 한다. 2부에서도 간단히 등장하는 이정태는 거기에서는 별다른 역할을 맡고 있지 않다. 2부에서도 기술은 이상욱의 시선에 의지해 있지만, 2부의 특이성은 이상욱의 조백헌 비판이 나환자 비판으로까지 확대되고 있다는 것이다. 조백헌과 황장로의 인상적인 대립이 있던 날 밤의 이상욱의 절규는 이상욱의 시선이 황장로로 대표되는 나환자에게도 비판적으로 작용하고 있다는 한 증거이다. 3부의 서술은 이정태의 시선에 의거해 있다. 신문 기자라는 직업 때문이겠지만, 그의 시선은 이상욱처럼 본질적인(급진적인) 비판적 시선이 아닌, 사태를 마무리짓고, 의심나는 점을 조백헌으로 하여금 해명시키는, 종합적인 해결적 시선이다. 조원장이 복합적 시선의 포로라는 점에서, 『당신들의 천국』도 격자소설의 기본선을 따르는 것처럼 보이지만, 그 인물이 그 시선의 의미를 이해하고, 그것을 폭넓게 감싼다는 점에서, 그 소설은 조백헌 개인의 성장을 그린 교양소설적인 측면을 또한 갖고 있다.

    조백헌은 이청준의 소설에서는 찾아보기 힘든 긍정적 인물이다. 이때의 긍정적이라는 말의 뜻은 '자아와 세계(혹은 타인) 사이의 간극이 불화적인 것이 아니라 화해적인 것이라고 이해하는'이라는 뜻이다. 조백헌은 자아와 세계가 한치의 간극도 없이 합칠 수 있다고 믿고 있다. 그의 그러한 신념이 어떻게 형성된 것인지에 대해 작가는 아무런 암시도 하지 않고 있다. 소설 속에서의 그의 삶은 정확하게 그가 소록도 병원장으로 취임한 8월 하순에서부터 시작되고 있다. 그가 어떻게 해서 그런 신념을 얻게 되었는지 알 수 없지만, 그가 세계와 자아 사이의 합일을 확신하고 있다는 증거를 나는 『당신들의 천국』의 여기저기서 찾아낼 수 있다. 3부의 마지막에 나오는 조원장의 "흙과 돌멩이보다는 사람의 마음이 먼저 이어져야 합니다"라는 경구적 진술은 그의 화해적 성격을 유감없이 보여준다. 그 긍정적 성격은 기본적으로는 자기가 옳다고 생각하는 것은 끝까지 밀고 나가야 한다는 신념 위에 기초해 있다. 그의 신념은 이 땅에 천국을 세워야 한다는 것이다. 그의 행동을 표현하는 데에 그는 주저하거나 망설이지 않는다. 그는 서슴지 않고 자기의 목숨까지를 내놓는다. 원생들이 득량만 매몰 공사에 지쳐 그에게 반기를 들었을 때의 그의 대답은 이렇다. "하지만 이제 와서 당신들에게 비겁하게 목숨을 구걸하고 싶은 생각은 추호도 없소. 자, 오늘밤 내 한 사람의 피가 진실로 당신들의 피를 아끼는 길이라 믿는다면 주저하지 말고 어서 이 총으로 나를 쏘시오." 이 같은 그의 대답에서 주목해야 될 것은 "비겁하게 목숨을 구걸하고 싶은 생각은 추호도 없다"는 단호한 태도이다. 그것이 그를 '만만하게' 보지 못하게 하는 큰 요소이다. 그의 그 화해적 인간관은 그러나 『당신들의 천국』에서 상당한 수정을 받는다. 인간은 화해할 수 있지만, 그것은 인간과 인간이 서로 사랑과 자유를 소유하고 있을 때에 가능한 것이지, 하나는 힘을 마음대로 행사할 수 있는 지배자로서, 하나는 그 힘의 일방적인 지배를 받는 피지배자로서 둘이 만날 때는 불가능하다는 수정이 그것이다. 그의 천국론은 이상욱과 황장로에 의해 섬세한 수정을 받는 것이다. 그 수정에 있어서, 황장로는 굴종의 의미를, 이상욱은 감시와 비판의 의미를, 각각 조백헌에게 알려준다. 피지배자의 화해적 굴종은 지배자가 "일신을 위해서는 물 한 모금 사사로이 취하지 않을 것임을" "일신을 위해서는 어떠한 공훈이나 명예도 좇지 않을 것이며, 보답을 바라지도 않고 우상도 만들지 않을 것임을" 선언해야 가능하다는 것을, 그리고 감시와 비판은 그것이 정말로 행해지고 있는가 않는가를 따지는 것이라는 것을, 조백헌은 이상욱과 황정로에게서 배운다. 그때 화해적 굴종은 사랑이 되고 감시와 비판은 자유가 된다. '자유와 사랑의 화해적 결합'을 통해, 조백헌의 개인적 신념은 사회적 신념으로 확산해간다.

 조백헌이라는 긍정적 인물을 통해 이청준이 제시하고 있는 문제는 사회 구조에 관한 근본적·급진적 문제이다. 그 문제 제시야말로 이청준이 가장 공들이고 있는 것이고, 사실상 이청준의 정치학의 핵심 문제이기도 하다. 어떻게 하면 인간 사회는 천국이 될 수 있는가? 권력의 행사는 어떠해야 하는가? 그 점에 대해서 이청준이 제시하고 있는 주장은 대체로 두 가지로 압축될 수 있다. 하나는 힘의 행사는 사랑과 자유 위에 기초하고 있어야 한다는 것이고, 또 하나는 인간의 천국이 다른 인간의 천국과 대립되는 개념이어서는 안 된다는 것이다. 힘의 행사는 사랑과 자유 위에 기초하고 있어야 한다는 그의 주장은 자유 없는 힘의 행사나, 사랑 없는 힘의 행사는 힘의 남용이나, 말의 엄밀한 의미에서 힘이 아니라는 생각 위에 기초해 있다. 자유 없는 힘은 끊임없는 배반만을, 사랑 없는 힘은 강요된 의무만을 낳을 뿐이다. 자유나 사랑에 기초한 실천적 힘이야말로 인간 사회를 천국으로 만드는 기본 여건인 것이다. 그는 동시에 자유만 있는 사회, 자유뿐인 사회의 가능성에 대해 상당히 회의적이다. 황장로의 다음 진술은 그것을 명백하게 드러낸다. "자유라는 거 그거 말대로만 된다면 그보다도 더 좋은 것도 없지. 제 가고 싶은 대로 마음대로 가고, 제 살고 싶은 대로 마음대로 살고, 제 생각하고 말하고 싶은 대로 맘대로 생각하고 말하게 되는 것보다 우리 같은 문둥이들에게 더 소망스런 바람이 있겠나. 하지만 원장도 알다시피 우리한테 언제 한번 그 자유라는 것이 말처럼 그렇게 되어본 적이 있었나. 아웅다웅 언제나 싸움질만 되풀이되어왔지. 핍박과 원망과 의심의 버릇만을 길들여왔지. 하지만 곰곰 생각해보면 그 또한 당연한 노릇인지도 모르는 일이야. 자유라는 게 원래가 그런 것이었거든. 자유라는 거 누가 가만 앉아 있어도 우리 문둥이들한테 가져다 바쳐주는 건 아닐 터에, 어차피 그건 제 힘으로 빼앗아 가져야 하는 거 아니던가 이 말씀야. 빼앗아 가지려니 싸움질을 해야 하고, 싸움질을 하다 보니 그 사이에 자연 의심과 원망과 미움을 익히게 마련이지." 황장로의 의견으로는 자유에 앞서는 사랑이 천국의 여건이다. 지배자와 피지배자가 서로 사랑으로 행할 때, 사회는 천국스러워진다(그때 지배자와 피지배자의 구별이 애매해질 것이다). 자유와 사랑, 아니 자유를 배태하고 있는 사랑의 정치학은 이청준의 그것이 도덕적 결정주의에 기초했었다는 생각을 갖게 한다. 베푸는 사랑은 도덕적 결단, 믿음에 기초한 결단에 의해서만 가능한 것이기 때문이다. 인간의 천국이 다른 인간의 천국에 대립되는 것이어서는 안 된다는 그의 다른 주장은 앞의 주장에서 자연히 도출되는 주장이다. 그룹과 그룹과의 대립 역시 사랑에 의해서 해소시켜야 할 것이기 때문이다. 소설에서 예를 들자면, 문둥이들의 천국은 그것이 밖의 인간의 천국과 대립될 때, 이미 천국이 아니라, 문둥이들의 수용소이다. 대립되어 있을 때에는, 어느 한편을 버릴 수 있는 자유와, 다른 편을 수락하는 사랑이 다같이 결핍되어 있기 때문이다. 그때의 천국이란 형식만 있을 뿐 선택이 불가능한 천국이다. 그에 의하면 진정한 천국이란, "그것의 설계나 내용이 얼마나 행복스러워 보이느냐보다는 그것을 누리고자 하는 사람들의 선택 행위와 내일의 변화에 대한 희망이 어느 정도까지 허용될 수 있느냐"에 달려 있다. 이상욱에 의해 표현되는 그 천국은 제도적 천국이 아니라, 변화가 가능한 발전적 천국이다. 이상욱이 대변하고 있는 이청준의 천국——유토피아는 헉슬리나 오웰과 마찬가지로 멋진 신세계도, 닫힌 동물 농장도 아니다. 그것은 변모할 수 있는 열린 천국이다. 그 천국에서 나는 이청준의 열린 개인주의의 흔적을 찾아낸다. 개인의 자유로운 결단과 선택이 없는 천국은, 그 천국을 버릴 수 있는 선택이 가능하지 못한 천국은, 이미 천국이 아닌 것이다.

　이청준 정치학의 기본 구조는 도덕적 정결주의에 뿌리를 박은 열린 개인주의이다. 그것은 사도 바울이 고린도 교회에 보낸 편지 속에서 내세운 신앙의 정치학에 또한 다름이 아니다. 사도 바울이야말로 믿음·소망·사랑을 가장 중요한 삶의 요소로 내세운 이론가인 것이다. 그의 개인주의가 사회적인 의미를 띠게 되는 것은 사랑을 전제로 한 결혼에 의해서이다. 그런 관점에서 보자면, 윤해원과 서미연이라는 두 미감아의 결혼이 『당신들의 천국』의 대단원을 장식하고 있는 것은 의미심장한 일이다. 사랑을 전제로 한 미감아들의 결혼은, 열린 개인주의가 사회화하는 제일 좋은 전범(典範)이다. 그것은 개인과 개인을 화해롭게 모으고, 그것을 통해 개인과 개인 사이의 울타리를 열어버린다. 그 결혼식에 대한 조백헌의 다음과 같은 축사는 위의 진술을 간략하게 요약한다. "두 분은 기왕에 남다른 사랑과 용기로 이 일을 이룩하였으니 앞으로도 계속 자신들의 방둑을 허물어뜨리지 말고 누구보다도 굳세게 그를 지키고 살찌워나가달라는 것입니다. 절벽을 허물어뜨리고 그 절벽 대신 따뜻한 인정이 넘나들 다리가 놓여져야 할 곳은 많습니다. 제가 두 분의 신접 살림을 직원 지대와 병사 지대의 중간에 마련하고자 했던 것도 사실은 그런 뜻이 있어서였습니다." 사회의 최소 단위인 가족을 통해 따뜻한 인정이 넘나들 다리가 놓일 수 있다. 그 관점을 더 밀고 나가면, 이상욱의 회의·불안의 자유주의는 그가 실패한 가정의 아이라는 데서 그 뿌리를 찾아낼 수도 있을 것이다.

힘의 행사라는 측면에서 보면, 조백헌은 1·2부와 3부에서 상당한 차이를 보이고 있다. 그는 1부와 2부에서는 힘의 행사자이지만, 3부에서는 힘의 행사자를 보조하는 역할 이상의 것을 맡지 못하고 있다. 1·2부에서 그는 병원장으로서의 막강한 힘을 자유롭게 행사하지만 3부에서는 일개 시민으로서, 새 병원장에게 조언을 하는 것 이상의 것을 행할 수가 없다. 『당신들의 천국』에는 세 사람의 원장 보조수들이 등장한다. 1·2부의 의료부장과 보건과장, 3부의 조백헌이 그렇다. 그리고 그 셋의 성격은 극히 대조적이다. 의료부장 김정일은 피부과 전문의인데, 기능인답게 "말썽이라면 도대체 견디지를" 못하는 인간형이다. 그는 무사안일주의의 한 표본이다. 그러나 자기의 전문 분야에 있어서는 "누구보다도 열성적인 데가" 있다. 그는 그러니까 자신의 기능에 갇혀 있다. 보건과장 이상욱은 문제 제기적인 인물이지만, 문제 해결에는 근본적으로 회의적인 인물이다. 조백헌과의 관계에 있어, 그는 그에게 소록도에서 문제가 되고 있는 것은 '무엇인가 하는 것'을 핵심적으로 제시하나 그 문제의 해결에는 회의적이다. 문제를 제기하여 상대방의 반응을 보고 싶어하면서도 그 문제와 관련된 일에서 그는 회의적이고 미온적이다. 소록도 병원에서는 새 원장이 취임해올 때마다 병원을 탈출하는 환자가 생긴다. 일종의 부임 선물이다. 이상욱이 생각하기에는 그것은 병원장에 대한 원생들의 상징적 배반극이다. 그것은 그들의 자유를 확인시키려는 행동이다. 그 탈출극은 조백헌이 새로 원장으로 취임했을 때도 일어난다. 그때 그는 그것을 덮어두려는 의료부장의 제안에 반대하여 원장에게 부임 첫날 그것을 꼭 알리려고 한다. 그의 반응을 보고 싶어서이다. "탈출 사고는 원장이 새로 부임해올 때마다 환자들 가운데서 잊지 않고 꼭꼭 마련해 바치는 첫 부임 선물이었다. 호지부지 뭉개고 넘어갈 일이 아니었다. 무엇보다도 이 첫번 부임 선물을 대하는 원장의 반응이 보고 싶었다." 그러면서도 그는 그가 제기한 문제의 근원을 파악하고 그것을 제기하려는 원장의 노력에 미온적이다. 이상욱의 입가에 자주 피어오르는 희미한 미소나, 원장의 표정이나 말에 "아예 상관 안"하려는 태도 등은 그런 것을 명백하게 보여준다. 힘의 보조자로서의 조백헌은 그의 긍정적인 성격처럼 행동적이다. 그는 이상욱처럼 회의하지 않고 그가 옳다고 생각한 해결책을 원장에게 조언하고 그것의 실천에 애를 쓴다. 그러나 그 실천에는 한계가 있다. 그는 언제나 원장의 "양해 밑에서" 일을 추진해야 하는 것이다. 바로 여기에서 조백헌의 정치학의 뿌리를 이룰 "자생적 운명에 근거한 힘의 행사"에 대한 자각이 생겨난다. 조백헌은 소록도를 천국으로 만들 수 있다는 믿음 속에서, 거기에서 "자유와 사랑을 행사"하려고 민간인으로 소록도로 다시 온다. 그러나 그는 이미 자기가 힘을 행사할 수 있는 행사자가 아니라 보조자라는 것을 깨닫는다. 그리고 소록도에서 자생적으로, 같은 운명을 감수하고 있는 자들의 선택에 의해서, 힘을 행사할 수 있는 여건이 마련되지 않으면, 자유와 사랑에 의거한 힘의 행사는 불가능하다는 것을 깨닫는다.

"원장님께서는 결국 원장으로 다시 이 섬에 돌아오지 못하셨기 때문에, 원장의 권능으로 섬을 다스릴 수 없었기 때문에 또다시 그 자유와 사랑을 실패할 수밖에 없었다는 말씀입니까?"
"운명을 같이하지 않는 한에서의 어떤 힘의 질서는 무서운 힘의 우상을 낳을 뿐이겠지요. 하지만 운명을 같이하려는 작정이 있은 다음에는 내게 그 원장의 권능이 필요했지요. 그래서 그 허심탄회한 힘의 질서 속에서 섬의 자유와 사랑이 행해져나가야만 했었어요. 하지만 난 이미 이 섬 병원의 원장이 아니었어요."

조백헌에 의하면 "운명은 자생적인" 것이며, 자생적 운명은 자생적인 힘의 행사를 요구하는데, 조백헌이나 새 원장은 그 자생적 운명에 끼여 있지 않은 "자생적 운명"에의, 작가의 어투를 빌리면, 타생적 끼여듦에 불과한 것이며, 그런 의미에서, 허심탄회한 힘의 행사가 불가능하다는 것이다. 그의 진술에서, 긍정적 인간의 운명적 실패를 느끼게 된다. 긍정적 인간은 자아와 세계의 합일을 가능한 것으로 상정한다. 그것은 그러나 사르트르가 말하듯 시(=신화)의 세계에서나 가능한 것이지, 산문(=현실)의 세계에서는 불가능한 일이다. 그의 실패는 운명적인 것이다. 그 운명적 실패는 그러나 그 화해의 가능성에 대한 부단한 암시를 이룬다. 그 암시는 당위성의 강조를 오히려 뜻한다. 이정태 기자의, 자생적 운명에 근거한 힘의 행사가 이루어질 때가 과연 올 것이냐는 질문에 대한 조백헌의 대답이 그렇다.

"이 섬에서 과연 그럴 때가 올 수 있을까요?"
"그럴 때가 올 수 있을지 없을지는 모르지만 섬이 끝끝내 실패만 하고 있지 않으려면 그때는 결국 와야겠지요. 그게 아무리 시간이 오래 걸리는 일이라도……"

조백헌이 힘의 행사를 돕는 보조자의 위치로 내려오지 않았다면 이끌어내지 못했을 그 결론은 이청준 정치학의 결론이기도 하다. 힘의 행사는 자유와 사랑에 기초하고 있어야 한다. 그 힘은 동시에 밖에서 주어지는 것이어서는 안 되고, 같은 운명을 가진 사람들의 자생적 운명에 근거하고 있어야 한다. 그 진술은 이청준이 획일적으로 밖에서 주어지는 천국을 천국으로 받아들일 수 없다는 것에 또한 다름 아니다.
　이청준이『당신들의 천국』에서 조백헌을 이상욱보다 더 중요한 인물로 제시하고 있는 것은 소설적 분위기에 젖어 있는 독자들에게 야릇한 반응을 일으키게 한다. 그의 중요한 중·장편소설은 대개 지식인을 그 주인공으로 삼고 있다. 그때의 지식인들은 자신들의 회의나 불안을 통해 그가 비평하고자 하는 사회의 모순을 드러내는, 더 정확히 말하자면, 모순 그 자체가 되는 역할을 맡고 있다.『당신들의 천국』에서도 그런 그의 지식인 유형에 꼭 일치되는 한 인물이 나오는데, 그가 바로 이상욱이라는 병원 보건과장이다. 작가는『당신들의 천국』에서 조백헌과 이정태를 제외한 대부분의 등장인물의 과거를 비교적 소상하게 알려주고 있는데, 이상욱 역시 예외는 아니다. 이상욱의 시선에 의해 소설의 1부는 진행되는 것이므로 그의 과거를 작자는 한민이라는 소설 지망생의 습작 소설을 통해 대충 독자들에게 알려주고 있는데, 그 습작 소설을 읽는 것은 물론 이상욱 자신이다. 그 과거는 그가 한민에게 암시해 준것을, 그가 더욱 정확하게 정리한 것이므로, 이상욱에게 있어서 그 습작 소설이란 감추고 싶으면서도 드러내고 싶은 그의 과거 역시 다른 사람에 의해 감시되고 있음을 그에게 깨닫게 하는 것이다. 그의 과거는 대략 다음과 같다. 그의 아버지와 어머니는 독신으로 원생이 된 환자들인데 서로 사랑하여 병원에서 금기로 되어 있는 아이를 배고 그 아이를 낳는다. 그 아이는 전원생들의 자유와 사랑의 상징이 되어 비밀리에 자라지만, 그 비밀을 감추기 위해 그의 아버지는 일본 식민지 치하의 병원장에게 결사적인 충성심을 보여, 그의 사랑을 숨겨준 원생들에게 배반감을 안겨준다. 그 아이는 후에 몰래 육지에 보내지는데, 그 아이의 성장 과정은 나타나 있지 않지만, 그 아이는 성장해서 다시 소록도에 돌아와 환자를 위해 봉사한다. 그 아이가 바로 이상욱이다. 이상욱 자신은 그러니까 한때 원생들에게 자유와 사랑의 상징으로 비친 대상이면서, 동시에 그 자유와 사랑을 배신한 배신자의 혈육이다. 그의 과거는 영광과 오욕의 덩어리인 것이다(개인적인 추측으로는 그 배반자가 식민지 시대의 한 작가를 염두에 두고 작가가 구성한 인물이 아닌가 하나 그것은 어디까지나 추측에 지나지 않는다). 그 오욕의 역사를 되풀이하지 않기 위해, 원생들의 배반자가 되지 않기 위해, 다시 말해 원장의 입장에서 환자를 대하지 않기 위해, 그는 부단히 원장의 힘의 행사를 감시하고, 소록도 삶의 구조적 모순을 원장에게 문제로서 제기한다. 그러한 감시 역할에 지칠 때면 그는 황장로에게서 원생들의 어려운 삶을 확인하고, 자기 아버지의 비극적 말로를 이야기 들음으로써 그 감시를 더욱 강화한다. 그러나 그 감시는 어디까지나 감시에 지나지 않을 뿐, 그가 원장에게 어떤 의견을 개진하거나, 거기에 적극적으로 협력하지는 않는다, 협력은 곧 감시의 배반이기 때문이다.

그의 과거 중에서 나의 흥미를 이끄는 것은 그가 언제나 자기를 노려보는 사람들의 까만 눈동자를 의식하고 있었다는 사실이다. 그것은 그의 부모들이 그를 비밀리에 키우기 위해 언제나 방 속에만 그를 가둬놨기 때문에 생겨난 심리적 외상이다. "소년의 첫번 기억은 그가 자란 방에 관한 것이었다. 방문이 언제나 꼭꼭 걸어잠겨져 있었다. 소년은 허구한 날 그 문이 잠긴 방에서만 숨어 지냈다. 손가락 하나 문밖으로 내밀어본 일이 없었다. [……] 소년도 결국 그의 어미처럼 사람이 무서웠다. 사람을 본 일이 없었다. 누군가가 집 문 앞을 지나가는 발소리만 들려와도 가슴이 마구 두근거렸다. 제 겁에 제가 질려 머리끝까지 이불 자락을 뒤집어쓰며 숨을 죽이게 되곤 했다. 소년은 그 이불 자락까지 뒤집어쓰고도 마음이 놓일 때가 없었다. 어디선가 벌써 자기를 까맣게 노려보고 있는 눈동자 같은 것을 느끼고 있을 때가 많았다." 문학 작품의 경우 상당수는 방 속에 있는 것에 안도감을 느끼는 주인공을 그리고 있다. 소위 요나 콤플렉스라는 것으로 방 속에 있다는 것은 그때 어머니의 자궁 속과 같이 편안한 곳으로의 도피를 의미한다고 한다. 말하자면 행복스러운 도피이다. 그러나 이상욱의 방 경험은 안락이라든가 행복과 결부되어 있지 아니하고, 죄의식과 결부되어 있어, 인간과의 관계를 가로막는 방해물 역할을 하고 있다. 그 방 속에서까지도 그는 편안하지를 못하고, 누군가의 감시를 받고 있는 것이다. 방이 편안한 것은 그곳이 누구에 의해서도 침범을 받지 않는 닫힌 곳이기 때문이다. 그런데 이청준의 방에는 항상 새까만 눈동자 같은 것이 존재한다. 그것은 「소문의 벽」의 박준을 미치게 만든 전짓불과 같은 상징적 감시자이다. 그 감시자가 있는 한, 방도 편안할 수 없다. 이상욱의 회의와 불안은 바로 그 심리적 외상에 의거하고 있다. 그는 선천적으로 씻을 수 없는 죄를 지니고 생겨난 인물인 것이다. 그 죄를 완전히 없앨 수는 없다. 그 죄의식이 그의 아버지의 배반과 결부되어 힘과의 결탁에 신경질적인 반응을 보이게 하는 것이다. 여기에서도 우리는 다시 이청준의 도덕적 정결주의를 만나게 된다. 과거에 지은 죄는 비록 그것이 그의 의사에 의한 것이 아니라, 운명적으로 그에게 주어진 것이라 하더라도, 씻기어지지 않는다. 그러니까 더 이상의 죄를 범하지 않는 것이 최선의 길이다. 그러나 이상욱에게 있어서의 본질적인 죄란 무엇일까? 그것은 힘의 횡포가 빚어낸 규제를 범한 것이 아닌가. 그 규제는 영원한 것이 아니고 깨뜨려질 수 있는 것이다. 그의 아버지의 배반은 비합법적인 그의 출생을 은폐하려는 절망적인 노력이 아니었을까. 그는 왜 그의 아버지의 배반을 이해하려 하지 않는 것일까. 그것은 이상욱이 그의 어머니에 대해서 그 방 체험 이후에 전혀 언급하지 않고 있는 것과 아마도 밀접한 관계를 갖고 있을 것이다. 그는 어머니의 사랑에 대해서 눈을 감고 있는 것이다. 그의 의식은 언제나 명료하다. 소위 의식하는 의식의 병을 앓고 있다고나 할까! 그는 그 자신의 알리바이에만 신경을 쓰는 소시민적 감시자이다. 그 독신주의자의 자기 감시가 혹시 광태에 떨어질지도 모른다는 암시를, 나는 조원장과 황장로의 인상 깊은 대결의 밤에 외친 그의 절규에서 받게 된다. 황장로의 이상욱 비판은 그런 의미에서 매우 시사적이다.

> 이상욱 과장이란 사람 모든 일을 그 자유로만 행하고 싶어했고, 또 오로지 자유로만 행할 줄은 알았어도 거기서 익혀진 몹쓸 버릇들, 일 테면 덮어놓고 남을 의심하고 미워하는 따위의 심성에 대해서까지는 미처 눈을 뜨지 못했던 게야. 남을 용서할 줄 몰랐지……

이상욱의 경련적인 자기 감시, 그 어느 것에도 완전히 편들지 못하는 중립주의(그것은 동양의 중용주의와 완전히 다른, 극단적으로 자기의 위치를 지키려는 중립주의이다), 남을 용서하지 못하는 독선주의는 그 나름의 기능을 갖고 있다. 하나는 현상에 만족하여 무의식적으로 현상을 유지하려는 세력에 하나의 경종을 울리는 각성자의 기능이며, 또 하나는 현실 개조 의사가 감추고 있는 영웅주의, 유토피아를 상정하여 모든 사람을 그곳으로 이끌어가려는 힘의 행사 속에 감추어져 있을지 모르는 힘의 횡포를 감시하는 감시자의 기능이다. 그 기능이야말로 사실은 진보적 예술이 맡고 있는 기능 중의 하나이며, 그런 의미에서 그는 그 누구보다도 현대 예술이 보여주어야 할 인간 중의 하나인 것이다.

이청준이 이상욱을 『당신들의 천국』의 주인공으로 내세우지 않고 조백헌을 주인공으로 내세운 이유는 무엇일까? 그것은 제목을 『당신들의 천국』이라고 붙인 것과 밀접한 관계를 갖고 있으리라 생각된다. '당신들의 천국'의 당신들은 누구를 가리키는 것일까. 그때의 당신들은 소록도에 천국을 세우겠다는 의욕을 가진 원장들을 지칭하는 것이 확실하다. 그것은 이상욱이 소록도를 탈출하면서 쓴, 조백헌이 오년 후에 받게 된 편지 속에 교묘하게 암시되어 있다. 그 편지에 의하면 조백헌은 "인간의 천국을 지어주시려는 것이 아니라, 문둥이의 천국을 지으려" 하고 있다. 섬을 문둥이의 천국으로 만든다는 것은, 환자를 더욱 환자답게 만든다는 것을 뜻하며, 그런 의미에서 "원장님의 천국의 윤리에 섬사람들의 생각이나 욕망이 스스로 한정당하고 익숙해지기 시작하는"것을 뜻한다. 소록도에 진정으로 세워져야 하는 천국은 환자들의 자생적 운명에 근거한 힘의 행사, 자유와 사랑에 기초한 힘의 행사에 의한 천국이다. 그 천국은 이상욱까지를 포함한 환자들 모두의, 일인칭 복수 우리들의 천국이다. 그러나 그 자생적 운명에 의거하지 아니한, 원장의 윤리에 기초한 천국이란, 환자를 환자답게 만드는 이인칭 복수 당신들의 천국이다. 그 당신들의 천국의 주인공이 조백헌이라는 것은 그러므로 당연한 구성이다. 이상욱이 주인공으로 되었을 때의『당신들의 천국』의 결말을 나는 환히 짐작할 수 있다. 거기에서는,「소문의 벽」에서의 박준의 운명처럼 영원히 실패할 수밖에 없는 천국에의 꿈 때문에 광태에 이르는 한 지식인의 심리적 과정이 처절하게 그려질 것이다. 이청준은 이미 그 얘기를 썼다. 그는 이제 다른 얘기를 써야 할 상황에 처한 것이고, 그 상황에서 훌륭하게 한 편의 소설을 써냈다. 그것이『당신들의 천국』이다.

『당신들의 천국』에서 나를 가장 가슴 아프게 만드는 것은 황장로가 조백헌 앞에서 자기의 과거를 털어놓는 대목이다. 이 글을 쓰기 위해 여러 번 이 소설을 다시 읽었지만, 그 대목만은 언제나 그냥 넘기고 싶은 곳이었다. 그의 비문화적인 삶은 그런 삶을 살 수밖에 없는 상황에 내가 태어나지 않은 것을 내가 나에게 감사하지 않을 수 없게 만들었고, 동시에 그런 삶을 살게 만든 사람들에 대한 분노로 내 가슴을 가득 채웠다. 인간은 무엇보다 먼저 행복하게 살게 만들어져 있다. 그러나 실제로 행복하게 그의 삶을 영위하는 자는 정말 드물다. 그렇다면 인간은 불행하게 살게 만들어졌단 말인가? 천국에 대한 환상은 거기에서 싹트며, 거기에서 또한 천국을 그들의 천국으로 만들려는 원장들의 시도에 대한 배반이 싹트는 것이다.

『당신들의 천국』은 뛰어난 소설이다. 이 글을 끝내면서 내가 할 수 있는 마지막 말은 그것뿐이다. 한 가지 바라고 싶은 것이 있다면 이청준의 소설에서는 극히 희귀한, 행복한 결혼을 하게 되어 있는 윤해원과 서미연의 결혼 후일담을 술자리에서나마 듣고 싶은 것이다.

〔『당신들의 천국』해설, 1976〕

말의 탐구, 화해에의 변증

김 병 익

　　이청준에게 있어 그의 70년대는 '잃어버린 말'을 향한 집요한 탐구의 수련기였다. 그의 '잃어버림을 찾는' 고행은 프루스트처럼 해체되어버린 과거의 자아를 위한 것도 아니며 그에게 가장 깊은 관계를 맺고 있는 '말' 역시 사르트르처럼 원체험으로서의 유아기 의식을 뜻하지 않는다. 『잃어버린 말을 찾아서』에 붙은 '언어사회학 서설'이란 부제가 시사하듯이, 그의 말에의 집념은 오늘의 우리의 삶 — 그 존재론적 삶과, 그 '존재의 집'인 말의 참됨간의 거리를 확인하고 그 괴리를 뛰어넘으려는 의지의 표현이다. 따라서 여기서의 말은 요한복음의 첫 절에 나오는 "나는 길이요 진리요 생명"이란 구절의 요체인 '로고스'인 동시에 혹은 동양적 지혜의 핵심인 '도'로 통하는 것이고 그의 '잃어버림'과 '찾음'에의 노력은, 삶 그 자체인 말, 참 바로 그것인 말, 옳음 바로 그 뜻이어야 할 말이 그러나 그 존재성과 당위성을 다 함께 상실해버리고 삶과 참과 옳음으로부터 벗어나 유령처럼 떠도는 현상에 대한 추적이다. 그가 말에 대한 형이상학적 관념에 집착하면서 현실 세계의 타락을 직관하고, 내면적 추상화로의 가능성을 최대한으로 넓히면서 외적 현상들에 대한 날카로운 직감을 중시해가며 '잃어버린 말을 찾는' 작업은, 그러므로 언어와 사회에 대한 현상학적 접근이며 사회적 구도와 탐구 과정이기도 하다. 이청준의 지난 10년은 이 접근과 탐색의 문학적 시련기였던 것이다.

그렇지, 역시 유령이었어. 정처 없고 허망한 말들의 유령. 바야흐로 복수를 꿈꾸기 시작한 말들의 유령. 하지만 아아 살아 있는 말들은 그럼 이젠 다시 만날 수 없단 말인가. 이제는 더 이상 기다려볼 수도 없단 말인가. ——「떠도는 말들」

……하지만 그 말들은 그런 형식의 변신을 통하여 비로소 그 깊은 믿음을 지닐 수 있었고, 그 인고에 찬 화해를 통하여 마지막 자유에 이를 수 있었다. 삶이 말이 되고, 말이 바로 삶이 되며, 그 삶으로 대신되어진 말, 거기서보다도 더 자유로워질 수 있는 말의 마당이 있을 수 있는가…… 그것은 지욱이 거기서 만난 마지막 말의 진실이었다. ——「다시 태어나는 말」

1973년의 「떠도는 말들」로부터 1981년의 「다시 태어나는 말」에 이르기까지 그러니까 '유령의 말'로부터 '진실의 말'에 이르기까지, 이청준은 괴테의 『빌헬름 마이스터의 수업 시대』를 연상시키는 교양화의 과정을, 그러나 시민적 가치를 향해서가 아니라 문학적 구원을 향해서, 인고로서의 시련으로 받아들였다. 그는 그 '진실의 말'을 찾아 사람들을 만났고 녹음을 했으며 공장에서 취재했고 부흥회를 배회했으며 거기서 듣고 보고 조사한 것들을 음미하고 반추했다. 이 탐구와 사색은 그가 찾는 '말'의 주제였고 또한 말을 하는 방법론이 되기도 하는 것이다. 그의 '언어사회학 서설'의 연작들이 때로는 아름다운 서정시가 되고 때로는 우화 또는 우화적인 모티프를 가지며 혹은 의외의 문학 강연 원고로 이루어지는 것은 이러한 방법론의 탐색 결과이다. 말을 다루는 작가인 그의 소설 속에 작가가 바로 주인공이 된다는 것, 혹은 말의 원형이라 할 '소리꾼'이 등장한다는 것, 그리고 이 '말꾼·소리꾼'들이 바로 말과 소리에 관해서 말한다는 것은 주제와 방법론이 중첩된 이청준의 독특한 말의 세계를 가리킴과 다름아닙니다. 실상 돌이켜보면, 그의 출세작 「병신과 머저리」와 「소문의 벽」으로부터, 그리고 「서편제」 이후부터 그의 '말의 세계'는 열려나기 시작하고 그의 말에 대한 성찰이 바로 그 자신의 삶의 태도 탐색이 된다는 것을 입증하고 있다. 그리고 그의 질문은 작가가 '왜 글을 못 쓰는가'로부터 출발하여 '말은 어떻게 우리를 배반하는가'라는 보다 근원적인 것으로 심화되고 있고, 그의 삶에 있어 '자기 표현의 수단'이란 단계에서 '삶 그 자체'로 진화하는 과정을 이 『잃어버린 말을 찾아서』에서 보여주고 있다. 우리는 그의 이 심화와 진화가 지닌 의미를 천착하는 한 방법으로서 그의 창작이 시도하고 있는 몇 가지 독특한 수법에 대해 고찰할 필요를 느낀다. 그것은 '언어사회학 서설' 연작들을 통해 볼 때 다음 세 가지 측면이다.

i) 그의 소설은 '연작'의 형태에도 불구하고 매편마다 한 사건의 완결된 단락을 이룬다. 이청준은 한 편의 소설에는 사건의 발발과 진행·결말의 전과정이 수록되어야 한다는 것을 거의 철저한 신념으로 삼고 실천한다. 그의 소설은 반드시 시작과 클라이맥스와 결론을 가지며 그리하여 그 소설 공간 안에 하나의 완전한 세계가 충만하다. 이것이 계기적인 연작소설의 일반적 성격이라 하더라도, 그리고 그에게 있어 시점의 변화가 자주 일어나다 하더라도, '언어사회학 서설'은 이 특징이 현저하게 나타난다. 「떠도는 말들」로부터 「자서전들 쓰십시다」 「지배와 해방」 「몽염발성」 「다시 태어나는 말」에 이르기까지 이 5편의 소설들은 연작이라고 하지만 그 전체의 줄거리로 보자면 하나의 장편소설을 향한 연속 소설로 읽는 것이 옳다. 이 각각은 앞선 소설의 뒤를 이어 전개하고 있으며 다음 작품 역시 앞선 이야기들을 상기시키며 줄거리를 발전시킨다. 그러나 그럼에도 불구하고 이

청준의 연작은 각 편마다 한 독립된 작품으로서의 성격을 만끽시키면서 그 작품에서 제기한 사건을 그 소설 안에서 완결시킨다. 다시 말하면 한 작품 안에서 사건의 제기-진행-결론의 발전 과정이 편마다 반복되면서 장편소설적 구조의 큰 틀 안에서 다시 한번 이런 발전 과정이, 그러니까 하나의 연작 안에서 작은 발전과 큰 발전의 두 과정이 중복되어 전개되고 있는 것이다. 이 과정에서는 다음 두 가지 뜻이 스며 있음에 유의해야 한다. 발전은 어떤 사건 혹은 사건을 통해 드러내는 문제의 제기와 탐사, 그리고 그 나름의 귀결을 찾기 때문에 그 한 작품에서 완성되어야 한다는 것이다. 이것은 이청준의 소설이 클라이맥스를 통해 전개되고 대단원을 맺는 소설의 정통적 정석을 택하고 있다는 논리적 결론을 내리게 한다. 이 발전이 그의 연작을 통해 다시 반복된다는 것은 그 두번째 뜻으로서의 그의 집요한 탐구 정신을 설명해준다. 이 5편의 연작들을 통해 보면 이렇다. 제1작 「떠도는 말들」에서는 오접된 전화 사건을 통해 이 시대가 말들의 망령으로 미만해 있다는 결론을 얻는다. 「자서전들 쓰십시다」에서 그 언어의 망령이 정직한 삶을 버린 사람들의 탐욕에서 비롯된 것임을 깨닫고 코미디언과 농촌 개척자의 자서전 대필을 중단키로 결정한다. 제3편 「지배와 해방」에서 자서전 대필을 포기한 지욱이 '떠도는 말'을 감금하기 위해 각종 강연을 녹음했으며 그 중 젊은 작가의 강연 '글을 왜 쓰는가'에서 글을 써야 할 충분한 이유를 납득한다. 그러나 이야기는 여기서 그치지 않는다. 제4편 「몽염발성」에서 지욱은 다시 한번 이 시대의 '가위눌린' 말들이 어떻게 횡행하며 '글을 써야 한다'는 작가들의 명분이 어떻게 차단되는가를 확인한다. 이 절망 속에서 진실의 말을 찾는 지욱은 제5편에서 차를 마시는 마음의 지혜를 통해 말이 삶으로 되는, 「다시 태어나는 말」의 가능성을 발견한다. 이 마지막 소설은 또한 「서편제」와 「선학동 나그네」의 전혀 계열을 달리하는 소리꾼과 소리에 대한 서정적 소설들의 줄거리를 싸안으면서 극히 추상적이고 지적인 그의 소설 한 줄기와 극히 토착적이고 감성적인 그의 또 다른 소설 줄기에 일대 종합을 가함으로써 70년대 전반에 걸친 일련의 소설 작업들을 그는 완결시키고 있다. 그러나, 아니 그렇다면, 그의 소설은, 적어도 '말'의 소설은 여기서 종착을 본 것일까. 이 의문은 이 글의 끝에서 다시 제기되겠지만, 「소문의 벽」이 완결된 후 '언어사회학 서설'이 나오게 된 사고 혹은 창작 구조를 보자면, 그가 어떤 형태로든 탐구를 계속하는 작가라는 것 외에 분명하게 나올 수 있는 대답은 없을 것이다.

ii) 그의 소설은 중첩 구조를 갖는다. 이 말은 그의 소설들에 나타나는 복수의 사건들이 실은 하나의 모티프를 풀어가고 있음을 지적한다. 그의 「지배와 해방」에서 지욱이 고민하고 괴로워해오던 문제가 곧 작가 이정훈의 그것임이 쉽게 드러난다. 지욱이 강연들의 녹음에 나서는 이유가 "말을 만나고 있는 자의 책임을 감당해보자"는 데 있었고 이정훈이 강연을 통해 강조하는 것도 "허심 탄회한 정직성의 전제 위에서라야 작가의 책임이라는 것도 비교적 정직한 모습이 찾아질 수 있다"는 점이었다. 두 사람의 고민과 주장은 여기서 일치하며 이청준은 하나의 주제를 두 인물을 통해 변주 반복시키는 것이다. 이 책에 수록된 작품들이 모두 단편으로서의 독립성을 유지하면서도 그러나 『잃어버린 말을 찾아서』라는 커다란 장편소설의 연속 소설로 읽히게 되는 가장 큰 이유가 작품간에 이를 맞물면서 전개돼가는 이 중첩 구조의 독특한 효과에 있을 것이다. 이청준에게서 고도로 세련된 이 중첩 구조는 그의 '말의 세계'의 시발 작품이라 할 「소문의 벽」에서 작가 이준과 그의 현실을 추적하는 편집자, 그가 가지고 있는 이준의 소설 등에서 하나의 모티프가 교차하며 나타나는 줄거리를 통해 가장 극적으로 전개된다. 이 중첩 구조는 이청준에게 있어 복수의 모티프가 변증법적인 것이 아니라 복선적인 진행으로 펼쳐진다. 이는 그의 소설이 그 안에서 충돌하고 싸우며 지양하는 복합체가 아니라 하나의 주제가 반추 심사되고 탐구되는 단색적 세계임을 의미하는 것이다. 그의 소설에 사용되고 있는 대화가 변증법적 토론의 양상을 지니는 것이 아니라 하나의 단위로 되기 위한 진술적 성격을 짙게 갖고 있는 것은 이 때문일 것이다. 따라서 소설 속에 소설이 전개되고 한 인물의 사고 과정이 길게 묘사되며 강연과 편지, 다른 책의 소개가 길게 인용된다는 것은 그리 이상한 일이 아니다. 그리고 그의 소설에 추리적 수법이 애용될 수 있다는 것, 하나의 사건에 대한 환기가 이곳저곳에서 자주 이루어진다는 것, 예컨대 '하지만' '한데'와 같은 조건적 접속사의 잦은 사용을 통해 사고의 재검을 거듭 요구한다는 것 등등의 기법적 문체적 특성이 이런 과정에서 얻어지고 있음도 이해될 수 있을 것이다.

iii) 그의 소설의 논리적 사실성은 파격적이다. 그의 연작 소설이 부분에서나 전체에 있어 사건의 제기─진행─완결이라는 구성적 구조는 정통적 정석 위에 이루어지고 있음에도 불구하고 그가 사용하는 재료들은 비현실적이고 혹은 비논리적이다. 이것은 그의 「배꼽을 주제로 한 변주곡」에서도 비슷하게 드러나고 있지만 '언어사회학 서설'에서 특징적으로 나타내고 있음을 지적한다. 가령 「떠도는 말들」에서의 전화 오접과 정체 불명한 여인의 출현이나, 「빈방」에서의 끊이지 않는 딸꾹질, 혹은 「몽염발성」에서의 부흥회 사건처럼 의도적으로 뒤틀어놓는 사건들이 그렇고 「지배와 해방」과 같은 비소설적 제목 아래 작가 자신의 문학 강연으로 전편을 메우는 것과 같은 소설 논리의 의도적인 뒤틀림에서도 그러하다. 여기서 '의도적인 뒤틀림'이란 말을 강조했지만, 실상 그의 소설 속에 있는 비현실적, 비소설 논리적 수법들은 엄격히 말해 우화소설의 구조는 아니며 좁은 의미의 실험적 방법론도 아니고 환상이나 충격적인 효과를 주는 것도 아니다. 물론 그런 요소들을 다분히 품고 있는 것은 사실이지만 이청준의 방법론은 자신이 말하고자 하는 바에 맞추어 사건들을 조작하고 견강부회시키며 요철화시킨다는 데에 있다. 이 수법은 사건 자체에 대한 실감을 부여시키려는 데에 작가의 창작 목표를 두는 것이 아니라 뒤틀린 사건을 통해 작가가 뜻하는 바의 주제를 강조하려는 데 그것이 있음을 시사한다. 굳이 지적한다면 회화에 있어 대상의 왜곡을 통해 화가의 심상을 보여주려는 인상화법에 그것은 접근해 있는 것이다. 이청준의 이 수법은 작가적 무능력을 탓하는 것이 아니라 작가 자신의 강렬한 주제 의식, 그것을 수용하려는 작가의 늠름한 창작 태도를 말해주는 것이다. 이 의식과 태도가 그의 지난 10년을 지배하며 밀어붙인 '말의 세계'에 대한 그의 끈질긴 탐구이며 삶의 방법에 대한 그의 고통스런 변증이다.

  이 변증의 고통이 시작되는 단초로서 주인공 윤지욱에게 생계의 방편으로 안겨진 자서전 대필업이란 특이한 작업은 매우 시사적인 의미를 갖는다. 즉 자서전을 대신 쓰는 윤지욱으로서는 자신이 살아보지 못한, 자신의 존재와는 무관한 삶을 자신의 것처럼 고백해야 하며 자서전의 주인공은 자기를 드러낸 말들과 떨어진 자리에서 살고 있기 때문에 자서전 대필업이란 말과 실체와의 괴리를 숙명적으로 심화시키고 있는 것이다. 윤지욱은 오직 돈으로밖에 연결될 수 없는 남의 삶을 말로 바꾸려 하고 있으며 피문오나 최상윤은 자신의 생애를 남의 말을 통해 분석하려 든다. 그러므로 그가 코미디언 피문오를 대신해서 쓴, "나의 말은 과연 나의 말이 아니며 나의 웃음은 과연 나의 웃음이 아니다. 나의 말은 청중의 말이며 나의 웃음 또한 청중의 웃음이며, 그것들은 이미 나의 말, 나의 웃음이 아닌 것"의 바로 그 세계를 윤지욱 스스로 살고 있는 것이다. "말이 존재의 집이라면, 말의 집은 또한 존재의 실체일 수밖에 없었다. 하지만 말들은 이제 그 실체의 집을 떠난 지 오래였다." 윤지욱이 자서전 대필업을 포기하고 존재와 말이 함께하는 '살아 있는 말'을 찾기 위해 벌이는 오랜 방황은, 그리고 작가 이청준이 그 잃어버린 말들을 찾아 끈질기게 추구하는 탐색은 여기서 비롯한다. 어떻게 해서 말과 실체간의 괴리가 일어나게 되었는가. 피문오의 경우에는 "화려한 도배지로 자기 기만"을 하는 데서, 최상윤은 "맹목적 아집으로 자신을 가식"하는 데서 그 괴리가 일어나고 있음은 분명하다. 그러나 말들의 '배반과 타락'은 이런 개인적인 데에만 그치지 않고 보편적인 사회 현상으로 미만하고 있다. 말이 의사 전달의 매체로서 관계이란 그 본질을 통해서도 그렇게 설명되어야 하고 작가 자신이 붙인 부제가 '언어사회학 서설'이라는 데에서도 달리 해석될 길이 마련되지 않는다. 과연, 한때 "혹사했다고 해도 좋을 만큼 말을 사랑했고 즐겼"던 적이 있었으며 "지상의 모든 가난은 사회 사업가들의 입술 위에 있었……"던 시절의 활기를 말함으로써, 작가는 말의 유령화 현상이 개인 차원에 있지 않음을 분명히하고 있다. 그러나 그것의 구체적 계기와 원인에 대해서는 "언제부턴가는 느닷없이"란 말로써 언급을 회피하고 있다. 작가의 이 회피가 우리의 추측을 크게 벗어날 것은 아니기 때문에 중요한 것은 아니지만 그렇다고 그냥 범상하게 간과할 일도 아니다. 왜냐하면 이 회피 자체가 "언제부턴가는 느닷없이 그 말을 아끼기 시작해버린" 현상 그 자체이기 때문이다. 다시 말하면 사회적 현상이 문학적 현상과 개인적 현상으로 파급된 것이고, 이 파급에 말려들었기 때문에 말의 배반과 복수로서, 자신의 것이 아닌 말로 자신의 삶을 분식하려는 음모가 떳떳하게 빚어진 것이다. 그러므로 작가 이청준이 여기서부터 시작하는 말의 정체에 대한 탐구는 그의 문학적 주제가 되는 동시에 자신의 시대에 대한 성찰이자 자기 삶의 확인이라는 고통스런 변증으로 발전되는 것이다.

그가 이러하다는 것은 이 『잃어버린 말을 찾아서』의 의도적인 작품 배열에서도 방법적으로 드러난다. 자신의 다른 창작집에서 뽑아내 이 연작의 의도성을 살리려고 노력했다는 사실, 연작 사이사이에 다른 계열의 작품을 끼워 순서 그 자체는 무질서하게 보이지만 끝까지 읽고 나서 보면 그 전체가 「다시 태어나는 말」에로 수렴되게끔 만들었다는 데서 그것은 분명해진다. 이 작품집으로 묶여지면서 작품들이 원작으로부터 약간의 수정이 가해졌다는 점, 그럼에도 주인공 윤지욱이 3인칭으로도 1인칭으로도 나타나는 시점의 혼란이 있었다는 점은 이 작가가 당초 철저한 연작 구조의 장편을 염두에 둔 것은 아니리라는 심증을 굳혀주면서, 그럼에도 그 심증은 이청준이 「떠도는 말들」과 「서편제」 이후 그의 문학적 주제에 대한 변증법적 종합을 꾸준히 추구해왔다는 또 다른 심증을 가능케 한다. 잘 알려져 있다시피 그의 문학은 도시 지식인들의 고답적인 관심과 전통적 장인에의 토속적 애정이 전혀 상반된 취향으로 평행선을 긋고 있었다. 「병신과 머저리」「소문의 벽」이 앞의 계열이라면 「줄」과 「매잡이」류의 소설들이 그 뒤의 계열에 속한다. 그것은 한 작가의 거의 『지킬 박사와 하이드 씨』 같은 두 개의 얼굴로 비출 정도였다. 그러나 『잃어버린 말을 찾아서』에서 혼류된 이 두 계열의 소설들이 드디어 합치점을 찾는다. 그것은 작품 배열에서는 의도적이지만 작가 자신의 내면에서는 아마 필연적일 것이다. 그 두 계열의 내면성이 갈등적으로 가능했는지 평행적으로 발전되었는지는 확실치 않다. 다만, 적어도, 이 작가에게 있어 도시적 지성과 토착적 정서간의 관계맺음이 작가 자신의 삶과 직결되어 있었을 것이고 이제 그 공동적인 차원을 발견하게 되었다는 것은 분명히 시인될 수 있을 것이다. 이 공통적인 차원에서 발견되는 두 개의 대비항은 말과 소리, 복수와 정한이다.

　　괴롭고 고통스런 얼굴이었다. 하지만 어떻게 된 심판인지 사내는 그 고통스런 소리의 얼굴을 버리고는 살 수가 없었다. 머리 위에 햇덩이가 뜨겁게 불타고 있지 않으면 그의 육신과 영혼이 속절없이 맥을 놓고 늘어졌다. 그는 그의 햇덩이를 만나기 위해 끊임없이 소리를 찾아다니지 않으면 안 되었다. 그런 식으로 이날 이때까지 반생을 지녀온 숙명의 태양이요 소리의 얼굴이었다.　　　　　—「서편제」

　　……그는 기다리고 있었다. 말들이 그렇게 길을 잃고 헤매다니는 것을 보면 볼수록 그의 기다림은 더욱더 깊어져가고만 있었다. 고향을 잃어버리지 않은 말, 가엾게 떠돌지 않은 말, 그가 태어난 고향에 대한 감사로 의리를 잃어버리지 않은 말, 그가 태어날 때 지은 약속을 벗어

버리지 않은 말, 유령 아닌 말, 그는 아직도 그런 말을 기다리고 있었
던 것이다.   ─「떠도는 말들」

　사람의 한이라는 것이 그렇게 심어주려 해서 심어줄 수 있는 것은
아닌 걸세. 사람의 한이라는 건 그런 식으로 누구한테 받아 지닐 수 있
는 것이 아니라, 인생살이 한평생을 살아가면서 긴긴 세월 동안 먼지
처럼 쌓여 생기는 것이라네. 어떤 사람들한테 외려 사는 것이 바로 한
을 쌓는 일이고 한을 쌓는 것이 바로 사는 것이 되듯 말이네……
〔……〕여자가 제 아비를 용서하지 못했다면 그건 바로 원한이지 소리
를 위한 한은 될 수가 없을 거 아닌가. 아비를 용서했길래 그 여자에겐
비로소 한이 더욱 깊었을 것이고…….   ─「서편제」

　그들은 물론 그들의 복수심의 충동에 의해 그의 세계에 대한 복수를
감행하고 싶어합니다. 그리하여 그 복수심으로부터 자신을 해방시키
고 싶어합니다. 〔……〕그래서 그의 복수는 끝없이 계속이 됩니다. 그
는 그의 복수를 위해서 끊임없이, 그리고 보다 완벽하게 그의 세계 질
서를 꾸미고 수정해나가면서 그것을 또 끊임없이 글로 표현해내고 싶
어합니다. 〔……〕자기의 복수심을 이념화시키고 그것을 다시 보편적
인 인간 정신의 질서로까지 확대시켜나감으로써 자신의 삶을 넓게 해
방시켜나갈 수 있게 되기를 소망합니다.   ─「지배와 해방」

　우리는 말과 소리, 복수와 정한을 현대적 의식과 전통적 감성 혹은
논리적인 것과 정서적인 것으로 가늠할 수 있을 것인가. 그 가늠이
가능하든 그렇지 않든, 그리고 그 가늠이 어떤 형태로 이루어지든간
에 두 계열의 이청준 소설에서 분명해지는 것은 우리의 삶이 그 말과
소리로부터 떠나 있으며 그것을 기다리고 혹은 찾으면서 원한과 복
수감이 생겨난다는 점이다. 윤지욱과 그의 친구들이 글쓰기를 포기
하면서 그들의 살아 있는 말을 찾듯이, 그리고 사내가 의붓아비와 씨

다른 누이동생의 소리꾼들을 배반하고 떠돌면서 그들의 소리를 찾아 헤매듯이 말이다. 이 사내와 윤지욱은 끝내 해남 땅의 여관에서 엇갈려 만나고 거기서 '다시 태어나는 말'을 예감한다. 그것은 '차 마심'과 '빗질하는 여인'을 통해서였다. 그들이 여기서 공통적으로 발견하는 '다시 태어나는 말'의 가능성은 "자신의 삶에 대한 깊은 화해와 용서의 마음"에 있었다. 사내는 "이미 서로를 용서하고 용서받을 길이나 사람이 없음에 덧없어하면서, 그 회한을 살아갈" 것이고 윤지욱은 '그 용서라는 말의 뜻과 무게'를 지고 감당해야 할 것이다. 이 두 사람이 끝내 말없이 빗질하는 여자를 통해 화해의 실체를 체험하리라는 시사는 상징적이면서 육감적이다. 마치 말과 소리가 상징이면서 육감이듯이! 그리고 이에 이르러 한과 복수는 용서와 화해로 변증하게 되며 말과 소리는 그 존재의 집에서 그 자체의 삶을 살게 될 것이다. 이청준은 여기서 드디어 10여 년에 걸친 탐색의 종착을 보여주었고 그 자신의 말과 삶이 결합할 터전을 마련한 것이다.

지욱은 아까부터 그 말의 자유라는 것을 생각하고 있었다. 이 시대는 참으로 말할 수 없는 가혹한 말의 복수 속에 시달리고 있었다. 그것은 물론 사람들 자신의 배반에 대한 당연한 응보였지만, 이 시대에는 거의 모든 말들이 자기 믿음을 잃고 떠돌면서 사람들을 무섭게 복수하고 있었다. 그러나 지욱은 이날 그 복수를 택하지 않은 말들을 만난 것이다. 복수를 택하지 않고 수없이 다시 태어나는 고통과 변신을 감내하면서 자기 믿음을 지켜나가는 말들이 있음을 보았던 것이다. 그 말들은 인간의 삶에 깊이 뿌리를 내리고 있었다. 그것들은 차라리 삶 자체라고 할 수 있을 만큼 그것과 같은 화해를 이룩하고 있었다.

『잃어버린 말을 찾아서』의 전체를 개관하며 화해를 통해 말을 구원할 가능성을 발견하는, 「다시 태어나는 말」의 이 감동적인 구절을 음미하면서 우리는 이 결말에 두 개의 질문을 작가에게 물어보아야 할 것이다. 그 하나는, 사회적 현상으로서의 말의 타락과 배신에 대한 구제책이 용서와 화해라는 개인적 덕성으로 충분할 수 있겠는가 하는 질문이다. 사회 언어의 타락과 배신은 진실과 정의의 타락과 배신을 뜻하는 것이며 그것은 당연히 사회 자체의 그것들을 의미하는 것일 터인데 개인의 정직과 성실, 용서와 화해라는 내면적 가치 실천으로는 불가능한 것은 아니겠지만, 상식적인 것으로 오해받을 교훈의 테두리를 크게 벗어나지 못할 것이다. 두번째 질문은 초의대사가 차를 마시는 지혜로운 마음, 곧 '중정'으로써 자신의 삶을 산다는 고전적 규범으로 그가 귀착할 때 그의 다음의 문학은 어떤 형태로 가능할 것인가 하는 점이다. 앞서 말한 바처럼 이청준은 「다시 태어나는 말」에서 지난 10년 동안의 탐구에 대단원을 맺었고, 그 대단원은 말보다 정신의 교양에 의미를 두는 방향으로 이루어지고 있다. 그가 글을 쓸 수 없게 되었을 때, 바로 그 글을 쓸 수 없음을 소설로 바꾸었고 더 나아가 글에서 말로의 천착의 진전을 본 것은 사실이다. 이러한 진전이 말보다 정신의 고전적 덕성과 맞부딪칠 때 어떻게 전개될 것인가. 그것은 말, 따라서 글의 종언을 초래할까, 아니면 선(禪)적, 불립문자적 문학을 유도할까, 그것도 아닌 전혀 다른 세계의 문학으로 뛰어넘을 것인가. 이 두 개의 질문은 이청준의 고전주의적 결론이 현대 사회와 현대 작가라는 집단적·개인적 삶과 어떻게 화해할 수 있는가라는 문제가 될 것이며 앞으로의 그의 태도 혹은 작업의 귀추에 주목할 이유가 되는 것이다.   〔『잃어버린 말을 찾아서』 해설, 1981〕

'빗새'로 유랑하기/ '나무'로 서 있기
── 『남도 사람』에 나타난 이청준의 길

안 삼 환

　　이청준의 연작소설집 『남도 사람』에는 '남도 사람'이란 부제가 붙어 있는 다섯 편 외에 두 편의 단편이 덧붙여져 있다. 「눈길」과 「살아 있는 늪」이란 이 두 작품은 언뜻 보기에 다섯 편의 연작들과 직접적인 연관성은 없는 것처럼 보인다. 그러나 이 두 작품이 여기 함께 묶이게 된 데에는 그 나름대로의 사유가 없지 않을 것이다. 이 자리에서 그 사유를 캐어볼 계제는 아닌 것 같고, 다만 여기서는 우선 이 두 작품에 다같이 나타나는 한 가지 공통적 현상에서부터 논의의 실마리를 끄집어내어보기로 하겠다.
　　이 두 작품은 한 가지 기이한 공통점을 지니고 있는데, 그것은 주인공인 '내'가 도회지에서 살다가 잠시 '노인'('나'는 고향에 남아 홀로 살고 있는 노모를 이렇게 지칭하고 있다)을 방문했지만, 마치 무엇에 쫓기기라도 하는 사람처럼 조급하게 다시 떠나고 싶어한다는 것이다. 「눈길」의 주인공 '나'는 오던 날의 점심상에서 물러나 앉으면서 벌써 "내일 아침 올라가야겠어요"[1]라는 "매정스런 결단"[2]을 통고하고 있고, 「살아 있는 늪」의 주인공 '나' 역시 빗새 잠시 눈을 붙인

후 날도 채 새기 전에 새벽차로 서둘러 '노인'의 곁을 떠나는 것이다.

이 "매정스런 아들"[3]이 새벽차를 타고서라도 한시바삐 '노인'의 곁을 떠나려는 까닭은 무엇인가? 그래서 그가 도회지에 가면 과연 그는 "밝은 날 가운데로 새로 태어난 사람처럼"[4] 행복한 하루를 맞게 되는 것일까? 우선 '나'의 말을 직접 들어보기로 하자.

> 무슨 원죄 의식 같은 거였다고나 할까. 도대체 마을 사람들을 만나기 싫었다. [……] 노인네의 어려운 형편은 까닭없이 내게 마을 사람 만나는 걸 거북하게 만들었다. 사람을 만나는 일 자체가 싫었다. [……] 사람들이 내왕하는 밝은 날이 싫었다. 나는 어둠을 타고 집을 들어섰고 어둠 속으로 집을 나섰다.[5]

이것은 '내'가 왜 새벽차를 타고 황급히 '노인'의 곁을 떠나야 하는가에 대한 '나' 자신의 설명인데, 문제는 '나'가 마을 사람들의 눈에 '노인'의 '어려운 형편'을 개선시켜줄 수 있는 인물로서 비쳐질 수 없는 데에 있다. 애당초 비극의 원인은 노인의 가난이지만, 또 하나의 비극은 고향 사람들이 노인의 비극을 해소할 구제자로서 기대하고 있는 '나' 자신도 또한 아직도 여전히 가난하거나, 적어도 '노인'의 가난까지 구제할 만한 능력이 없다는 사실이다.

'나'의 이 '무능력'을 올바르게 이해하기 위해서 우리는 꼭 이청준과 더불어 남도 사람으로 태어날 필요는 없다. 뙈기밭 머리의 '지게터'에서 밭일을 하고 있는 어머니를 기다리며 산과 바다의 품안에서,

---

1) 이청준, 「눈길」, 『남도 사람』, 문학과비평사, 1988, p. 181.
2) 같은 곳, p. 182.
3) 같은 곳, p. 183.
4) 「살아 있는 늪」, 같은 책, p. 212.
5) 같은 곳, pp. 211~12.

푸나무꾼들의 노랫가락 속에서 유년 시절[6]을 보냈어야만 할 필요도 없다. 1950년대 및 60년대에 고향과 자연과 어머니를 떠나 각박한 도회지 거리를 유랑하며 가난과 독재의 이중고에 시달렸어야 할 필요도 없다. 다만 우리는 "생활하는 자는 창작할 수 없다"는 평범한 진리만 알고 있으면 된다. 그것으로 이미 우리는 '나'의 이 '무능력'이 ──분열되어 각각 상이한 길을 걸어온 4·19 세대 중 그날의 이상을 지키며 끝까지 비인간적 체제에 타협하지 않을 사람들의 '무능력'이 그렇듯──지난날의 가난을 돈·명예·권력으로 '복수'하려 하지 않고 "가난을 사랑으로 살아낸 사람들"[7]의 무서운 '고집'이요, '능력'이기도 하다는 사실을 안다. 그리하여 우리는 '내'가 실은 '노인' 앞에서 자신의 현실적 '무능력'을 보이는 것이 싫어서 자신의 '능력'의 세계, 즉 예술의 세계로 '매정스럽게' 도망치는 것임을 알게 되는 것이다. '내'가 만약 '글쟁이'가 아니라, '소유'와 '지배'와 '복수'를 택한 도회지의 우람한 생활인이었다면, '나'는 아마도 '노인'에게 적어도 가난을 모면할 희망이라도 줄 수 있었을 테지만, '나'도, '노인'도 각각 자신의 가난을 일종의 업보로서 등에 짊어지고 살아가야 함을 잘 알고 있다. 그 때문에 그들은, 각자 자신의 삶을 자신의 업보로서 계속 살아가기 위해서도, 만나자마자 곧 다시 서로 헤어지지 않으면 안 되는 것이다.

대체로 이런 기본적 구도 위에서 이청준의 문학은 그 복잡다기한 변주를 울리고 있는 성싶다. 이러한 변주들은 '글쟁이'(『남도 사람』에는 '시쟁이'라는 인물이 잠깐 나오는데, 그는 위와 같은 이청준적 '나'의 한 변형에 다름아니다.) 이청준 개인의 문제를 그 핵으로 하고 있기 때문에 그것들은 일차적으로는 대개 일종의 변형된 예술가소설의 색채를 띠면서 존재론적 미학으로까지 치닫고 있다. 그러나 '노

---

6) 이청준, 「귀향연습」, 『자서전들 쓰십시다』, 열화당, 1977, pp. 164~66.
7) 이청준, 『작가의 작은 손』, 열화당, 1978, p. 156.

인'의 가난과, 나아가서는 '시쟁이'('나'를 앞으로는 아주 이렇게 불러버려도 좋을 것 같다.)의 가난 및 '무능력'이 어디에서 연원하며, 이렇게 진실하고도 순정한 사람들이 왜 한을 품고 피곤하게 살아가지 않으면 안 되느냐는 물음이 제기되자마자, 이 모든 개인적인 이야기들은 이내 고도의 사회적·정치적 의미를 지니게 되는 것이다. 우리가 이런 '시쟁이'류의 주인공에게서 한 특수한 개인 이청준의 남다른 예술가적 고통과 자기 극복에의 가열한 노력을 느낌과 동시에, 그 이야기들이 단순히 한 유별난 사람의 이야기에 그치지 않고 가난과 억압하에서 이 땅에 살아온 사람들의 보편적 숙명의 기록임을 느끼게 되는 것은 바로 이 때문이다.

이청준의 연작소설 『남도 사람』 또한 한 '소리쟁이'('시쟁이'의 형제라는 의미에서 이런 조어가 가능할 것이다. 소리를 직접 하는 것이 아니라 소리를 듣기를 좋아하며 남도를 유랑하는 이 사내를 '소리꾼'[8]이라고 말하기는 어렵다면 말이다.)의 이야기로서, 일단은 작가 이청준의 비의적 자서전 내지는 예술가소설로서 읽혀질 수 있다. 그러나 이 이야기가 우리 시대의 삶의 양태에 대한 하나의 강력한 의문이며, 나아가서는 오늘의 한국 사회를 위해 작가 이청준이 제시하는 사랑과 용서의 메시지로도 읽혀질 수 있는 이유는 그의 작가적 체험이 우리 현실의 표피에만 머물지 않고 그만큼 우리의 역사적·총체적 현실의 깊은 흐름에까지 뿌리를 내리고 있기 때문이라 할 수밖에 없다.

「서편제」「소리의 빛」「선학동 나그네」「새와 나무」「다시 태어나는 말」 등 다섯 편의 작품에 두루 등장하는 주인공 '소리쟁이' 사내는 '시쟁이'와는 얼른 보기에 판이하게 다른 인물 같지만 우리는 차츰 그들이 어김없는 형제임을 발견하게 된다.

'소리쟁이'가 가난한 편모 슬하에서 자라나는 것은 「눈길」이나 「살아 있는 늪」의 '나'와 비슷하다. 그러나 그의 인생 행로는 우선

---

8) 이청준, 「다시 태어나는 말」, 『남도 사람』, 1988, p. 164.

'나'보다는 훨씬 더 기구하다. 여름의 폭양 아래 어린 그를 고삐 매듯 따로 매어놓고 밭뙈기 농사를 지어가며 연명하던 그의 어머니가 어느 날 어느 뜨내기 소리꾼을 맞아들였는데, 어머니는 그 이듬해에 아이를 낳다가 그만 세상을 떠났다. 이에 그는 갓난 씨다른 여동생과 함께 그의 의붓아버지를 따라 이 고을 저 고을로 떠돌아다니게 되었다. 의붓아버지는 그들 남매를 오뉘 소리꾼으로 만들고 싶어하였으나, 그는 북채잡이 노릇까지는 마지못해 따라하면서 어느 땐가 의붓아버지를 죽이고 어머니의 원수를 갚을 계획을 꾸미고 있었다. 그러나 그는 이러한 그의 살의를 끝내 실현하지 못하고 오히려 의붓아버지와 여동생을 떠나고 말게 되는데, 그것은 의붓아버지의 소리가 '이상스런 마력'을 지니고 있었기 때문이었다. 그 소리는 "녀석에게 살의를 잔뜩 동해 올려놓고는 그에게서 다시 계략을 좇을 육신의 힘을 몽땅 다 뽑아가버리는 것이었다."[9]

그가 자신의 복수의 결의를 누그러뜨리지 않기 위해 의붓아버지와 씨다른 여동생을 버리고 떠나간 후, 소리꾼 아버지는 잠든 딸의 눈 속에다 청강수를 몰래 찍어넣어 고의로 딸의 눈을 멀게 했는데, 이것을 눈으로 뻗칠 영기가 목청으로 뻗치도록 하여 딸을 진짜 한맺힌 소리꾼으로 만들려는 아버지의 소망 때문이기도 했지만 실은 소리꾼 아버지가 딸마저 자기 곁을 떠날까 두려워했기 때문이라는 것이었다.

어쨌든, 의붓아버지와 씨다른 여동생을 버리고 떠나간 소년은 후일 "서울의 어떤 한약방 약재 수집원"[10]이 되었으나, 그는 "그 누추한 어릴 적 기억을 버리지 못해" 출장을 핑계삼아 남도 천리를 유랑하며 "소리 비렁뱅이질"[11]을 하고 다니던 중, 장흥읍 근처의 어느 산골 주막에서 자신의 씨다른 누이를 만나, 한 판 소리를 듣게 된다. 그리고

---

9) 「서편제」, 같은 책, p. 27.
10) 「다시 태어나는 말」, 같은 책, p. 158.
11) 「소리의 빛」, 같은 책, p. 45.

나서 그는 자신의 신분을 밝히지도 않은 채 그만 기약없이 그 주막을 떠나가버린다.

여기서, 우리는 이 '소리쟁이'가 그토록 찾아 헤매던 자신의 누이동생을 만나고서도 왜 서로 회포와 한을 풀지 않고 말없이 다시 그 누이동생을 두고 떠났을까라는 의문에 봉착하게 되는데, 문득 우리는 앞서 살펴본 바 있는 '노인'과 '나'의 만남과 헤어짐을 연상하게 된다. '나'는 '노인'의 한(가난이라 해두자!)을 풀어줄 수 없는 위인이다. 이런 '내'가 '노인'의 한을 섣불리 건드려 '노인'의 삶의 유일한 내용인 한조차 다치게 하느니 차라리 '나'는 '노인'으로 하여금 그녀의 삶의 몫을 살아가도록 고이 내버려두는 쪽을 택한 것이며, 그럼으로써 '시쟁이'로서의 피곤한 길을 가야 할 '나' 또한 자신의 한을 "먼지처럼"[12] 쌓아가려는 것이 아니던가!

이런 의미에서, '소리쟁이' 오라비가 그렇게 떠나버린 날 아침, 주막집 주인 천씨가 눈먼 소리꾼 여인에게 하는 다음과 같은 말은 우리가 깊이 곱씹어볼 데가 있을 것이다.

> 그러고 보면 아마 자네 오라비라는 사람이 그렇게 가버린 것도 자네의 그 한을 다치지 않으려는 것이 아니었는가 싶네. 사람들 중엔 때로 자기 한 덩어리를 지니고 그것을 소중스럽게 아끼면서 그 한 덩어리를 조금씩 갈아 마시면서 살아가는 위인들이 있는 듯 싶데그랴. 자네가 그렇고, 내가 그렇고, 알고 보면 자네 오라비라는 사람도 아마 그 길에서 그리 먼 데 있는 사람은 아닐 걸세. 〔……〕 자네 오라빈 자네 소리에 서린 한을 아껴주고 싶은 나머지, 자네한테서 그것을 빼앗지 않고 떠나기를 소망했음에 틀림없을 걸세.[13]

---

12) 「서편제」, 같은 책, p. 31.
13) 「소리의 빛」, 같은 책, p. 54.

자신의 누이동생을 만나고도 오라비임을 밝히지도 않고 "매정하게" 돌아선 '소리쟁이'의 이러한 행동은 실은 누이한테서 한을 빼앗지 않고 떠나려는 뜨거운 사랑의 발로이며, 다른 한편으로 생각해보면 누이에 의하여 자신의 한을 빼앗기지 않고 홀로 지켜, "그 한 덩어리를 조금씩 갈아 마시면서" 살아가고 싶었던 때문이기도 하리라. 왜냐하면 어떤 종류의 인간에게는 도대체 한을 풀고 정착해서 살아간다는 일이 더 이상 불가능하기 때문이다.

이런 유형의 인간에게 이청준은 『남도 사람』에서 '빗새'라는 한 독특한 형상을 부여하고 있다. '빗새'란 원래 비가 오는 날 깃들일 둥지가 없어 "젖은 몸을 쉴 둥지를 찾아 빗속을 울며 헤매다닌다"[14]는 새짐승이다. 그러나 비가 오는 날, 이 빗새가 구슬프게 울어대면, 자식을 빈손으로 객지에 내보내놓은 가난한 어머니는 "제 둥지 하나 못 지닐 팔잘 타고난"[15] 그 빗새란 놈의 울음 소리가 예사 소리로 들리지 않는 법이리라. 그래서 해남 땅의 한 어머니는 집 앞 텃밭 한쪽 가에 동백나무 한 그루를 심어놓고는 비 오는 날이면 그 무성하고 넓은 나뭇잎과 가지로 깃들여오는 날짐승들—그것들이 진짜 빗샌지 아닌지는 괘념치 않고—에게 듬뿍 모이를 뿌려주곤 하였다. 바로 이 어머니의 작은아들이 고향에서 과수원을 하고 있었다(어머니는 이미 세상을 떠났고, '빗새'였던 그의 형은 '빗새'로서의 유랑의 길을 떠난 채 소식이 없었다).

그 사내는 자기 집 마당 앞 나무들 사이에 서 있었다.
그는 방금 낙엽이 끝나가고 있는 늦가을 나무들에게 겨울 짚옷을 싸 입히다 쉬고 있는 중이었다.
오래오래 하늘을 쳐다보고 서 있는 모습이 그 자신 한 그루의 나무

---

14) 「새와 나무」, 같은 책, p. 103.
15) 같은 곳.

처럼 보였다.[16]

　이청준의 단편 「귀향 연습」(1977)에 나오는 기태와 비슷한 이 인물은 「새와 나무」에서는 그냥 '사내'라고만 지칭되고 있는데, 이 '사내'가 기태와 다른 점은 기태라는 시골 과수원 주인이 도시 생활에 찌든 "환자"[17]들을 모아들여놓고는 "자신도 의식할 수 없는 은밀한 방법으로 어떤 묘한 우월감 같은 것을 즐기고 있는"[18] 데에 반하여 이 '사내'는 '그 자신 한 그루의 나무'가 되어, "피곤하고 후줄근한 몰골"[19]의 길손이면 그가 비록 자신의 형이 아니더라도 '빗새'로서 맞이하기도 하고 떠나보내기도 한다는 사실이다. 이청준의 『남도 사람』을 읽는 독자는 누구나 한번쯤은 '한 그루 나무'로서 살아가는 이 '사내'의 손님이 되어보기를 원할 것으로 생각되는데, 그것은 그가 "세상 만물을 돈으로 바꿔 생각하기를 좋아하는 작금의 환금주의 풍조에는 〔……〕 부러 눈을 감고 지내는 답답하고 희귀한 고집쟁이"[20]로서 자신의 "분수를 알고 그 분수에 맞게 살아가려는 자족적 삶"[21]에서 우러나온 "인정과 여유"[22]를 풍기고 있기 때문이다. 이청준은 어느 땐가 도회지 생활을 가리켜 "그 악마구리속 같은 서울살이"[23]라고 지칭하면서, 그 뺏고 뺏기며 지배하고 억압당하는 악다구니 속에서 병들어 폐인이 다 된 주인공을 그린 바 있지만, 이제 그런 피곤한 인물들이 이 '사내'의 '빗새'로서 날아드는 것은 당연한 노릇일 터이다.

---

16) 같은 곳, p. 87.
17) 이청준, 「귀향연습」, 『자서전들 쓰십시다』, p. 150.
18) 같은 곳, p. 151.
19) 이청준, 「다시 태어나는 말」, 『남도 사람』, p. 160.
20) 「새와 나무」, 같은 책, p. 95.
21) 같은 곳, p. 100.
22) 같은 곳, p. 97.
23) 이청준, 「귀향연습」, 『자서전들 쓰십시다』, p. 205.

사내도 이젠 그의 노친네가 옛날 당신의 아들을 대신할 그 한 마리 빗새만을 위해 동백나무를 심지 않았듯이, 그의 숲을 지나가는 모든 피곤한 길손들을 그의 빗새로 맞아들이고 있는 것이었다.
　사내의 심중엔 실상 이제 형의 모습은 없을 수도 있었다. 그의 착각은 이제 진짜 환각이 아닐 수도 있었다. 그는 이제 자신이 한 그루 나무가 되어 숲가의 빗새를 보고 있는 것이었다.[24]

　이렇게 '사내'에게 처음 날아든 '빗새'가 바로 '시쟁이'였는데, 도회지 생활에 피곤기를 느낀 그는 고향에 자기만의 집터를 소망해서 그것을 찾아다니던 중 우연히 이 '사내'의 손님이 되어, '사내'의 과수원에서 "소유와 지배의 끈으로 엮어진 관계의 굴레에서 잠시나마 자신의 삶을 풀어놓"[25]을 수 있었던 것이다.
　'시쟁이'가 죽고 난 후 어느 날엔가 이 '사내'가 '시쟁이'와 비슷하다는 "착각"을 일으켜 자신의 품안으로 맞아들인 또 하나의 '빗새'가 있는데, 그것은 누구일까? 그는 바로 다름아닌 '소리쟁이'다. 그리하여 '소리쟁이'는 "기나긴 유랑 끝에 오랜만에 사람을 만나"[26]는 기연을 누리게 되는 것인데, 이 '빗새'와 '나무'의 상봉이야말로 가히 작품 『남도 사람』의 절정이라 하겠다. 이 절정에서는 '시'도 함께 만나는바, 그것은 '소리쟁이'가 이제는 죽은 '시쟁이'의 그 집터에 앉아 그 '시쟁이'가 환청으로 들었다던 그 들녘의 노랫가락, 즉 남도의 "들녘에서 낭자하게 끓어오르는 상사뒤여 소리"[27]을 듣게 되기 때문이다.

---

24) 이청준,「새와 나무」,『남도 사람』, pp. 108~09.
25) 같은 곳, p. 122.
26) 같은 곳, p. 109.
27) 같은 곳, p. 124.

노랫가락은 이제 솔바람 소리에서만 들려오고 있는 게 아니었다.
소리는 이미 그의 육신 속에서도 그리고 그 눈 아래 들판에서도 빛살처럼 가득히 피어오르고 있었다.
[……]
소리가 가는 곳이면 그는 어디나 그것을 따라갔다.
소리는 어디나 가고 어디에도 있었다.[28]

여기서 우리는 진작부터 '시쟁이' 또는 '소리쟁이'(그래서 우리는 앞서 이들을 형제간이라 하지 않았던가!)가 그들의 기나긴 유랑의 생애에서 복수를 택하지 않고 가난을 사랑으로 살아, 끝내는 모든 것을 용서하는 초월과 크나큰 사랑의 경지에 도달함으로써 마침내 자신의 예술적 원현(圓現)에 이르는 한 지극히 아름다운 순간의 증인이 된다.

이 순간, "한마디 말에 자신의 삶을 바쳐"[29] 살아온, 그리하여 "복수를 택하지 않고 수없이 다시 태어나는 고통과 변신을 감내하면서 자기 믿음을 지켜"[30]온 작가 이청준 역시 '빗새'로서의 오랜 유랑, 그의 고통스럽고도 외로운 싸움의 고지 위에 한 그루 나무로 선다. 그리하여 우리들, 이 시대의 '빗새'들은 이 한 그루 나무의 품안에서 젖은 날개를 쉬면서 용서와 사랑을 터득한다. 그리고 문득 깨닫게 된다 — '새'와 '나무'와 '시'가 실은 모두 하나의 길이며, 바로 이 길이 또한 '광주'를 딛고 '통일'로 나아가는 길이라는 것을. 이렇게 이청준은 하나를 말함으로써 다를 말하며 다를 말하기 위해 하나밖에 이야기하지 않는다. 무서운 작가이다. 〔『문학과 비평』, 1988년 가을〕

---

28) 같은 곳, p. 131.
29) 「다시 태어나는 말」, 같은 책, p. 174.
30) 같은 곳, p. 175.

용서, 그 타인됨의 세계

정 과 리

　작품 해설을 의뢰받았을 때, 나는 이미 몇 가지 바쁜 일거리를 벌여놓고 있는 상태였다. 그러면서도 나는 쉽사리 사절을 못하고 결국 떠맡지 않을 수 없었다. 한편으로는 의뢰자에게 지고 있는 부채 때문이었을 것이다. 수차례에 걸친 원고 약속을 나는 번번이 위반하고 있는 터였다. 이번만은 도저히 회피할 엄두가 나지 않았다. 그러나 다른 한편으로는 대상이 된 작가가 이청준이라는 사실 때문이기도 하였다. 평소 다른 작가들에 비해 특별히 그를 즐겨 읽어서가 아니었다. 한 선배 비평가의 말을 빌리자면, 동시대의 모든 작가를 '동류 의식적인 애정'을 가지고 읽어야 하는 것이, 비평을 할 만한 일로 삼은 사람의 의무인 이상, 어느 특정한 작가를 좋아하고 싫어할 수가 없는 법이었다. 보다 본질적인 이유는 이번 기회에 이청준을 좀더 이해할 수 있었으면 하는 바람에 있었다. 작가에 대해 몇 개의 글을 써 보았던 나는 매번 실패를 절감하지 않을 수 없었다. 4·19 정신의 연장선상에서 그를 이해해보려 했거나 그의 남도 소리를 언급했을 때나, 나는 나의 이해가 전혀 피상적이며 나의 서술이 구체성을 결여하고 있다는 미진한 감정에서 벗어날 수가 없었다. 내 단순한 사고는 그의 글의 굴곡을 끈기 있게 따라잡지 못하고 있는 셈이었다. 이청준이라는 거대한 늪에서 헤어나오지도, 자진해서 그 늪의 일부가 되지도 못하고 있었다.

몇 개의 작품들을 다시 읽으면서, 나는 좀더 바람직한 이해에 가닿을 수 있을지도 모른다는 희망을 품는다. 이 글은 그 희망의 한 단면이 될 것이다.

이청준의 작품들이 품고 있는 독특한 분위기는 작중인물들과 그들이 몸담고 있는 세계의 유별난 구성에 까닭을 두고 있는 듯하다. 세계의 모양은 흔히 표면에 드러나지 않고, 인물들 사이의 대립 혹은 추적의 관계가 적중 상황을 구성한다. 하지만 그럼에도 세계는 완전히 배제되어 있지 않다. 아니 오히려 인물들을 둘러싸고 있는 세계는 인물들의 삶을 끊임없이 제약하는 동인으로서 작용하고 있다는 인상을 짙게 풍긴다. 우선 그것은 인물들을 관계짓고 있는 작품의 무대가 상당히 반일상성의 공간이기 때문에 그러하다. 「과녁」의 무대는 사람들의 왕래가 거의 끊긴 '활터'이며, 「가수」는 정확히 1년 만에 같은 이름의 두 인물이 열차 사고로 죽는 사건을 두고 전개된다. 「예언자」에서 가면을 쓰고 술을 팔고 마시는 '카페 여왕봉'이야 말할 필요가 없다. 꽤 현실적인 작중 상황조차 그것들의 시공간은 일상적 현실로부터 조금씩 비켜서 있다. 「살아 있는 늪」의 중심 시간은 동트기 전의 새벽녘이며, '조만득씨'나 「겨울 광장」의 '완행댁'은 미쳐 있고, 완행댁이 들려주는 딸의 슬픈 내력은 무시로 내용이 바뀐다. 또한 「다시 태어나는 말」의 이야기는 차 마시는 법을 외면적 주제로 '절간'과 '여관' 사이에서 전개된다. 「해변 아리랑」의 중심 무대는 '바닷가 외딴 산기슭 밭가'이다.

만일 작품의 공간이 일상의 삶에서 흔히 볼 수 있는 그것이라면 인물 대 세계의 대립보다 인물 대 인물의 관계의 얽힘에 초점을 두고 있는 소설에서 세계는 단순한 배경으로 물러앉기 십상이고, 따라서 애정소설이나 추리소설에서처럼 인물들은 이미 주어져 아무런 의심의 대상도 될 수 없는 세계 속에서 그들 나름의 사사로운 문제에 부딪히고 개별적으로 해소, 해결해나갈 것이다. 그러나 반일상적 공간 내에 위치함으로써, 이청준적 인물들의 삶은 거꾸로, 사람 전체에 관계된 보편적 삶의 내용을 개념적으로 축약한 알레고리로 읽어내도록 독자를 유도한다.

그렇다면 그 보편적 삶의 내용은 무엇이며, 작가는 그 세계를 어떻게 드러내고 있는가. 대답부터 하자면 그 세계는 일차적으로 사회적 세계이며, 그것은 작중인물을 통해 드러난다. 일상적 현실로부터 비켜서 있다는 점에서 작가가 암시하는 세계는 혹 추상적 인간의 존재론적 조건 또는 영원한 본질과 관련되어 있다고 추정될 수도 있을 것이다. 그러나 실제 그것은 무엇보다도 사회적 현실이다. 「과녁」은 사회적 인간 관계에서 남보다 앞서고자 하는 '석주호 검사'와 사회와 동떨어진 '북호정 사람들'의 대립 관계를 보여주고 있는데, 북호정의 사람들이 완벽하게 사회로부터 유리되어 있는 것이 아니라, 소외되어 있다는 점을 유의해야 할 것이다. 본래 사람들이 많이 드나들던 활터는 시대가 변함에 따라 인적이 뜸해졌으며, 혼기가 지난 딸은 활을 쏜다는 것 때문에 불길하다 해서 "개 무당 보듯 사람들은 딸년의 혼인을 어림없이" 한다. 그들이 남들이 잠들어 있는 새벽녘에만 활을 쏘는 것도 그 때문이다. 「가수」에서 두 인물이 '주영훈'이라는 같은 이름을 갖게 된 깊은 근원에는 함께 팔짱을 끼고 전전했던 4·19의 데모가 숨어 있다. 「조만득씨」에서 돈을 구해달라는 동생의 성화에 견디다 못해 행복한 백만장자 정신병자가 된 조만득씨의 병을 고쳐 그를 불행한 현실로 다시 내모는 '민박사'는 "비록 자신의 짐 속에 깔려 넘어지는 일이 생긴다 하더라도 진짜 자신에게로 돌아가 자신의 현실과 맞서야" 한다고 주장한다.

그 사회적 세계의 구체적 묘사는 생략되는 대신, 인물들의 삶의 방식·사유·행동 등이 그것을 수렴하여 표출한다. 그때, 인물과 사회 사이에는 특별한 거리가 없다. 인물은 사회 그 자체의 거대한 형상을 입는다. 가령, 「예언자」에서 종업원과 손님들 모두에게 가면을 씌우는 '홍마담'이 무심코 규칙을 잊고 가면을 벗은 여급에게 내리는 선고를 상기해보자. 홍마담은 여급에게 물리적 체벌을 가하거나 바로 해고하지 않는다. 그러지 않고 그녀는 여급의 가면을 불태운 다음, 맨얼굴로 손님을 맞게 한다.

그러나 이미 가면에 익숙해진 여왕봉 사람들 속에서 여급은 어색함을 견디어내지 못하고 스스로 여왕봉을 그만두고야 만다. 그때, 홍마담은 단순한 인물 이상이다. 즉 여왕봉으로 상징되는 거대한 권력 체계의 대표적 지배자 이상이다. 그녀는 그 역할을 넘어 사회의 구성원 전체를 흡수하고, 약간의 위반만 있어도 위반자를 공동의 이름으로 소회시키고 제거시키는 지배 제도 그 자체이다.

그러나 인물들은 동시에 개별적 생명들이다. 그들은 한편으로 세계를 담당하지만, 다른 한편으로 세계에 의해 제약받고, 그 구속을 제가끔의 방식을 통해 벗어나려 애쓰는 사회 내 개인들이다. 「과녁」의 석주호 검사가 부임과 동시에 지방 유지들과 어울리고 "그들에게 허점을 보이는 것은 우선 자기 수모에 속하는 일로" 여기면서, 누구보다 앞서려고 하면서도 그것을 내색 않고 '인화·아량'을 처신의 좋은 무기로 삼고 있을 때, 그는 분명 선전과 추상의 덕목으로 은폐된 상호 경쟁의 자본주의 사회 논리의 복사물이다. 또는 「살아 있는 늪」의 '운전수'가 고장난 차를 방치해두면서 불평하는 승객들에게 "고분고분 사정을 말하고 양해를 구"하기는 커녕 "칼자루를 쥔 사람답게 몹시도 위압적인 어조"로 "호통을 쳐대듯 서슬이 시퍼"럴 때, 그리고 갈아탄 버스가 진창에 빠진 트럭 때문에 앞길이 막혀 더 이상 움직이지 못하게 됐는데도 무사태평으로 주저앉아 있는 운전수에 대해 화자(話者)가 "이번에도 역시 칼자루를 쥔 것은 운전수 쪽이었다. 〔……〕 할 수가 없었다. 운전수에겐 더 이상 희망을 걸 수가 없었다"고 말할 때, 운전수 역시, 물리력에 뒷받침된 조직 사회의 반인간성을 그대로 표상하고 있다. 하지만 동시에, 석주호가 "아버지가 갑자기 야당 정객 생활을 시작"하면서, 물 흐르듯 시원스러웠던 출세 가도에 제동이 걸려 시골 소읍으로 전임 발령되었다는 것을 우리가 알았을 때, 또는 진창 속의 차를 끌어내기 위해 운전수가 승객들과 힘을 합하며, 결국 포기하고 버스 안으로 돌아와 승객들과 더불어 엿을 사먹고 있을 때 그들은 더 이상 사회의 권화가 아니라, 사회 속에 묶여 사회에 의해서 시달리는 개인들로 나타난다. 「예언자」의 홍마담 또한 강형사에게 심문을 받는 순간의 그녀는 일개 술집의 마담에 불과할 뿐이다.

인물들은 세계의 알레고리이면서 동시에 구체적 개인들이다. 그 이가성(二價性)이 독자의 해석과 작품 사이에 끊임없는 모호성의 간격을 벌려놓는다. 그런데 이 모호성이야말로 작품을 살아 움직이게 하는 기본 동력 중의 하나이다. 그것은 무엇보다도 세계가 단순히 미리 주어지고 확정된 것으로서 그 속의 사람들과 전혀 무관한 것이 아니라, 바로 의도들의 구성체라는 것을 보여준다. 세계는 인간의 손으로 어쩔 수 없는 거대한 괴물이지만, 아니 그렇게 보이지만 실제 인간에 의해서 만들어진 것이다. 그 세계의 형성에 적극적으로 가담하건 수동적으로 따르건 혹은 저항하건, 세계는 그 모든 움직임의 총체의 산물이다. 「조만득씨」의 '윤간호원'이 조만득씨를 현실로 되돌려 보내야 한다는 민박사의 설명에 "아무 무리를 찾아낼 수가 없었음에도 거기에 자신을 승복시킬 수"가 없었으며, "민박사님이나 저도 조만득씨가 돌아가야 할 현실의 일부가 아닐까요" "우리가 그의 현실의 일부라면 우리에게도 그의 병세의 변화에 대한 책임의 일부가 있는 게 아닐까요"라는 질문을 예비하고 있는 것은 그 때문이다. 그 질문 속에는 조만득씨의 삶과 자신의 삶을 분리시키고 자신을 세계에 당당히 편입한 성공자로서 놓고 싶어하는 민박사(그리고 개인주의 사회의 논리에 물든 우리)의 무의식적 욕구에 대한 깊은 비판이 숨어 있다.

또한 「예언자」에서 홍마담의 충복인 우덕주가 급기야는 홍마담에게 요구와 주문을 하게 되는 사태에 이른 것도 세계가 의도의 구성체인 까닭이다. 우덕주는 홍마담의 충복이 됨으로써 여왕봉의 세계를 지배하려는 홍마담의 의도까지도 자신의 몸에 육화한 것이다.

세계를 의도의 구성체로 읽게 하는 이청준의 소설들은 따라서, 인물들의 기본 유형을 세 부류로 묶는다.

첫째, 세계의 구성을 의도적으로 주도하는 인물들:「과녁」의 석주호,「예언자」의 홍마담,「조만득씨」의 민박사가 그들이다. 둘째, 첫 유형의 인물들이 이루어놓은 상황을 무의지적으로 좇는 인물들:「과녁」의 읍내 유지들과 '군 서기,'「예언자」의 여왕봉 사람들,「살아 있는 늪」의 승객들 등등이다. 셋째, 첫 유형의 인물들과 대립적인 삶의 양식을 보여주면서, 그들의 음모 또는 의지의 실천에 의해, 그리고 둘째 유형의 인물들의 첫 유형의 인물들에 대한 추종·협력에 의하여 본래의 삶을 파괴당하는 사람들:「과녁」의 북호정 가족,「예언자」의 나우현,「가수」의 주영훈,「살아 있는 늪」의 '나' 그리고 조만득씨 등이다.

이러한 인물의 나눔은 지극히 도식적이고 편의적일 따름이다. 실제 인물들은 앞의 유형들의 삶을 한 부분 담당하면서 늘 거기에서 빠져나온다. 인물 또한 의도의 구성체, 되어감의 존재이기 때문이다.

첫 유형의 삶은 일정한 목표를 향하여 전진하는 움직임을 보여주며, 그 목표는 자기를 둘러싸고 있는 세계의 지배와 소유의 욕구를 드러낸다. 석주호는 북호정 사람들이 활을 쏘는 "뜻밖에 신비스런 광경"을 목격하고는 "그 아름다움을 자기의 것으로 나눠 가질 가능성"을 찾으며, 그것을 통해, 내기 바둑에서 번번이 자신을 골탕먹이는 읍내 유지들에게 자신이 더 앞서 있다는 것을 과시할 계획을 꾸민다. 두번째 유형의 삶은 첫 유형의 삶에 흡수되며, 셋째 유형의 삶과 대립·반목한다. 그 삶은 완벽한 수동성으로서 가리켜지고 있다. 셋째 유형과의 대립조차 그것은 간단한 분리의 대립이지, 능동적 작용을 끼치지 않는다. 그러나 정말 그들의 삶은 완벽한 수동성일까?「과녁」

에서 활을 배울 수 있도록 주선해달라는 석주호의 청에 권서기는 "언제 한번 알아보죠" 하고 심드렁한 대답을 보낸다. 그것을 검사에게서는 명령만 받을 뿐 부탁을 받을 줄 모르는 행정 관리의 타성으로 생각한 석주호는 직접 알아보겠다며 부탁을 취소한다. 그러나 권서기는 "그러시는 게 나을 겁니다" 하고 대답한다. 그 모호한 대답의 의미는 무엇일까. 명령만 아는 그는 부탁마저 명령으로 받고 신속히 수행할 가능성은 없는가. 무엇을 알고 있기에, 어떤 이유로, 직접 알아보는 게 나을 거라고 대답할 수 있었는가. 셋째 유형의 삶은 첫 유형의 삶에 의해 파괴당한다. 그것은 첫 유형의 삶이 쏘아 쓰러뜨려야 할 '과녁'이다. 그 파괴된 삶은 작가의 지향점을 시사해준다고 할 수도 있다. 인물들을 세계의 알레고리로 읽을 때, 지배적 인물에 의해 훼손당하는 반대 인물은 이 세계 저편의 작가의 꿈의 세계로 읽혀질 수 있기 때문이다. 그 세계는 무엇보다도 '순수'의 세계이다. 석주호의 화살에 맞아 쓰러지는 소년의 모습을 작가는 이렇게 그리고 있다.

그 쓰러지는 모습은 묘하게 아름답고 그래서 더욱 처참한 느낌이 들게 했는데, 그것은 그가 쓰러질 때 먼저 두 다리를 꺾어 잠시 꿇어앉아 있는 듯하다가 이내 앞으로 푹 고꾸라진 순서 동작의 때문이었을 것이다. 혹 기억력이 좋은 사람은 그때 어느 영화에선가 사냥꾼의 총에 번쩍 피를 뻗치며 무릎을 꿇는 듯 넘어진 새끼 노루를 생각해냈을지도 모른다.

또한 「다시 태어나는 말」의 '지욱'은 "아직 순결을 잃지 않은 말"을 끊임없이 찾아다닌다. 동시에 그 세계는 비시간성의 세계이다. 북호정 사람들이 새벽의 활쏘기를 끝냈을 때 그들은 방안으로 들어가 버린다. 그리고 잠시 후 "문이 다시 열리고 여인이 옷을 갈아입고 나와서는 마치 이제 잠이 깨어 나온 사람모양 뜰을 한번 둘러보고 나서" "부엌 안으로 들어간다" 그들의 삶은 현실의 시간 저편에 있다.

석주호가 남들보다 앞서려고 재촉하는 시간의 속도 저편에 있다. 또한 「예언자」의 '나우현'이 채집하는 돌은 "긴 세월의 불변성을 느끼게" 한다. 그 세계는 곧 영원의 세계이다. 그리고 "변하지 않는 것은 진리일 수" 있다. "돌은 일종의 생명의 진리"이다. 비시간성의 세계는 동시에 진리의 세계이다. 그 세계의 사람들이 앞일을 예측하는 것은 그 때문일 것이다. 나우현은 예언자이며 「과녁」의 노인 역시 표정과 자세에서 예측의 분위기를 짙게 깔고 있다. 하지만 그 앞날의 예측은 사태를 예방할 수 있는 방안을 갖고 있지 못한다. 소년이 화살에 맞아 쓰러지는데 노인은 속수무책이며, 나우현의 예언은 사실만을 지시할 뿐이다. 더욱이 그는 스스로 죽음을 받아들임으로써 예언을 증거해야만 했다.

셋째 유형의 순수·영원의 세계는 상실됨으로써 순수한 세계이다. 그 세계는 집단적 의지들의 상호 통화와 그것의 총화에 의한 세계 극복을 실현할 수가 없는 추상적 개별성의 세계이다. 그것은 개인의 이름 또는 얼굴의 상실을 매개로 표현된다. 나우현이 이런 말을 하는 것은 그 때문일 것이다.

돌이란 원래 사물을 닮으면 2급에 속합니다. 돌은 그 자신의 모양으로 있어온 것인데, 다른 사물을 닮는다는 건 그 자신의 모습을 잃어버리는 것이 되거든요.

이청준의 초기 작품들은 첫 유형과 셋째 유형의 대립 갈등 관계에 초점을 집중시키고 있다. 그것은 제도/인간의 대립을 심층 구조로 두고 있는 의식적 개인들의 표층 구조에서의 대립으로 이루어져 있다. 이러한 사실은 이청준이 4·19의 정신에 깊이 뿌리내리고 있는 작가임을 보여준다. 세계 조직화의 단계에 접어든 이데올로기 지배 체제들의 타협의 부산물로 주어진 이승만 정권에 심정적으로 반응하지 않고, 그것을 하나의 독재 체제로서 파악하여, 그 체계성에 자유민주주의라는 초기 시민의 순수한 관념으로 맞서 붕괴시킨 것이 4·19라면, 이청준의 소설들은 세계 인식(지배 체계/추상적 인간 개념)과 극복 주체의 설정(자유롭고 의식적인 개인들)에 있어서 4·19와 동일한 형태의 관계를 보여주고 있기 때문이다.

그러나 4·19가 좌절했듯이 이청준의 순수 관념의 세계는 파괴당한다. 그리고 작가에게 그 파괴는 완벽한 상실로서 이해된다. 「가수」의 '주영훈'이 4·19의 데모 때 옆 사람에게 자기의 이름을 빌려준 이유를 자신도 몰랐을 거라는 동료 '허순'의 말은, 그 지향의 세계가 더 이상 체계적 포착의 대상이 되지 못하는 완벽한 부재로서 존재하는 세계임을 말해준다.

이청준의 소설이 4·19로부터 분화되는 것은 이 자리에서일 것이다. 그의 순수 관념의 세계가 더 이상 실체로서 존재하지 않는다는 것은 행복하게 기댈 근거가 사라졌다는 것을 의미한다. 그것은 그의 인물들로 하여금 자유, 개인주의의 이념을 확신하지 못하게 하고 방황하게 한다. 하지만 실체는 사라져 그것이 무엇인지 알 수 없음에도 불구하고 '느낌'은 남아 "그것을 다시 찾고 싶어하는 마음의 궤적"을 낳는다. 망실된 실체는 파괴된 흔적으로 각인되어 마음을 끊임없이 자극한다. 그럴 때, 이청준의 인물들은 본래의 기본 유형으로 일탈하여, 새로운 삶의 방식으로 나아간다. 그것은 우선 상실된 것의 원형 자체보다 그것을 찾으려는 행위에 의의를 부여하려는 움직임으로 드러난다. 삶의 축을 명사적 본질에서 동사적 실존으로 옮겨놓는 것이다. 그것은 세 단계의 과정을 경유한다. 즉 1) 상실을 필연으로 받아들인다; 2) 동시에 회복에의 소망을 버리지 않고, 부재하는 대상에 대한 자신의 투기를 통하여 그 회복을 실현하려 한다; 3) 그의 투기는 그것을 추적하고 해석하는 또 다른 추구자의 투기에 의해 감싸여진다, 라는 과정이 그것이다.

「가수」를 예로 풀이해보자. 편지 대필업자 '주영훈'은 데모 때 만나 자신의 이름을 빌려간 교사 주영훈이 열차 사고로 죽는 바람에 졸지에 호적에서 이름을 삭제당한다. 자기의 이름을 되찾으려 애쓰던 영훈은 결국 또 하나의 그가 죽은 지 만 일 년이 되는 날 똑같은 자리에서 열차에 휘말려 죽는다. 이 사실을 두고, 검사인 '한치윤,' 기자인 '유상균,' 영훈의 친구인 작가 '허순'이 제각각의 관심을 가지고 추적한다. 그 추적들 속에서 몇 가지가 사실로서 확인된다(교사 주영훈의 아내나 친구로서의 허순의 주관적 인상이 개입되어 있으니 문자 그대로 사실이라고 할 수는 없다). 편지 대필업자 영훈이 매번 문장이 막혀 초조해했다는 것, 교사 영훈이 죽은 날 "선두를 빼앗겨버린 듯한" 표정을 지었다는 것, 교사 영훈을 저주하곤 했다는 것, 그의 아내에게 호적을 되살려야겠으니 협력을 해달라고 요청했다는 것, 그 후 죽은 영훈과 똑같은 모습으로 날마다 같은 시각에 철길을 걸었다는 것, 결국엔 교사 영훈의 아내마저 자기 것으로 만들어버렸다는 것, 호적계에 부탁해서 호적의 사망 연도를 일 년만 늦추어달라고 했다는 것 등등. 그 사실들에 대해 세 사람이 나름의 해석을 내린다. 치윤의 조사는 검사로서의 사회적 직분에 한정되어 있다. 그에게 자살 의도가 있었는가, 이름을 빌린 주영훈은 혹 간첩이 아닌가 등의 것이다. 그의 조사에는 사람과 사람 사이의 교통이 없다. 그것은 기본 유형의 대립적 구조를 즉자적으로 반영한다. 상균의 해석은 좀더 인간적이다. 무엇보다도 그는 주간지에 재미있는 읽을 거리를 제공해야 하기 때문에 영훈의 인간적 고뇌에 관심이 깊다. 그가 쓴 기사는 세 가지의 윤색을 담고 있다.

하나는 교사 영훈이 당시 병역 기피자여서 취직이 안 돼, 이름을 빌렸다는 것이고, 둘은 그가 "자기의 과실보다 더 많은 고통을 당하고 있는 듯이" 여겨져 이름을 빌려주었던 편지업자 영훈은, 자신의 범법 행위 때문에 늘 초조감에 쫓기기 시작했다는 것이며, 셋은 영훈의 아내는 그 두 사람의 외로움을 퍼내게 해주는 "영원히 마르지 않을 고독의 샘"이었다는 것이다. 잃어버린 자신을 되찾으려 하고, 죽은 교사 영훈에 대해 끊임없이 저주를 퍼붓는 편지 대필업자 영훈의 모습이 앞의 기본 유형의 세번째 삶에 그대로 대입된다면, 상균의 해석은 그것을 삶의 전체 구조에 관련시키면서 동시에 편지업자 영훈 나름의 존재의 투기를 보여준다. 그 관련은 영훈의 외로움 혹은 초조감을 사회와의 마찰 속에서 찾는다는 것을 의미하며, 그 존재의 투기는 잃어버린 이름을 되찾지 못하는 외로움을 여자를 통해서 해소한다는 것에서 찾아진다. 그때 영훈의 삶은 그 자체의 경계를 넘어서서 상균의 삶과 겹쳐진다. 그리고 그 겹쳐짐을 통해서 한 개인의 주체적 삶으로 회복된다. 그러나 상균의 해석은 그러한 조건만 마련했을 뿐, 실제 회복을 실현한 것은 아니다. 그 해석은 영훈과 사회의 관계 속에서 영훈의 존재의 몫을 개별화함으로써 영훈의 삶이 사회 속에 되돌아갈 통로를 완벽히 배제하고 있다. 더 나아가 그것은 주간지 독자의 기호에 영합하여 영훈의 삶을 신비화시킨다. 즉 사회의 존재를 정당화시킨다. 그 개별화와 신비화 속에서 편지 대필업자 영훈과 교사 영훈의 동등한 관계, 편지업자 영훈의 이름을 찾는 행위와 편지 쓰기의 관계는 성실하게 탐구되지 않고 뜻없이 버려진다. 허순의 해석은 영훈의 존재의 투기에 자기 몫의 내용을 부여하며, 동시에 허순 자신의 존재를 정당한 자기 몫으로 겹쳐놓는다. 그 해석이 갖고 있는 중요한 내용은 첫째, 영훈이 4·19의 데모 때 옆에 팔짱을 꼈던 사내와 함께 전진하고 부상자들을 날랐다는, 거의 정신을 잃은 상태 속에서의 "스스로 납득한 정확한 행위를" 한 경험을 가지고 있다는 것이며, 둘째, 그 행위는 바로 자기 이름을 떳떳하게 가지며 동시에 타인과 나누어 가질 수 있게 한다는 것이고, 셋째, 그 후의 삶은 오히려 정반대의 삶으로서 "남의 대화를 이어주면서 거기서 겨우 자기 확인을" 하는 전화 교환수와 같은 편지 대필업에서 자기 본래의 얼굴을 상실하고 이름의 중량을 견디어낼 수 없다는 외로움과 초조감에 시달리고 있었다는 것이고, 넷째, 교사 영훈의 삶을 되삶으로써, 그 "자기의 이름을 빼앗아간 사내가 되어 그 생각을 자기 속에 경험시키려고" 했다는 것, 즉 그 옛날 스스로 납득한 무의식적 행위 때, 그에게 이름을 주었던 "가장 절실하고 순수한 생의 포즈나 동작" 속에 빠져들었다는 것이다. 그 해석은 영훈의 삶의 의의를 순수성의 '행위'에서 찾는다. 그리고 그가 "열심히 정직하게 살고 지키려고" 한 그 행위는 타인의 삶을 자기 몫으로 떠맡고 자기의 삶을 타인에게 나누어주는 증여의 행위임을 보여준다. 동시에 그 행위는 느낌으로 존재하는 것이지 사실이 아닐 수도 있다. 여기에서 허순의 몫이 겹쳐진다. 허순의 사상 속에서 영훈의 삶이 잃어버린 이름에 집착하지 않고 이름을 찾으려는 순수 행위에 몸을 던지고 있다면, 허순의 상상 역시 영훈의 실제 삶에 집착하지 않고 그것에 의의를 부여하는 자신의 행위를 투기하고 있는 것이다. 그 행위들은 무한히 겹쳐질 것이다. 그것은 곧 과거의 삶을 복구하는 것이 중요한 것이 아니라 그 과거의 삶을 매개로 현재의 삶을 부단히 재구성하는 것이 중요한 것임을 보여준다.

   그 행위로서의 삶은 순수가 훼손된 세계에서 순수를 실현하는 한 방법이 되어준다. 그것은, 그런데 자기 동일화의 욕망 속에 움직이고 있다. 편지 대필이나 전화 교환처럼 타인의 삶을 받쳐주는 수단·기능으로서의 존재를 떨치고 나와, 타인의 삶 자체를 완전히 자기의 것으로 만들려 하는 욕망 속에 움직인다. 거기에서 일종의 연극기가 발행한다. 「병신과 머저리」에서 총에 맞아 피 흘리는 어린 시절의 노루와 쓸모가 없다는 이유로 '오관모'에게 죽임을 당하는 '김일병'을 동일화시키고 다시 그들을 자신과 동일화시키는 '형'이 거지 소녀의 발을 짐짓 밟는 연극기를 드러내듯, '영훈'은 아니 허순의 상상 속의 영훈은 호적부를 조작하거나, 교사 영훈의 생전의 행위를 그대로 모방하는 연극기를 드러낸다. 「예언자」에서 "정직한 예언자가 되려고 애를 써온" 나우현의 자신의 "예언의 마지막 완성자는 그 예언을 말한 예언자 자신이 아니라, 그의 예언을 살고 그 증거를 만나게 될〔즉 예언을 자기화할: 인용자〕 사람들 자신의 몫이 되어야" 하기 때문에 "진실을 거꾸로밖에는 말할 수가" 없었던 것도 그 불가피한 연극기를 보여준다. 그 연극기는 작품 속의 인물들을 그리고 작품을 읽는 독자들을 여지없이 순수 행위의 눈부심 속으로 제촉한다. 그것은 우리의, 삶을 체념하고 적당히 순응하며, 심지어는 그것에서 정당성을 구하는, 거짓된 의식을 가차없이 발가벗긴다. 우리의 일상을 강력하게 충격(衝擊)한다.

그러나 그 연극기는 이타성을 인정하지 않는다. 자신이 타인의 삶의 방식을 재구성하건 자신의 삶을 타인에게 증여하건, 자기 동일화 욕망에 지배되는 연극기 속에서 타인과 자기의 거리는 순간적으로 소멸된다. 그곳에서 모든 밖으로의 분화는 안으로의 수렴으로 급격히 대체된다. 나우현이 예언의 완성을 사람들에게 떠맡길 때, 그것은 사람들 스스로 자기 몫을 찾기를 바라는 것, 즉 타인의 주체성을 인정하는 것이지만, 그러나 동시에 그 찾음의 과정과 방법은 완벽히 나우현 개인에 의해서 이루어질 뿐이다. 그때, 타인에 대한 주체성의 인정은 자기화된 타인의 주체성을 인정하는 것일 따름이다. 나우현이 여왕봉 사람들에게 수석을 나누어주고 그럼으로써 삶의 부채로부터 홀가분해지는 행위는 자신의 죽음을 통하여 타인들에게 자신을 쪼개 나누어주는 일종의 상징적 증여의 행위이다. 그것은 충분히 감동적인 행위이다. 현대와 같이 평범한 살아감 그 자체가 이미 체계의 논리에 의해 관리되는 사회에서, 그리고 그에 따라 지극히 사소한 개인적 이해에 의식적인 반면, 그러면 그럴수록 큰 공적 문제에 비반성적인 세계에서, 나우현의 상징적 증여는 반대 방향의 삶의 방법으로 우리의 닫힌 의식에 틈을 내고 근원적 깨달음으로 유도할 것이다. 그러나 그 아름다운 행위는 일방 통행의 회로에 갇혀 있어 서로간의 동등한 주고받기를 인정하지 않는다. 나우현의 자기 나눠줌은, 그것이 하나의 가치로 실현되는 순간, 즉 확산된 나우현의 몸이 여왕봉 사람들의 몸들에 스며드는 순간, 여왕봉 사람들은 자기 본래의 삶의 영역을 잃고 나우현의 의식으로 바뀌게 될 것이다. 문방구 주인 정씨가 강형사의 조사를 받을 때 진술한 특별한 개인적 체험 ─ 어린 시절 어머니가 가면을 쓰고 밤나들이를 했다는 것 ─ 이 이 작품에서 관여성을 갖지 못하고 어색하게 끼여 있는 것처럼 보이는 것도 여왕봉 사람들의 개별적 구체성이 의미있게 구현되지 못하고 곧바로 나우현의 의식·존재로 수렴될 것을 예비하고 있기 때문이다.

  내가 보기에 초기의 이청준의 소설들이 드러내는 연극기의 한계는, 그가 세계를, 그리고 세계 속의 사람들의 의식과 존재를 완벽히 체제의 논리에 갇혀 있는 것으로 보기 때문이다. 그것은 현대에 들어올수록 충분히 납득할 수 있는 관점이다. 지배 이데올로기는 더 이상, 단순히 강요되는 관념이 아니라 체계이기 때문이다. 그것은 우리의 무의식 속에 강력하게 육화된다. 하지만 우리의 무의식은 지배 이데올로기에 장악되어 있다기보다는 끊임없이 충돌하고 갈등하며 싸우고 있다고 말해야 옳을 것이다. 그 싸움을 자발적으로 실천하고 있는 것은——현실의 표면에 전혀 드러나지 못하고 여러 수단을 통해 해소되고 있다 할지라도——우리의 긴 역사적 삶의 과정을 통해 쌓인 한, 의지, 노동을 통한 삶에의 희열, 그 희열의 상호 교환 등등이 복잡하게 얽힌 뿌리깊은 무엇이다. 지배 이데올로기가 부단히 자기 체계를 변모시켜나가는 것도 그 뿌리깊은 무엇과의 싸움이 존재하기 때문이고, 그에 의해 자기 방어 시스템을 계속 재생산해야 하기 때문이다. 그 무엇을 집단적 차원에서 의식화시키는 것은, 아니 우리 스스로 집단적 방향으로 의식화하는 것은 지극히 어려운 일이겠지만, 바로 그렇기 때문에 가장 중요한 문제의 하나일지 모른다.

  그래서였을까? 이청준의 소설들은 언제부터인가, 그 연극기를 버리고 일상적 삶의 구체성으로 서서히 복귀하기 시작한다. 그것을 비교적 명료하게 보여주는 것이 「살아 있는 늪」이다.

  이청준의 귀향 얘기가 대체로 그렇듯 이 작품의 '나' 역시 새벽녘에 집으로 되돌아간다. 그의 마음은 한시바삐 고향을 떠나고 싶은 소망으로 간절하다. 그러나 차는 고장이 나고, 갈아탄 차마저 앞길이 막혀 움직이지 못한다. 그러나 도중, 승객들의 편의에 전혀 관심이 없는 운전수나 차장의 횡포가 '나'의 초조감을 분노로 바뀌게 한다.

그러나, 다른 승객들은 몇 번의 푸념 끝에 다들 잠잠해 있다. 나아가 엿판을 벌이고 히죽거리며 "질근덕질근덕 열심히 엿들을 씹고 있었다"(다시 말해 흔한 은어 그대로 자진해서 엿먹고 있었다!). '나'는 견딜 수 없는 수모감에 휩싸인다. 뻔뻔스런 운전수며, 천연덕스런 '자아망실증'의 승객들의 그 거대한 여유와 참을성의 "늑지근하고" "질긴" "차라리 끔찍스러운" 늪에 "끝끝내 싫은 소리 한마디도 못"하고 질질 끌려다니고 휘말려든 '나 자신'에 대한 수모와 모욕감을 견딜 수가 없을 지경이 된다. 이때 한 엿장수 아낙네가 모욕의 불에 기름을 끼얹는다. '나'에게 "젊은 선상님도 그러고 있지만 말고 입다심 좀 해보"라고 엿을 내밀었던 것이다. 목구멍에서 뜨거운 것이 마구 치솟아오른 나는 드디어 "내게 정해진 몫을 주장하기 시작한다." "이게 어디 사람의 꼴이냐"고, "지렁이도 밟으면 꿈틀한다는데, 원 지금이 엿이나 빨고 있을 계제"냐고 승객들을 힐책하고 훈계한다. 잠시 민망스런 침묵이 흐른 뒤 승객들은 서서히 나에게 비양을 보낸다. "국회의원감 한 사람 만났다"는 둥, "혼자만 잘난 척 나서지" 말라는 둥, "호응은커녕 비방과 빈정거리는 소리 일색"에 당황한 나는, 그러나 "그 사람들과 맞설 엄두가 나질" 않는다. "그냥 그대로 참아넘기는 수밖에 도리가 없다"고 눈을 꼭 감고 있자니, "아깟번처럼 또 거대한 늪이 나를 깊이깊이 감싸"든다. "사지를 버둥거릴수록 그 힘은 더욱 더 깊은 늪 바닥으로 나를 무섭게 빨아"들여 "나의 몸뚱이는 바야흐로 그 거대하게 살아 있는 수렁의 힘 속으로 흔적도 없이 녹아들고 있었다." 그런데 정작 '나'에게서 힐난을 당한 엿장수 아낙네의 태도는 사태를 완전히 다른 국면으로 접어들게 한다. 그녀는 엿을 내밀었던 손을 거두지 않고 눈감은 나에게, 내가 못 들은 척하건 말건, 말을 건넨다.

여보시오, 젊은 양반, 나 좀 보시드라고요. 나 선상님한테 할말이 좀 있구만요. 그러니께, 이 엿이나 드시면서 내 얘기 좀 들어보시드라고요. 〔……〕 보아하니 선상님은 아매 이런 길이 첨인 것 같아서 따로 허물은 말 않겠고. 하기사 이런 일 많이 안 당해본 사람은 이런 때 성질이 안 끓어오를 수도 없을 텐께요. 첨엔 우리도 다 그랬답니다. 하지만 하루 한 번썩 이런 길을 댕기면서 이꼴 저꼴 참아넘기고 사는 사람도 있다요. 여비만 좀 모자라도 차를 내려라마라, 삐숙한 불평 한마디만 말해도 노선을 죽인다 살린다…… 차를 아주 안 타고 살라면 몰라도 그런 일 저런 일에 어떻게 다 아는 척을 하고 살겠소.

그 아낙의 푸념 속에서 '나'는 점점 "늪의 숨결과 인력에 빨려들어 자신의 형체조차 느낄 수가 없"게 된다. 그러나 빨려들어가는 끝에 살아 있는 늪의 마지막 밑바닥이 발 밑에 닿아옴을 느끼게 되고 그러자 "그 늪의 깊고도 견고한 밑바닥에서 나는 마침내 죽음처럼 무겁게 가라앉아 들어간 수많은 사람들의 질기디질긴 삶의 숨결과 그 삶들의 따스한 온기가 조용히 파도쳐 오르고 있음을" 느꼈던 것이다. 그리고 마치 어린애 얼르듯 팔소매를 툭툭 건드리는 '아낙'의 말이 작품을 끝마무리한다.

자아, 그만…… 이거라도 좀 입을 다시고 나면 속이 헹결 주저앉을 것잉께요…… 참말로 사람의 성의가 이만큼 했으면 돈을 내고 사달래도 몇 번은 사줬겠고, 자 그러니 이 여편네 손이라도 좀 그만 부끄럽게 어서……

우리는 이 글읽기를 매듭지으면서 세상사에 분노하는, 그러나 속절없이 끌려다니다가, 어느 한순간 분통을 외마디처럼 터뜨리는 우리의 알량한 자존심이 여지없이 벽을 허물고 평범한 세상 사람들의 체념과 한과 그리고 넉넉한 여유의 집단 무의식에 젖어들어가는 것을 느낀다. 그렇다면 작가는 수긍과 체념의 길을 우리에게 열어주는 것일까. 아니다, 그렇지 않다. 그렇지 않다는 것을, 엿을 내밀었던 아낙에게 비난을 퍼부었을 때의 '나'의 뒷감정이 시사해준다.

나는 이제 무엇인가 꼭 내가 하지 않으면 안 될 듯싶은 일을 방금 해치우고 난 듯한 후련스러움이 혹은 그것으로 나는 최소한이나마 내가 지녀야 할 사람값을 치르고 난 듯한 홀가분한 기분이 은밀스럽게 가슴으로 스며왔다. 그리고 그 후련스러움과 홀가분한 기분은 어쩌면 내겐 차가 가고 못 가고보다도 더욱 소중스러운 일이었는지도 모른다.

아낙에 대한 '나'의 힐난은 "스스로 사람답게 살아야 한다"는 보편적 가르침을 내용으로 하고 있다. 그러나 그것의 존재 양식은 사람들 전체를 향해 있는 것이 아니라, 힐난자 자기 유희의 회로에 갇혀 있다. 그 힐난 속에서 '나'는 자신을 승객들과 구별시키고, 그 구별 위에서 우월감을 즐긴다. 그의 타인들에 대한 분노의 외침은 실상 자기 확인 행위에 불과한 것이다. 게다가 그 자기 확인의 행위는 자기 기만에 빠져 있다. 사람답게 사는 존재를 실천하는 것이 아니라, 그러지 못하는 자신을 말을 통해 보상하기 때문이다.

이러한 것은 결국 개인적 행위의 투기가, 타인들을 위한 것이라 할지라도 타인들을 향한 것이 아닐 때, 혹은 타인들과 더불어 이루어내는 삶이 아닐 때, 자아 집착의 변용된 일면에 불과할 수도 있음을 시사한다. 그리고 삶과 사람들에 대해 본원적으로 긍정하고, 비록 세계 개조적인 실제의 힘을 발휘해오지 못했다 할지라도 가혹한 현실의 작용에 대한 다원적 결정력으로서 세상 사람들이 끝끝내 지탱시켜주고 있는 집단적 생명력, 그 뿌리에 따뜻하게 합류하는 방향으로 작가의 관심이 확대되고 있음을 보여준다. 그 세상 사람들이란 바로 이청준적 인물의 기본 유형 중, 어느 정도 관심이 저편에 있었던 두번째 유형의 사람들에 다름아니다(그런데 이미 말했듯, 이 유형의 삶은 초기 소설에서 관여성을 획득하고 있지 못했을 뿐, 충분히 작가의 무의식 속에 잠복되어 있어 산발적으로 드러나곤 하던, 살아 움직이는 힘이다. 그 점에 중점을 둔다면 우리는 그의 초기 소설들을 전혀 새로운 방식으로 다시 읽을 수 있을지 모른다).

　우리는 앞에서, 작가의 기본 유형 중 첫번째와 셋째 유형의 관계 얽힘에 주목하고 있는 초기 소설들에서 세계를 의도들의 구성체로서 파악하고 있음을 살펴보았다. 그러면 새롭게 이해된 두번째 유형의 삶이 드러내는 세계는 무엇인가, 그것 역시 의도들의 구성체를 이루고 있는가. 그러나 그렇게 말하기는 어려울 것이다. 그렇게 말할 수 있기 위해서는 그 삶이 의식적이고 체계적인 세계 변혁의 힘을 보여주어야 한다. 그런데 그 삶은 집단 무의식의 드넓은 공간을 형성하고 있을 뿐이다. 그 점에서 그 삶이 이루어내는 세계는 자연 발생적 실천들의 복합체이다. 그것은 세계 변혁의 넓고 깊은 지반임에 분명하지만 그 실현력은 아니다. 그렇다면 그것을 의식화시키는 일, 즉 일관성 있는 하나의 체계로서 재구성하는 일에 한 이론적·실천적 개인으로서 가담하는 일이 작가의 몫이 될 것이다.

　작가는 문학적 형태의 구축을 통해 그것에 가담한다. 그 형태는 무엇일까. 내 인상으로 그것은 남도 소리의 형태이다.

　　금산댁은 그러나 아이의 기다림에는 아랑곳없이 무한정 밭이랑만 오가고 있었다. 우우우우 그 노랫가락도 같고 울음 소리도 같은 암울스런 음조를 바람기에 흩날리며 조각배처럼 느릿느릿 밭이랑을 오고 갔다. 소리가 가까워지면 어머니가 어느새 눈앞에 와 있었고, 그 소리가 어느 순간 종적을 멎고 보면 그새 그녀는 저만큼 이랑 끝에 아지랑이를 타고 하늘로 올라가 버리기라도 할 듯 한 점 정적으로 멀어져 있었다.　　　　　　　　　　　　　　　　　　——「해변 아리랑」

　일상적 사람들에의 깊은 몸담기에 상응하는 문학적 형태로서 남도 소리를 떠올린 나의 인상은 그 소리가 작가의 유년의 공간을 채워주고 있던 사람들의 집단적이며 자발적인 자기 표현 양식이라는 데 근거해 있다. 우리의 고단한 역사 속에서 끊임없는 변주를 거치며 면면히 이어져 내려온 소리는 그 역사 속의 서러운 민중의 한을 표현하고 있다고 흔히 얘기된다. 아니 더 나아가, 한의 즉자적 반영에 불과한 것이 아니라 한을 이겨내고 삶을 새롭게 일구어낼 수 있게끔 하는 넉넉한 힘으로서, 보다 적극적인 평가를 받기까지에 이르렀다고 할 수 있다. 과연 작가는 「다시 태어나는 말」에서 '김석호'씨의 입을 빌려 이렇게 말하고 있다. "사람들은 흔히 남도 소리를 한의 가락이라 말들 하지요. 하지만 그걸 좀더 옳게 말하자면 한풀이 가락이라고 말해야 할 거외다. 남도 소리는 우리의 마음속에 그 몹쓸 한을 쌓는 것이 아니라, 거꾸로 그 한으로 굳어진 아픈 매듭들을 소리로 달래고 풀어내준 것이란 말이외다. 그래 그 한의 매듭이 깊은 사람들에겐 자기 소리로 그것을 풀어내는 일 자체가 삶의 길이 되는 수도 있는 거지요."

그렇다면 소리 가락의 문학적 형태화는 늘 한을 쌓아가고 있는 일상 사람들의 삶을 스스로 받아들이는 것이며, 또한 일상성에 함몰하는 것이 아니라 그 일상적 한의 누적을 극복할 수 있게 해주는 것이라고 할 수 있다. 그러나 어떻게 그럴 수 있는가. 앞의 인용문에서도 보이듯, 어머니의 소리는 아이의 기다림을 더욱 안타깝게 하는 것일 뿐이다. "아이의 도랑 물길 다리가 더위와 허기에 지쳐 덜덜 떨려 오도록 금산댁은 내처 언제까지나 밭이랑만 무한정 떠돌고[소리의 무한한 떠돎처럼: 인용자]" 있을 뿐이다. 그런데 어떤 과정을 경유하여 소리는 한을 극복하는 힘이 될 수 있는가. 그리고, 만일 그것이 가능하다 하더라도 그것은, 한스런 삶의 순화적 해소·적응이라는 소극적 의의만을 가질 가능성은 없는가.

나는 우리 소리의 음악적 구조를 밝힐 수 있는 능력을 전혀 갖고 있지 못하다. 그러기는커녕 중부 지방의 중소 도시 출신인 나는 그 소리를 잘 즐기지조차 못한다. 다만 나는 이청준의 작품들에서 나타나는 소리에 대한 묘사 혹은 서술을 통해, 그것이 세계에 관여하는 방식을 추론하고, 그 방식이 작품들의 일반적 서술 구조에 어떻게 작용하고 있는가를 확인해보고 싶다는 바람만을 가질 수 있을 뿐이다. 앞 인용문에 드러나 있는 바로는 남도 소리의 일차적 존재 양식은 '무한한 떠돎'이다. 앞 인용문의 배경은 바닷가 외딴 산기슭 밭이다. 그 밭머리 한쪽에는 "잔디 푸른 무덤 하나가 누워" 있다. 그 무덤은 "해방 이듬해 그 돌림열병 등쌀에 시신을 떠메다 파묻어줄 사람도 손이 귀해지겟짐으로 집을 나간 남편의" "서러운 혼백이 외롭게 잠들어" 있는 무덤이다. 그 무덤은 남편 잃은 여자의 고단한 삶을 둘러 가리키고 있다. 그 무덤 아래의 밭에서 금산댁은 "점심때도" "휴식도" 없이 "무슨 필생의 업보처럼 여름밭 김매기로 긴긴 해를" 보낸다. 그런 삶에서 금산댁이 읊조리는 소리는 그녀의 한을 덜어줄 것이다. 즉 소리에 한을 실어 한의 무게를 분할하고 덜어 내보낼 것이다. 그러나 그렇다고 그것이 삶의 변화를 가져다주는 것은 아니다. 오히려 삶은 더욱 한을 쌓는다. 그녀의 큰아들은 "돈 많이 벌어 돌아오"겠다는 귀뜸만 남기고 훌쩍 집을 떠나가버린 후 소식이 없고, 딸은 "작은 보퉁이 하나만 안겨" 홀아비의 재취 자리로 보낸다. 더욱이 딸의 시집살이는 "매질과 업수의 여김으로 박대가 개짐승 취급"이라는 소문이다. 그런 과정 속에서 금산댁의 가슴에는 수없이 못이 박이고, 그러면 그럴수록 금산댁의 소리는 그만큼 "무성해지고" "극성스러워져" 간다.

  우리는 여기에서, 금산댁의 한풀이가 굳이 소리인 까닭에 대해 물어야 할 것이다. 삶의 질곡이 극심할 때, 그럼에도 그것에서 벗어날 길이 없을 때, 사람들은 미치거나 죽지 않는 한, 나름의 방식을 통해 그것을 해소한다. 그런데 그 방식은 여러 가지일 수 있다. 술을 마실 수도 있고 아이들을 구박할 수도 있다. 금산댁의 한풀이는 왜 소리를 통해서인가. 아니 더 나아가 남도 사람들은 왜 소리를 자신들의 한풀이의 집단적 문화 양식으로 발전시켜왔는가. 그것의 잠정적 대답은 그 소리의 떠돎의 구조가, 죽거나 떠나간 사람들의 저세상에서의 정처없는 헤맴을 대리하고 있다는 데 있는 것 같다. 소리는 떠나간 사람들 혹은 그들을 떠날 수밖에 없도록 내몬 현실에 대한 원망·원한의 즉각적 반발 작용이 아니다. 그것은 떠난 사람들의 덧없는 행로에 자신의 마음을 던지고, 남은 이 자리에서 떠난 삶들의 고통을 함께 견디는 공동 참여의 작용을 갖는다. 그 소리의 공간은 이타성의 공간이다. 스스로 타인이 되기 때문이다. 그럼으로써 금산댁과 떠난 사람들은 그녀의 마음속에서, 아니 소리 속에서 하나로 공존한다.

공존이란 범박하게 말해, 둘 이상의 주체가 더불어 한자리에 서 있는 것을 뜻한다. 그것은 개인 중심주의 사회에서의 사람들 사이의 부단한 주·객 대립의 벽을 허물고 일원화시킨다. 금산댁은 소리를 통해서 떠난 사람들의 한을 이해하고 받아들인다. 그렇다면 소리는 삶의 무게를 덜어내는 것이 아니라, 타인의 삶의 무게마저 감당하는 것이다. 그것은 고통의 외적 장치에 의한 해소가 아니라, 고통의 감내이다. 하지만 타인의 받아들임은 아직 자신의 삶과 자유롭게 융화하는 것이 아니다. 금산댁의 소리 속에 그녀의 삶과 남편·아들·딸의 삶은 상호 직면의 양가성 속에 놓여 있다. 그래서 금산댁의 소리의 모양은 늘 이중적이다. 그녀의 소리는 떠난 자들의 삶을 대신 체현하지만 그 소리가 오고 가며 그리는 궤적은 밭이랑의 공간에 갇혀 있다. 그 소리는 금산댁의 입장에서 보자면 갇힘을 내용으로 떠남을 형식으로 가지며, 떠난 삶들의 편에서 보자면 떠돎을 내용으로 정착을 형식으로 가진, 모순된 두 항목의 공존으로 이루어진다. 그때 그것은 떠돎의 한과 정착의 욕망 사이, 떠남의 욕망과 묶임의 한 사이를 끊임없이 왕복한다.

소리는 정착과 떠남의 무한 진동을 되풀이할 것인가. 그렇지 않다. 그 소리는 또 한 사람의 삶을 낳으며, 자기 자신의 구조를 바꾸어나간다. 즉 소리는 타인의 삶을 받아들일 뿐 아니라, 그렇게 해서 넓어진 삶의 폭과 깊어진 무게를 다시 타인에게 이어준다. 「해변 아리랑」에서 그것은 금산댁의 막내의 삶을 통하여 구현된다. 그 막내는 그녀의 소리가 무한정 오가는 그 여름 밭가의 무덤 터를 "생애 최초의 세상 모습이자 나날의 경험으로" 가진, 앞 인용문의 그 아이이다. 아이의 경험은 소리의 일차 구조가 그렇듯 양가성 속에 놓여 있다. 우선 그의 소리에 대한 기억은 어머니에 대한 "하염없는 원망"과 동렬에 놓여 있다. 어머니와 그녀의 소리는 아이의 더위와 허기에 아랑곳없이, 그를 하루종일 기다리게 한다. 어머니가 돌아오려면 해가 저물어 소리를 그치고 머릿수건을 벗어 털어야 한다. 하지만 동시에 소리는 아이의 최초 경험으로써, 그의 무의식 속에 깊이 인각된다. 그것은 그의 생명의 요람의 일부인 것이다.

이 양가성은 막내의 삶 자체라기보다 그 밑의 드넓은 토양이다. 그 토양을 딛고서 막내는 자기 나름의 삶을 보여줄 것이다. 그것은 무엇보다도 그 양가성 사이에 벌려진 간격이 아이 자신의 삶의 몫을 남겨주었기 때문이다. 그는 어머니의 소리를 들으며 어머니를 기다리는 그 사이에 스스로 "목이 타면 도랑물로 목을 축이고 배가 고프면 언덕에 피어 익은 산딸기 열매를 따먹으며" 바람기와 멧새와 물비늘 반짝반짝 눈부신 바다와 한가롭게 들고 나는 돛배들의 뱃노래 소리를 느끼고 보고 들으며, 그들과 친화하며 자신의 삶을 나름대로 키운 것이다. 거기에서 막내의 삶은 형·누이의 삶으로부터 분화된다. 물론 금산댁의 생애에서 형·누이·소년은 모두 떠난 자들이다. 그러나 그 떠남은 각기 의미가 다르다. 형의 떠남은 자발적인 떠남이며, 기약이 없다. 누이의 떠남은 어쩔 수 없는 체념의 떠남이다.

형의 떠남이 개인적 감정에 충실한 떠남이라면, 누이의 떠남은 운명에 충실한 떠남이다. 소년은 "어머니 금산댁의 그 음습한 노랫가락과 누이의 소식을 들으면서 자신이 얼마나 초라하고 답답한 존재임을" 깨닫고 집 나간 형을 이해하고 용서한다. 그 역시 형처럼 떠난다. 하지만 그는 어머니나 누이의 삶을 또한 수용한다. 그는 "형처럼 기약없이" 떠난 것이 아니라, "공부가 끝나고 돈이 벌어지면 다시 마을로 돌아올 결심이었다." 소년의 떠남은 일종의 방법적 떠남이다.

그러나 그는 십년이 지나도록 돌아오지 못하고, 드디어는 돌아오는 것을 포기한다. "뼈가 부서지게 노력"하면서 이루려 한 "돈을 버는 일에서 마음이 떠나"갔기 때문이었다. 그리고 그 무엇보다 "정직하고 사람같이 사는 길"을 발견했기 때문이었다. 그 길은 "노래를 짓는" 일이다. 노래란 무엇인가. 그것은 바로, 그가 어린 시절 내내 들은 어머니의 소리이다. 노래를 짓는다는 것은 무엇인가. 그것은 "어렵고 외로운 사람들"에게 어머니의 소리를 들려주는 것이며, 또한 그들 스스로 그 노래를 되불러주는 것이다. 그렇다면 막내에게 와서 노래가 된 소리는 타인을 받아들임과 동시에 그 수용된 삶을 다시 타인들에게 내주는 이중의 행위를 구성한다. 그리고 받아들임과 내줌은 각기 개별적인 자리에 놓여 있는 것이 아니다. 노래를 지어 만인이 그 노래를 불러줄 때, 그는 그것을 통해서 어머니에게로 돌아가고 있는 것이다. "사람들이 함께 그의 노래를 불러주는 동안은 그는 언제나 어머니와 함께 있으며 그 바다와 섬들과 돛배와 돌밭의 바람으로 함께 있을" 것이고, 어머니는 또한 노래를 통해 언제나 그를 만날 것이다. 노래의 길은 "어머니에게 돌아오지 않고도 어머니 곁에 함께 있을 수 있는 길"이다. 그때 받아들임과 내줌, 정착과 떠남은 끊임없이 면을 바꾸는 동전의 양면으로서 하나가 된다.

　그래서 그는 타인들을 거두면서 자신은 떠나간다. 가족들의 죽음을 무덤으로 거두어주면서도, 자신의 죽음은 비목만 남긴 채, 바다의 유분으로 뿌려진다. 그의 죽음은 뿌려지면서 스스로 '노래'가 된다. "그가 사람들의 기억에서 잊혀지고 이 비목마저 세월 속에 삭아져도, 이 땅에 뜨거운 해가 뜨고 지는 한" 노래가 사람들의 가슴속에 영원히 퍼져 흐르듯 "그의 넋은 영원히 살아 있을 것이다."

　우리는 이 소리─노래의 형식에 무슨 이름을 붙일 수 있을 건가. 정착과 떠남의 하나됨의 구조라 할 것인가. 아니다. 그것은 이미 정착과 떠남이라는 어사를 넘어선다. 그것은 차라리 수용과 확산의 구조이다. 타인을 거두고 타인에게로 퍼진다. 무엇보다도 자기에 대한 집착, 타인에 대한 집착에서 벗어나기 때문이다. 돌아갈 곳, 떠나갈 곳의 정해진 처소를 더 이상 염두에 두지 않기 때문이다. 그 점에서 김석호씨의 다음과 같은 말은 무척 시사적이다.

초의가 만약 차를 마시면서 시를 생각했다면 우리도 차를 마시면서 시를 생각함이 즐거워야 할 거외다. 초의가 불법을 생각했다면 우리도 불법을 생각하고 그가 거기서 인간의 삶을 관조하고 있었다면 우리도 그게 가능해야 합니다. 그리고 우리는 그 차를 마시면서 그 시와 불법과 관조 안에서 초의의 마음을 만날 수가 있어야 합니다. 하지만 다만 그렇게 상상하고 말할 수 있을 뿐 그것을 통하여 스님의 마음을 만날 수는 없었습니다. 그렇다면 그것은 다만 초의의 다법일 뿐 우리의 다법은 될 수가 없습니다. 당신의 참마음을 만날 수도 없고 차 마심의 즐거움도 얻을 수가 없다면 그 시나 불법이나 관조라는 것들 또한 거추장스런 다법의 형식과 다를 바가 없는 형식적 추상에 불과한 거외다.

강조한 부분은 얼핏 모순된 내용을 담고 있다. 초의의 다법에 대한 우리의 상상은 초의의 마음을 만나지 못하는 한, 우리만의 다법에 불과하다고 해야, 형식논리적으로 옳기 때문이다. 그래서 지욱은 "고삐가 풀려버린 김석호씨의 말길은 이제 완전히 제자리를 떠나 우왕좌왕하고 있다"고 생각한다. 하지만 실상 그 진술이 의미하는 것은 더 깊은 곳에 있다. 그것은 '불법'이나 '관조'라는 형식은 우리 마음의 대상에 대한 집착에서 나온 형식적 추상에 불과하다는 것을 가리키고 있다. 즉 마음의 집착이 초의라는 물신을 낳고, 그것은 우리를 자유롭게 해주기는커녕, 오히려 구속한다는 것이다. 그것은 결국 자기에 대한 집착은 곧 타인에 대한 맹종이라는 순환적 두 진실을 환기하고 있는 것이다. 그렇다면 자아 대 타인의 이분법을 완전히 버리는 것이 중요한 것이 되며, 그것은 자기의 실체로서의 무엇, 타인의 실체로서의 무엇에 더 이상 연연하지 않고 스스로 변모하는 한 사람의 타인이 되어 다른 타인들을 받아들여 감싸며, 다시 다른 타인들에게로 퍼져나가도록 해야 한다는 것일 것이다(그러나 그럼에도 우리는 이청준의 작품들에서 '나의 몫이 있다'는 진술들을 자주 읽는다. 그것은 우리가 아직 자기 대 타인의 이분법의 세계에 살고 있기 때문일 것이다. 그 세계 내에 있을 때 타인이 되려는 우리의 시도는 자기를 등에 업고 수행되지 않을 수 없다. 김석호씨가 지욱의 몫을 남겨두고 떠나는 것은 그 때문일 것이다. 지욱은 오랜 에두름과 헤맴을 통해서 결국 김석호씨가 신비스럽게 거듭 꺼내는 '용서'라는 말의 의미를 이해하게 된다. 하지만 그 진실을 이해했음에도 불구하고 지욱 자신의 실천은 아직 행해지지 않고 있다. 거기서 지욱에게 남은 그의 몫이 존재한다. 이해한 것을 혹은 찾아낸 것을 스스로 감당하고 실천해야 하는 것이다. 그 자기 몫은 곧 자기만의 삶을 버리고 타인의 삶을 감당하는 것이리라).

작가가 최종적으로 발견한 소리의 구조는 수용과 확산의 구조이다. 그것은 세상의 한을 받아들임으로써 거두며, 그 거두어진 한 자체를, 고단함을 즐거움으로 바꾸어내려는 그 생명의 몸짓 자체를, 세상으로 무한히 퍼지게 한다. 그 점에서 그 구조는 고정된 하나의 형식이 아니라, 부단히 제 모습을 바꾸는 변신의 형식, 차라리 무형의 형식이라 해야 할 것이다.

이러한 소리의 구조가 작가의 글쓰기의 원리 자체일 수 있다는 것을 우리는 몇 가지 서술 방식을 통해서 확인할 수 있다. 우선 흔히 연역적이라는 말로 지적되는 그의, 사건의 초점을 미리 이야기하는 방식을 살펴보자. 가령 이 작품집에 수록되어 있지는 않지만, 그의 중요한 후기 작품 중의 하나인 「눈길」은 고향에 내려온 '나'가 어머니에게 "내일 아침 올라가야겠어요"라고 말을 하는 것에서 시작한다. 그 다음 그 올라가겠다는 결정을 하기까지의 구체적인 정황들이 서술된다. 오랜만에 아내와 함께 귀향했다는 것, 애초에는 며칠 묵을 생각이었다는 것, 갑작스레 생각을 바꾸게 된 것은 우선 "그 빌어먹게 비좁고 음습한 단칸 오두막 때문이었다는 것," 그것이 "무슨 묵은 빛이 불거져나올 것 같은 불편스런 기분이 들게" 했다는 것, 그러나 묵은 빚이란 결코 없다고 '나'는 완강히 부인한다는 것, 그런데 어머니가 집수리에 대한 소망을 드러냈기 때문에, 그것이 '나'를 견디지 못하게 했다는 것 등등. 사건은 우선 제시된 다음 풀이된다. 이러한 것은 위의 얘기 내부에서도 마찬가지다. 어머니가 "농어촌 지붕 개량 사업"으로 지붕 개조가 한창이라는 얘기를 했을 때 '나'는 가슴이 덜컥하지만 그녀가 그런 일을 "영락없는 남의 일"을 대하는 투로 이야기하는 것을 보고 안심한다. 그러나 그 안심의 순간 작가는 '나'의 입을 빌려 "나는 아직도 노인의 진심을 모르고 있었다"라는 말을 던져놓는다. 그것은 어머니가 집수리에 대한 간절한 소망을 가지고 있음을 미리 시사한다. 과연 내가 안심 속에 무심코 노인의 말을 거드는 것을 업고서, 노인은 긴 정황 나열의 얘기 끝에 드디어 집수리에 대한 그녀의 소망을 드러내는 것이다(우리는 이러한 구조를 초기 작품들에서도 확인할 수 있다. 가령 「예언자」의 나우현이 예언을 그치게 된 사정을 생각해보자. 그 과정은, 일단 예언의 중단이라는 사건을 제시한 후, 그 사건의 이유에 대한 독자의 질문을 야기하고, 이유의 밝힘——홍마담의 출현과 그녀의 규칙 고안——으로 나아가며, 그 이유는 다시 그것에 대한 이유를 질문하게 하며, 새로운 이유의 밝힘으로 나아간다. 그 과정은 '사건의 제시→질문의 야기→이유→또 다른 문제의 제기'라는 기본 단위가 끊임없이 되풀이되면서, 본래 제시된 사건의 드넓은 폭과 깊이 전체를 독자에게 되새겨주는 과정이다).

이러한 사건의 우선적 제시와 그것의 정황·이유에 대한 풀이는 곧, 사실의 완강한 부닥침 혹은 그 사실에 대한 마음의 불가피한 인정으로 출발하여, 그 깊은 내력과 깊이를 풀어감으로써 사실을 감당해내는 소리의 일차 구조와 동형 관계에 있는 듯이 여겨진다. 그것은 특히 그러한 사건은 우선적 제시와 풀이가, 사실의 변화를 예비하고 있기 때문에 더욱 그러하다. 즉, 「눈길」에서 묵은 빚에 대한 '나'의 완강한 부인은 노인의 그 체념과 소망이 끝없이 뒤바뀌는 사설의 끝에 그 빚을 인정하고 감당할 수밖에 없는 절박한 심정으로 나아가는 것이다. 그것은 곧 사실을 풂으로써 그것의 굳은 동체를 허물고 녹여, 새로운 사실을 향해 나가도록 하는 과정이다. 마치 소리가 한을 받아들이며, 동시에 한으로 굳어진 아픈 매듭들을 달래고 풀어내는 한풀이의 양식이듯이(「예언자」에서도, 역시, 한 사건의 제시와 그 건의 풀이는, 그 자체로 완결되는 것이 아니라 부단히 새 사실을 준비시킨다. 가령 앞에서 예로 들었던 정황 내부에서도, 홍마담이 손님들에게 가면을 씌우는 야릇한——그러나 지배 의도를 드러내는——계획은 손님들의 자발적 받아들임, 즉 지배당하고 싶은 욕구라는 새로운 사실을 준비한다).

한 굳은 사실은 풀어져 새로운 사실을 준비한다. 그러한 일차적 서술 구조는 작품 속에 부단한 기대의 배반과 이어짐의 과정을 낳는다.

　　지욱은 계속해서 김석호씨를 다그치고 들었다. 하지만 바야흐로 정곡에 이르려던 김석호씨의 말길은 웬일인지 거기서 다시 표적을 비켜섰다.

이청준의 서술은 매양 이런 식이다. 그것은 작품 내, 추적자의 기대를 그리고 그에 기대어 작품을 읽어나가는 독자의 기대를 거듭 배반한다. 하지만 기대의 배반은 완전히 이전의 얘기와 동떨어진 새 사실로 나아가는 것이 아니다. 그것은 실상 새로운 사실로 이어지면서 앞의 사실을 감싸, 전자와 후자가 함께 뒤섞이는 보다 넓은 공간을 만들어낸다. 가령 초의의 다법을 얘기하던 김석호씨가 엉뚱하게 "소리 부르는 누이를 찾아다니는 사내" 이야기로 말길을 돌렸을 때, 사내의 삶은 김석호씨가 말하는 초의의 삶과 동일한 형태의 관계를 이루면서 겹쳐진다. 사내의 의붓아버지에 대한 복수심과 그것에 대한 회한과 용서 그리고 그 회한과 용서를 자기 몫으로 점지된 필생의 빚으로 살아간다는 이야기는 다법에 대한 집착으로부터 회한과 용서의 하염없는 실천으로서의 차 마시기로 나아가는 앞의 이야기와 같은 구조로 겹쳐진다. 한 사실의 배반은 헤어짐이 아니라 이어짐을 낳는 것이다.

 그 겹쳐짐은 단순한 병첩이 아니다. 두 개의 사실은 각기 개별적으로 진행되어 일정한 지점에서 만나는 것이 아니라, 앞의 사실이 뒤의 사실을 앞서 준비시키고, 그렇게 태어난 뒤의 사실은 앞의 사실을 배반하면서 감싼다. 우리는 그 좋은 예를 「해변 아리랑」의 어머니의 삶과 막내의 그것의 겹쳐짐에서 볼 수 있을 것이다. 작품의 순차적 배열에서 어머니의 삶과 막내의 삶은 분명한 단절을 그으면서 전개되지 않는다. 막내의 새로운 삶(노래쟁이가 되는 것)의 시작은 정확히 어머니의 삶의 중간에서부터 존재한다. 즉 어머니의 가족들의 떠남과 그들의 죽음 사이에서 시작한다. 그리고 그 시작은 전혀 작위적인 것이 아니다. 그것은 막내가 어머니로부터 떠나는 얘기가 진행되는 가운데 자연스럽게 도출되며, 그 막내의 떠남은 어머니의 삶 속에서 이미 예비되어 있었던 것이다.

 그렇다면 하나의 이야기는 다른 하나의 이야기를 분화시키고 그 분화된 이야기는 자신을 배태한 이야기를 감싸면서 넓어진다. 그 넓어진 이야기는 또 다른 이야기를 분화시키고 그것에 감싸여져 더욱 넓어질 것이다. 「해변 아리랑」의 막내──노래쟁이 이해조의 삶이 마을 사람들, 아니 세상 사람들의 새로운 삶을 준비하듯이, 그 이야기들의 거듭되는 겹쳐짐은 끊임없이 면을 바꾸며 굴러 확대된다(금산댁의 삶 속에서 남편의 무덤이 뒷면을, 그녀의 소리가 앞면을 이룬다). 그것은 스스로 타인이 됨으로써 타인의 삶을 받아들이고, 다시 그 삶을 타인에게 확산시키는 소리 구조의 이차적 의의와 동일한 형태의 관계를 이룬다. 그것은 무한한 이타성의 자장(磁場)을, 그리고 그것에 의한 끊임없는 새로운 전체성의 공간을 형성(한 단일한 전체로의 수렴이 아니라)한다.

 소설이란 타인이 되고 싶은 욕망에 다름아니다. 그러나 그것을 실현하는 방법은 여러 가지일 수 있다. 가령 부르주아의 그것처럼 부단한 팽창과 찬탈·횡령의 욕망으로 직접적·간접적으로 충족시킴으로써 존재한다. 한편 그 욕망의 희생자가 훼손된 자신을 회복하기 위해 타인들의 삶을 추적하는, 혹은 모방하는 방향이 있을 수 있다. 부르주아 사회와 더불어 출발한 근대 소설의 전통적 유형이 그런 것일 것이다. 타락한 사회에서 타락한 방법으로 진정한 가치를 추구하는 것이 그것의 근원적 구조이기 때문이다. 이청준의 소설은 남도 소리를 등에 지고 또는 그것에 업혀, 더 나아간다. 그것은 더 이상 자신을 회복하는 것에 집착하지 않는다. 오히려 스스로 타인이 되어 타인 속으로 흘러들어가 넓게넓게 퍼진다. 그것을 작가는 용서라는 한마디 말에 집약시키고 있다. 더 이상 하나의 실체에 집착하지 않는 그 모든 삶의 움직임은 고정된 사물이 아니라 반짝이며 제 몸을 옮기는 빛이 된다. 그의 소설에 특별히 '눈'이 많이 등장하는 것은 그 때문일 것이다. 그 눈의 힘은 더 이상 색이 아니라 빛이다. 「눈길」의 마지막 대목에서 노인이 이런 말을 하는 것은 그 때문이다.

그때 내가 잿등에서 동네를 바로 들어가지 못하고 있었던 일 말이다. 그런 내가 갈 데가 없어 그랬던 건 아니란다. 〔……〕 아침 햇살이 너무 눈에 시리더구나. 그때는 벌써 동네 아래까지 햇살이 활짝 퍼져 들어 있는디 눈에 덮인 그 우리집 지붕까지도 햇살 때문에 볼 수가 없더구나. 〔……〕 그렇게 시린 눈을 해갖고는 그 햇살이 부끄러워서라도 차마 어떻게 동네 골목을 들어설 수가 있더냐.

밤새 눈 내린 아침의 햇발은 쌓인 눈에 반사되어 눈을 한없이 시리게 하고, 아들을 보내고 "내 자석아, 내 자석아, 나하고 나하고 둘이 온 길을 이제는 이 몹쓸 늙은 것 혼자서 너를 보내고 돌아가고 있구나!" 하는 설움을 삼키며 눈길을 밟아 돌아온 어머니를 끝없이 부끄럽게 만든다. 그 부끄러움은 곧 삶의 서러움·분노 등을, 아니 그것에 대한 집착을 정화시키는 회한과 용서의 마음을 말하는 것일 것이다. 그 마음은 눈과 햇살이 겹쳐진 흼, 하얀빛이다. 그 하얀빛은 삶에 대한 감정들이 하나로 뒤섞여 이룬 컴컴한 어둠을 뒷면으로 한, 그리고 그것들을 빛들의 통일로 바꿔 이룬 하얀빛이다. 그 하얀빛은 반짝이며 온 세상에 퍼져 흘러갈 것이다. 이렇게:

> 그는 생전에 늘 여기 와 앉아서 그의 바다의 노래를 앓고 갔다. 그리고 그 노래가 끝났을 때 그의 혼백은 바다로 떠나갔다. 바다로 가서 반짝이는 물비늘이 되고 작은 섬이 되고 돛배가 되었다. 그 돛배의 노래가 되고 바닷새가 되고 바람이 되었다. 〔……〕 그가 이 땅에 노래로 살다 간 사랑은 저 바다의 눈부신 물비늘로 반짝이며 먼 돛배의 소리들로 이어지며 작은 바닷새의 꿈으로 살아갈 것이다.
>
> 〔『겨울 광장』 해설, 1987〕

제의(祭儀)와 화해

김 주 연

> "……하지만 깜깜한 건 자네나 자네의 소설만이 아닐 게야. 세상엔 그보다 더 깜깜하고 답답한 인간들 천지니까. 세상을 턱없이 간단하게 제물에 자신만만해 사는 사람들 말일세. 그런 사람들까지 모두 이런 데에 함부로 끌어들여올 수는 없는 일이지. 하지만 그 사람들에게도 이런 보이지 않는 힘과 힘의 질서가 존재한다는 사실만은 감지시켜줄 필요가 있지 않겠나……"
> ——「비화밀교」에서

그렇다. 세상을 턱없이 간단하게 생각하고 제물에 자신만만해하는 사람들이 이 세상에는 의외로 상당히 많은 것 같다. 우리 주변엔 특히 많아 보인다. 제물에 자신만만하다? 그런 범주에는 돈·권력·완력·지식 따위 등이 대표적으로 포함될 것이다. 어떻게 어떻게 해서 돈 좀 번 사람들, 어떻게 어떻게 해서 권력 속에 들어가 앉은 정치인들이나 관료들, 외국 유학을 끝낸 박사님들, 이들 가운데 많은 이들은 물론 겸허한 자세로 자신과 사회를 위해 일하고 봉사하고 있으나, 이들 중 상당수는 그저 바로 그 힘만을 믿고 교만하기 짝이 없는 생활들을 하고 있는 것이 우리 주변의 현실이다. 금력이 있는 자 오직 그 힘을, 권력이 있는 자 오직 그 힘을, 학력이 있는 자 오직 그 힘만을 믿고 다른 사람 알기를 우습게 알고 있다. 우리 사회의 갈등과 알력은 모두 이 같은 교만의 소산이라고 해서 별로 틀린 지적이 아닐 것이다. 가장 비근한 예로서, 정치인들 사이에 걸핏하면 발생하는 '강경 대립'이라는 현상은 아마도 대표적인 교만의 보기일 것이다. 별수 없는 인간들끼리 어쩌자는 것인가. 마치 모든 힘을 소유한 듯 행동하는 것을 볼 때에는, 보는 자가 민망스럽기까지 하다. 눈에 보이는 힘, 이청준의 표현에 따르면 '가시적 현상'의 힘에 너무 매달리기 때문이다.

눈에 보이는 힘에만 제물에 자신만만해하는 사람들은 앞서 말한 사람들뿐만이 아니다. 문학을 하는 사람들, 이를테면 작가들 또한 큰 예외가 아니다. 짧은 한국의 현대 문학사를 되돌아볼 때, 그 실상이 이를 구체적으로 잘 보여준다. 문학의 현실적인 힘에 대한 과신에 가득 차 있는 이른바 리얼리스트들, 그리고 지적 오만에 빠져 있기 일쑤인 이른바 모더니스트들의 큰 두 주류는 우리 문학이 눈에 보이는 힘을 위주로, 거기서부터 눈을 높이 들지 못했음을 잘 나타낸다고 하겠다. 최근 젊은 작가들 일각에서 이 같은 기형적 세계 인식에 대한 반성이 일어나고 있는 것은 매우 주목할 만한 일인데——소설의 경우 이문열·김성동·조성기 등의 활동이 특기할 만하다——중진 소설가 이청준에게서도 이즈음 이와 관련된 관심의 심화가 엿보여 매우 소중하게 평가될 만한 일이 아닌가 생각된다. 한국 문학도 이제 피상적 현실주의·소재주의·테마주의를 넘어서 한국인의 정신, 나아가 인간의 정신에 관한 본격적인 탐구를 보여주는 것이 아닌가 여겨져 미상불 깊은 관심의 대상이 되지 않을 수 없다.

이청준의 중편 「비화밀교」는 확실히 현대 한국 문학의 높이와 정신을 한 단계 끌어올리면서 우리에게 많은 것을 생각하게 하는 작품이다. 작가 이청준으로서도 이 작품은 그가 지금까지 집요하게 추구해 온 여러 가지 테마들, 예컨대 글을 쓰는 행위의 사회적 기능 문제, 삶과 죽음의 문제, 고향의 의미 문제, 그리고 억압과 탈출 혹은 화해의 문제 등이 한꺼번에 하나의 광장에서 만나고 있음을 보여주는, 이청준 문학의 중간 결산표라고 할 수 있는 작품이다. 그는 최근, 그러니까 『잃어버린 말을 찾아서』 『낮은 데로 임하소서』 이후, 인간 존재의 사회적 조건과 존재론적 조건으로서의 언어에 대한 깊은 관심을 통해, 언어가 인간과 인간 사이의 화평과 화해를 위해 어떻게 기능할 수 있는가 하는 데에 집중해왔다. 이러한 과정에서 이청준은 정신의 가장 근원적인 양태인 종교 혹은 제의(祭儀)에 관심을 돌리면서 보다 근본적인 천착을 보인다. 인간과 인간과의 관계에 집중적인 조명을 할 경우, 그 관계의 기본 구조를 우리는 대립과 화해라는 측면에서 결국 바라볼 수밖에 없으며, 이 같은 기본 얼개 안에서 지배와 피지배의 정치학, 그리고 이에 걸맞는 종교학의 발생을 보게 되는 것이다.

  이 기회에 사람들이 살아온 자취를 간단히 한번 더듬어보는 것도 무용한 일은 아닐 것 같다..이 땅에 인류가 생겨난 이후, 그들은 복수의 형태로 주어진 인간 조건 때문에 곧 불화와 갈등을 겪어야 했으며, 따라서 곧 질서의 필요성을 아울러 느껴야 했다. 하나의 부족, 혹은 민족은 그리하여 정치 지도자를 갖게 되었고, 정치 지도자는 그의 권력의 적법성을 증거하기 위한 종교 지도자와의 제휴를 필요로 하게 되었다. 이른바 제정일치(祭政一致)라는 형태를 여기서 보게 된다. 정치와 종교는 실로 인류의 출발부터 그 출발을 함께한 생존 문화의 구체적 표현이라고 할 수 있다. 정치 지도자는 그 부족이나 민족 혹은 국가의 통치를 위해 정기적, 혹은 부정기적으로 제사를 지냈으며, 제사장의 자리를 스스로 겸직하기도 했던 것이다. 왕이 지닌 권력의 근원은 스스로 신에 의해 주어진 것으로 자처됨으로써 이른바 왕권신수설(王權神受說)은 가장 원초적인 권력론을 형성하기도 한다. 쉽게 말해서 어떤 강자가 나타나 하늘로부터 대임이 주어졌음을 선포하면 그는 곧 정치적·종교적 통치자가 되었던 것이다. 역사의 발전은, 이 제정일치의 형태가 점차 분리의 길을 걸어나갔음을 보여준다. 제사장과 왕은 때로 서로 도와주는 협력의 관계가 아니라 서로 불신하고 싸우는 관계로 가기도 했다. 유럽 역사에 나타나는 교황과 왕과의 갈등이 좋은 본보기라 하겠다.

그러나 기독교 자체의 문맥에서 볼 때, 기독교에는 제정일치의 가장 이상적인 순간이 나타났던 것으로 이해된다. 예수 그리스도의 출현이 그것인데, 그는 왕이자 제사장이자 예언자이며, 나아가 그 스스로 제사의 제물로까지 바쳐진 것으로 파악된다. 물론 여기서의 왕은 실제로 지상의 왕으로 군림하지 못했다. 그럼에도 불구하고 고난의 이스라엘 역사에서 수많은 왕을 그의 예언자들을 통해 선택한 신이, 이제 이스라엘 국민과의 약속의 실천을 위해 보내준 구세주가 예수이기에, 그는 잠시나마 지상의 왕까지 기능했던 것으로 해석되며, 오히려 이 잠시 잠깐의 순간을 통해 영원화된다. 실로 이스라엘 국민과 기독교 사이에 나타나는 관계는 정치와 종교가 사실상 다른 몸일 수 없음을 여실히 드러내준다. 정치와 종교가 다른 몸일 수 없다는 것은, 종교가 곧 정치 현장의 실제에 항상 참여하게 마련이라는 기능성을 의미하지는 않는다. 그것은 무엇보다 인간 집단의 지배 이데올로기의 연원에 관계되는 이야기이며, 근본적으로는 인간 사이의 갈등과 알력이라는, 원초적 숙명을 조정하는 문화 장치의 단초적 형태에서 양자가 이해되어야 한다는 것이다. 말하자면 정치는 종교가 생산한 최초의 조정 장치인 셈이며 종교는 어떤 의미에서는 정치의 대부로서의 자리를 회피하거나 거부할 수 없는 출생 과정을 갖고 있는 것이다.

이청준의 소설은 정치적이면서 또한 종교적이다. 앞서 살펴본 양자의 관계를 이해한다면 그 필연성이, 또한 자연스럽게 읽혀진다. 그러나 기이하게도 이청준의 많은 소설들은 정치적인 모든 것을 항상 거부하는 듯하고, 역시 종교적인 어떤 것에도 쉽게 동의하지 않는 듯이 보인다. 그가 소설을 쓰기 시작한 60년대 중반 이후, 20여 년 간 그는 수많은 작품들을 쓰면서 한국 문학계의 가장 대표적인 작가로 부상하여왔다. 당연한 일로서 수많은 격찬을 동반하여온 것이 사실이다. 그러나 그에게도 일정한 비판이 행해져온 것 또한 사실인데, 비판의 핵심은 언제나 리얼리즘의 결여라는 점으로 요약되었다. 집요하게 논리적인 문체는 비현실적·관념적인 난해성으로 때로 비난되었고, 그 테마 또한 우리 삶의 현장과 유리된 것으로 이따금 지적되었다. 그럼에도 불구하고 그의 소설이 비현실적이라는 비판은, 「비화밀교」에서, 작가의 표현을 그대로 따른다면, 그가 '가시적인 현상'만을 대상으로 하지 않는 데에 기인한다. 이청준은 물론 어떤 정치적 이념에 대한 찬반, 구체적인 정치 형태에 대한 평가, 또는 정치인들의 실제 행각에 대한 호오(好惡)를 나타내지 않는다. 그런 의미에서라면 결코 그를 정치적이라고 할 수 없다. 그 대신 '보이지 않는 힘과 힘의 질서'에 대해 끈질기게 달려든다. 그것은 정치와 종교를 더불어 함축하고 있는 현상 배후의 원초적인 그 어떤 권력이다. 그것이 바로 「비화밀교」의 테마다.

어느 지방 작은 도시에 언제부터인가 알 수 없는 기이한 풍속이 전해져오고 있다. 전해져온다고 했으나, 이 행사에 참가한 사람은 누구나 비밀을 지키기 때문에, 참가해본 사람에게만 알려져 있을 뿐, 적어도 외관상으로는 알려져 있지 않은 풍습이다. 섣달 그믐이면 그 도시 안쪽 변두리에 있는 제왕봉 정상에 올라서 불놀이를 하는 것이 그것이다. 그 고을 사람이면 누구나 참여할 수 있는 불놀이는 몇 가지 성격을 갖고 있다. 전년의 행사에 쓴 불씨를 일 년 동안 살려 간직해온 종화주(種火主)에 의해 점화한 뒤, 모든 사람들은 횃봉을 들고 불을 만든 다음 거기 모인 사람들 모두 인사를 나눈다. 아는 사람이든 모르는 사람이든 서로서로 인사를 건넨다. 이발사·차장·농협지소장·깡패·전과자·교회 목사·변호사·학교 선생…… 모든 그 고을의 주민들, 좋은 사람이나 나쁜 사람이나 산 아래에서의 신분에 관계없이 똑같은 인간으로 그들은 만난다. 이 행사의 일차적 성격에 대해, 거기 오랫동안 참가해온 그 고을 출신 민속학자는 이렇게 말한다.

"이곳은 산 아래서 이루어지는 모든 세속의 질서가 사라지고 그저 한 가지 이 산 위에서만이 간절한 소망으로…… 나도 그것이 무엇인지는 확실히 말할 수가 없지만…… 하여튼 오직 한 가지 소망에로 자신을 귀의시켜, 그 소망으로 하여 모든 사람들이 한데 뭉쳐서 어떤 보이지 않는 힘을 탄생시키고, 그것을 지켜가는 숨은 근거지가 되고 있는 셈이지……"

그것은 하나의 제의였다. 제의가 지닌 의미가 종교와 정치의 양면적 기능을 동시에 수행하는 데 있다면, 그러니까 알력과 대립을 극복하고 승화시켜 화해와 평화를 지향하는 데 있다면, 제왕봉의 불놀이는 제의로서의 훌륭한 성격을 갖고 있는 셈이다. 실제로 작가는 이 제의의 성공적 사례를 소설 속에서 말해주고 있다. 이에 의하면, 일제하의 동척(東拓) 설립에 즈음한 자가 농지 신고 때, 식민 통치 말기의 징용령 발동 때, 4·19 바로 전 해 등에 가장 많은 사람들이 산에 올라 이 불놀이 행사를 가졌던 것으로 기술되는데, 이것은 현실의 어려움, 즉 지배자의 억압 때문에 생겨난 갈등의 해소 기능을 이 제의가 담당했었음을 의미한다. 이 제의의 구체적 내용은 그렇다면 어떠한 것인가.

도열의 앞쪽 어디쯤에선가부터 문득 이상한 소리가 번져오기 시작했다. 아아, 아아—, 그것은 마치 입 속을 맴도는 낮은 신음 소리나 비탄과 비슷한 지하의 합창 소리 같은 것이었는데, 소리가 한번 번져오르기 시작하자 그것은 순식간에 뒤쪽으로 뒤쪽으로 수심 깊은 물결처럼 파도쳐 전해갔다. 〔……〕
분지는 삽시간에 온통 벌통 주변의 웅웅거림처럼 진원을 가릴 수 없는 기이한 합창 소리로 가득했다. 그리고 그 소리는 시간이 흐를수록 어떤 절정의 절규로 폭발할 것처럼 낮으면서도 힘차게 부풀어올랐다.

제의의 내용은 비교적 간단하다. 종화주에 의해 불이 붙여지고, 횃불을 들고 서로서로 인사를 나누고, 자정을 기점으로 하여 모인 사람들이 한입으로 소리를 내는, 그 다음 횃불의 불씨를 맡기고 내려가는 그러한 행사이다. 일반적인 제의에는 제주(祭主)가 있고 제물이 있으나, 이 제왕봉 불제의에는 특정한 제주가 없고, 제물 역시 없다. 모여 있는 모든 사람들이 무언의 한마음으로 제주가 되고 있으며, 제물의 자리에는 해를 거르지 않고 불씨의 형태로 연면히 지속되는 횃불이 있을 뿐이다. 어떤 의미에서 제주가 있다면 종화주가 이에 해당된다고 할 수 있겠으나, 뜻만 있다면 누구나 종화주가 될 수 있다는 점에서 보통의 제주와 구별된다. 이를테면 어떤 종교 지도자가 있고 그에 의해서 의식이 진행되는 제의가 아니라, 참가한 모든 이가 함께 집전하는 제사이다. 이 제사의 의미를 이청준은 '우리들끼리의 용서' '그 용서를 통한 서로의 하나됨,' 그리고 '그 함께함으로부터의 모종의 힘의 탄생' 등등으로 말하고 있다. 공동체적 용서라고 할까.

용서의 전제는 말할 것 없이 죄라고 할 수 있다. 그 죄는, 기독교적인 원죄의 개념을 따르지 않는다 하더라도, 이청준에게 있어서 모든 인간에게 편재해 있는 것으로 파악된다. 두 사람 이상이 살아가는 세상에서, 사회의 출발이 불화와 대립, 갈등의 조정이라는 측면에서 시작되는 한, 모든 인간들은 그 같은 죄를 범한 죄인들이라고 하지 않을 수 없다. 이 경우 누구의 죄가 더 크고, 누구의 죄가 보다 가볍다는 인식은 공동체적 삶의 화평에 별도움이 되지 않는다. 그렇기 때문에 작가는 죄를 용서하여주는 사람과 죄를 용서받는 사람이 따로따로 있을 수 없다고 믿는다. 자연스러운 결과이겠으나,「비화밀교」에는 그러므로 신, 혹은 어떤 신적 존재가 존재하지 않는다. 하나의 제의로서는 이것이 가장 큰 특징이라고 할 수 있다. 신이 없는 제사, 모든 사람이 제주가 되는 제사, 이것이 「비화밀교」의 세계이며, 이청준의 소망을 반영하는 세계이다.

  죄와 용서에 대한 이청준의 관심은 근본적으로 대립과 갈등의 현장으로 나타나는 현실에 대한 참담한 의식에서 비롯되었다고 할 수 있다. 이 같은 불화의 세계에서 언어는 무엇을 할 수 있으며, 소설은 무엇일 수 있는가 하는 문제와 오랫동안 싸워온 그가 이제 그것을 종교적 차원으로 발전시킨 것은 자연스러운 과정으로 생각된다. 맹인 목사의 처절한 구원의 과정을 그린 장편 『낮은 데로 임하소서』는 이런 의미에서 전기를 이룬 작품으로 평가될 수 있겠는데, 한때 기독교적 세계관에 상당한 경사를 보이면서도 그는 쉽게 거기에 합류하지는 않는다. 그에게 보다 중요한 것은 이런 상황에서 소설이 무엇일 수 있느냐 하는 문제이기 때문이리라. 문학 자체가 구원의 가능한 양태일 수 있느냐 하는 문제에 대한 끊임없는 질문이라고 할 수 있다. 「비화밀교」에서 그 길은 소망과 기다림이라는 개념으로 강조된다. 장화대(藏火臺)를 둘러싼 젊은이들의 흥분한 횃불춤처럼 때로 구원은 회의되고 부인되지만, 그럼에도 불구하고 그것은 묵묵히 추구되어야 할 제의이다. 제왕봉 불놀이는 그런 의미에서 이청준이 생각하는 문학의 상징적 변용이라고 할 수 있다.

    그 숨어 기다리는 소망의 힘, 그것의 세상에 대한 은밀스런 증거, 그것들에 대한 설명이 아직도 마음에 차지 않았던 모양이었다. 조선생은 또다시 거기에 대한 설명을 덧붙이고 있었다. 이번에는 샘물의 비유 속에서였다.
    "그야 샘터에서 세상으로 곧바로 물길을 내놓으면 원하는 곳을 일시적으로 적셔줄 수도 있겠고 그 결과로 증거도 쉽겠지. 〔……〕
    우리한텐 그래 가뭄에 상관없이 언제나 수맥이 끊기지 않고 땅속을 적셔 흐르는 숨겨진 샘 같은 게 소용되고 있는 게지. ……저자들은 그걸 이해하지 못하지. 그래 성급하게 수로를 쳐내려 세상을 한꺼번에 덮어씌우고 그렇게 증거하고 싶어하지."

'저자들'이란 「비화밀교」에서 침묵의 제의를 방해하고 최면술 같은 춤을 추는 성급한 젊은이들을 가리킨다. 이들은 종교로 말하자면 광신자들이고, 정치적으로도 열광주의자들이다. 그들은 정치와 종교에 의해서 현실의 모든 문제가 해결될 수 있다고 믿을 뿐 아니라, 알력과 분쟁의 바탕이 되는 인간 서로서로의 죄와 허물에 대해서 관대하다. 특히 자신의 그것에 대해서는 눈감기 일쑤다. 그러나 상호 용서가 선행되지 않는 곳에 진정한 화해란 없다. 정치적·종교적 열광주의는 오히려 세속적 공리주의에 연결되면서 진실의 드러남을 저해한다. 비록 제주도 제물도 없는 제의이지만 문학은 여기서 오히려 제의적 기능을 획득한다는 것이 이 소설의 핵심적 메시지다.

"〔……〕 소설이란 어차피 사실의 증거만이 유일한 법법이 아닐 테니 말이네. 소설로는 어쩌면 그런 암시가 충분히 가능할 수 있을 게 아닌가. 사실의 기술이 아닌 사실의 암시와 증거…… 세상에는 우리가 미처 감득하지 못한 어떤 커다란 힘이 존재할 수도 있다는…… 그 깊은 소망의 샘물이 지금까지도 끊임없이 조금씩조금씩 깊은 곳으로 스며 흘러내려오고 있었듯이."

문학을 특정한 종교 대신의 제의로 이해하고자 하는 작가의 열망이야말로 너무나도 종교적이며, 한국 소설에 고질적으로 결핍되어온 정신의 중요성을 환기시킨다. 문학의 제의적 성격 즉 문학을 통한 구원의 방법적 정당성을 역설함으로써 「비화밀교」와 어떤 의미에서 짝을 이루는 소설로 주목되는 작품이 「벌레 이야기」다. 이 소설은 기독교의 교리가 사랑과 용서에 기반을 두고 있으면서도, 그것이 인간 자체의 삶을 등한시하고 교리에만 도식적으로 매달릴 때 오히려 인간의 삶을 파괴해버릴 수도 있다는 무서운 교훈을 통해 문학이 지닌 제

3의 구원 가능성, 즉 제의적 성격을 다시 한번 확인해준다.

「벌레 이야기」의 주인공은 초등학교 4학년 아들이 살해당하는 끔찍한 일을 겪는다. 소년은 실종된 뒤 몇 달이 지나 살해된 모습으로 나타나고, 그러고도 한참 있다가 범인이 붙잡힌다. 이 과정에서 아내는 정신적으로 극심한 고통에 시달리는데, 다행히 이웃의 한 중년 부인의 전도에 의해 기독교의 복음에 접하게 된다. 아내가 교회에 나가기까지의 과정은, 물론 간단한 것이 아니었다. 고난과 불행을 축복으로 받아들이고, 하나님께 귀의하여 모든 것을 맡긴다는 것은, 아들을 비참하게 잃은 어머니에게 인간적으로 무리한 일이었다. 그러나 정말로 하나님의 섭리가 오묘했음인지 아내는 복음을 받아들이고 마음의 평정을 어느 정도 회복한다. 차츰 기독교인으로서의 생활에 적응해간다. 슬픔을 인내할 수도 있게 된다. 열심히 기도도 하고 교회도 찾았다. 마침내 그녀가 원한과 복수심에 떨게 하였던 상태에서 벗어나 주님의 사랑에 자신을 맡기겠노라면서, 스스로 감사의 눈물을 흘리는 상태로까지 나가는, 놀라운 변화가 일어났다. 그러나 그녀에게 복음을 전한 이웃 교인은 한 발짝 더 나가 이제는 범인을 용서할 수도 있어야 한다고 설득하기 시작했다. 그것은 어렵고 힘들 뿐 아니라 애당초 불가능한 일인지도 모른다. 그러나 기독교 안에서 타인에 대한 용서야말로 믿음의 전제이며, 바로 이 용서를 통하여 우리 자신도 하나님 앞에 우리의 용서를 구할 수 있는 자격을 갖게 된다. "오늘날 우리에게 일용할 양식을 주옵시고, 우리가 우리에게 죄 지은 자를 사하여준 것같이 우리 죄를 사하여주옵시고——"로 계속되는 주기도문이야말로 주님이 인간에게 가르쳐준 기도의 표본이기 때문이다. 이 소설에서 아내는 당연히 범인에 대한 용서로까지 나간다.

그러나 과연 인간의 인간에 대한 용서는 어떤 양태로 현존할 수 있으며, 그것이 어떤 특정한 종교적 이념으로 증거될 수 있는 것인가? 이 소설은 여기에 대해 본질적 물음을 던지고 있다. 사랑하는 아들을 잃은 아내가 기독교에 귀의한 후 어렵게 얻은 사랑과 용서의 마음이,

아내가 교도소에서 범인을 면회한 뒤 오히려 대책 없는 파탄으로 빠져버리고 있음을 이 소설은 보여준다. 그 이유를 소설은 이렇게 설명한다.

"그래요. 내가 사람을 용서할 수 없었던 것은 그것이 싫어서보다는 이미 내가 그러고 싶어도 그럴 수가 없게 된 때문이었어요. 집사님 말씀대로 그 사람은 이미 용서를 받고 있었어요. 나는 새삼스레 그를 용서할 수도 없었고, 그럴 필요도 없었지요. 하지만 나보다 누가 먼저 용서합니까. 내가 그를 아직 용서하지 않았는데 어느 누가 나 먼저 그를 용서하느냔 말이에요. 〔……〕 그런데 주님께선 내게서 그걸 빼앗아가 버리신 거예요 〔……〕"

범인은 이미 기독교 안에서 주님을 영접하고 있었고, 그리하여 놀랍도록 평화스러운 얼굴을 하고 있었다. 그 모습은 피해자인 아내에게는 후안무치할 정도로 뻔뻔하게 보였고, 아내는 결국 용서조차 할 권리가 없다는 절망감 속에 빠지게 된 것이다. 결국 그녀는 그 절망감을 이기지 못하고 자살함으로써 사태는 오히려 비극의 확대로 끝나게 된다. 이 같은 소설 전개는 물론 그 나름의 무리한 설정을 갖고 있다. 가장 중요한 결함은, 기독교 교리에서의 용서의 강조가 이웃 부인 집사의 그것처럼 삶의 실체를 무시한 비인간적인 것이 아니라는 사실에 대한 배려가 충분치 못한 점이며, 무엇보다 아내 자신의 믿음 자체에 문제가 있다는 점이 간과되고 있다. 용서란 그렇게 쉬운 일이 아니며, 상당한 인내와 기도의 병행 없이 완전한 성공이란 거의 불가능하다는 사실을 항상 겸허하게 인식하는 태도가 중요하기 때문이다. 그렇다 하더라도 이 소설은 「비화밀교」와 더불어 신 없는 시대의 제의, 인간적인 아픔에 보다 가까이 가는 제의로서 종교 아닌 문학의 구원 가능성을 조용히 타진하고 있다는 점에서 관심을 끈다. 나로서 덧붙이고 싶은 것이 있다면, 인간적인 모든 아픔과 고통이, 근본적으로 인간 자신을 피조물로서 인정하지 않는다는 점, 그리고 신은 어차피 존재하지 않는다는 점을 전제로 하는 시대적 비극의 산물이라는 사실이다. 문학이 과연 그 자리에서 어느만큼의 역할을 할 수 있겠느냐는 물음은, 그런 의미에서 언제나 힘겨운 도전일 수밖에 없을 것이다. 이청준은 이 힘든 도전에 참가하는 우리 문학의 한 전위이다.   〔『비화밀교』해설, 1985〕

새로운 방향의 모색과 운명의 힘*
—이청준의 『자유의 문』에 대하여

류 보 선

I. 이청준 소설에 있어서의 원체험의 의미

이청준은 분명 해방 이후 한국 소설사에 한 높은 봉우리에 해당하는 작가임에 틀림없지만, 의외에도 이청준의 개별 작품에 대한 작품론은 그리 많지 않다. 이것은 물론 이청준의 작품 중에 의미있는 작품이 드물기 때문은 아닐 터이다. 아니, 오히려 이청준만큼 줄곧 문제적인 작품을 거듭 내놓고 있는 작가도 드물다고 해야 정확한 표현이다. 「병신과 머저리」「소문의 벽」「이어도」『당신들의 천국』『잃어버린 말을 찾아서』 연작, 「비화밀교」『키 작은 자유인』 연작, 『흰옷』 등 몇 작품만 꼽아보더라도, 이청준은 어느 작가에 뒤지지 않을 정도의 수준 높은 작품을 지속적으로 발표해왔으며 동시에 이 소설들이 하나같이 우리 소설 발전에 중요한 계기로 작용하고 있음을 쉽게 확인할 수 있다. 그럼에도 불구하고 이청준의 작품에 대한 치밀한 분석이 가해진 글을 찾기란 쉽지 않다.

---

* 이 글은 필자가 1992년 『문학정신』에 발표한 「새로운 세계의 모색과 운명의 힘」을 수정·보완한 것이다.

여기에는 여러 가지 이유가 있겠지만, 가장 중요한 이유는 이청준 개개의 작품이 치밀한 소설적 분석을 거부한다는 점에 있을 터이다. 작품론이란 작품의 구조를 규율하는 작가의 구성적 원리를 포착할 수 있을 때, 그리고 그 작품 이후 그 작가의 진행이 어디로 향할 것인가를 가늠할 수 있을 때, 쉽게 씌어질 수 있는 글쓰기의 형태이다. 다시 말해 작품론이란 개별 작품의 사실 내용 Sachgehalt을 확정하는 것뿐만 아니라 그 작가의 전체 작품을 관류하는 진리 내용 Wahrheitsgehalt을 포착할 수 있을 때 매혹적으로 다가오는 글쓰기의 형태인 셈이다. 그럴 때라야만 작품론을 통해 작가와 독자 사이를 매개하며, 또한 작가의 진리 내용을 통해 자신이 내밀하게 모색하는 진리 내용을 결합시키고자 하는 욕망을 충족시킬 수 있는 것이다. 그러나 이청준의 작품들은 비평가의 이러한 내밀한 욕망을 충족시키지 않는다. 이청준의 소설이 어느 시기에도 한곳에 머물지 않기 때문이다. 이청준의 어느 소설에서 이청준만의 독특한 분위기에 흠뻑 빠져 들다, 겨우 이청준의 모든 소설을 꿰뚫는 진리 내용이 손에 잡힐 듯 하는 순간, 이청준의 소설은 어느새 그 세계를 부정하고 다른 곳에 가 있다. 이러한 이청준의 소설의 특성에 대해 한 비평가는 이청준과 같은 시대에 살고 있는 것이 무섭고도 즐겁다[1]고 표현한 바 있거니와 이청준의 작품에 대한 작품론이 상대적으로 빈약한 것은 이러한 이청준의 작가적 특성과 무관하지 않을 것이다.

이청준의 비교적 최근의 작품 『자유의 문』[2]을 논하기에 앞서, 이청준의 개개의 작품에 대한 평가에는 상당한 어려움이 따른다는 전제를 덧붙인 것은, 다음의 사실을 분명히하기 위함이다. 이청준의 작품은 한곳에 머물러 있지 않으며 끝없는 자기 부정과 치열한 자기 모색의 과정에 놓여 있다는 것, 따라서 이청준의 소설을 이해하기 위해서는 그 소설이 이청준의 소설이 거듭 행하고 있는 거대하고도 역동적

---

1) 김현, 『전체에 대한 통찰』, 나남, 1990, p. 355.
2) 이청준, 『자유의 문』, 나남, 1989. 앞으로 이 작품의 인용은 인용 면수만 표시.

인 변화의 도정 중 어디에 위치해 있는가를 판별해내야 한다는 것. 『자유의 문』 역시 예외일 수는 없다. 하여, 『자유의 문』을 정확히 이해하기 위해서는 먼저 이 작품이 이청준의 소설 전반이 그려내는 역동적이며 나선형적인 궤적의 어디쯤에 위치해 있는가를 가늠해보는 것이 필요하다. 이 작업이 이루어지지 않고는 『자유의 문』이라는 거대한 성에 들어설 입구를 찾을 수 없을뿐더러 입구를 찾았다 하더라도 『자유의 문』이라는 성에 은밀하게 숨겨져 있는 진리 내용을 찾을 수 없기 때문이다.

   이를 위해 우선 이청준 소설의 걸어온 길을 간략하게 살펴보기로 하자. 이청준이 고집스럽게 모색하고 있는 작가적 이념과 방법을 찾아내기 위해서는 일단 작가 이청준의 원체험에 주목할 필요가 있다. 이청준은 흔히 4·19 세대로 일컬어진다. 그러나 다른 4·19 세대의 작가와 마찬가지로, 4·19라는 질풍노도와 같은 역사적 경험이 이청준의 세상을 보는 눈을 모두 결정지은 것은 아니다. 아니, 이청준을 위시한 4·19 세대의 세계를 반영하는 동시에 예측하며, 기록하는 동시에 구성하고 계획하는 인식틀은 대학 초년 시절 경험한 4·19에 의해서가 아니라 4·19 이전의 경험에 의해 정립되었다고 해야 보다 정확한 표현일 것이다. 이청준은 자신만의 고유한 영혼이나 진리를 통해 타인이 만들어놓은 실존의 심연을 넘어서서 자기 스스로의 지성을 사용하는 성인의 상태에 이르기까지 해방 직후의 혼란스러운 상황, 그리고 차례로 6·25 전쟁을 체험한다. 이청준이 세상사의 이면을 알 수 없는 시기에 경험한 여러 사건은 너무도 믿어지지 않는 것이어서 마치 수수께끼와도 같은 것이었는지도 모른다. 이청준의 작품에 반복되어 나타나는 전짓불 모티프는 바로 이러한 사정을 잘 말해준다. 어둠 속에서 오직 나만을 분명히 드러낸 채 상대방은 나의 정체를 묻고, 나는 내가 누구인지를 솔직하게 말할 수 없다. 상대방의 정체를 모르기 때문이며, 자칫 잘못 이야기했다가는 나뿐만 아니라 전가족이 몰살당할 수 있는 상황, 달리 표현하면 당연히 인정받아야 마땅한 나의 솔직함이 통용되지 않는 그런 절대 절명의 공포를 이청준은 경험했던 것이다. 이청준은 삶의 최대한의 풍경이라고 일컬어지는 바로 그 유년기에 한 개인의 진정성은 물론 생존권마저 불가능하게 하는 광기의 질서 혹은 광기의 이성을 목격한 셈이거니와, 이청준은 이 마성적인 경험을 통해 인간을 기호화·수단화할 가능성이 농후한 모든 질서와 이성들에 대한 부정 의지를 배우게 된다. 즉 이청준은 인간이나 사물을 적이나 지지 기반으로서만 인식할 개연성이 높은 이성, 혹은 전체에의 의지가 한 이성을 광기로 이끌어가는 중요한 계기로 인지하며, 이러한 전체에의 의지에 대한 부정 의지는 이청준 소설의 가장 궁극적인 구성 원리로 자리잡는다.

가능성의 세계와 현실의 세계는 하나일 수 있다는 긍정적인 얼굴과 이상은 반드시 보복을 받는다는 부정적인 얼굴[3]을 가졌다고 평가되는 4·19에 대해서도 이청준은 다른 시각으로 접근한다. 이청준은 4·19라는 그 거대한 사건이 결국 각 개인의 치열하고 올바른 열정이 쌓이고 쌓여서 발생한 역사적 사건이며 4·19의 주체가 내세운 이념이 과연 인간이나 사물의 본질적 가치를 존중한 환상 체계인가고 묻는다.[4] 그리고 이청준은 이후의 역사적 사건이나 사회적 변화에 대해서도 이러한 시선으로 기록하고 예측한다. 5·16, 산업화와 도시화 등에 이청준은 주목하는 바, 이청준은 이러한 사회적 변화들이란 모두가 각 인간의 고유한 질을 등가화 equivalence시켜 결국은 인간을 하나의 큰 체계 속에 기호로 편입시키는 계기로 읽어낸다. 게다가 이청준은 어쩔 수 없이 자신에게 모든 것을 헌신했던 어머니와 자신의 삶의 뿌리였던 고향을 뒤로해야 했으며, 때로는 자신의 어머니와 고향에 대

---

3) 김현, 「60년대 문학의 배경과 성과」, 『분석과 해석』, 문학과지성사, 1988, p. 250.
4) 이청준이 4·19를 직접적으로 그려낸 소설은 잘 보이지 않는다. 다만 간접적인 방식을 그 사건의 의미를 드러내고자 한 경우는 있는데, 예컨대 「교통 사고」는 4·19가 과연 모두의 자발성이 개입되어 발생한 사건인가에 대해서 회의적인 시선을 던지고 있다.

한 기억을 무의미한 것으로 받아들이는 자신의 사유 속에서 모든 가치를 하나의 가치로 환원시키는 전지구적 자본주의 논리가 스며들어 있음을 확인하고 전율하거나 죄의식을 느끼기도 한다. 한마디로 이청준은 작가적 자의식을 형성하기까지 경험한 여러 사건을 통해 지금·이곳의 세계를 "질주하는 현실의 논리와 무의 상태로 전락하는 인간의 자기 활동성"이라는 기준으로 반영하고 기획한다.

이러한 전율스럽고도 마성적인 경험은 이청준을 문학으로, 구체적으로는 소설로 향하게 한다.[5] 이청준이 나름대로의 자의식을 형성하기까지 경험해야 했던 온갖 사건들이 그를 소설로 이끈 것이다. 자신이 경험했던 불가해한 상황을 올바로 조명해내지 않고는 이청준의 삶이란 타자가 만들어놓은 실존의 심연에 자신의 삶을 무의미하게 내맡기는 죽음과도 같은 삶에 지나지 않을 것이었다. 이청준에게 엄청난 공포와 전율을 안겨주었던 폭력적인 현실은 오히려 역사적 발전이나 근대화를 절대선으로 위장한 채 자신의 음험한 음모를 사회의 전영역으로 확장시키고 있었고, 그러한 사회의 흐름 속에서 이청준은 자신이 실제로 경험했던 공포나 전율은 없었던 것으로, 혹은 아무런 의미도 없는 것으로 전락할 상황에 직면했던 것이다. 이청준은 자신의 삶이 무화되는 절대적인 공포감을 이겨내고 자신의 존재 증명[6]을 위해, 그리고 개인의 진정성을 인정하지 않는 거대한 질서란 광기의 현실로 치달을 것이라는 자신만의 진리를 증명하기 위해, 힘

---

[5] 4·19 세대의 체험을 문학주의와 연결시키고자 한 것으로는 김윤식, 「미백(未白)의 사상 또는 이청준의 글쓰기의 기원에 대하여」, 『작가세계』, 1992년 가을호 참조.

[6] 헤겔은 주인과 노예의 관계를 논하는 자리에서, 노예에게 이성 또는 진리로 다가설 수 있는 가능성을 부여한 바 있는데, 그 이유로 노예가 행하는 노동을 설정한다. 그러나 헤겔은 노예가 처음에 경험한 절대적인 공포감을 저버린다면 노예가 지향하는 의식은 허황된 아집 이상이 될 수 없을 것이라 규정한다(헤겔, 임석진 역, 『정신현상학』 1, 지식산업사, 1989, pp. 256~71). 작가 이청준이 그처럼 지속적으로 진리를 향한 치열한 자기 모색을 거듭할 수 있는 근본적인 이유의 하나도 바로 역사에 의해 형성된 절대적인 공포감과 그로 인한 부정성에 있다고 할 수 있다.

겨운 용기와 결단을 내려야 했고 또 그만큼의 쟁투와 모험을 감행해야 했다. 이청준이 이 힘겨운 쟁투를 위해 문학, 좁게는 소설을 선택한 것은 오히려 당연하다. 전짓불을 비춘 타자와 그 전짓불에 떨어야 했던 나의 관계를 올바르게 드러낼 수 있는, 즉 주객과 객관 또는 보편성과 개별성을 매개할 수 있는 유일한 것이란 바로 문학[7]이며 문학 중에서도 소설이라는 양식이겠기 때문이다. 이 순간 이청준에게 문학이란 곧 유일한 삶의 방편이며 동시에 자신만의 진리를 드러낼 수 있는 유일한 형식이다. 그렇게 이청준의 원체험은 이청준을 문학으로 이끌며 동시에 절대와 상대, 사회와 개인, 당위와 현실, 자유와 평등의 관계 규명이라는 이청준 소설의 주제를 궁극적으로 규율한다.

따라서 이청준의 소설은 이 원체험으로 형성된 주제, 즉 현실의 진행과 개인의 주체성과의 관계 규명과 올바른 정립을 모색하는 과정으로 전개된다. 이청준의 문학은 우선 환부를 알 수 없는 상처 때문에 몸부림치는 지식인의 삶(「병신과 머저리」)에서 일단 빛을 발한 바 있다. 이청준은 곧 그 아픔의 실체를 전짓불의 환상(「소문의 벽」)에서 발견하는데, 이 순간부터 이청준의 소설은 자기 정체성을 확보하며 앞서 설정한 그의 일관된 주제로 나아간다. 현실과 차단된 장인의 삶을 통해 완성된 개인을 모색하거나(「선학동 나그네」「줄」「과녁」「매잡이」 등), 나름대로 완성된 자기 세계를 가진 인물에 대해 환각에 가까운 동경을 보이는가(『제3의 현장』) 하면, 글쓰기 자체를 현실에 대한 복수 작업이라 규정하고 세상을 지배하는 논리의 허구성을 파헤치고 결국은 용서와 화해라는 방법을 제시하기도 한다(『잃어버린 말을 찾아서』 연작, 「비화밀교」). 그런가 하면 용서와 화해를 스스로 부정하고 사회적 발전과 인간의 자발성 또는 평등과 자유의 관계를 모색하고(『당신들의 천국』), 또 절대적인 것에 개인의 삶을 기탁하기도 한다

---

7) 예술에 대한 이러한 규정에 대해서는 루카치, 홍승용 옮김, 『미학 서설』, 실천문학, 1987 참조.

(『낮은 데로 임하소서』「이제 우리들의 잔을」『인간인』 등). 그리고 90년대 들어서는 구체적이고 실제적인 역사의 현장 속에서 맹목적으로 질주하는 광기의 질서나 이성이 보이는 폭력성을 제시하는 한편, 이 광기의 지성에 맞서 진정으로 자율 의지와 인륜성을 유지하는, 평범하지만 진정으로 인간적인 삶을 살았던 인물들에 주목한다(「키 작은 자유인」「가해자의 얼굴」).

　이청준의 작품이 어디에서 왔고 어디로 향할 것인가 하는 것은 두고두고 따져보아야 할 문제이다. 그러나 이청준이 그가 유·소년기에 경험을 통해 부여받은 문제를 지속적으로 해결하고자 한다는 사실만은 분명하게 지적할 수 있다. 『자유의 문』은 바로 이러한 작가 이청준의 일관된 문제 의식의 연장선상에 있다. 사회를 움직이는 논리와 개인의 주체성의 관계는 어떠해야 하는가, 작가 이청준이 평생토록 걸머지고 나온 이 주제가 『자유의 문』에서도 역시 핵심적인 서사 원리로 자리하고 있다. 과연 『자유의 문』에서는 이 주제가 어떻게 모색되고 있는가. 이 글은 바로 이 질문에서 출발한다.

II. 추리소설적 구성과 현실의 알레고리화

　『자유의 문』은 이청준의 다른 소설과는 달리 무척 재미있게, 그리고 빨리 읽힌다. 『자유의 문』이 주는 읽는 즐거움은 일단 이 소설이 택하고 있는 추리소설적 구성에서 연유한다. 그러나 『자유의 문』에서 취한 추리소설적 구성은 이청준이 갑자기 재미를 추구하고 있다든가, 아니면 새로운 구성 방식을 기획하고 있다든가 하는 것을 의미하지는 않는다. 오히려 이제까지 이청준의 소설이 자신의 주제를 형상화하기 위해 모색했던 방법들이 이제는 어떤 경지 혹은 정점에 이르렀음을 보여주는 구체적인 증거라 할 수 있다.

　이청준은 자신만이 일관된 창작 방법을 유지하고 있는 작가이다. 바로 추리소설적 구성이다. 이청준의 소설은 대개가 "왕이 죽고, 슬퍼서 왕비가 죽었다"라는 선조적 구성 방식 대신에 "왕비가 죽었다.

왜냐하면 왕이 죽었기 때문이다"라는 구성 방식을 취하고 있다. 이러한 이청준의 추리소설적 구성 방식은 그의 잘 알려진 몇몇 작품만 보아도 쉽게 확인할 수 있다.

 화폭은 이 며칠 동안 조금도 메워지지 못한 채 넓게 나를 압도하고 있었다. 학생들이 돌아간버린 화실은 조용해져 있었다. 나는 새 담배에 불을 붙였다.
 형이 소설을 쓴다는 기이한 일은, 달포 전 그의 칼 끝이 열 살바기 소녀의 육신으로부터 그 영혼을 후벼내버린 사건과 깊이 관계가 되고 있는 듯했다.   ——「병신과 머저리」

 — 柳宗悅 遺作寫眞展.
 '80년 9월 19일부터 23일까지
 신문회관 전시실
 퇴근 준비를 끝내고 나서 나는 다시 한번 전시회 날짜와 시간을 확인해본다.
 며칠 동안 기다리고 별러온 일이다.   ——「시간의 문」

 이런 서두를 통해 이청준의 소설은 어느 한쪽의 논리를 대변하는 나와 또 다른 논리를 구현하는 타자를 설정한다. 그리고 소설은 막바로 왜 이런 일이 발생했으며, 나와 타자의 관계를 첨예하게 드러낼 수 있는 몇몇 에피소드들을 서술한다. 즉 이청준의 소설 중 많은 소설들은 소설적 시간이 미래를 향해 선조적으로 진행되는 것이 아니라 과거로 거슬러간다. 물론 현재의 일상사에 대한 서술이나 시간의 선조적 진행이 없는 것은 아니지만 이는 단지 과거의 시간을 재구성하기 위한 여정일 뿐, 그의 소설에서 별다른 의미를 지니지 못한다.
 그리고 소설에 등장하는 인물 또한 철저히 제한된다. 즉 나와 타자만이 있다. 나머지의 부수적인 인물들은 단지 나와 타자의 이념과 지향점을 분명히하기 위한 기호로만 작용할 뿐, 그 인물의 개성이라든 가 자기 정체성은 애초부터 설정되지 않는다. 그 결과 그의 소설들에서는 발전하는 입체적 인물은 찾아보기 힘들며, 각 인물들의 삶을 구성하게 마련인 일상적인 생활 또한 전혀 묘사되지 않는다. 즉 이청준은 성격과 환경에 대한 세부적 묘사의 진실성에 그리 큰 의미를 부여하지 않는다. 또한 "왕비가 죽은 것은 왕이 죽었기 때문이다"라는 구성법을 취하면서도 왕비가 죽은 이유로 왕의 죽음만이 근거로 선택되고 제시될 뿐, 각 인물들의 삶에 작용하는 여러 목소리를 찾아볼 수 없다. 다시 말해 그의 소설은 다성적인 목소리에 의해서 세계의 다양한 삶이 감싸안아지는 것이 아니라, 작가의 목소리만을 대변하는 인물들만이 등장하는 것이다.

이러한 소설 문법상의 특징으로 인해 이청준의 소설들은 필연적으로 현실을 알레고리[8]적으로 재현하게 된다. 이청준은 특수를 통해 보편으로 나아가는 것이 아니라 보편을 위해 특수를 찾아나선다. 이청준은 먼저 말하고자 하는 개념을 확정하고 난 후 그 개념에 합당한 성격이나 환경 등을 찾아나서며, 그 결과 각각의 인물과 환경은 이청준이 설정한 개념을 전달하기 위한 생명력 없는 기호들로서만 작용한다. 즉 이청준은 현실을 알레고리적으로 읽어내며 또한 알레고리를 통해 현실을 표현한다. 그 결과 이청준의 소설에서는 일상적인 가치가 수없이 전복된다. 죽음은 곧 생성이고 생성은 곧 죽음이며, 현실에서 각자가 누리는 자유는 곧 예속이며 어딘가에 묶여 있는 예속은 곧 자유이다. 이청준은 이처럼 기존에 존재하는 진리나 인식틀을 부정하거나 아니면 전도된 시선으로 읽어낸다. 이청준은 현재를 살아가는 인간들의 삶을 구성하는 현실적인 요소, 그리고 현재의 인간들이 매달리는 현재적 욕망들을 걷어내고 이청준 자신이 설정한 궁극적인 본질을 통해서만 파악한다. 그렇게 이청준은 절대성과 상대

---

[8] 황현산,「정지된 세계의 알레고리」,『현대소설』, 1990년 봄.

성, 복수와 용서, 당위와 현실 등등 대립된 쌍의 현존 형식과 의미 있는 병존 형식을 모색한다. 이러한 관점에 비추어본다면 인간의 삶을 구성하는 중요한 대립쌍을 대변하는 제한된 인물을 설정하고 그 인물의 특성을 드러내기 위해 필수적인 사건만으로 서술해가는 이청준의 추리소설적 구성 방식은 이청준의 지속적인 문제 의식에 가장 적합한 창작 방법이라 해도 과언은 아니다. 이청준의 소설에 자주 사용되는 고백체·액자소설 등도 바로 이러한 것과 연관되어 있음은 물론이다.

　이러한 점을 감안한다면 『자유의 문』에서 보이는 추리소설적 구성은 이청준이 제시하고자 하는 주제를 가장 집약적으로 보여줄 수 있는 완성된 형태에 속한다. 이청준이 『자유의 문』에서 제시하고자 하는 바는 주관과 객관, 당위와 현실, 본질과 현상, 전체에의 의지과 부분의 진실 사이를 각기 완벽한 체계로 묶어세운 이데올로기의 폭력성이다. 『자유의 문』에 따르면 현존하는 특정의 이데올로기는 나름대로의 완벽한 체계를 통하여 주관과 객관, 본질과 현상을 통일적인 인과율로 병존시켜 인간의 세계 내적 위치를 지시해줄 뿐만 아니라 인간의 자기 활동성이 작용한 공간을 만들어주는 중요한 계기임에 틀림없다는 것이다. 그러나 한때 이 인과율이 선한 의지를 지녔다 하더라도 또 이곳에 존재하는 인간의 삶을 풍부하게 하는 긍정적인 얼굴을 지녔다 하더라도, 만약 그 인과율을 절대화하는 순간 그것은 비록 완벽한 체계를 이루고 있다고 하더라도 광기의 이성에 불과하다는 것. 『자유의 문』이 말하고자 하는 바는 바로 이것이다.

　『자유의 문』의 추리소설적 구성은 이러한 주제를 표현하는 아주 효율적인 방식임에 틀림없다. 추리소설이란 결국 양극단의 인물 또는 기호가 가장 완성된 형식으로 대결하는 공간이라 할 수 있다. 추리소설이란 진실을 밝히려는 자와 그것을 감추려는 자와의 머리 싸움이다. 추리소설의 흥미진진함을 유지하기 위해서 이 양축의 대결은 어떤 의미에서는 모든 것을 뚫을 수 있는 창과 모든 것을 막을 수 있는 방패라는 모순된 관계일 필요가 있다. 진실을 숨기려는 자, 즉 범인은 완전 범죄를 위해서 허점이 없어야 한다. 만약 그 허점이 노출되어 독자에게 범인이 쉽게 노출되면, 추리소설의 흥미는 애초에 사라진다. 또 진실을 밝히려는 자는 그 허점 없는 공간을 비집고 들어가야 한다. 독자들이 눈치챌 수 없는 정황 속에서 범인의 허점을 찾아내고 승리해야만 하는 것이다. 『자유의 문』에서 그려지는 진실을 감추려는 자와 진실을 찾으려는 자의 대결은 곧 자신만의 체계로 본질과 현상의 병존 형식을 독점하려는 기존의 보편성과 기존의 보편성이 포착하지 못한 현실적 내용을 통해 기존의 보편성을 부정하고 새로운 보편성을 찾으려는 노력과 유비된다. 그래서 진실을 찾으려는 자와 진실을 감추려는 자와의 숨막히는 대결 속에서 하나하나 진실이 드러나는 과정은 곧 권력화된 인과율의 압제를 이겨내고 새로운 보편성을 정립하는 사유의 과정으로 치환된다.

　이처럼 『자유의 문』의 세부적인 것과 중심적인 것, 인물과 인물, 묘사와 서사에 통일적으로 묶어내는 추리소설적 구성은 이청준이 자신의 주제를 드러내는 방법으로서는 가장 적합하며, 동시에 가장 완성된 형태이다. 따라서 이 소설을 구성하는 기호의 한 축이 추리소설 작가로 설정되어 있다는 점과 이 소설의 서두가 다음과 같이 시작된다는 사실은 의미심장하다.

　　발길을 막 옮겨 디디려던 노인의 눈길 속에 골짜기 아래쪽으로부터 얼핏 조그만 움직임 같은 것이 스쳐왔다. 그러자 노인은 다시 발길을 멈추고 무엇인가 새로운 예감에 사로잡힌 듯 급히 골짜기 쪽으로 눈길을 꽂아내렸다. 그간의 침묵과 외로움이 그토록 답답하고 깊었기 때문일까. 그리고 사람의 모습과 사람의 말이 그토록 가려져온 때문일까. 순간, 그러는 노인의 눈길 속엔 어떤 주체할 수 없는 희열의 빛이 타올랐다. 〔……〕 그 움직임이 지호지간의 거리까지 다가와 젊고 건장한 한 사내의 모습으로 드러나기 시작했을 때, 노인의 얼굴에선 차츰 그 기쁨과 반가움의 빛이 외려 믿을 수 없을 만큼 빠른 속도로 당혹스러움과 의혹의 빛으로 바뀌어가고 있었다. (pp. 15~16)

그리고 진실을 감추려는 자들이 애초부터 그 원적조차 파기한 인물로 설정된 것도 바로 이러한 사정과 관련이 깊다. 다만 추리소설과 한 가지 구분되는 것은 진실을 밝히려는 자들이 애초부터 승산 없는 싸움을 시작하고 있다는 점이다. 그러나 이러한 구성은 이청준의 흠집을 이루지는 않는다. 오히려 이러한 특성으로 인하여 이 소설은 일반 추리소설과 소매를 나누고 문제성을 획득할 뿐 아니라 바로 이 지점에 작가의 주제 의식이 웅숭깊게 꿈틀거리고 있기 때문이다.

III. 관념이 도달한 자리 혹은 현실로의 길트기

『자유의 문』은 앞서 이야기했듯 대립 관계에 놓여 있는 두 기호간의 싸움이다. 이 싸움은 각각의 기호들이 자신의 전생애를 걸어놓은 것이어서 숨막힐 정도의 긴장감을 동반한다. 그러나 이 양축의 대결이 이처럼 숨막히는 긴장감을 획득할 수 있었던 것은 대결의 주체들이 육체적이고 물리적인 의미에서의 죽음을 건 승부를 벌이고 있다는 것에만 있지는 않다. 이 긴장감은 『자유의 문』이라는 제목 자체가 주는 상징성과 관련이 깊다. 『자유의 문』이라는 세계를 구성하는 양축은 앞서 이야기했듯 진실을 숨기려는 자와 감추려는 자이다. 이러한 대결은 긴장감은 줄 수 있어도 숨막히게 할 수는 없다. 이 싸움이 숨막히는 긴장감을 동반할 수 있는 곳은 그들이 싸우는 장소가 쉽게 넘나들 수 있는 문턱이기 때문이다. 이들 중 어느 하나가 자신을 포기하면 이 양축은 쉽게 화해할 수 있다. 자신 쪽을 향한 문으로 상대방이 들어설 수 있도록 문은 열려 있으며, 상대방 또한 자신의 입장 쪽으로 끌어들이려는 것이지 결코 상대방의 죽음을 원하는 것은 아니다. 그럼에도 불구하고 양축은 대결을 중단하지 않는데, 그것은 이 양 대립축이 상대방의 문으로 넘어간다는 것을 곧 자신의 존재 근거를 잃는 것으로 판단하기 때문이다. 즉 이 문이란 현상과 본질, 이승과 저승, 현실과 이상, 에센스와 환각, 드러냄과 감추기가 교차되는 곳9)이어서, 이 문을 마주놓고 벌이는 대결은 한쪽이 다른 쪽으로 넘어설 경우 그쪽은 삶의 근거도 존재 자체도 사라지게 되는 것이다.

　결국『자유의 문』은 이 양축이 모든 것에 대해서 처음부터 끝까지 대립하는 양상을 보인다. 직접적인 대결의 당사자는 인적이 드문 산을 지키는, 이제는 노인이 된 백상도와 추리소설 작가 주영섭이다. 물론 이 소설에 이 둘만이 등장하는 것은 아니다. 권력의 핵심에 있는 인물의 집을 털다 붙잡혀 무기징역을 선고받고 항소를 포기하는 최병진, 부두 노동자의 모든 일을 해결해주다 갑작스레 자살하는 유민혁, 최병진의 배후를 알고자 했던 잡지사 기자 양진호, 최병진과 유민혁의 실체를 찾고자 했던 형사 구서룡 등이 등장하기는 한다. 그러나 이들은 백상도와 주영섭의 대결을 예비하는 보조적인 인물들이다. 즉 백상도와 주영섭의 전면적인 대결을 유도하기 위한 전경으로 등장하는 것이다. 주영섭은 최병진과 유민혁을 경험하면서 백상도 노인의 지향점을 알고 있는 상태이고, 백상도 노인은 양진호와 구서룡을 통해 주영섭이 알고자 하는 바를 이미 예견하고 있는 셈이다. 이처럼 각자가 지향하는 축의 가장 높은 자리에 위치해 있는 인물들이 대결을 벌이는 것이 바로『자유의 문』의 주된 내용이다.

　『자유의 문』의 표면적인 대립은 진실을 밝히려는 자와 진실을 감추려는 자의 대결이다. 전자에 주영섭이 위치하고 후자에 백상도가 위치한다. 그러나 이 대결은 대등한 위치에서 이루어지는 싸움은 아니다. 양진호·구서룡이 그러했듯 진실을 밝히려는 자는 자신의 목숨을 건 행위이기 때문이다. 그러니까 이 대결은 주영섭과 백상도가 주영섭의 목숨을 담보로 하는 싸움이다. 주영섭이 싸움에서 얻을 수 있는 것은 단지 진실을 밝히는 것, 곧 자신의 소설을 완성하는 것이고,

---

9) 김윤식,「제2회 이산문학상 소설 부문 심사평」,『문학과사회』, 1990년 가을호. p. 1324.

백상도는 작품의 결말이 그러하듯 진실을 밝혀주고도 주영섭을 죽임으로써 진실을 다시 감출 수 있는 그런 싸움인 것이다.

이 대목에 이르면 우리는 백상도와 주영섭의 대결에 놓여 있는 진실의 구체적인 내용이 무엇인가 하는 질문을 던질 필요가 있다. 이는 곧 이 소설의 참주제를 묻는 것에 다름아니다. 그 진실이란 백상도 노인의 삶이다. 즉 그가 어떻게 살아왔고, 그러한 이념을 지녀왔으며, 왜 양진호와 구서룡을 깊은 산중으로 유인해 죽일 수밖에 없었는가 하는 것. 그 진실의 내용은 백상도의 고백을 통해서 하나하나 펼쳐지는데, 이것은 곧 『자유의 문』에서 작가 이청준이 제시하고자 하는 바와 동질적임은 물론이다.

백상도는 나이 스물셋에 "도륙과 아비규환의 북새통"(p. 149)인 전쟁에 참가한다. 그는 그 전쟁을 경험하면서, 구체적으로는 "뜻없는 줄죽음"(같은 곳)과 "억울한 불평의 소리 한마디 남길 틈이 없이 줄줄이 사신(死神)의 어두운 아가리 속으로 떠밀려 들어"(같은 곳)가는 전우들을 보면서, 그리고 이데올로기의 상쟁으로 인한 자기 가족들의 떼죽음과 그 과정중에서 용케 살아 있는 자기를 발견하면서, "그는 역시 생명의 주재자가 아니"(p. 159)라는 사실을 깨닫고 "큰 섭리"(같은 곳)에 대한 믿음을 가진다. 그리고 우연한 기회에 그의 삶을 절대적인 진리에 기탁하게 된다. 그리고 씨알성서학교에 입학, 이어 '밑강물기도원'이라는 비밀 결사 단체에 가입한다.

그곳의 계율은 '절대선'과 '실천선.' 구체적으로 말하자면 "세상 가운데서 주님의 사랑을 행하되, 스스로 비밀로 행해나가야 하"는 "드러내거나 대가를 구함이 없이 침묵 속에 숨어 행하다가 주님 앞으로 가야 하"는 계율이다. 그래야만 "그의 사랑 또한 인간의 심판을 떠난 주님의 사랑의 역사, 그 절대의 섭리의 일부가 될뿐더러, 그가 누릴 가장 은혜스런 보상"(p. 169)이 되기 때문이다. 따라서 자신의 이름을 버리고 새 이름을 부여받으며, 모든 행위를 증거하고자 해서도 안 되는, 그래서 그러한 절대선을 행하려는 비밀 결사는 물론 자기 정체도 숨겨야 하는 삶을 산다. 그렇게 그는 그늘진 삶의 현장으로 찾아가 계율을 실천하던 중 불의의 사고를 만난다. 탄광 광부로 일하면서 그곳 사람들의 생활 조건을 개선하기 위해 헌신하던 그는 어쩔 수 없이 극단적인 강구책을 마련하는데, 이것이 의외의 결과를 가져온다. 광부들의 생활상을 외부에 전달하기 위해 잡지사 기자를 청하고, 광부들의 생활을 절실하게 전달하기 위해 계획된 사고를 일으킨다. 사고는 의도와 다르게 커져 잡지사 기자가 죽고, 백상도는 죄의식에 빠진다. 계율은 선행뿐만 아니라 죄마저 증거해서는 안 되었기 때문이며, 그는 증거하고자 하는 욕망으로 인해 약해지는 믿음을 지키기 위해 세상을 등지고 산을 찾는다. 백상도의 삶엔 이제 실천선이 존재하지 않게 되고, 결국엔 "부질없는 계율과 이기적인 자기 탐욕"(p. 238)만 남는다. 이기적인 자기 탐욕, 즉 증거하고 싶은 욕망에 양진호와 구서룡을 산속으로 유인하고 계율을 지키기 위해 살인을 하게 된다. 말하자면 "사람을 불러들여 자신을 증거하고 그 욕망을 지우고 나선 그의 입을 다시 막아버리는 잔인스런 유인 살인, 그것은 그의 인간적인 충동과 신앙을 계율을 교묘한 방법으로 타협지어 주고 있었"(p. 236)던 것이다.

이것이 백상도가 고백한 자신의 전체험, 또는 백상도와 주영섭이 서로 감추고 찾고자 하는 진실의 내용이다. 이쯤 되면『자유의 문』에서 작가 이청준이 말하고자 하는 주제를 분명히 추출할 수 있다. 어떤 진실이 일단은 충분한 현실적 근거를 갖고 산출되었다 하더라도 그것의 현실적 근거가 사라지거나 그 진실의 참의미가 사라지면, 새롭게 부각되는 현상을 배제하고 억압하는 죽은 형식이 된다는 것이다. 이것이 바로 작가 이청준이 백상도의 "사랑과 믿음을 잃은 기도"(p. 237)와 그로 인한 왜곡된 삶을 통해 제시하고 있는 바라 할 수 있으니, 한마디로 목적을 잃은 합목적성이 필연적으로 만들어낼 수밖에 없는 광기, 이것이『자유의 문』의 참주제인 것이다.

『자유의 문』의 이러한 주제는 작가 이청준 개인에 있어서나 우리 문학사에 값진 성찰에 해당한다. 먼저 작가 이청준에 국한시켜보자. 이청준은 이제까지 작가 자신의 원체험으로 인해 모든 합목적성·이상·절대·사회·당위라는 범주를 권력에의 의지나 억압 체계로 받아들였다고 할 수 있다. 다시 말해 목적을 상실한 합목적성에 대한 부정 의지가 목적과 부합하지 않는 합목적성에 대해서가 아니라 합목적성 전체를 부정하는 계기가 되었던 것이다. 그 때문에 이청준은 주로 인간의 자기 활동성을 지금의 현실을 구성하는 사회적 내용이나 형식 바깥 혹은 일상적인 삶의 질서에서 이탈하는 존재들에서 구해왔다. 전지구적 자본주의라는 거대한 흐름에서 벗어난(혹은 편입되지 않은) 예술가, 환각과도 같은 이상향에 자신의 영혼을 빼앗긴 고립된 존재, 그리고 『당신들의 천국』에서 제시한 '자생적인 운명'이라는 추상적인 원리 등. 이러한 이탈은 물론 지금의 인간의 삶을 규율하는 등가 원칙에 대한 충분한 숙고 끝에 제시된 것이어서 그 나름대로의 강한 현실성을 지니는 것은 사실이지만, 존재에 잠재하는 여러 경향들을 계발한 것이 아니어서 구체적이라기보다는 추상적이거나 개념적인 가능성에 머물고 말았다. 이에 비추어보자면 『자유의 문』에서 얻어진 성찰은 이전의 사유와 분명히 구분되는 요소를 지니고 있다. 『자유의 문』에서 이청준은 개인이 숨쉴 틈조차 주지 않는다고 받아들였던 이상·절대·사회·당위들이 사실은 현실적 근거하에 싹튼 것이며, 그것이 각 개인에게 질곡으로 다가왔던 것은 그것이 현실적 근거를 잃는 순간이었다는 점을 발견한다. 이제 이청준은 이상과 현실, 절대와 상대, 개인과 사회, 당위와 욕망이라는 대립쌍을 영원히 화해할 수 없는 어떤 대립물로 규정하여 모든 사회적 당위를 부정하고 개인적 욕망에서 어떤 가능성을 찾는 대신에 개인과 사회의 의미 있는 병존 형식을 모색하는 지점에 이르렀다고 할 수 있다. 즉 존재에 잠재하는 여러 경향들 속에서 어떤 가능성을 찾아내야 한다는 보다 현실과 밀착된 가능성에 주목하게 된 것이니, 이는 이청준 소설이 또 다른 단계로 나아가는 중요한 계기에 해당한다고 할 수 있다.

그리고 이청준의 『자유의 문』은 이청준 개인뿐만 아니라 우리 소설사 전체에 있어서도 또 하나 중요한 자산임에 틀림없다. 나와 타자, 또는 자기 동일성과 타자성이라는 대립물에 대해서 이전까지와는 구분되는 모색을 행하고 있기 때문이다. 한국 소설사의 특징적인 현상 중의 하나는, 각 시기의 지향점에 따라 선과 악을 판별하는 내용이나 기준에는 편차가 있지만, 대부분의 소설들이 선과 악의 단순한 대립 구도로 구성되어 있다는 점이다. 물론 선과 악으로 규정된 인물들은 각 시기의 시대적 방향성하에서 설정된 것이기에 나름대로의 의미가 없는 것은 아니지만, 우리 소설사에서 선과 악을 구분하는 기준이란 지극히 단선적이고 윤리적인 차원에 머물고 말았던 것이 사실이다. 여기에는 여러 가지 이유가 있겠지만, 가장 중요한 이유 중의 하나는 바로 나와 대립하고 있는 타자에 대한 규정하는 방식과 관련이 깊다. 우리 소설사는 흔히 나와 대립한 타자를 모두 철저한 속물 근성의 소유자로 형상화하는 반면 선을 대변하는 인물들은 자신의 높은 목적을 위해 모든 세속적 욕망을 과감하게 끊어내는 금욕주의자로 묘사된다. 우리 근대 소설사의 평판작으로 일컬어지는 작품들 — 예컨대 「고향」이라든가 「황혼」, 채만식의 「태평천하」, 그리고 최근의 『장길산』 등 — 에서조차 선을 대변하는 인물과 악을 대변하는 인물의 차이는 불길한 욕망을 자신의 영혼을 빼앗기느냐 아니면 그 불길한 욕망을 뿌리치느냐 하는 점뿐이다. 다시 말해 한 개인을 둘러싼 사회적 관계를 얼마나 진실에 가깝게 읽어내고 그것을 실천으로 옮기느냐 하는 보다 중층적이고 다양한 계기에 의해 선과 악이 구분되지 않는 것이다. 이는 곧 한국 소설의 대부분이 교활하다고 일컬어지는 현실이나 이율배반적으로 느껴질 정도로 복잡한 인간의 내면을 그야말로 단선적으로 규정해왔다는 사실을 반증하는 것이기도 하다.

그러나 『자유의 문』은 애초부터 이러한 형상화 방식과 거리를 두고 있다. 『자유의 문』에 등장하는 악한 인물은 오히려 충분히 설득력 있고 또 풍부한 자기만의 진리를 지닌 인물이다. 『자유의 문』의 부정적인 인물인 백상도는 그 시대를 살았던 삶의 일반적인 유형과 마찬가지로 전쟁의 쓰라림을 맛보았고, 그로 인해 보다 큰 섭리에 빠져들었으며, 민중에 대한 사랑과 믿음을 보이는 오히려 선한 의지를 지닌 인물이다. 그러던 그가 부정적인 인물로 전락하는 것은 선한 의지를 실현하기 위해 선택한 계율의 현실적 의미가 이미 사라졌음에도 불구하고 그것을 고집했기 때문이라고 제시된다. 한마디로 『자유의 문』은 단선적이고 윤리적인 기준에 의해 선악을 구분짓지 않는다. 한 개인이 올바를 수 있는 것은 그가 불길한 욕망을 단호하게 뿌리치기 때문이 아니라 거듭거듭 진리를 향해 나아갈 때라면, 다시 말해 주관과 객관 사이의 의미있는 병존 형식을 찾아내려는 노력을 멈추지 않아 더할 나위 없이 매혹적인 유혹을 견뎌낼 수 있기 때문이라고 한다면, 그리고 우리가 한 인간을 올바르지 않다고 판단하는 것은 그가 불길한 욕망을 애초부터 거부하지 않기 때문이 아니라 보다 의미있는 병존 형식을 찾아나가지 않음으로써 결국 불길한 욕망의 매혹을 떨치지 못하기 때문이라고 한다면, 『자유의 문』에서 보인 이러한 성찰은 값진 것이다. 『자유의 문』에서 확인할 수 있는 부정적인 인물에 대한 이러한 깊은 이해는 우리 소설의 흐름에 비추어보자면 참으로 새롭고 의미있는 것이며, 따라서 『자유의 문』에도 역시 이청준의 문학 전반이 우리 문학에 제기하는 자기 반성의 의미[10]가 충분히 살아 있다고 할 수 있다.

『자유의 문』은 결국 백상도의 치밀한 계산에 의해 앞의 방문객과 마찬가지로 주영섭이 죽는 것으로 끝맺고 있다. 그러나 이 작품이 다음과 같은 모습으로 마무리되는 것은 의미심장하다.

　　패자의 승리라고나 말할 수 있을까. 주영섭은 어쨌든 이제 그것으로 자신의 삶을 바쳐서 어떤 진실의 기호로서의 한 편의 소설을 쓰고 간

---

10) 성민엽, 「겹의 삶, 겹의 문학」, 『문학과사회』, 1996년 여름.

셈이었다. 〔……〕 노인은 그쯤에서 그만 주영섭의 일을 잊어두고 싶었다. 〔……〕 주영섭과의 길고 긴 싸움에서도 그는 결국 영섭이 아닌 자신이 다시 위인을 위한 증인으로 괴로운 패자의 자리에 남게 되고 말았다는 외롭고 두려운 절망감 때문이었다. (p. 264)

절대성의 논리를 추구하는 백상도의 삶보다는 자신의 직무에 충실한 평범한 일상인들이 이 싸움의 승리자라는 것이다. 작가 이청준이 그토록 오랜 시간 동안 짐지고 다녔던 주제가, 치열한 자기 모색의 과정이었음에도 불구하고 구체적인 생활이 없는, 그리고 개념적으로만 자신의 원체험의 의미를 밝히려는 절대성을 향한 논리라고 할 수 있다면, 어쩌면 이 백상도는 작가 자신의 모습인지도 모른다. 만약 그렇다면 『자유의 문』은 이청준의 하나의 도달점인 동시에 새로운 출발점이기도 하다. 다시 말해 작가 이청준은 어떤 자리에 올라서자마자 또다시 새로운 길로 나아가고 있는 것이다. 그래서 이 『자유의 문』을 『키 작은 자유인』의 인물들에게 바친다는 서문은 예사롭지 않다. 『키 작은 자유인』들의 인물이야말로 현실로부터 벗어나 어떤 절대적인 진리를 좇는 자가 아닌 현실의 격류 속에 살아가는 평범한 존재들이면서도 그 안에서 진정으로 자유를 찾고자 하는 존재들이기 때문이다.

IV. 노예의 정신, 또 다른 시작

김현은 자신의 세대의 문학에 대해 "4·19 세대만이 자기가 부딪친 세계와 성실하게 싸운 세대는 아니지만, 4·19 세대는 여하튼 열심히 싸웠다"[11]고 자랑스러워한 적이 있지만, 이 말은 바로잡혀야 한다. 아직도 열심히 싸우고 있다고.

4·19 세대 중의 한 사람인 김원일의 성장소설인 『마당 깊은 집』은

---

11) 김현, 「60년대 문학의 배경과 성과」, 『분석과 해석』, 문학과지성사, 1988, p. 254.

여러 가지로 인상적이다. 『마당 깊은 집』에서 가장 먼저 눈에 띄는 점은 일반적인 교양소설과는 전혀 형식을 달리하는 성장 과정이다. 천진성과 꿈을 가진 인물이 자신의 지향과 세계의 타락한 가치 사이에서 방황하다 일상의 질서 속으로 편입되는, 달리 표현하면 아버지의 세계에 대한 반발로 어머니의 품속을 갈망하던 아들이 자신이 그토록 혐오해 마지않았던 아버지의 세계로 발을 들여놓는 일반적인 교양소설과의 유사성을 이 소설에서는 찾아보기 힘들다. 이 소설에서 우리는 아버지에 반발하는 것이 아니라 아버지를 그리워하며 어쩔 수 없이 아비 노릇을 대신했던 어머니를 두려워하는 존재를 발견할 수 있다. 4·19 세대가 경험한 원체험이란 이토록 특이한 것이며, 그렇기에 강렬한 것이었다. 이들은 급박한 현실의 흐름과 개인적 삶과의 그 커다란 간극을 메우기 위해, 전 삶을 건 채 문학으로 나아갔다. 그들의 개인과 사회, 복수와 용서, 이상과 현실의 간극 메우기에 대한 욕구는 실로 엄청난 것이어서, 그들은 각 시기 자신들의 세계까지를 부정하고 반성하며 오늘에 이르렀다.

올바른 삶의 질을 찾겠다는 강한 욕구, 그 욕구를 추동시킨 절대적인 공포감, 그로 인한 끊임없는 자기 부정과 자기 반성, 4·19 세대의 미덕은 바로 여기에 있다. 최근 우리는 이러한 그들의 미덕이 빛을 발하는 장면을 또다시 목격하고 있다. 이청준의 「가해자의 얼굴」과 김원일의 「마음의 감옥」이 그것이다. 이제 그들은 아비의 본모습 찾기나 개념적인 사유를 고집하지 않는다. 오히려 자신들이 전쟁 경험 세대이자 또한 4·19 세대임을 분명히 내세우며 동시에 자신의 삶의 경험 속에서 진정으로 의미있는 삶의 경향을 계발하고 그것에 보편적인 의미를 부여하기 시작한다. 또 한차례의 자기 부정을 감행하고 있는 것이며, 이 끊임없는 자기 부정이야말로 4·19 세대만의 특질이라 해도 과언은 아닐 듯하다.

우리는 4·19 세대의 대표적인 작가인 이청준이 점점 현실적 운동의 본질 속으로 다가갈 것임을 의심치 않는다. 이제껏 이청준이 보였던 끊임없는 자기 부정과 자기 반성의 노력을 감안한다면 이는 충분히 예견할 만한 것이다. 이청준은 어쩌면 지속적인 자기 연마를 멈출 수 없는지도 모른다. 그의 문학 뒤에 장승처럼 버티고 선 우리 역사가 또는 그 안에서 형성된 이청준의 운명이 그것을 재촉할 것이기 때문이다.

메타픽션적 영화소설?
── 이청준의 『축제』

김 경 수

I. 『축제』라는 소설과 영화

주지하는 것처럼 이청준의 장편소설 『축제』는 임권택 감독에 의해 만들어진 영화 「축제」와 동반 창작되었다는 점에서 출간 이전부터 독자들의 관심을 불러일으켰던 작품이다. 이 작품(들)은 소설과 영화 분야에서 당대 우리나라를 대표하는 두 작가가 한 편의 이야기에 서로 공감하여, 각자의 매체를 이용해 그것을 형상화해낸 결과물이라는 점만으로도 우리의 관심을 끌기에 족하다. 소설 『축제』와 영화 「축제」의 탄생 과정과 동시 출간은, 단순히 두 장인의 만남이라는 의미를 넘어서서 우리 시대의 일종의 문화 변용 능력이 언어와 영상 매체를 통해서 얼마나 다르게, 그리고 얼마나 성공적으로 형상화될 수 있는가를 검토해볼 수 있는 아주 적합한 예가 되어주기 때문이다.

이청준과 임권택의 만남은 이번이 처음은 아니다. 장안의 화제를 모은 바 있는 임권택 감독의 「서편제」가 이청준의 연작소설인 『남도 사람』을 원작으로 한 것에서 알 수 있듯이, 두 사람은 이미 자신들의 세대 정체성 혹은, 자신들이 파악하는 민족 정체성의 문제에 공감하고 있는 작가라고 할 수 있다. 그 공감이 이번에는 두 사람으로 하여금 작가의 모친상을 소재로 한 편의 상징적인 이야기를 구축하도록 이끌었는데, 그 작품이 바로『축제』다. 그러나『축제』에서의 두 작가의 만남은, 이른바 문예 작품을 원작으로 만들어진 일련의 문예영화에서 유지되었던 소설 작가와 영화 감독의 만남과는 아주 다르다.

    소설과 영화의 가장 일반적인 교섭은 두말할 것도 없이, 원작이 먼저 이루어지고 난 뒤에 영화가 그 원작의 이야기를 자신의 이야기 소재로 취하는 경우이다. 말하자면 문학 작품을 토대로 하여 그것을 시각적으로 풀어내기 위한 시나리오 각색의 과정을 거쳐 한 편의 시각적 서사가 만들어지는 경우인데, 이런 경우는 우리가 익히 경험했고 또 현재도 여전히 진행중인 영화와 소설의 교섭 양상이다. 그러나 작품『축제』는 이런 일반적인 교섭의 양상과는 달리, 작가와 감독이 자신들이 만들고자 하는 허구적 이야기에 대해 먼저 일종의 묵계를 상정하고(물론 그 정도는 알 수가 없다), 그리고 각기 자신의 매체대로 이야기를 완성해나간 동시 진행적인 이야기라는 점에서 특별한 경우라고 볼 수 있다. 그것은 우리의 논의의 차원에서도 그렇다. 원작 소설이 먼저 발표되고 난 후에 만들어진 영화라면, 그 두 장르의 교섭 양상을 살펴보는 우리의 관심은 주로 나중에 만들어진 영화가 자체의 시각적 해결을 위해 원작을 어떻게 변용했는가 하는 각색의 과정에 집중될 것이다. 그리고 당연히 그 과정에서 작가는 일단 배제되게 마련이다. 그러나 이번『축제』와 같은 경우는 원작과 영화가 동시에 진행되었다는 점에서 소설과 영화가 나름의 매체 특성 및 장르 속성을 발휘하면서 자체의 완결성을 어떻게 유지하는가 하는 측면이 자연스럽게 논의의 초점으로 떠오르게 되는 것이다. 이렇듯 각색의 과정이 독자에게 보이지 않게 괄호쳐진 상태의 소설이라는 점에서,『축제』는 문학과 영화의 상관 관계의 새로운 국면을 우리에게 드러내 보여줄 운명을 갖고 있는 것이다. 이제 그 양상을 살펴보자.[1]

II. 메타소설적 영화소설?

앞에서 이야기한 것처럼, 『축제』는 영화 「축제」를 위한 원작이 아니다. 이 말은 소설 『축제』가 그 창작 이전부터 그것이 영화화되었을 때의 또 하나의 텍스트를 염두에 두고 있었다는 것을 말한다. 즉, 창작 과정에서부터 이 작품은 동일한 줄거리를 가진 영화화된 또 하나의 판본과는 구별되는 자체의 미적인 자율성과 완결성의 요구로부터 자유로울 수 없는 운명이었다는 것이다. 영화와 동반으로 발표되는 작품을 집필함에 있어서, 작가가 순수하게 시각적인 해결을 선호하면서, 또 그런 화면의 힘을 통한 즉각적 인지 체제를 염두에 두지 않을 수 없었을 것이다. 이런 개연적인 전제는 소설 『축제』에서 그대로 확인된다.

이 소설은 어머니의 장례식을 소재로 영화를 만들어보겠다는 감독의 제안에 동의한 인물이자, 작가인 서술자가 장례식이 끝난 뒤에 그곳에 머무르면서 감독에게 자신이 꾸민 한 편의 허구와 그에 대한 자신의 사적인 견해가 담긴 서간을 전하는 식으로 구성되어 있다. 작품은 말하자면 어머니의 장례식을 소재로 한 한 편의 허구적 이야기와 그것을 보고 영화적 내러티브를 재구성할 감독에게 보내는 작가의 의견이 교차로 독자에게 전달하는 방식을 취하고 있는데, 이 경우 자신의 소설이 영화화되었을 때 작가로서 느낄 법한 자연스런 걱정과 의구심이 이 작품 곳곳에 드러나 있는 것이다. 소설의 중간 부분에서 주인공 이준섭이 어머니의 임종을 재구성해나가던 도중 서질녀 용순이 서울로 자신을 찾아왔던 사건을 떠올린 하나의 '허구'를 마련한 다음, 작가는 임감독에게 보내는 편지에서 다음과 같은 말을 하고 있다.

---

1) 논의의 과정에서 필요한 경우에는 소설 작품과 영화 『축제』를 비교하여 논의할 것이다. 그러므로 이 글은 어느 정도까지는 소설과 영화의 비교 검토까지 행하는 글이 되는 셈이다.

하지만 만약을 몰라 미리 고백드려두는 말씀입니다만, 그리고 이것은 감독님의 영화 작업과는 큰 상관이 없는 일입니다마는, 작으나마 제가 그런 허구를 감행하기 시작했다는 사실은 제겐 좀 특별한 뜻이 있는 일이 될 수도 있을지 모르겠습니다. 그 허구의 욕망은 다름아닌 소설에의 욕망일 수도 있는 일 아니겠습니까. 어떤 뜻에선 소설이란 사실과 현실의 제약을 넘어서고 싶고 자유로워지고 싶은 욕망, 바로 그 허구에의 욕망의 한 산물이라 할 수도 있을 테니까요. 제가 제 이야기의 사실성에서 벗어나 완전히 자유로워질 수 있게 되면, 그래서 더 많은 허구를 감행하게 된다면, 저는 이 일로 한 편의 소설을 꿈꾸어볼 수도 있을 것 같다는 말씀입니다. 그리고 만약 그런 제 소설적 허구의 욕망이 앞을 서게 된다면, 그때 가선 감독님께서도 영화와 별 상관이 없는 일이라고 그냥 웃고만 계실 수가 없으시리라는 말씀입니다. 기왕 객쩍은 말을 꺼낸 김에 미리 한 가지 더 고백드려두자면, 그때 가선 저도 영화를 그대로 소설로 베꼈다는 소리는 듣지 않아야 하지 않겠습니까. 소설이 무언가 영화와는 다른 장르라는, 가능하다면 영화와는 유다른 이런저런 독자성과 강점(예를 들면 매체의 투명성으로 인한 보다 자유로운 상상력의 동원 등)을 지닐 수도 있는 예술 장르라는 것을 보이고 싶어할 거라는 말씀입니다. 그러기 위해서 감독님 몰래 비장의 무기 같은 걸 숨겨 아껴둘 수도 있는 일이고요.

작가는 어머니의 장례가 진행되는 전과정의 삽화를 전달하면서, 그것들이 자신한테는 "모두 사실적인 사연들이어서 어느 것 하나 쉽게 버릴 수가 없는" 것이라고 되풀이해서 임감독에게 강조하고 있다. 그러니까 그런 작가의 말을 믿는다면, 작가가 모친의 생전에 집을 나간 용순이 자신을 찾아와 할머니에 대한 자신의 부채 의식을 일깨운 삽화를 넣은 것은 분명 허구라고 보아야 한다. 작가가 이와 같은 허구를 끼워넣은 것은 위의 인용문에도 나타나 있듯이 정작 영화가 개봉된 다음 있을 법한 소설과의 비교에서, 자신이 "영화를 그대로 소설로 베꼈다는 소리는 듣지 않아야 하지 않"을까 하는 자의식 때문인데, 이는 사실상 위에서 말한 바와 같이, 동일한 각본을 서로 다른 매체로 작품화했을 때의 소설 장르상의 독립성에 대한 일종의 강박 관념에서 비롯된 것이다. 물론 소설과 영화 모두에서 용순의 등장과 그녀를 축으로 한 이야기가, 작품의 주제가 되고 있는 장례 절차의 축제성을 받쳐주는 최소한의 표면적인 갈등과 그 해결의 구도를 이루고 있음을 볼 때, 이 삽화를 작가와 감독이 허구물로서의 '작품'을 완성하기 위해 공감해서 마련한 최소한의 이야기 변용으로 볼 수도 있을 것이다. 게다가 작품의 진행 과정이 영화적인 시각적 해결을 의식한 듯, 이청준 특유의 복합적인 사념의 표백이 다소 준 반면에, 명확한 시간 구분과 장면 구분에 의해 회상과 현재를 엮어가는 방식을 취한 것과 소설 자체가—이야기 진행 과정상 지금까지는—영화적 시퀀스와 그다지 차이가 나지 않는다는 점까지를 감안하면, 작가의 위와 같은 말이 말 그대로 일종의 트릭일 가능성 또한 전혀 배제할 수는 없다.[2]

그렇다면 작가 이준섭이 임 감독에게 띄우는 편지에다 쓴 위와 같은 두려움과 강박 관념은 단순한 허사일 뿐인가.

이 질문에 대한 답은 위 인용문의 전반부에 나와 있는, 작가 특유의 소설론의 피력에서 찾아볼 수 있다. 작가는 위 인용문에서 "소설이란 사실과 현실의 제약을 넘어서고 싶고 자유로워지고 싶은 욕망, 바로 그 허구에의 욕망의 한 산물이라 할 수도" 있다고 말한다. 소설론의 입장에서 볼 때, 위의 인용 부분은 작가가 자신이 축조해내는

---

[2] 물론 영화 「축제」와 소설 『축제』가 이야기—현재 시간을 상정함에 있어서 공히 장례 이후 회고적 시점이 가능하게 된 시점을 잡고 있는 부분만을 보자면 이 두 편의 『축제』는 거의 동일하다. 그러나 작품의 전체 과정을 볼 때, 이른바 소설에서 작가의 편지로 되어 있는 부분을 영화적으로 환치한 목소리 해설 voice-over이 차지하는 비중과 그 맥락은 아주 큰 차이를 보이고 있다. 이는 다음의 본 논의에서 거론될 것이다.

허구물 속에 소설적 허구물 자체의 본질에 대해서, 혹은 그러한 허구물을 쓴다는 행위에 대해서 내보이는 비평적인 자의식과 같은 것이다.[3] 그러니까 어머니의 장례 과정과 그것을 허구로서 구축한 작가의 자의식이 번갈아가면서 진행된 이 작품은, 장례 절차를 축으로 한 허구적 이야기와 그 허구를 재구성하는 과정에서 작가가 경험한 영화와 소설에 대한 나름의 비평적 자의식이 한데 합쳐져서 구성되고 있는 작품인 것이다.

주지하는 것처럼 이런 서사 양식은 통상 메타픽션이라고 불려진다. 말하자면 소설 『축제』는, 허구로서의 소설과 그에 대한 주석적 비평 사이의 경계에 대한 작가의 자각에 초점을 맞춤으로써, 외견상 별개의 것이 될 두 담화의 강한 상호 영향 관계를 형상화하고 있는 것이다. 소설과 비평에 대한 이런 자의식은 『축제』의 경우, 허구로서의 모친상의 절차와 실제 작가의 삶과의 관계, 그리고 스스로 글을 쓰고 있는 작가로서의 면모와 그 글에 대해 반응하는 독자의 양상을 자체 안에 구현하고 있는 메타픽션인 것이다. 이청준이 초기부터 후기작에 이르기까지 소설 속에 소설가 혹은 그에 비견되는 사진사나 화가를 등장시켜 직접적으로 혹은 비유적으로 소설에 대한 자신의 자의식을 지속적으로 드러내왔던 작가라는 사실을 상기하면, 작가의 사적인 발언을 공공연히 내세우면서 메타픽션의 면모를 구축한 이번 작품의 면모도 그다지 낯선 것이 아니다. 그렇다면 무엇이 문제인가.

메타픽션으로서의 소설 『축제』의 문제성은, 허구와 비평적 주석의

---

[3] 비록 간단하게 진술되어 있기는 하지만, 인용 부분에서의 이런 진술은 이전에 작가가 피력한 자신의 소설론과 한치의 오차도 없이 부합한다. 『자유의 문』에서 작가는 주영섭으로 하여금 "어떤 진실이 증거되는 순간에 그 본질이 변하여 현상적 지배질서로 화해버리는 현상, 그리고 그로 하여 그 증거 행위 자체가 일종의 도로나 모순처럼 되어버린 현상, 그것은 사실, 소설에 있어서도 일종의 슬픈 운명 같은 것입니다"라고 말하게 하고 있는데, 이하 계속되는 진술은 현재 인용된 진술과 거의 일맥상통한다. 이청준의 소설론에 대해서는 졸고, 「이청준 소설의 시학」, 『문학의 편견』, 세계사, 1994, pp. 135~58 참조.

경계와 상호 영향의 가능성에 대한 작가의 자의식이 영화적 각색의 압박 속에서 소설의 영화적 각색의 문제에 대한 자의식까지를 포함하고 있다는 것이다. 예컨대 다음과 같은 몇몇 진술들을 보자.

감독님의 흉중을 아직 다 헤아리지 못한 탓이겠지만, 저로선 무엇보다 사람의 죽음과 장례의 마당을 배경으로 이 시대의 효의 본질과 모습을 찾아보자는 이 영화의 주제가 어떻게 그 축제의 의미와 연결지어질 수 있을지 쉽게 이해가 안 갑니다. 물론 호상이나 영상 따위, 나이 많은 분들의 상사시의 질펀한 잔치 분위기 같은 것을 연상할 수 있습니다만, 감독님께서는 물론 그 제목 속에 그런 일반적인 의미 이상의 심오한 인생 철학, 우리의 생사관과 내세관까지 담아 표상하려는 생각이실 테니 말씀입니다.

이 시를 왜 감독님께 보여드리는지, 그 내용이나 제 의도에 대해선 긴 설명을 줄이겠습니다. 제가 굳이 그러지 않더라도 시 자체가 모든 걸 말하고 있으니까요. 저는 그 방법을 알 수가 없습니다만, 영화에선 혹시 소용될 데가 있다면 감독님께서 방법을 찾아 활용하셔도 무방할 것 같습니다. 앞서 보여드렸듯 문상을 온 사람 가운데에 오가 성을 가진 친구가 있으니 그 위인이 전에 노인을 위해 써둔 작품쯤으로 해도 좋겠구요.

그러고 보니 차제에 결국 소설을 한 편 만들어볼까 싶던 그간의 제 욕심이 더 노골적으로 드러나고 만 셈입니다만, 만약 일이 실제로 그렇게 된다면, 지금까지의 이야기들에는 영화하고는 별개의 소설적 질서가 부여되고, 다른 이야기들도 더 필요해질 수 있는 일 아니겠습니까. 영화와는 매체의 성질이 다른 만큼 이야기의 구조나 흐름(종말)도 상당 부분 달라질 수 있겠구요. 아직 어떤 식으로다 작정이 내려진 일은 아닙니다마는, 이를테면 이 종말도 뒤에 덧붙여드린 데까지 더 계속되어나가거나, 아니면 아예 장혜림과의 이야기나 사진 촬영 과정을 생략하고 준섭이 바로 산으로 올라가는 진행으로 바뀌어버릴 수도 있겠지요. 경우에 따라서는 소설 역시 영화처럼 이쯤에서 마무리가 지어지고 말거나.

메타픽션의 존재가 가능한 것처럼, 메타영화 metafilm라는 것도 가능하다. 소설의 경우를 확장해 생각해보자면, 메타영화란 한 편의 영화가 구성되는 과정 속에 영화 장르의 본질이라든가 제작 과정 자체에 대한 비평적 자의식을 화면에 담아내는 영화가 될 것이다. 물론 그 표현 방식에는 여러 가지가 있을 수 있을 것이다. 그럴 경우 화면으로 처리되어 제시되는 영화 비평적인 주석과 그에 대한 자의식을 언어로 풀어보자면, 그것은 『축제』의 작가가 감독에게 보내는 서신에서 하고 있는 위와 같은 진술의 형태가 될 것이다. 위의 인용문에 나타나 있는 것처럼, 소설 『축제』의 작가는 자신의 허구가 영화로 제작되기 시작한 초기부터 영화의 주제와 제목의 상징적 관계에 대한 나름의 판단을 감독에게 털어놓기도 하고, 원래의 줄거리를 영화화할 경우에 있을 수 있는 화면 구성의 선택 가능성을 감독에게 넌지시 일러두기도 하는 것이다.

물론 이 같은 내용이, 영화 「축제」의 실제 제작 과정에 줄곧 참여했다고 알려져 있는 작가가 제작 현장에서 감독과 나누었던 여러 가지 의견 가운데 일부일 가능성을 배제할 수는 없다.[4] 하지만 소설의 주된 이야기-축을 구성하는 작가의 비평적 태도가 영화에서는 최소한도의 화면 밖 목소리 해설로 처리되고 있는 것으로 보아서 이 부분

---

[4] 영화의 제작 과정에서 작가와 감독이 나누었던 의견들은 또 다른 형식의 책자로 출판되어야 한다는 것이 나의 생각이다. 영화의 제작 일기라든가 감독 일기 같은 일차적인 자료가 그대로 유실된다는 것은 영화 자체를 위해서도 안타까운 일이며, 이런 식의 문학적 논의를 위해서도 아쉬운 일이다. 결정본 텍스트의 주변에 산재한 부차적인 텍스트들의 소홀 또한 우리의 문학적 논의의 피상성에 일조할 것이 분명하기 때문이다.

은 전적으로 소설의 양식에서만 제 기능을 발휘하는 것으로 보인다.[5] 뿐만 아니라 장기자가 장례 과정에서 차지하는 비중이라든가 용순의 태도가 변하게 되는 과정의 차이[6] 같은 것을 보면, 영화적인 이야기 변용에 대한 진행에 작가의 위와 같은 견해는 영화와는 구별되는 이 작품의 메타픽션적 독립성을 위해 꾸며넣어진 부분으로 보는 편이 보다 타당할 것이다.

 소설의 이런 진행에서 알 수 있다시피, 소설 『축제』의 이야기 — 선의 하나를 구성하는 작가의 비평적 담화는 영화적 각색의 압박 속에서 도리어 영화에 대한 하나의 간섭 내지는 의견 표출까지를 담당하고 있다는 측면에서 이채를 띠고 있다고 할 수 있다. 기존의 메타픽션들이 — 사실상 그 본질이 천착된 정도는 천차만별이지만 — 한결같이 허구와 그 허구에 대한 비평을 병행시킴으로써 그 경계에 대한 문제적인 자의식만을 노출하고 있는 것에 비해 볼 때, 자체의 비평적 담화 속에 영화화될 경우의 화면 처리 방식의 여러 가능성까지를 제시하면서 구축된 소설 『축제』는, 그것이 각색 과정까지를 염두에 두면서 구성되었다는 측면에서 소설과 영화의 이채로운 교섭의 한 단계를 드러내고 있는 것으로 볼 수 있는 것이다. 소설 『축제』의 이 같은 복합성이 영화와의 동반 창작이라는 근본적인 상황으로부터 비롯된 것임은 물론이다. 결국 이는 이 작품이 그 출발에 있어서부터 이른바 영화적 상상력에 의해 구축되었다는 말과도 통할 텐데, 이런 점에서 이 소설은 메타픽션적 영화소설이라고 불러도 무방할 것이라 생각된다.[7]

---

5) 물론 영화에서의 화면 밖 목소리 해설의 최소화는 순수하게 시각적인 전개를 우선시키는 영화적 문법에 따른 선택이기도 할 것이다.
6) 단적인 예가 소설과 영화에서 주인공 준섭 및 용순과의 관계에서 장기자가 차지하는 비중과 기능일 것이다. 소설에서의 작가의 단편인 「빗새 이야기」가 준섭이 용순에 대한 자신의 부채 의식을 설명해내는 대화의 형식을 통해 제시되는 반면, 영화에서는 장혜림이 용순에게 『할미꽃은 봄을 세는 술래란다』라는 책을 전해주면서 더불어 이야기해주는 것으로 되어 있다.

III. 장례라는 축제

　사실성과 허구성이 적절하게 갖춰진 장례 이야기와, 작가의 비평적 담화가 한데 어울려 하나의 자율적인 이야기를 구성하고 있는『축제』의 메타픽션적 면모는 작품의 주제와도 긴밀한 연관을 맺고 있다. 즉, 위 인용문에서도 드러나 있는 것처럼 이 작품의 메타픽션적 면모는 효라는 관념이 우리 시대에 어떤 가치를 지니고 있는가 하는 물음에 답하는 적절한 방식이 되고 있는 것이다. 소설의 머리말에서 작가가 밝히고 있는 것처럼, 이 작품은 어머니의 장례를 소재로 하여 씌어진 소설로 작가(인물로서의)의 일가 친척이 고향집에 모여들어 전통적인 장례 절차에 따라 고인을 장사지내기까지의 전과정을 그리고 있다. 그 과정은 주인공이 어머니의 임종 소식을 듣고(물론 이 과정은 한 번 지연되지만 논의에 있어서는 반드시 구분할 성질의 것은 아니다) 고향으로 내려가서 고인의 유택을 잡아주고 돌아오는 데까지 그려지는데, 그러나 작품의 의미가 아주 세밀하게 그리고 시간 순서대로 그려진 그 과정 자체에만 한정되고 있는 것은 아니다. 왜냐하면 소설에서 치매로 고생하던 어머니에게 편안한 안식을 위한 유택 한 채를 잡아드리는 전과정은, 주인공의 큰형의 파산으로 인해 삶의 한중간에서 집을 잃을 수밖에 없었던 가족 역사와 대비되어 제시됨으로써 자

---

7) '영화소설'이라는 용어는 영화와 소설의 교섭이 활발하게 이루어졌던 1930년대의 평단에서 만들어진 용어다. 즉, 당대의 정의로는 사건 서술에 있어서 몇 가지 영화적 효과를 의도한 듯한 객관적 관찰과 묘사를 견지하려 하면서 인물화의 방법에서도 대화와 행동의 제시를 우선시키고, 행갈이라든가 명시적인 공간 지시어를 통해 용이한 장면 전환을 꾀하고 있는 일군의 작품을 일컫고 있는데, 그 실상은 시나리오와 소설의 중간적 형식이라 할 만한 것으로 하나의 독립된 장르 명칭이 부여되기에는 다소 무리가 있는 용어인 것이다. 이 용어는 1990년대초 영화적 기법에 관한 평단의 관심이 되살아나면서 다시 잠깐 사용되었는데, 실제 그런 이름에 부합하는 작품은 발표되지 않았다. 그런 의미에서 이청준의 이 작품은, 영화적 상상력이 작품의 근본적인 구축 원리가 되어주고 있다는 측면에서 말 그대로 '영화소설'이라는 새로운 장르명을 부여해도 무방한 작품이라고 생각되는 것이다.

연스럽게 고인의 삶의 궤적을 되추적하고 그 죽음의 현재적 의미를 캐는 과정과 짝을 이루고 있기 때문이다. 집안 어른의 죽음을 제의적으로 완수해야 할 처지에 놓인 여느 초상집에서나 그렇듯, 작품에서 모친의 죽음을 마주한 주인공의 가족들은 임종의 그 순간부터 틈나는 대로 끼리끼리 모여 앉아서 어머니의 삶을 되새기기 시작하며, 더러는 노인네의 치매 증세로 인한 고통을 풀어내기도 하고, 또 그런 일로 해서 빚어졌던 가족 상호간의 갈등과 오해를 증폭하거나 반추하기도 하면서 장례의 전과정에 임한다. 망자의 죽음을 앞두고 행해지는 이런 갈등의 절정은 아마도 주인공 이준섭의 서질녀인 용순의 등장과 그녀를 둘러싸고 야기되는 가족 성원들끼리의 갈등일 것이다. 이런 가족 내적인 갈등과 병행해서 독자(관객)는 또한 상갓집에 몰려든 문상객들의 어이없는 행태의 상승 작용을 통해서, 급기야는 장례식 자체가 통제가 불가능한 한판의 축제로 화하는 과정을 '목격하게 된다.'

위에서 독서의 과정을 통해 독자들이 장례의 과정이 한판의 축제로 화하는 것을 '목격하게 된다'고 강조한 것은, 그것이 이야기 차원에서는 자각되지 않고 담화 차원에서 그렇게 되도록 작품이 꾸며졌기 때문이다. 이러한 목적을 달성하는 문제와 연관된 것이 작가가 실제 담화처럼 자신의 이야기를 병행시켜 이야기를 전개하고 있는 작품의 메타픽션적 면모다. 그리고 이 부분에서 우리는 액자 양식에 대한 이청준의 선호가 이런 주제 구축에 부합하고 있음을 알게 된다. 주인공 이준섭이 어머니의 장례를 완수하는 과정을 그림에 있어서 작가는 처음부터 3인칭 시점으로 이야기를 진행하고, 자신의 편지 부분은 1인칭으로 전달한다. 물론 그 둘은 같은 인물이다. 따라서 작가가 실제 자신과 자신의 분신 이준섭 사이에 설정해놓은 거리를 짐작할 수 있는데, 그 이유를 그는, "1인칭 시점이 당시의 제 감정과 실제 정황에 더 충실할 수는 있겠지만, 그보다 자식으로서 제 어머니의 일을 직접 말하기가 매우 어색하고 송구스러울 뿐 아니라, 심정적으로 훨씬 노인의 일을 미화하고 과장할 가능성이 클 것 같아서"라고 밝히고 있다. 이는 물론 작가의 입장에서는 타당한 설정이다. 그러나 보다 근본적인 측면에서 작가가 이런 시점의 분리를 감행한 것은, 3인칭의 이야기에 대한 몰입을 밖에 마련된 작가 시점에 의해 통제하여 이야기가 가지고 있는 본질적인 의미를 훼손시키지 말자는, 또는 독자에게 그런 반성의 계기를 만들어주자는 의도 때문인 것으로 보인다. 예를 들어 작가가 자신의 편지에서 축약시켜놓은 아래와 같은 대목은, 장례식의 전과정이 갖고 있는 의미를 작가가 어떤 차원으로 증폭시키려고 하는지를 단적으로 드러내보이는 대목이다.

    우리 전통의 유교적 세계관에서는 제사를 지낼 때 보듯이 우리 조상들이 신으로 숭앙받고 대접을 받는다. 우리 조상들은 죽어서 가족신이 되는 것이다. 그처럼 우리가 말하는 유교적 개념의 효라는 것은 조상이 살아 있을 때는 생활의 계율을 이루고, 조상이 죽어서는 종교적 차원의 의식 규범을 이룬다. 제사라는 것은 그러니까 죽어 신이 되어간 조상들에 대한 종교적 효의 형식인 셈이고, 장례식은 그 현세적 공경의 대상이었던 조상을 종교적 신앙의 대상으로 섬기는 유교적 방식의 이전 의식, 즉 등신 의식인 셈이다. 그러니 그것은 얼마나 뜻깊고 엄숙한 일이냐, 죽어 신이 되어가는 망자에게나 뒷사람들에게나 가히 큰 기쁨이 될 수도 있을 만한 일이다······

전통적인 우리 굿판은, 그것이 진혼굿이든 그 밖의 다른 굿이든간에, 성스러움과 세속성이, 어둠과 밝음이, 그리고 질서와 혼돈이 서슴없이 전이되면서 공존하는 이른바 난장이 벌어지는 판이다. 더러는 주재자의 부름에 따라서, 그리고 더러는 참례자 스스로의 흥에 의해서 굿판은 엄격한 신성의 공간과 통제 불능의 세속 무대를 반복해서 오간다. 작품에서 소리를 담당하기로 한 노인이 술에 취해 역할을 못하고, 대역으로 시작된 초경놀이판이 홍겨운 춤판으로 변해가며,

고스톱을 하던 사람이 부의금을 꾸어가는 등의 형태는 모두 이런 세속성의 한 국면인 것이다. 물론 장례의 축제성이 그런 난장판의 재현으로만 그치는 것은 아니다. 『할미꽃은 봄을 세는 술래란다』의 이야기가 손녀인 은지에게 망자의 차원을 달리한 현존으로 각인되는 장면도 서서히 준비된 아름다운 축제성의 한 국면인 것은 두말할 나위도 없는 일이고, 작품의 마지막에서 준섭의 심정을 읽은 장기자의 발론으로 망자를 묻고 온 온가족이 기념 사진을 박듯 한데 모여 가족 사진을 찍는 대목이야말로 그 절정이라고 할 수 있다. 장례 과정 내내 문제를 일으키던 준섭의 서질녀 용순이 그 기념 사진 속에 한자리를 차지함으로써 이루어지는 집안 내 갈등의 용해야말로, 고인의 죽음이 지니는 축제성의 현실적 반향이기 때문이다.[8]

『축제』의 이런 축제성을 형성함에 있어서 이청준이 사용한 이 작품에서의 메타픽션적 구조는, 사실상 이청준 소설 특유의 액자소설적 구성과 맞닿아 있다. 맨 처음의 인용문에서도 암시적으로 드러나 있는 것처럼, 소설을 "사실과 현실의 제약을 넘어서고 싶고 자유로워지고 싶은 욕망"의 소산으로 간주하고 있는 이청준의 소설관에 의하면, 현실적 삶의 배면에 놓인 제의적 성격을 해석해내고 전경화시키는 것은, 그래서 소설 본연의 위상에 충실할 수 있는 구조는 오직 액자구조밖에 없기 때문이다. 작가가 다른 글에서 피력한 바 있는 액자소설 구조에 대한 아래와 같은 설명을 들으면 이 점이 보다 더 잘 이해가 될 것이다.

---

8) 한국인의 삶에 내재해 있는 제의적 성격, 그리고 그런 제의가 지니고 있는 축제적 성격에 대한 이청준의 배려는 아주 오래되고 친숙한 것이다. 그리고 이는 동시대의 다른 작가들에게서도 확인되는 것으로 일종의 집단 무의식이라고 해도 과언이 아니다. 이청준 소설의 제의적 축제성이 잘 드러나 있는 작품은 『흰옷』인데, 이 작품의 제의적 성격에 관해서는 졸고, 「사회적 위기와 제의적 소설」, 『작가세계』, 1997년 가을 참조.

이때 안쪽에 담겨진 이야기는 대개 평면적 스토리의 전개로 인간의 경험과 삶의 태도에 관한 유형을 보여준다. 그리고 그 이야기를 바라보고 그것과의 교유와 관찰 속에서 우리의 삶에 대한 종합적인 반성과 평가의 역할을 수행해나가는 시선을 또 하나 바깥에 마련한다. 바깥에 마련된 관찰자의 시선은 그러니까 그 안쪽에 진술된 일회적이고 평면적인 경험의 유형을 최종적 진실로 확정지으려는 목적에서가 아니라 그것을 의심하고 시험하며 반성하는 역할의 수행자로서 마련되어지고 있는 것이다.

이청준에게 있어서 액자소설은 작품의 정신적인 탐색을 독자 자신의 몫으로 온전히 전이시키기 위한 절실한 요구에서 마련된 일종의 제도와 같은 기법이다. 『축제』의 액자 구조 또한 이런 요구와 긴밀히 맞닿아 있다. 장례 이야기와 그것을 바라보는 외부의 작가적 담화에 의해서, 읽는 사람들이 엄숙한 장례식의 여러 가지 해프닝을 망자가 마련해준 한판의 놀이판으로 읽을 수 있게 된다면, 그 축제는 곧 소설적 축제로, 그리고 영화적 축제로 확장되는 것이다. 독서 행위의 궁극의 의미 또한 그와 크게 다르지 않을 것이다. 자기 확충이란 곧 자기 해방일 테니까 말이다. 〔『작가세계』, 1996년 가을〕

제 3 부

이청준과의 또 다른 만남

■ 내가 아는 이청준

내가 이청준을 '형님'이라 부르는 이유

이 만 재

　평소 잘 아는 이의 모습을 어느 낯선 길에서 우연히 혼자 발견했을 때, 그 모습이 평소와 다른 각별한 느낌으로 명징하게 새삼 다가오는 것을 경험한 적이 있을 것이다.
　재작년 초겨울 어느 날의 오후로 기억된다. 금세 눈발이라도 날릴 듯 날씨는 잔뜩 흐린 데다가 을씨년스런 바람마저 쌀쌀했다. 나는 논현동 안세병원 네거리에서 좌회전 신호를 기다리고 있었다. 신호 대기는 언제나 지루한 일, 보행자용 푸른 등이 켜지는가 싶었는데 얼핏 보니까 횡단보도를 건너는 사람은 하나였다.
　바바리 코트에 은발을 한 중년 남자…… 순간, 내 눈이 번쩍 커졌다. 아, 청준 형!
　당연히 나는 유리문을 내리고 반갑게 형님을 외쳐 부를 법한 상황이었으나 어인 일로 그때 그렇게 되지 않았다. 형의 모습이 주는 묘한 느낌이 순간적으로 나를 그렇게 지배했을 것이다. 빛바래 뵈는 낡은 코트에 잔잔히 휘날리는 순백의 은발, 겨드랑이에 낀 누런 책 봉투는 그냥 평범했다 치더라도 신호 따라 횡단보도를 건너는 남자로서의 몸짓이 과연 그다웠다. 모든 차량들을 멈추게 하고 혼자 길을 건넌다는 게 여간 죄스러운 일이 아니라는 듯 조심스레 보폭을 조아리며 걷는 것이었는데 제 구두코 전방 5, 6미터 어름의 땅에 시선을 두고 조심조심 걸어가는 그 미소의 표정이 지금도 내 기억에 선연하다. 특유의 동안(童顔)에 한없이 온화한 미소!

　아, 도시 속의 신선이 있다면, 그 사람이 바로 저 얼굴이리라. 길 하나를 건너는 짧은 순간의 인물 감상이었지만, 대저 신선의 경지가 아니라면 도심 한복판의 바쁜 횡단보도에서 그런 미소를 제 것 삼아 혼자 걷는 저 모습을 어찌 범상하다고만 하랴.

　내가 받은 당시의 느낌이 그랬다. 신선의 미소가 일부러 만들어 짓는 표정이어서는 안 될 일, 그냥 항상 얼굴에 배어 있는 기본 얼굴이 그것이어야 한다.

　그날 특별히 무슨 좋은 일이라도 형에게 있었다는 것일까? 아마 아닐 것이다. 혼자서 길을 걸을 때의 얼굴이 그 사람의 진짜 표정이다 ─라는 말을 나는 믿는다.

　평상심의 미소, 그것은 자기 운명의 옥타브를 다스리고 남는 여분의 음역(音域)으로 나는 이해한다. 선하디선하게 살아온 사마리아인의 표정답게 그렇게 정착한 이순의 미소가 그를 우리 곁의 신선이게 한다. 그날 나는 새삼 생각했다.

　나이가 몇 살 위여서가 아니라, 서로 경주 이씨 동성동본 관계여서가 아니라, 감히 내가 흉내낼 수 없는 그 음역의 경지 때문에 이청준은 내게 '형님'이었던 것이다.

　가끔씩 잠실 뒷골목 번다한 고깃집 장판 마루에 마주앉아 소주를 마신다. 술을 마시면 형님은, 그 발그레한 얼굴에서 나이가 사라지고 금세 소년이 된다.

　애늙은이 모양 점잖은 가운데 철이 없어지고, 다문다문 입속말로 한 소리 또 하고 또 하는 주책이 되기도 한다. 가끔씩은 그 과정에 자잘한 일상의, 소년다운 고해성사가 곁들 때도 있다. 영판 착해빠진 양반! 그럴 때 나는 진작에 그가 써낸 『축제』의 할미꽃 동화를 생각해내고는 암문요, 그러문입쇼, 힛힛, 정말 그러게요 어쩌고 하면서 잠시 형님 노릇을 바꿔 떠맡곤 한다. 이제 머지않아 이 양반은, 그러니까 키 작은 할미꽃으로 구순(九旬)까지 살다가 돌아가신 남녘 향리의 제 어머니처럼 조금씩조금씩 키가 작아져서 서울 땅의 할배꽃이 되려나? 하는 생각도 그런 때 슬쩍 해본다.
 소주 한 잔을 그렇게 맛나게 먹는 은발 소년, 소주 한 잔에 그렇게 투명하게 취하는 신선을 만나기란 쉽지 않은 일이다. 잠자고 나면 눈부신 햇살이 올망졸망한 선수촌아파트 화단을 밝게 비춘다. 술이 깨고 나서도 사실 그는 여전히 소년, 아니면 신선이다. 사(邪)를 모른다는 데 소년의 정의가 있다면, 세속의 탐욕을 초월한 곳에는 신선의 그림자가 있다.
 앉는 순간 쿠션이 푹 짜부라들어 궁둥이가 금세 바닥에 닿을 듯이 낡디낡은 스펀지 소파 하나면 그의 거실로 족하다. 책상 앞에 앉으면 뒷벽 책장이 등판에 곧 닿을 듯싶게 좁은 방일지라도 그에게 허락된 이 최소 공간은 감사한 작업실로서의 서재인 것이다.
 저마다 나름의 사연을 지닌 조막만한 검은 돌 몇 점이 은발 소년의 전재산일까? 수석을 들먹이자면 베란다 쪽 창틀에 모셔진 정갈한 난분(蘭盆) 네댓을 함께 꼽아야 사리에 맞는다. 이청준의 가족으로는 돌보다 오히려 난 쪽이기 때문이다.
 어쩌다 난초 대궁에 밤톨만한 꽃망울이라도 하얗게 달릴라치면 그 날이 이 집의 경삿날이다. 난초 닮아 가녀린 형수님도 난분에 경사가 나면 덩달아 활짝 핀 난꽃이 된다. 그런 날이면 으레 주변의 몇몇 만만한 지인들이 호출되어 경삿집에 끌려온다. 이윽고 손님들이 난분의 창가에 선다. 움시렁굼시렁 남도 입속말로 이청준의 꽃자랑이 시작된다.
 "요놈이 말이요잉, 난초라서 그렇겠지요만, 다른 꽃과 달라서 알고봉께 아주 영물이더라고요잉⋯⋯요놈들이 사람헌티 뭐라고 허는 말 시방 안 들리요?"
 손님들은 이미 나름의 격조 갖춘 감탄사를 마음속에 준비해온지라 그것을 때맞춰 연방 구사한다. "햐, 어쩌고저쩌고⋯⋯ 햐, 증말로 햐……"

만만한 지인들의 행방이 하나같이 묘연한 날, 어쩌자고 하필이면 그런 날 난꽃이 피는 적도 있다. 그러면 이청준은 냉큼 책 더미 속 고물 카메라를 찾아 꺼내어 사진사처럼 어깨에 둘러메고는 고놈들의 꽃다운 앵글을 요모조모 찾아가며 촬영에 임한다. 당연히 작품들은 가족 앨범에 수납된다. 술 한잔 함께 걸친 죄로 집까지 끌려오는 손님들이 이 집에는 적지 않으므로 그런 때 앨범이 제 소임을 다하는 것이다. 앨범 앞에서도 역시 교양 있는 손님이라면 감탄사를 잊어서는 안 된다. "햐……햐……"

난으로 상징되는 이청준의 아름다움에 대한 가치, 또는 성분 정립이 지금 여기서 반드시 이뤄져야 할 필요는 물론 없다. 그러나 한 가지 분명한 것은 그가 귀히 여기는 대상, 그 심중 풍경의 삼라만상이 우리 같은 세속의 사람들과 같은 구획, 같은 골조로 모양지어져 있지 않다는 점이다. 한 살 한 살 나이를 먹을수록 해마다 조금씩 소년으로 회귀하는 그를 나는 가까이서 본다.

그렇다면 이 풍진 세상을 살아내는 청준 소년의 현실 감각은 과연 어느 수준쯤일까?

본인이 못내 쑥스러워하므로 아직 독자 대중에게까지 널리 알려져 있지 않은 일화 하나. 식구 단촐함을 핑계로 청빈을 벗삼아 평생을 소위 전업 작가로 유유자적하던 그가 연전 서울의 한 중견 사립 대학 국문과 교수로 임명되어 '취업'한 적이 있다.

제법 두툼한 고정 급료 보장은 물론 출퇴근 시간에 신경쓰지 않아도 된다는 썩 괜찮은 조건이 나이 먹은 작가들한테는 경우에 따라 말년의 세파를 이겨내는 노아의 방주로서 선망의 메뉴일 수도 있으리라.

그러나 그는 그 좋은 자리를 몇 학기 채우지도 않고 슬그머니 그만두고 말았다.

넌지시 까닭을 물은즉 무엇이 그렇게 수줍다는 것인지 뒷머리를 쓸며 쩝쩝 입맛을 다시더니 이윽고 한마디 답이 나왔다.
"그게 말이오. 참 그게······장래가 창창헌 남의 집 귀한 자석들을 수십 명썩이나 앉혀놓고, 이렇게 하면 소설가 된다, 저렇게 하면 소설가 된다 어쩌고······단순 지식 전달의 묘를 궁리함시롱 그것에 익숙해진다는 노릇이······내 낯바닥 갖고는 차마 잘 안 되더라 이 말이요잉!"

이청준의 '취업'과 관련한 일화 하나를 더 알고 있다.

70년대초, 고 장준하 선생의 『사상계』 편집부에서 이미 잡지 수업을 받은 바 있는 신인 작가 이청준이 당시 새로 창간된 한 고상한 잡지의 편집부장으로 스카우트 된 적이 있다. 너나 없이 춥고 배고프던 시절이었으므로 그것은 누가 봐도 썩 행운스런 취업이라 할 만했다. 신임 편집부장의 첫출근 날, 공교롭게도 그날은 그 잡지의 젊은 사장이 외국 출장을 떠나는 날이었다. 공항으로 출발하기 전, 사장이 편집부장을 넌지시 불렀다.

"편집부원 중 아무개 아무개 두 명을 내가 돌아오기 전까지 좋은 말로 일러서 내보내도록 하시오."

이청준은 눈앞이 캄캄했다. 좌불안석의 하루를 겨우 채우고, 퇴근 무렵 그가 한 일은 제 사직서를 써서 사장의 책상 위에 올려놓고 조용히 물러나온 일이었다.

"남의 목을 자르느니 차라리 내 목을 치는 게 낫지!"

남녘 땅끝에서 혼자 서울에 올라와 갖은 밑바닥 고생 끝에 가까스로 대학을 마치고 소설가로서의 자기 울타리 하나를 둘러치는 데 성공했다. 배꽃마을에서 배워 난꽃으로 피어난 신부를 인생길 동행자로 맞았다. 조촐한 가정 하나가 실로 엄숙했다.

실은 삶 자체가 엄숙한 것이기는 하다. 소설가의 자기 울타리! 말이 좋아 전업 작가라지만, 기실 그것은 엄숙한 현실을 등에 진 살얼음판 속의 칩거 깡다구에 다름이 아니다. 작가의 삶이란 게 결국 엄숙하고도 비장한 모험의 자기 선택 아니던가.

　태생적으로 세속의 편에 나설 체질이 못 되는 내향의 결벽성과 은둔성이 결과적으로는 오히려 세상으로 하여금 그의 편이 되도록 만든 일면이 없지 않다. 돋보이는 대목이다. 그가 세상을 등지고 사는데도 세상이 그의 앞으로 다투듯 찾아왔다면 그것은 성공한 작가를 뜻하기 때문이다.

　성공적인 성공이 나름의 경륜으로 소리없이 쌓이면서 작가의 칩거용 울타리는 어느새 '이청준 문학'이라는 자그마한 성(城) 하나가 된다. 그의 몸은 서울에 있지만, 성주는 성안에 있다. 당연히, 60년의 세월만큼 성안의 정원에는 발 닿는 곳마다에 이끼가 짙다. 성주는 저 태어나고 자란 조상 대대의 남녘 고향 마을, 수도 없이 피고 진 노방초 뗏국물 풍경과 켜켜로 말라붙은 땀 냄새와 눈물 자국, 핏자국의 한 맺힌 역사를 고스란히 성안의 정원에 옮겨다놓았다.

　주관적인 표현이 허용된다면 성주는 '걸어다니는 추억'이다. 그는 깊디깊은 추억의 샘물이다. 잠자는 추억의 샘물을 괜히 건드려 퍼올리면 외수 없이 그것은 한스런 원망이 되고 눈물이 되지만, 깊은 한숨 다스리며 하나하나 찬찬히 보듬다 보면 마침내 어느 순간에 가서는 용서가 가능해진다. 비로소 용서하고 또 용서하여 낟알 가려내듯 입김 호호 불어서 조심조심 그것을 원고지에 담으면, 그러면 그것이 「이어도」가 되고, 「서편제」가 되고, 『축제』가 되고, 「비화밀교」가 되고, 보통명사, 설화가 되고, 그리고…… 석양 붉은 잠실 뒷골목, 조용히 용서한 자로서의 자비로운 한 잔 소주가 된다.

　그래서일 것이다. 그의 소설에는 간지럽고 달콤한 문학적 수식이 없다.

　최소한의 정황 설명이면 배경 장치로 충분하다. 작가적 관심사로 독자가 접수하기에는 무심하다 싶을 만큼 그의 생각 자체가 오로지 '용서와 사랑의 방법 정립'이라는 자기 공식에 쏠려 있다. 그는 제 운명을 용서하고 사랑하기 위해 소설을 쏟다.

그는 자신이 몸으로 살아온 역사를 품에 끌어안고, 꼭 그만큼의 운명 행보와 궤적을 제도(製圖)해내는 일이 아니면 정직한 소설질이라 볼 수 없다——라는 믿음을 갖고 있다. 그는 문학적 상상력이라는 쓸모 많은 합법적 방패막 뒤에 숨어서 사기치는 특권을 포기한 작가다. 민중이라는 단어를 정치적·사상적·문학적·학문적으로 상품화해 버릇하는 비민중적 관념의 노예들을 내켜해하지 않는다.

피눈물이 무엇인지, 가슴엣피가 무엇인지조차 아직 모를 나이에 글쓰는 자리에 오른 자라면 삶의 가치를 분류하는 말과 글의 행위 앞에서 스스로에게 좀더 겸손해야 하리라는 생각을 갖고 있다. 말을 하자면, 내 짐작에 그렇게 느껴진다는 것이다.

어느 때 한번도 그는 그 같은, 또는 그와 비슷한 생각을 내 앞에서 내비친 적이 없다. 내가 육안의 눈으로 늘 보고 있는 건 그런 여러 가지 사념들을 속으로속으로 다 삭이고 우려낸 끝물의 부러운 여유……마음 부자 신선 같은 동안의 미소뿐이다. 내가 그를 '형님'이라 부르는 이유이다. 〔카피라이터〕

독재하는 자유인
—— 소설가 이청준의 소묘

김 석 중

소설과 시나리오와 영화가 동시에 진행된 『축제』는 작가 이청준의 자전적인 이야기다. 그의 소설 「눈길」에서 떠나는 아들을 배웅하며 손사래를 치는 외롭고 스산한 어머니의 모습이 『축제』에서는 죽음으로 완결하는 듯한 느낌을 갖게 된다. 그만큼 『축제』는 이청준의 어머니와 고향에 대한 끊어낼 수 없는 향수이며 사모곡이라 할 수 있겠다.

하나 이 글에서는 그의 작품을 논하자는 의도가 없으므로 『축제』의 소설과 영화의 행간에 앉아 있던 작가의 표정을 시작으로 장흥 사람으로 문학의 비탈을 잡고 늘어선 후배(가히 이 표현이 합당한지는 모르겠지만)로서 느껴온 작가의 모습을 그려보고자 한다. 따지고 보면 필자는 작가의 여러 모습들을 진지하게 지켜볼 수 있는 기회와 시간을 가졌던 것도 아니다. 무엇보다 서울살이 작가와 시골에 비껴서 있는 필자와는 이따금씩의 만남을 가질 뿐이며, 그것도 어눌한 작가의 언행을 조급하게 쫓아가는 형국이어서 어찌 생각하면 도무지 말할 건더기가 없을지도 모른다. 하나 바꾸어 생각하면 이런 형편으로 보아온 작가의 면면들이 오히려 사실적인지도 모를 것이라는 전제를 해본다.

영화 「축제」는 작가의 고향인 장흥 회진의 진목리와 비슷한 바닷가의 서정이 있는 용산면 남포 마을에서 촬영되었다. 영화 촬영이라는 생소하고 재미스러운 현장에서 원작을 쓰는 작가와 감독과 시나리오 작가는 시도 때도 없이 구수하는 모양으로 이야기를 잡아나가는 것이었다. 그런 독특한 영화 현장에서 원작자의 말 한마디씩은 줄거리를 바꾸게 할 만큼 비중이 있어 보였다.

혹간은 원작자의 뜻이 움직이는 데 따라 대사가 붙어난 출연자의 비중이 급자기 무거워질 수도 있는 그런 상황인 것도 같았다. 그래서인가 난장 같으면서도 흐름이 분명한 영화의 현장에서 이청준씨는 모자를 깊이 눌러쓰고 담배 연기를 감추어 피우면서 늘 뒷자리, 그늘진 곳 구석에 앉아 있기만 했다. 자신의 원작에 의지한 영화가 진행되고 있는 현장에서 감추기에 급급한 듯한 모습은, 따지고 보면 특별한 것이 아니라고 할 수 있으나 이렇듯이 조신스러운 언행은 내 나름 대로 '부끄럼 타기'라고 이름지을 만큼 유별스러워 보이는 것이었다.

이청준씨의 문학적인 업적이 어떤 형용으로 평가받든, 이 시대의 한켠을 점거한 작가로서의 자리매김은 굳이 설명할 필요가 없을 것이다. 요는 그만한 소설 쓰기의 업보를 짊어져왔고, 인구에 회자되는 폭이 심상스럽지 않음에도 '부끄럼 타기'의 유별남은 어디에서 연유된 것일까. 나는 그 이유를 작가의 고향과 그리고 고향 사람들과 연관되어 있으리라고 짐작을 한다.

아시다시피 작가의 고향은 남도의 끝, 장흥군 회진면 진목 마을이다. 쓰기로는 이런 모양이지만 서울 길에서부터 셈한다면 장흥 길마저도 아득한 곳인 데다, 순 바닷가인 회진은 한참을 더 미끄러져 내려가고 진목은 훨씬 더 후미진 곳이라 할 수 있다.

당시로 보자면 실로 아득하고 궁벽한 갯마을에서 감히 흉내내기도 어려운 광주의 서중학교를 덜렁 입학한 데다가 일등 하는 것을 어렵잖이 해치웠으니, 누가 보아도 판검사 한자리는 할 것이다라는 기대를 걸 수밖에 없었다. 혹은 판검사이거나 삼사(三士——육해공군 사관학교)를 거쳐 장군감을 기대했던 진목리의 천재는 그뒤로 권력이나 그것과는 쥐뿔도 연관이 없는 '소설쟁이'가 되었으니 누가 알아나 줄 것인가.

60, 70년대 세 끼 끼니를 챙기기에 급급한 그 땅의 사람들도 서중, 일고, 국립 서울대를 졸업한 ○댁의 아들이 돈 안 되는 소설을 쓴다는 것이 얼마나 한심스럽게 보였을까. 그 무렵에는 기울어진 가세에 거처가 급급한 고향 가족들과, 마을 사람들로서는 진목리의 천재 '이청준'의 암행어사 출두쯤을 기대하고 있었는데 말이다.

이렇듯 회진과 진목 사람들의 통설적인 소망을 배신한 '글쟁이'의 귀향길은 늘 쭈뼛쭈뼛했을 것 같고, 급기야는 천성적으로 보이는 '부끄럼 타기'로 굳어진 게 아닐까.

어림잡은 내 짐작은 이청준의 수필 구절에서 확인이 된다고 해야 할지 모른다.

…… 내 척박한 고향과 그곳의 궁핍스런 삶에서 비롯된 것이라 생각 될 때가 있었다. 그래서 내가 그 젖은 속옷 제 몸 말리기식으론, 부끄 럽고 남루한 대로 그 고향의 삶을 끌어안고 견뎌보려 한 것.
——수필「부끄러움 견디기의 소설질」

그리고 나아가서는
"…… 부끄러움은 언제쯤 정갈하게 말라 내 삶과 소설이 조금은 화창하고 떳떳하게 될 것인가 ……"라는 과제에 이르고, 독자이며 후배의 견해를 앞세우자면 이청준의 부끄럼 타기의 원인은 진작에 투명하고 정갈하게 승화되어 있고, 그것은 굳이 나만의 견해가 아닐 것이라 믿는다. 그러니 이쯤에서는 장흥이든 진목이든 고향 사람이든 내놓고 부끄러워할 때는 지난 것이 아닌가 싶다.

문학과의 관련은 접어두더라도 장흥 사람이면 누구든지 이청준씨의 고향 길이 맨송맨송해서야 되겠느냐는 생각을 할 것이다. 어느 세월을 떠나 있더라도 변하면 변해 있는 대로 그립고 살가운 것이 고향의 사람이요 사물들이 아니겠는가. 그런 측면에서 되도록이면 좋은 모양새의 동행이 되었으면 하지마는, 아직까지도 작가의 속내를 짚어낼 수가 없는 것이다.

그 완곡한 반응의 어디쯤을 짚어야 하는지, 여행이든 먹거리이든 대화이든 늘 허둥대기가 십상이다. 그런 중에서 한 가지 분명히 짚어낼 수 있는 것은 이청준씨의 '맛있는 맥주 마시기'이다.

술자리의 분위기라는 게 조금만 방심해도 흐트러지기 쉬운 것이건만, 이청준씨와의 술자리에서는 맥주가 저리 맛있는 것이구나 하는 생각과 더불어 재미와 진지함이 더해지는 것이다. 적당한 거품과 황금색의 음료가 맛나게 좌중을 채색하고, "이 말을 하고 나면 낼 아침에는 틀림없이 후회할 것인디……"라는 전제하에 혹은 억누르고 있었을 성싶은 속내의 말마디가, 그것도 절제되어서 곁들이는 것이다. 그 언행들을 지켜보면서 느껴지는 것은 어쩌면 저리도 철저하게 자신을 통제할 수 있는가에 대한 의문이다.

그 문학의 깊이만큼이나, 그리고 펜으로 쏟아내는 작품만큼이나 서려 있는 말마디들이 있을 법하건마는 그것들을 통제하는 은연한 기술은 어찌 보면 자신에 대한 철저한 독재로 일관하는 것이 보이기만 한다. 그 틈이 없는 자세가 때로는 불만스러울 때가 있다. 작가의 고향에 짜잔하게 붙박여 있는 후배에게 문학이며 글쓰기에 대한 이런저런 아픈 조언이라도 있을 법하지마는, 도무지 그런 경우가 없다. 그것은 비단 필자에게뿐만 아니다.

자신이든 타인이든 문학 근처의 화제라는 것은, 소설을 전업으로 하고 있고 소설로써 유명세를 구가하는 입장에서 있을 법한 글쓰기의 이야기란 듣기가 어렵다.

그래서 이제껏 이청준의 소설이든 또 다른 사람의 작품이든 그 평(評) 비슷한 이야기란 화제의 근처에 얼씬거리지를 않는다. 자신 또는 타인을 논하지 않은 것은 조심스러움인지 아니면 이청준 문학의 자존심인지를 모르지만 어떤 경우에는 그만큼 편해진다. 호불호(好不好)의 여담 뒤란 대체적으로 개운치 않을 때가 종종 있게 마련인데, 그보다는 맛있게 맥주를 마시며 일상의 자잘한 이야기를 나누는 것이 훨씬 재미스럽기 때문이다. 그 자잘한 이야기의 행간에 툭툭 끼여드는 언어들 중에서 당신의 내면을 불쑥불쑥 내비치는 마디를 잘 요량해야 하는 것 또한 상대의 처신이어야 하는 것이다.

그러기에 이청준씨의 귀향 길은 암행처럼 조용하다. 모든 것을 '마모' 시키는 도시 생활과 '글쓰기'의 생업에 지쳤을 법한 일상을 뒤로하고 청정한 남녘의 고향을 찾을 때는 그럴듯한 이야기 같은 것이 있어도 무방할 것이지마는 도시 그런 것이 없다. 남도행의 어드메쯤이든 이름 석자에 기대면 그 맛난 맥주쯤이야 허기질 일이 있겠는가 마는 그냥 숨기에 급급한 듯한 처신—. 지금처럼 승용차를 운전하시는 부인 남성자님의 동행이 없다면, 아마도 작가는 기차며 버스 타기에 지친 장사꾼 아저씨 같아 보일지도 모른다. 그 아저씨는 외견으로 알려진 당신의 모습을 숨기기 위해 늘상 모자를 써야 할 것이다. 그 트레이드처럼 특징지어진 은백의 머리를 감추기 위해서라도—. 그렇게 찾아든 장흥 땅에서는 왜 그리 순진스럽게 변용을 하는지……, 늘 놀라운 것은 그 오랜 도시 생활에서도 지워지지 않은 촌티다. 특히 남녘의 갯벌에서 올라온 괴기(생선)에 대한 상식은 가히 백과사전이다. 아무리 부스러진 여류가 매운탕 속에 녹아 있어도 괴기의 족보를 짚어내는 데는 실수가 없을 정도이다. 더불어 생선의 회, 매운탕의 맛을 골라내는 데도 대단한 식견을 보여준다.

그것이 호사가의 여행 취미나 식도락의 취미로 얻어진 것이 아닌, 저 진목리의 촌스러운 생활 관습이 베어 있는 것이어서 별반 중한 것이 아닌 '괴기 묶기'에 대한 설명에 열중할 때는 비죽이 웃음이 앞서기도 한다. 그만큼의 도시 생활에서도 지워지지 않은 갯내음이 부지불식 불거져나오는 것이다.

그것을 촌티라고 하지 않고 섬세함이라고 해보자. 그렇게 본다면 「흰옷」「살아 있는 늪」「선학동 나그네」의 소설 현장과 동행하고 있는 느낌을 받는다.

그리고 일견해서는 작가의 삶과 소설들이 아직도 해답을 얻지 못한 선문답의 화두처럼 답답증을 일으키게도 한다.

그것은 언행의 '절제'—가히 독재에 가까운 심신의 고행이 빚어낸 것이 아닌가 싶기도 한다. 그럼에도 남도의 여러 곳을 헤집다시피 다니는 여행길에는 말벗이 자유로운 동행이 있게 마련이고, '판소리 듣기'의 사치라든지 한번도 그럴싸한 수확이 없는 '바다낚시' 길에 대단한 전문가인 체 행세도 한다. 같은 장흥인으로 평한다면 '판소리'에 대한 끈끈함은 '외종형 이야기'나 '게자루 이야기'의 풀리지 않은 한(恨)에 대한 연속인 것 같고, '바다낚시' 쪽이 어설픈 사치인 것 같기도 해 보인다. 어떻든 그 어눌한 언행의 틈새에 끼어 앉아 조금씩 부대끼다 보면, 이 양반과는 참 평화스럽게 맥주 마시고 이야기할 수 있는 분이구나 싶고, 그것은 곧 의식함이 없는 자유로움으로 발전하는 것이다.

온화스럽게 상대를 잡아끄는 작가의 근처에서 처음의 울덕증 같은 것을 소화해내야 하는 인내를 익히면 그것은 곧 이청준 문학과의 새로운 만남일지도 모른다.

그렇게 본다면 이청준의 '부끄럼'이나 '어눌함'은 계산된 자기 성찰일진대, 타인에게는 올곧은 독재스러움으로 비추어지고, 끝내는 천상 자유인이라는 사실을 알게 해주는 방법이 아닐까. 〔소설가〕

이청준 선생님!

고 두 심

　선생님을 뵌 지가 너무 오래되어서 길거리에서 만나도 알아뵐 수 있을는지 모르겠습니다만, 그래서 차라리 편안한 마음으로 이 글을 쓸 수 있을 것 같습니다.
　선생님을 처음 뵈었을 때, 그 표정과 선생님의 작품과는 전혀 다른 모습으로 느껴졌었습니다. 한번도 나쁜 것을 본 적이 없는 천진하디 천진한 어린애 같은 눈빛을 지닌 깨끗한 모습이 그 유명한 작가 선생님이라고는 생각되지 않았습니다. 실타래를 풀어내듯 그 무한한 세계를 거침없이 그려내는 작가 이청준 선생님이라기보다는 어릴 적 시골 오라버니가 연상되는 수줍은 시골 청년 같았습니다. 누구에게 싫은 소리 한번 못 했을 것 같은 선생님이 그런 한과 슬픔을 곰삭은 갓김치 내음처럼 풀어낼 수 있을까 할 정도였습니다.
　젊은 시절 잘 못 먹고, 고생만 많이 해서 크지 않고 바로 늙어버렸다며 검은 머리칼 한 올 없는 백발을 쓸어올리며 웃으실 때는, 얼핏 지나가는 알 수 없는 그 무엇을 느낄 수 있었습니다.
　무슨 말이든 굉장히 쑥스러워하시며, 약간 어눌하게까지 느껴지는 선생님의 말없음이 술 몇 잔이면 깨끗이 해소되고, 금방 세 살바기 딸 은지와 친구가 되는 천진한 모습은 지금도 눈에 선합니다. 아버지, 엄마를 닮아서인지 몰라도 꽁꽁한 앞뒤 짱구인 고집불통 딸 은지 사랑이 대단했는데, 지금도 은지를 그렇게 예뻐하시나요?
　우리 눈에는, 그저 그만한 우리 아이들 모습이나 다를 바 없는데, 술 한잔만 드시면 딸 은지 자랑은 여느 아버지나 다를 바 없었습니다. 한번 울면 울 만큼 울어야 울음을 그치는 고집조차도 큰 인물이 될 싹이라고 우기시며 딸 자랑에 열중하시는 선생님께 핀잔깨나 드렸는데 그 고집쟁이 울보 은지는 많이 컸지요?

선생님!

금년초에 선생님 고향, 장흥 대덕에 다녀왔습니다. 선생님도 아시는 제 친구 아버님이 돌아가셔서 내려갔었는데 너무 먼 곳이었습니다. 지도 보고 찾다시피 해서 저 아랫녘까지 가면서, 이 시골에서 이청준 선생님도, 제 친구도 지도 보고 서울 찾아왔을까 싶게 너무 먼 곳이었습니다.

선생님의 여러 작품 속에 지리적인 배경이 되었을 곳을 이곳저곳 다 돌아보았습니다. 물어물어 찾아가면서 너무 먼 골짜기에 있구나 했는데, 막상 도착해서 돌아보니, 이곳 고향이 선생님의 작품을 품어 주었으리라는 생각이 들더군요. 뭉클한 감흥이 곳곳에서 일었습니다.

선생님의 「눈길」 속에 어머님이 쌀 포대를 머리에 이고 앞서간 아들의 발자국을 따라 숨가쁘게 달려왔던 곳이라며 친구가 알려준 논둑 길은 간 곳이 없고, 왕복 4차선 도로가 뚫렸더군요.

단조로운 도회에서 자라지 않고 제주도에서 자랐던 것이 내 평생 얼마나 많은 정서의 샘이 되고 있는가를 되뇌었었는데, 선생님의 고향은 문학의 밑거름이 될 모든 것이 다 있었습니다.

1월에도 봄 날씨처럼 따뜻하고 조용한 시골이 언뜻 보면 평화롭다고 할 수 있지만, 젊은이가 참고 살아가기에는 어쩐지 답답한 소외감이 더 컸을 것 같이 느껴졌던 것은 선생님의 작품들을 너무 많이 읽어서겠지요?

선생님!

출판사에서 원고 청탁을 받고 너무 막막했지만, 아무 대책이 없으면서도 거절하지 못하고 쓸 용기는 무엇이었는지 아시죠?

대본 읽는 일말고는 엽서 한 장도 어떻게 메울까 전전긍긍하는 주제에 감히 글을 쓸 생각을 하게 된 것은, 먼 곳에 계시는 대단한 작가 선생님 이전에 제가 뵈었던 그때의 선생님이 가슴에 항상 남아 있기 때문입니다. 살면서 지적인 열등 의식이 느껴질 때면, 선생님을 아는 사람이라는 생각만으로도 위로가 되기도 했으니까요.

선생님!

최근 영화화된 선생님 작품 촬영 현장에서 찍힌 스냅 사진이 멋있었습니다. 하얀 머리가 보이지 않게 쓴 스포츠 모자며, 시커먼 선글라스가 서태지보다 더 멋있었습니다. 매스컴을 통해 본 선생님의 건강한 모습 또한 보기 좋았고요.

더욱 건강하시는 일에 게으름 피우지 마십시오.

1999년 6월에……
고두심〔탤런트〕

글과 그림의 만남

장 찬 홍

내가 이선생을 처음 만난 것이 1987년 봄쯤으로 기억되니 대략 십년이 좀 넘는다. 이 지역 광주 방송국 주최의 문학 강연 길 덕이었는데, 이후 선생이 고향 댁 어머님께 인사를 가실 때마다 늘 나를 찾아주곤 하시는 걸 보면 의재 허백련(毅齋許百鍊) 선생님의 체향이 넘치는 이곳 무등산골 춘설헌(春雪軒)과 내 화실의 묵향이 그리 싫지는 않으신 모양이다. 그리하여 나는 그간 이선생과 여러 차례 남해안 여행도 함께하고, 더러는 선생이 내 집에서 함께 유숙하거나 내가 안식구와 서울의 선생 댁에서 허물없이 묵어온 일이 잦을 만큼 가까이 지내오는 터인바, 나로선 그렇듯 이선생 가까이서 인생을 깊이 있게 살아가는 법을 배우며 자신을 일깨우고 정화해갈 수 있는 고마운 기회로 삼고 있다. 이를테면, 내가 서울 길을 나서면서 미리 방문 예정을 알려두면 선생은 아예 자신의 글쓰는 일을 제쳐두고 하루종일 이 사람 저 사람 내 가까운 친지들을 함께 찾거나 아예 집으로 불러들여 내가 떠날 때까지 줄곧 내 일정에만 신경을 써주시는 식이다. 그런 때면 선생이 집안의 꽃 화분을 때맞춰 개화시켜놓곤 하는 은근한 마음씀, 혹은 고향엘 다니러 가시며 이웃들에게까지 반찬근이라도 마련해 가려는 거 하며, 돌아오는 길 역시 형수님에게서 얻어온 청정 채소나 마을 앞 바다에서 난 이런저런 해물거리들을 나와 주위의 도회 친구들에게 두루 나누고 싶어하는 따위 —, 그런 잔잔한 정의로움에 젖다 보면, 나는 이선생 글의 근본 명제 '인생을 어떻게 살아야 하고 왜 한사코 용서와 사랑과 화해로 부둥켜 끌어안아야 하는지'를 새삼 되새겨보게 되고, 더불어 그 바탕이 다름아닌 선생의 그 천품에 있음을 알게 되는 것이다. 그런 이선생에게 나도 종종 뭔가를 돌려드리고 싶은 마음이 들 것은 당연지사. 하지만 나는 늘 선생에게 드릴 만한 마땅한 것이 없는 처지. 그러나 한 가지 방법이 있었다. 옛말에 부자(富者)는 이재송인(以財送人)하고 인자(仁者)는 이언송인(以言送人)이라, 재물이 있는 이는 떠나가는 손에게 노자를 후히 주어 보내고 어진 이는 좋은 말을 일러 보낸다는 말이 있거니와, 나는 인자도 아니지만 부자는 더욱 아닌 터라 나를 찾은 선생에게 노자 생각은 못하고 더러 글감이 됨직한 이야기를 들려드리곤 하였다. 선생의 글 「자유인」「보물의 비밀」「노인의 침묵」들이 곧 그런 내 이웃치레의 산물인 셈이다. 그런 중에 한번은 십오 년 가까이 혼자 가슴속에 안고 궁리 궁리해오다 비로소 한 폭의 소 그림으로 토해낸 내 「무제」라는 작품의 고뇌 어린 후일담을 들려드린 일이 있었다. 그런데 그것이 마음에 닿은 데가 있었던지 이선생은 뒷날 그 이야기를 소설로 쓰려다가 중도에 망설여지는 데가 있어 한동안 그냥 덮어두고 있노라는 말을 한 일이 있었다. 하지만 선생은 후일 그것을 다시 손질하여 결국 완성을 보았노라 원고를 한 부 내게 복사해 보내왔다. 그렇게 태어난 것이 선생의 중편소설 「날개의 집」이요, 그 작품이 나중에 '21세기 문학상'까지 받게 되어 나도 함께 그 기쁨을 나누게 된 것이다. 세상을 살아가다 보면 보고 듣는 일이 다 소설거리가 되겠지만, 그림을 배경으로 한 내 사색과 고뇌가 그렇듯 선생의 마음에 닿아 쓸 만한 글감이 되었다니 나로선 참 반갑고 다행스런 일이요, 그림을 그리는 내가 글을 쓰는 선생의 마음을 움직이게 하였다니 그나마 내 작은 공덕으로 삼을 수 있을는지.

　이선생의 「날개의 집」 이야기가 나온 김에 덧붙이고 싶은 이야기가 또 한 가지 있다. 다름아니라, 그 작품이 알려진 뒤 주위 사람들은 내게 자주 작품 모델료를 얼마나 받았느냐 농담 삼아 묻곤 했다. 그러면 나도 그때마다 꽤 많이 받았노라, 혹은 선물로 받았노라 눙쳐 넘기고 말지만, 나로선 그게 그저 실없는 헛소리를 한 것으로만 여겨지질 않는다. 내 내심엔 그 '선물'이 아닌게아니라 사실일 수도 있어 보임직한 때가 있으니 말이다. 선생은 종종 내게 합죽선 그림을 부탁해 가져가곤 하는데——내게는 그게 선생이 꼭 필요해 그러는지 늘 궁금한 대목이거니와, 아마도 자신의 필요에서보다는 주위 친지들에게 내 그림을 나눠주기 즐겨하는 탓 아닐는지——, 그림이 갈 때마다 썩 넉넉한 운필료를 잊지 않을 뿐 아니라, 때로는 그림이 오간 일이 없는데도 생각지 않은 돈이 통장을 불려놓을 때가 있으니, 그것이야말로 평소에 함께 나누고자 한 '선물'이 아니고 무엇이겠는가.

　이선생에 대한 글을 쓰다 보니 차제에 무슨 문인다운 과장이라 할지 그의 흥이라도 한 가지 털어놓고 싶다. 언젠가 무등산의 한 객줏집에서 함께 술잔을 기울이던 중에 선생은 근자 남해 섬의 보리암엘 다녀왔노라 자랑을 한참 늘어놓았다. 보리암은 남해섬 금산 산정에 자리잡은 고찰로, 옛 고승들이 손으로 쪼아 조성하여 수행처로 썼다는 약 7미터 정도의 석굴이 절 뒤쪽에 두 곳이나 있는데, 거길 들어가 보았느냐 물으니 선생은 그런 게 있는지조차 깜깜 모르고 있었다. 또 그곳의 대형 범종에 새겨진 한시의 웅대한 내용하며 글씨의 활달한 필치가 참으로 대단한 바 있는데, 그것도 못 보았느냐 물으니 역시 아니었다. 꼬치꼬치 따져보니 보리암은 대충 건성으로 둘러보고 내려와 산 아래 가까운 주가에서 술만 잔뜩 마시고 취해 돌아왔노라는 실토였다. 보리암의 기둥 하나 만져보지 않고 돌아왔으면서 보리암 다녀온 기분은 혼자 다 내고 드니 그런 문인다운 과장과 호방기도 사람따라 타고난 것일는지.

 이쯤 변변치 못한 글을 여미면서 한번 더 마음에 되새겨지는 일이 있다. 나는 무등산 춘설헌 주위에 봄 매화가 피거나 내 화실 마당에 모란이 피거나 혹은 사립 앞 계곡에 물이 잘 흐를 때면 꼭꼭 누군가를 청해서 차 마시는 자리를 마련하곤 한다. 눈 덮인 산길에 가로등을 켰을 때 내 말솜씨로는 표현이 불가능할 만큼 그야말로 환상적인 분위기 속에서도 그럴 적이 많았다. 그런데 이 지역 광주 사람들이야 때마다 곧바로 찾아와 함께 즐길 수 있지만, 서울의 이선생에게는 그 흥취를 늘 전화로나 전할 수밖에 없는 아쉬움이 남을 때가 적지 않다. 하지만 마음이 다 채워지지 못한 아쉬움 속에 우리 사람들간의 정의는 더욱 그윽해져가는 이치 또한 고맙고 다행스런 일이 아니겠는가. 이선생도 그쯤 늘 헤아리고 지낼 줄 믿는다.　　〔한국화가〕

■ 내가 읽은 이청준

그 참담했던 시절의 한 줄기 빛

조 한 욱

나는 고등학교와 재수 시절의 기억이 별로 없다. 별기억이 없음은 그 당시에 아무런 의식도 없이 살았다는 사실의 반증일 것이다. 교육 제도의 틀은 겉모양이 여러 가지로 바뀌었다 할지라도, 입시 지옥은 그때나 지금이나 다르지 않았다. 참고서 속에 정형화된 파편적인 지식을 암기하는 능력을 갖고 '좋은' 학생과 '나쁜' 학생을 가르던 세태를 생각 없이 받아들이던 평균적 학생이었던 나로서는 그 시절의 뜻 깊은 일을 떠올리는 것이 애초에 무리일 것이다.

그런 내게도 대학에 들어가면 알차고 멋들어진 생활을 영위하겠다는 희망에 찬 꿈은 있었다. 그것은 많은 책을 읽어 교양의 폭을 넓힐 것이며, 활발하게 서클 활동을 할 것이며, 시사적인 관심사에 소홀하지 않으리라는, 대학의 초년생이라면 누구라도 품었을 만한 행복한 꿈이었다. 한마디로 의식이 있는 삶을 살리라는 건전하고도 소박한 바람이었다. 그러나 의식 있는 삶을 추구하려는 꿈이 실현되더라도 결코 행복해지지 않는다는 것을 깨닫는 데는 오랜 시간이 걸리지 않았다. 오히려 그것은 가혹한 고통의 시작이었을 뿐이다.

그때는 '10월 유신'이 단행되고 점차 강도를 더해가며, 사람들이 아는 것과 생각하는 것과 말하는 것에 올가미를 씌우고 조여가던 시절이었다. 서클 활동의 한 방편으로 가입했던 학보사의 신입생 환영식에 참석했던 졸업생 선배는 술집의 골방에서 시국과 관련된 이야기를 하다가, 문밖 주모의 인기척에도 깜짝깜짝 놀라곤 했다. 대학에 들어가면 데모만 한다는 말이 회자되던 당시지만, 이즈음에는 그 말조차 무색하게 시위를 벌이는 일부터가 원천적으로 봉쇄되어 있었다. 그것은 강압적인 진압뿐만 아니라, 초법적인 긴급 조치에 의해 시위에 가담한 자와 동조한 자들에게 중형이 내려지고, 그들의 친구에게까지 감시의 눈길이 번졌기 때문이었다.

그럼에도 불구하고 시위를 벌이던 용감한 학생들은 있었다. 그러나 그 시위는 초라했다. 아니, 오히려 화려했다. 학생 회관에서 일곱 명의 학생이 시국 선언문을 낭독하는 주위에는 수십 명의 학생들만이 침묵 속에 그들을 바라보고 있었으며, 그들의 주위에는 수백 명의 경찰이 둘러싸고 있었다. 시국 선언문을 낭독한 일곱 명은 태극기를 꺼내들고 애국가를 부르며 학교 밖으로 진출한다고 나섰지만, 학생 회관의 문을 나서는 순간 곧바로 연행되었다. 어느 누구도 한마디 항변조차 하지 못했다.

절친한 친구 하나를 그렇게 감옥으로 보낸 나는 자괴심에 빠질 수밖에 없었다. 그들처럼 용감하게 행동하지 못한 자신에 대한 부끄러움은 어설픈 자기 합리화나 술자리에서의 푸념으로 이어질 뿐이었다. 하지만 그 어느 것도 마음 깊이 상처를 달래주지는 못했다. 끝내 술자리의 푸념은 울음으로 이어지고, 못나게도 그렇게 울음을 터뜨림으로써 친구에 대한 최소한의 도리를 지킨 것인 양 하루를 마무리하곤 했다. 그렇게 암담한 시절이었다──그때는.

그 어둡던 시절에 다소나마 내게 위안이 되는 일이 있었다면 그것은 이청준 선생의 작품 세계를 접하게 된 것이다. 그 만남은 약간 특이한 방식으로 이루어졌다. 어느 날 선배 한 분이 『문화비평』이라는 몇 년 묵은 잡지 두 권을 건네주며 거기에 연재되던 소설을 읽어보라고 하였다. 그것은 『선고 유예』라는 작품이었다. 그 선배는 거기에 묘사되어 있는 세대 구분론을 문제삼으며 격앙된 상태에서 내게 그 책을 읽으라고 주문하였던 것이다. 그 논지는 판단의 의지가 작용하기 시작하는 20세를 전후하여 경험한 사건에 의해 세대가 결정된다는 것이다. 그리하여 4·19를 기점으로 삼아 그 이전을 '선택'의 세대로, 4·19의 세대를 '가능성'의 세대로, 5·16 이후의 세대를 '무선택적인 적응'의 세대로 분류하면서, 특히 5·16 이후의 세대에 대해서는 "그들은 세대가 없는 사람들이지요. 아니 한 시대를 살아가는 사람이 아닙니다. 판단력의 의지가 없으니까요"라고 혹평하였던 것이다.

자신이 애호하던 작가에 의해 "사람도 아닌" 것으로 매도당한 사실에 흥분하였던 그 선배는 치열하게 고민하며 역경 속에서도 열정적인 삶을 스스로 만들어가던 사람이었다. 따라서 나도 그 선배의 분노를 수긍하며 공감할 수 있었다. 그렇지만 나는 다른 방식으로 그 소설에 빠져들어갔다. 그 당시로서는 그렇게까지 몰입하게 된 이유를 스스로도 알지 못했다. 단지 그 소설의 연재가 중단된 원인에 대한 추리가 큰 관심사였다. 과연 그것은 군사 정부의 압력에 의한 것이었을까, 아니면 잡지사의 자체 검열 때문이었을까? 그 의문은 『소문의 벽』을 읽음으로써 해결되었다. 『씌어지지 않은 자서전』이라는 이름으로 바뀐 『선고 유예』의 전작이 수록된 단행본 『소문의 벽』을 읽으면서, 아마도 연재의 중단은 잡지사의 자체 검열 때문이었으리라는 추측을 나만의 기정 사실로 만들었다. 『소문의 벽』이 '격자소설'이건 '중층 구조'로 이루어졌건, 그런 것은 문제가 되지 않았다. 확실한 것은 『소문의 벽』이 소설을 발표할 길이 막힌 소설가의 항변이었다는 사실로서, 내게는 그 소설이 『씌어지지 않은 자서전』에 덧붙여진 에피소드에 불과했다.

어쨌든 이청준 선생의 소설에 매료당하기 시작한 나는 첫 작품집인 『별을 보여드립니다』를 탐독하기 시작했다. 사학도로서 사학과의 전공 서적을 사야 할 돈으로 구입한 그 책의 모든 단편들을 최소한 다섯 번씩은 읽었을 것이다. 「조율사」와 「이어도」는 『문학과지성』에 실리자마자 읽었으며, 동기 중 또 하나의 이청준 선생 팬 사이에서의 "읽었냐?"는 질문과 "읽었다"는 대답은 이미 모든 것을 함축하고 있었다.

그 당시 이청준 선생의 소설에 대한 나의 집착은 다른 사람들로서는 쉽사리 이해하기 어려울 정도의 치기까지도 포함하였다. 각양각색으로 생긴 사람들이 다른 심미안과 다른 가치관을 갖고 있다는 것을 알고 있으면서도, 어쩌다가 마주친 여대생과 대화의 자리에서 어떤 작가를 좋아하느냐는 질문을 하고 "이청준"이라는 대답이 나오지 않으면 마치 싸우기라도 할 듯 "우리 시대 최고의 작가는 이청준"이라는 말을 거리낌없이 내뱉었다. '아' 해도 쑥스럽고 '어' 해도 쑥스러운 이대 앞의 쑥스러움을 직접 경험해보고 싶어 그 거리를 배회한 적도 여러 번이었고, 중심 무대인 파리 다방에도 괜히 들러 마치 역사의 현장에 온 듯한 감회에 젖기도 했으며, 이준의 하숙집이었을 만한 곳을 찾아 대현동 뒷골목의 하숙촌을 헤매기도 했다. 「조율사」에 나오는 기적 다방이 어디일까 하여 신촌역 부근을 탐색한 것도 여러 차례였고, '조율'이나 '쌍소리'와 같은 선생의 은어는 곧바로 우리들의 곁말이 되었다.

왜 그리도 빠져들어갔을까? 그 이유는 점차 명확하게 느껴졌다. 그것은 선생의 소설이 우리의 고민을 대변하고 있었기 때문이다. 선생은 4·19 세대로서 5·16의 비정통성을 질타하는 것에 그친 것이 아니라, 유신 이후 옥죄어오는 사상과 언론의 자유에 대한 탄압에 대해 소설가로서 어떤 말을 할 수 있는 방편을 찾으려 부단히 노력하고 있었음을 우리는 감지할 수 있었던 것이다. 「조율사」가 "짜임새가 없다"거나 "풀려 있는" 작품이라는 평가에 선뜻 동의할 수 없는 것은, 그 당시 우리들에게 가장 절박했던 문제에 대해 고민하며 제시한 해결책에 크게 공감했기 때문이다. 그것은 지식과 그 표현의 문제로서, '지훈'의 입을 통해 이야기된 지식인의 비극적 운명은 차라리 감동적이었다. 대중을 태우고 노를 저어가는 뱃사공으로서, 가야 할 목표를 알지만 "그 방향이 아니라 다른 힘을 중화하여 배가 그쪽으로 나아갈 수 있도록 엉뚱한 삿대질을 해야 하는 슬픔을 감수해야 한다"는 참된 지식인의 모습은 나의 가슴속 깊이 각인되어 있었다.
  이청준 선생은 글을 쓰지 못하는 글쟁이의 이야기를 함으로써, 글을 쓰지 못하는 이유를 씀으로써 엄한 검열의 시대에 소설가로서의 표현 양식을 찾았다. 그는 말이 떠도는 이유를 씀으로써 역설적으로 우리 시대의 고민을, 언론의 자유를 말했던 것이다. 우리들로서는 「떠도는 말들」이나 「건방진 신문팔이」와 같은 작품을 읽는 것이 은밀한 즐거움이었다. 하지만 암담하던 시기에 한 줄기 서광을 만난 것이었음에도, 그 즐거움과 함께 우리는 한편으로 걱정을 떨칠 수 없었다. 『예언자』와 같은 소설을 읽으면서 혹시나 지나치게 나간 것이 아닐까, 어떤 고초를 당하게 되는 것이나 아닐까 하는 두려움이 언제나 그의 소설을 읽는 즐거움을 감싸고 있었던 것이다.
  이청준 선생의 거의 모든 작품을 섭렵하던 일은 80년대초에 미국으로 유학을 떠나면서 불가피하게 그치게 되었다. 그러나 그 시기에도 여름방학이면 고국 나들이를 갔다가 돌아오는 사람들 편으로 전해진 소설들을 읽지 않고 지나칠 수는 없었다. 그때 읽었던 것이 『살아 있는 늪』 『시간의 문』 『비화밀교』 『황홀한 실종』과 같은 작품집이었다. 「노거목과의 대화」에서는 이제 이청준 선생이 깊은 사유의 세계로 침잠하여 또 다른 소설의 표현 양식을 찾으려는 것이 아닌가 하는 생각이 들었으며, 『시간의 문』에 수록된 「여름의 추상」을 읽으면서는 카프카와 바흐친이며 호프만슈탈과 토마스 만의 목소리들이 결합된 것 같은 느낌을 문득문득 받곤 했다.
  그렇지만 이제 와서 돌이켜보면 선생의 작품 세계를 관통하는 주제는 몇 가지로 집약되는 것으로 보인다. 그것은 남도민의 '한'이라는 정서, 말과 사물의 정합성에 대한 소설가로서의 실천적 고민, 지식과 행동 사이의 갈등과 같은 문제들일 것이다. 요즈음처럼 작가들의 글쓰기 방식이 경박해지고 손쉽게 변화하는 풍조 속에서 선생처럼 한평생을 한결같이 같은 주제로, 같은 방향으로 매진하였다는 것은 드물게 보이는 미덕일 것이다. 어쭙잖은 이 글을 쓰기 위해 다시 읽은 선생의 소설에서 나는 젊었던 날의 기억을 떠올렸던 것은 물론, 그 당시에 느끼지 못했던 다른 감회까지도 맛보았다. 더구나 포스트 모더니즘의 시대에 부각되고 있는 화두들이 이미 예견되고 있다는 것까지 발견하며, 그 시절의 나의 감수성은 틀린 것이 아니었음을 확인하였다.

얼마 전부터 나는 소설을 잘 읽지 못하고 있다. 베스트 셀러로 꼽히는 소설들을 읽으며 최신작들의 조류와 호흡을 같이하려 시도했지만 결코 그것을 끝까지 독파하는 데 실패하고 말았다. 나는 오래도록 역사를 공부하면서 이제 문학과는 거리가 멀어지고 말았나보다 생각했지만, 이청준 선생의 소설을 다시 읽으며 그것만이 문제는 아니라는 것을 깨닫게 되었다. 내가 요즈음의 소설을 잘 읽지 못하는 것은, 시류의 흐름에 둔감한 탓도 있겠지만, 그와 함께 감각적인 문체 속에 의미는 별로 담기지 않은 것 같은 글들에 대한 체질적인 거부감 비슷한 것도 작용하는 것이 아닌가 하는 생각도 든다.

언어가 흔들리고 가치관도 흔들리는 이 시대에 모쪼록 선생께서는 이 한 독자를 위해서라도 계속하여 큰 빛을 던져주시기 부탁드린다. 선생의 세대 구분론을 받아들인다면 나는 단연 "이청준 세대"에 속한다고 말할 것이다. 왜냐하면 내가 의식의 세계로 들어갈 무렵 내게 일어났던 가장 큰 사건이야말로 선생의 소설을 접한 것이었기에 말이다. 『소문의 벽』에 붙인 작가 노트에서 선생은, 몇몇 되지 않은 작은 수의 독자를 가진 글쟁이라 할지라도 때로는 명성과 치부를 함께 누리는 인기 작가에 못지않은 행복을 누릴 수 있다고 말하며 그 이유를 이렇게 밝혔다. "이따금은 독자 수가 비록 보잘 것이 없고, 그들과 만나는 경우마저 극히 드문 글쟁이라 하더라도 그 숫자가 적으면 적을수록 그 독자는 그에게 그만큼 더욱 귀하고 소중스런 보람이 되므로. 그리고 그때 그 글쟁이는 그 한두 사람의 작은 자기 독자를 통하여 눈에 보이지 않는 더 많은 독자의 존재를 발견할 수 있게 되며, 그 눈에 보이지 않는 독자의 기대와 눈길 앞에 그의 글쟁이로서의 책임과 사랑을 스스로 믿고 다짐할 수가 있게 되므로."
 최소한 그 한 명의 독자가 여기에 언제라도 있을 것임을 알려드린다. 〔한국교원대학교 역사교육과 교수〕

■ 숨어 있던 글들

당신들의 천국
── 살아 있는 주인공 조창원 원장님께

　원장님, 지난 봄에 보내주신 원장님의 회고록 『외길도 제 길』을 다시 읽어봅니다. 책장을 들추다 보니 25년 전 겨울철, 당시로선 이틀 찻길의 먼 소록도로 원장님을 처음 찾아뵙던 날의 일이 어제 일처럼 생생하군요.
　그때도 물론 원장님께 말씀드린 것으로 기억됩니다만, 그러니까 그것이 제 첫 소록도 길은 아니었지요. 제 원래 향리가 소록도와는 득량만 한 바닷물을 끼고 마주한 장흥 남단의 해변 마을인 연유로, 어릴 적 초등학교 때부터 청년기에 이르러서까지 소풍이야 해수욕이야 소록도 뱃길을 몇 차례 건너다닌 일이 있었으니까요. 소록도의 해안 풍광은 원래도 빼어나게 수려한 데다 병원이 들어서면서부터는 섬이 더욱 잘 가꿔져 인근 고을 사람들은 대개 한번쯤 그곳을 가보고 싶어하고, 틈이 나면 작반으로 뱃길을 나서는 일들이 많았거든요. 봄이면 연분홍 겹벚꽃 무리가 온통 길거리와 동네를 밝히는 섬, 바람결에 물결치던 짙푸른 보리밭이 황금빛으로 익어가는 초여름 섬의 들녘, 남해의 부드러운 물결과 점점이 흩어진 섬들에 가을 어부의 꿈이 돛폭처럼 부풀어오르고, 이내 겨울 휴식이 깃들여오는 평화와 안식의 작은 사슴섬.──와, 이런 곳에서 한 일 년만 살아보믄 죽어도 한이 없겠다! 초등학교 소풍 때 점심조차 싸오지 못한 한 가난뱅이 녀석이 병사 쪽 환자들에 대한 꺼림칙한 소문 따윈 말끔히 잊은 채 고픈 입을 크게 벌리고 하늘을 우러러 물색 없이 탄식했듯, 소록도는 차라리 우리들에겐 닿을 수 없는 먼 낙원, 아름다운 꿈의 섬이기조차 했습니다. 그 섬과 섬사람들이 감내해온 기나긴 고난과 슬픈 배반의 역사는 상상도 할 수가 없었습니다.

그해 겨울 제가 원장님을 찾아뵈러 갔을 때도 소록도는 여전히 아름답고 평화로워 보이기만 했지요. 하지만 저는 그 동안 섬에 숨겨져 온 지난날의 비극을 이미 알게 되었을 뿐 아니라, 조선일보사의 이규태 기자로부터 섬의 새 원장님과 엄청난 도전극의 시말을 다 이야기 듣고 간 터였으므로, 그것을 그저 평온한 심사로 바라볼 수가 없었습니다. 게다가 원장님께선 그날 종일토록 그 섬사람들을 위한 새 낙토 건설의 꿈과 연이은 좌절의 사연들로 저의 마음을 얼마나 뜨겁게 울리고 한숨짓게 하였습니까. 어둠녘까지도 그치지 못한 술잔과 저들이 마련해준 깊은 침묵 속의 끼니 상과 격절스런 밤 잠자리, 그리고 그 평온하고 아름다운 섬 경관 뒤에 가려진 갖가지 참상들로 끈질기게 다시 제 진심과 담력을 시험한 끝에, 이튿날 저녁 도망치듯 섬을 떠나려는 제 심사를 얼마나 아프고 무겁게 하였습니까.

이래도 정녕 이 섬 이야길 소설로 쓰겠소? 아마 어려울 게요. 이 섬은 그렇게 쉽게 알 수가 없을 게요.

그러나 저는 어쨌든 그로부터 그 섬과 원장님의 일을 소재로 한 편의 소설을 쓰기 시작했지요. 저의 관심은 그 섬의 암울한 현실뿐만 아니라, 원장님이 꿈꾸어오신 새 낙토의 참 모습, 그 낙토의 성격을 좌우하고 자리매김해갈 원장님의 실제 사업 경영 과정, 바로 원장님 자신의 인간관과 새 낙원 설계의 철학에 더 많이 기울고 있었으니까요. 아마 당시의 정치적 상황 때문이었겠습니다만, 저는 그때 원장님의 모습과 언행과 생각들에서 매우 상반된 두 거인의 초상이 떠올랐거든요. 하나는 물론 제 눈에 쉽게 드러나보인 원장님의 정의감과 용기, 봉사와 희생의 순교자적 사랑의 표상으로, 추호라도 제가 오손해서는 안 될 원장님 본연의 모습이었습니다. 그리고 다른 하나는 그 섬과 섬사람들을 위한 뜨거운 충정, 그 굳건한 신념과 저돌적 과단성이 넘쳐나 자칫 자기 도취의 독선적 낙원 건설의 길을 치닫게 될 수도 있을 두려운 군림자의 그림자였습니다. 우리 60년대는 그 섬뿐만 아니라 이 나라 전체가 "4·19의 혼란과 그를 틈탄 북의 위협으로부터 누란지경의 국가를 수호하기 위한 반공 구국 정신"의 확산과 세습적 궁핍 생활로부터의 해방을 위한 새 낙토 건설 운동(새마을 운동)의 열기 속에 5·16 이후의 독선적 국가 경영 행태엔 매우 관용스럽고 둔감해 있던 경향인바, 때로는 정략적 과장의 혐의가 확연하던 남북간 체제 경쟁을 구실 삼은 70년대 초반의 유신 독재 체제의 도래에 이르러서는 그 '북의 위협'과 우리 체제 수호를 위한 '한국적 민주주의'의 개발 논리가 얼마나 위험하고 허구적인 독재 통치 전략인지를 새삼 뼈아프게 되새겨봐야 했던 무렵이었지요. 그런 까닭에 저는 원장님의 '육지 사람들의 천대와 위협으로부터 억울하게 쫓겨 들어온 자들의 섬(낙토)' 설계와 거센 행동력 앞에 그 상서롭지 못한 의구심, 독선적 통치의 은밀한 군림 가능성을 떠올리지 않을 수 없었던 것이지요.

요컨대 저는 그로부터 그 원장님의 순교자적 사랑과 용기가 일방적 독선에 흐르지 않고 서로 조화롭게 화동하여 그 섬 안에 '강요된 환자들의 천국'이 아니라 그들 스스로 선택하고 함께 건설해갈 공동 운명의 '보편적 인간 천국'을 실현해가는 과정, 감히 말하자면 그 과정 속의 원장님과 낙원의 숨은 향배를 짜증스럽도록 세심하게 관찰하고 되새겨보는 소설을 썼던 셈입니다. 그리고 그 소설 속에 원장님은 시종 실천적 사랑의 순교자상과, 보이지 않는 독선 속에 뭇사람들 위에 은밀히 군림해가는 독재 지배자의 개연성을 함께한 이중적인 모습으로 끊임없이 감시를 받고 계셨던 격이구요. 당연한 일인지도 모르지만, 제 소설은 결국 그런 제 희망과 노력의 과정뿐, 원장님께 대한 의혹과 의구심은 끝내 다 해소되지 못한 채, 오히려 더한층 위험해 보일 수도 있는 징후와 경계의 신호를 마지막으로 끝이 났고, 2

년 뒤에는 '당신들의 천국'이라는 이름으로 원장님께도 한 권을 보내 드릴 수 있도록 책이 꾸며져 나왔었지요.

하지만 생각해보면 그 소설은 그것으로 다 끝이 맺어진 게 아니었 습니다. 섬은 소설 속으로 사라져 들어가버릴 수 없는 실재의 현실이 었고, 원장님 역시 계속해서 그 섬의 현실과 삶을 함께해가야 할 현 실 속의 인물이셨으니까요. 살아 있는 모델로서의 조창원 원장님의 삶은 소설 이후에도 계속 소설 밖에서 작중의 주인공 조백헌 원장의 삶과 운명을 현실적으로 좌우하고 증거해보여야 할 처지에 남아 계 셨고, 원장님의 성공과 실패는 바로 작중 주인공 조백헌 원장의 최종 적 성패의 가시적 현실 증거로 읽혀질 수밖에 없는 형편이었으니까 요. 그런 뜻에서 제 소설이나 주인공 조백헌 원장의 운명은 아직도 미완의 상태인 채, 그 마지막 완성은 현실의 조원장님께로 책임이 넘 겨진 셈이었지요. 그래 원장님은 여전히 끝나지 않은 소설의 살아 있 는 모델로서 작중 주인공에 대해 희생적 순교자와 독선적 군림자간 의 미결성 시험 인물로 남으실 수밖에 없었고, 저 또한 그런 원장님 의 삶의 행로와 뒷날의 섬의 운명에 계속적인 관심을 기울일 수밖에 없었던 것입니다.

원장님의 삶이 제 소설의 뒤를 이어 쓰고 계셨다고 할까요. 그리고 저는 이 20여 년 동안 계속 원장님의 속편을 읽어온 셈이구요. 그것 이 어떤 것이었는지 이번에는 제가 거꾸로 원장님께 그걸 말씀드려 볼까요?

한마디로 그건 참으로 나무랄 데 없는 멋진 행로였습니다. 굳이 지 금의 섬의 모습을 두고 하는 말이 아닙니다. 제 소설이 나오고 원장 님께서도 그 섬을 떠나실 수밖에 없게 되신 이후 저는 몇 차례 다시 섬을 찾아가 원장님께서 심고 가신 그 낙토의 꿈이 매우 착실한 결실 을 거두고 있는 사실을 목도한 바가 있습니다만, 애초에도 그랬거니 와 이미 책을 써내놓은 지금의 제 관심사 역시 섬의 변모 쪽보다 보이지 않는 속편 속에 주인공 조백헌의 이후 운명을 맡아주신 원장님의 뒷날 행로였으니까요.
　어찌 생각하면 그 원장님의 속편 행로는 제 소설이 끝나기 전부터 이미 시작되었던 것 같기도 합니다. 저의 섬 병원 방문시에 원장님께서 이미 예견하고 말씀하셨듯이, 원장님은 제가 섬을 다녀와서 소설을 쓰기 시작한 지 한 달도 채 되지 않아서부터 원장님을 섬에서 쫓아 내보내려는 사람들의 막판몰이식 위협에 속수무책으로 시달리고 계시지 않았습니까. 지금에사 말씀입니다만, 그렇듯 어려운 상황에 처한 원장님의 소식을 접할 때마다 병원장으로서 원장님의 사법적 책임까지 가리게 될 경우를 상정한 저의 소설 작업은 얼마나 조심스럽고 난감해지곤 했던지요.
　하지만 원장님을 위해서나 제 소설 속의 조백헌 원장을 위해서나 어쩌면 그 편이 더 다행이었는지 모릅니다. 원장님은 결국 섬을 떠나 (그러하여 더 이상 독선적 군림의 그림자가 따를 수 없는) 이후의 바깥 세상에서도 또 다른(그러나 비슷한 경로의) 봉사와 희생의 길을 가셨고, 그 같은 행로 속에 원장님 자신의 삶뿐 아니라 허구의 주인공 조백헌 원장의 살아 있는 모델로서 그의 뒷날의 삶까지 훌륭하게 살아 보임으로써 원장님과 이후의 섬의 운명, 나아가 주인공 조백헌과 소설의 운명을 다 함께 성스럽게 완결짓고 계셨으니까요.
　제가 지금 감히 이렇게 말씀드릴 수 있는 것은 이후 서울의 신림동과 인천 지역, 강원도 탄광촌과 대전 유성의 선(宣) 병원 등지에서 또 다른 나환자들과 그에 못지않은 어려운 처지의 빈자들, 깊은 절망의 수렁에 빠진 진폐증 환자들을 위해 원장님께서 베풀어오신 한결같은 사랑의 인술과 성자적 희생의 과정을 멀리서나마 끊임없이 지켜보아 왔기 때문입니다. 특히나 근자엔 유성 선 병원에서 이미 고희를 넘기신 고령으로 온 나라 방방곡곡에서 찾아든 수많은 중환들과 노년의 고락을 함께하고 계신 원장님의 자비행 앞에 지난날 제 소설 속에 조백헌 원장의 지나친 사명감과 과격성을 들어 그의 독선적 군림의 위험성을 시험하려 했던 제 작의의 일면이 부질없고 부끄러워지기까지 했습니다. 이를테면 전 그런 식으로 작중의 조백헌 원장을 낙원 건설 과정상의 총체적 문제 인물로 제시한 데 그쳤다면, 원장님은 그의 살아 있는 모델로서 소설 밖에서 원장님 자신의 뒷날의 삶으로 그 해답을 마련하고, 미완으로 남겨진 그의 운명과 소설의 참 결말을 힘있게 완성해 보이신 셈이지요. 그리고 그런 뜻에서 작중의 조백헌 원장은 저와 원장님이 함께 빚어 완성해낸 우리 두 사람의 공동의 분신이기도 하구요. 소설을 쓴 제게 그보다 큰 고마움과 보람이 있을 수 있겠습니까.

원장님께선 그렇듯 제 소설의 희망을 처음부터 정확히 읽고 계셨습니다. 그리고 20여 년이 흘러간 지난 봄 그 조백헌 원장의 뒷날 모습을 대신해 원장님의 올곧은 삶의 역정을 기록한 책 『외길도 제 길』 한 권으로 제 소설의 주문에 대한 응답(제 쪽의 입장에선)을 보내오셨습니다. 원장님은 그 책 속에 계속해서 적고 계십니다.

소설을 읽고 난 후 나는 이청준씨가 왜 제목을 '당신들의 천국'이라고 지었는지 알 수 있었다. '당신들'이라는 것은 '우리들'의 반어적 표현이었다. 오마도는 당신들의 천국이 아니라 우리들의 천국이 되어야 마땅했다. 〔……〕 이청준씨는 오마도(소록도 사람들의 꿈의 낙토)가 우리들, 즉 나환자의 땅이 못 되고 제3자인 '당신들'의 땅이 되었다고 생각한 것이다. 그 생각은 바로 오마도(=소록도) 문제의 핵심이었다……

그렇습니다. 그것을 이미 그렇듯 정확히 짚고 계신 원장님께서 원장님 자신 '제3자'로서의 독선과 군림의 위험성을 모를 리 없으셨고, 그래 자신도 그 섬과 섬사람들의 운명을 즐겨 자신의 것으로 받아들이기 위해 섬 밖 세상엘 나와서도 끝끝내 그 병고와 고난을 '함께하는 자리'만을 고집해오셨을 터입니다.

어찌 생각하면 한편으론 그런 원장님의 삶의 행로에 아쉬운 미련이 남는 대목도 없지 않으셨겠지요. 원장님은 원래 열정적인 성격에 결단력과 추진력이 남다른 분이셨으니, 그 불퇴전의 승부욕으로 소록도나 환자들의 일을 곧장 정치적으로 일사분란하게 경영해나가셨다면, 그 섬이나 환자들의 현실과는 무관하게 원장님의 삶 가운덴 보다 유력한 지위와 화려한 기념비가 자리하게 될 수도 있었을 테니까요. 더욱이 원장님은 애초 군복의 의사이셨고, 원장님의 시대는 그런 제복의 시대가 아니었습니까. 제가 '소록도'와 '낙원'으로 당시의 이 나라 형편을 알레고리하려 한 동기와 이후부터 줄곧 원장님의 행로를 뒤쫓게 된 연유가 바로 그 때문이었지만, 5·16을 시발로 한 그 시절 구국과 구빈의 새 국가 건설을 명분으로 내세운 그 제복 부대의 위세가 얼마나 대단했습니까.

그로부터 줄곧 '새마을 정신'과 '한국적 민주주의' '국력의 재도약'과 '중진국—선진국 대열 진입,' 심지어는 민주 문민화 이후의 '세계화'나 '역사 바로 세우기' 과업에 이르기까지, 사람과 옷 색깔을 바꿔가며 우리 위에 군림해온 그 제복들의 정치적 구호란 얼마나 화려하고 위압적이었습니까. 그런 정치적 성향의 길을 선택하였더라면 원장님께서는 어쩌면 일시적이나마 훨씬 더 많은 것을 손쉽게 거두셨을지도 모릅니다.

하지만 원장님께서는 결국 그 길을 택하지 않으셨습니다. 그리고 그것은 원장님을 위해서나 그 섬의 참 운명, 나아가 제 소설이나 그 주인공 조백헌 원장을 위해서도 참으로 다행한 일이었습니다. 원장님께서 아시는 대로 70년대가 저물면서 우리의 '개발 독재' 시대는 끝이 났습니다. 그 개발 독재의 주역은 바로 소록도의 낙원 건설 주역 원장님의 다른 한쪽 가능태의 표상이었으므로, 그의 종말은 다름 아닌 원장님 자신과 제 소설 주인공 조백헌 원장의 정치적 선택의 종말과 비극적 실패를 반어적으로 함께 보여주는 것이었습니다. 그리고 무엇보다 그 숱한 구호와 정치력의 행사가 극성을 떨어낸 때일수록 우리에겐 현실의 개선이나 발전보다 가치의 타락과 삶의 혼란만 가중시켜오고, 저들의 독선과 낯두꺼운 전횡만을 목도하기 일쑤였습니다. 그래서 저는 또 다른 제복의 무리가 또 다른 가짜 구호를 내세워 설치던 저 '84년『당신들의 천국』개판본을 꾸미면서 그 서문에서 다시 원장님과 저의 분신 조백헌 원장의 소설적 역할을 되돌아보며 이렇게 자문한 일이 있었지요.

소설의 제목 '당신들의 천국'은 (집필) 당시 우리의 묵시적 현실 상황과 인간의 기본적 존재 조건들에 상도한 역설적 우의성에 근거한 말이었다. 그러면서 나는 어느 땐가 그것이 '우리들의 천국'으로 바뀌어 불려질 때가 오기를 소망했고, 필경엔 그때가 오게 될 것을 확신했다. 그리고 아마도 그때가 오게 되면 '당신들의 천국'이라는 사시적(斜視的) 표현이나 그 책의 존재는 무용지물이 될 것이었다. 그렇다면 과연 이제 우리에겐 한 작은 섬의 이름으로 대신해 불렀던 '당신들의 천국'을 '우리들의 천국'으로 거침없이 행복하게 바꿔 불러도 좋은 때가 온 것인가 [……]

그 대답은 물론 아직 그렇지 못하다는 것, 그래서 불행히도(소설의 생명을 위해선 역설적이게도 다행스럽게) '조백헌 원장'의 소설적 역할은 당분간 더 유효하리라는 쪽이었습니다. 그리고 원장님의 비정치적 삶의 선택, 인본과 박애의 실천적 삶의 미덕은 그런 세태 속에서일수록 더더욱 귀하고 소중한 시대의 복음이 아닐 수 없었습니다. 그 개발 독재의 주역이 보여준 정치적 선택의 운명적 한계에 비해, 인본(人本)과 박애의 철학에 바탕한 실천적 삶의 자유는 지역과 시대를 초월한 인간 보편의 가치요 불변의 덕목인 때문입니다. 원장님의 비정치적 삶의 길은 그런 가치와 덕목의 삶을 향한 드문 선택의 넓은 문(門)을 보여주신 것이었습니다.

그런데 그런 후기를 쓴 지도 다시 14년. 그리고 긴 세월 낮은 음지에서 원장님의 삶으로 힘있게 증거된 그 문의 교훈은 작금에 이르러서도 계속 우리의 참 현실과 밝은 삶의 선택에 대한 큰 거울의 몫을 감당해가야 할 듯싶습니다.

> 내게 지금 마지막 소원이 있다면, 음지에서 고생하는 환자들을 위해 봉사하는 후배 의사들이 많이 나왔으면 좋겠다는 것이다. 〔……〕 그러한 후배 의사들이 많은 사회일수록 우리 사회에는 사랑과 온정이 넘쳐날 것이기 때문이다.

원장님께서 책 끝에 간절히 소망하신 바와는 반대로 세상은 갈수록 정치 만능의 힘 겨루기 판으로 흘러가고, 사람들의 삶은 아직도 실천적 자유 실현 과정으로서 음지의 봉사보다 지배적 힘을 향한 선택을 일삼는 경향입니다. 게다가 오늘의 어려움이 그 개발 독재 체제기의 상당한 경제적 성취를 떠올리고 그에 대한 관용과 아량을 낳게 한 것인지도 모르지만, 작금의 우리 현상은 그 시절에 대한 경계는커녕 새로운 향수와 긍정적 평가의 복고 분위기가 일고 있는 한편, 실제로도 새로운 힘의 질서를 구축해가는 현실 아닙니까.

하기야 역사는 늘 되풀이되는 것이라니까요. 하지만 되풀이되는 역사는 바람직스럽지 못했던 쪽만이 아니라 그에 대한 반성과 경계의 쪽도 마찬가지일 터이니, 그 60년대 제복 정치 시대의 전횡 또한 계속적인 반성과 경계가 필요하고, 그 알레고리로서의 섬의 현실과 원장님의 소설적 역할, '당신들의 천국' 또한 여전히 끝나지 않은 현실의 화두가 되어야 하지 않겠습니까.

이 시대가 그 화두를 놓치지 않기 위해서도 원장님께선 늘 우람한 거인으로 우리 앞에 오래도록 함께하시기를 빕니다.

1998년 11월 25일
이 청 준 삼가

절제와 예도의 아름다움

 임권택 감독의 소리꾼 영화「서편제」를 찍기 위해 촬영지를 물색하고 다닐 때였다. 하루는 늙은 소리꾼 '유봉' 역을 배역받고 여행길을 함께하고 있던 연극 배우 김명곤씨에게 필자가 심심풀이 삼아 물었다.
 "판소리를 공부해오면서 무슨 재미있는 이야기 좀 없어요? 그쪽 공부를 하게 된 내력이든지, 그 동안 잊혀지지 않는 사람 이야기든지."
 그때 김명곤씨는 주문처럼 특별히 재미는 없었지만, 필자에게 매우 인상깊은 이야기 한 가지를 들려주었다.
 김명곤의 고향은 판소리의 본고장 격인 전라북도 전주 부근. 그의 어릴 적 초등학교 시절 ─. 규모가 그리 크지 않아 선생님 수가 많지 않은 그의 학교에 어느 날 판소리 공부를 하는 여선생님이 새로 부임해왔다. 그 여선생님은 날마다 학교가 파하면 교실에 혼자 남아 소리 공부에 열심이었고, 그 소문은 오래잖아 이웃 학교에까지 알려졌다. 그리고 하루는 그 이웃 학교의 남자 선생님 한 분이 여선생님의 소리를 들으러 먼 길을 찾아왔다. 나이도 그리 많지 않은 데다 늦여름 햇볕이 아직 따가운 주말 한낮 무렵, 흔치 않은 흰 한복 두루마기 차림에 머리 위엔 중절모까지 얹어 쓰고서였다.
 그러니까 학교 아이들은 그때까지 그 여선생님이 소리를 하는 것을 제대로 본 일이 없는 데다 그 남자 선생님도 시조창 공부를 하는 사람으로 이쪽 여선생님과 소리 시합을 하러 온 거라는 뒷소문까지 나돌아서, 두 사람의 만남에 대한 호기심이 매우 클 수밖에 없었다.
 하지만 일을 지켜보고 나니, 아이들의 눈에는 그 두 사람의 만남이나 소리 시합이 기대했던 것처럼 흥미롭거나 신통치가 못했다. 손님 도착 전의 준비나 기대에 비해선 오히려 싱겁고 허망하기까지 하였다.

 여선생님은 이날 혼자 손님이 도착하기 전부터 학교의 뒷산자락 나무 그늘 속에 버려져온 시멘트 정자 바닥을 깨끗이 청소하고 거기에 왕골짚자리와 북통 따위를 미리 옮겨다 두 사람의 소리판을 준비해놓고 있었다. 그리고 손님이 도착하자 그녀는 바로 그 선생님을 정자 쪽으로 안내해 보내고는, 자신도 어느새 손님처럼 하얀 치마저고리로 옷차림을 바꿔 입고, 전에 없이 사뿐사뿐 조신스런 발걸음으로 그를 뒤쫓아갔다. 두 손에는 늘 버릇처럼 함께 지니고 다니던 손부채를 얌전히 접어 쥐고서였다.
 그런데 이윽고 그 여선생님이 정자 위로 오르자, 두 사람은 곧바로 다른 긴말 제하고 그 데면데면한 소리 시합부터 서두르고 나선 것이었다.
 "이렇게 자리를 허락해주셔서 감사합니다."
 "모자란 공부를 이렇게 먼 길까지 찾아주시니 제가 도리어 감사하고 민망스럽습니다. 어서 좌정하십시오."
 두 사람은 서로 그렇게 정자 위에 선 채로 한번 더 정중한 머리숙임과 인사말을 나누었을 뿐, 이내 북통을 중심으로 자리를 마주해 앉았다. 그리고는 한번 더 앉은 자세 그대로 고개를 깊이 숙여 보이고는, 손님 쪽이 먼저 자신의 합죽선을 두 손으로 모아쥐며 여선생님에게 말했다.
 "열심히 닦아오진 못했습니다만, 그럼 제가 먼저 시조 한 수로 선생님의 소리를 청하겠습니다."
 오직 소리만 들으러 찾아오고 소리만 들려주려는 사람들임이 분명했다. 그렇게 시작된 소리판마저 시간이 그리 길게 가지 않았다. 손님은 먼저, 동창이 밝았느냐, 노고지리…… 어쩌고 하는, 흔히 들어온 옛 시조 가락을 한동안 높고 청청한 목소리로 길게 뽑아대었고, 그 소리가 끝나자 두 사람간엔 다시 한차례 가벼운 목례가 오갔다. 그리고 이번에는 여선생님 쪽에서 조심조심 북통을 끌어안으면서,

'그러면 저는 먼저 근자에 공부해온 단가 하나를 흉내내 보겠습니다……' 곡명을 말하고는 이내 쿵더쿵 딱딱, 그 역시 여느 때의 그녀답지 않게 높낮이와 울림의 변화가 심한 목소리로, 이산저산 꽃이 피니 운운…… 남자풍의 소리를 길게 엮어나갔다. 그 여선생의 소리는 중간에 잠시 사이를 두었다가 다시 저 유명한 '쑥대머리 귀신 형용……'으로 시작되는「춘향가」의 한 대목으로 힘차게 이어져갔다. 그리고 마지막으론, 그 동안 열심히 함께 고개를 주억거리며 얼씨구 어헛 따위의 추임새 소리를 토해오던 손님 쪽으로 말없이 북통을 건네주고 나서, 그의 북장단질에 맞춰 자신의 손부채를 접었다 폈다 하면서 심청이 인당수 뱃길을 떠나가는「심청가」한 대목을 유장하게 불러제꼈다.

자리의 주인이자 주연 격인 여선생의 소리는 그러니까 모두 세 차례뿐이었다. 그리고 이날의 소리판도 그뿐으로 어느덧 끝이 나고 말았다. 여선생님이 그 세번째 소리를 끝내고 나자, 그녀와 함께 열심히 북장단을 쫓아가던 손님은 아직도 한동안이나 그대로 가만히 손을 멈추고 앉아서 여선생님 쪽을 바라보고 있었다. 그러다 여선생이 곁에 놓인 물그릇으로 목을 축이고, 이마의 땀까지 다 훔치고 나서 옷매무새를 다시 바로잡고 앉는 것을 보고서야 북통과 북채를 나란히 앞으로 밀어내놓으며 말했다.

"오랜만에 귀한 소리, 많이 배우고 갑니다. 감사합니다."
"천만의 말씀을요. 서투른 소리 참고 들어주시느라 애를 먹고 계시지 않으셨는지 두렵고 부끄러울 따름입니다. 안녕히 돌아가십시오."

두 사람은 다시 서둘러 고개를 깊이 숙여 작별의 인사를 건넸고, 손님은 그 길로 먼저 정자에서 내려가 휜 두루마기 자락을 펄럭이며 성큼성큼 빈 운동장을 가로질러 길을 되돌아가버린 것이다……

시작이나 끝이 다 어딘지 미진스럽고 아쉬움이 남는 이야기였다.

하지만 김명곤은 필자에게 그 이야기를 건네 들려준 것뿐 자신의 진짜 속마음까지는 굳이 말을 하지 않았다. 필자 역시도 더 이상의 긴 사족은 붙이고 싶지 않다. 김명곤씨도 물론 그래서 그랬겠지만, 필자로서도 그 이야기가 어째서 쉽게 잊혀지지 않은지, 그 흰옷 차림의 소리꾼들의 모습이 어째서 자주 눈앞에 아프게 어른거리는지, 분명하게 밝혀서 말할 바도 없거니와, 여기서 더 무슨 말을 보탤 것도 없어 보이기 때문이다. 한해가 저물고 새해를 맞는 때에 즈음하여 어쩌면 우리의 잊혀져간 자화상이랄 수도 있을 이 이야기가 감히 서설처럼 깨끗하고 포근한 축복으로 읽혀지기를 빌어볼 뿐. 〔1996. 12〕

중단편 혹은 짧은 글에 대한 생각

신춘문예 따위의 신인 작품 심사나 문학상 시상 작품 선정 과정들에서 이따금 겪게 되는 작은 갈등 한 가지. 작품의 완성도나 감동이 비슷한 두 작품 중에서 한 작품을 선택하려 할 때 선자의 손길은 아무래도 길이가 짧은 쪽보다는 긴 쪽 작품으로 기우는 경향이 있다. 그 길이의 차이가 현저할수록 글 길이 자체의 양적 무게로 하여 긴 글 쪽의 울림이 더 깊게 느껴지기 쉽기 때문이다.
그러니, 단편과 중편소설, 장편소설을 가리지 않고 당선이나 시상 작품을 선정하려 할 때는, 작품의 예술성이나 감동의 차이가 뚜렷하지 않는 한 단편보다는 중편소설 쪽이, 중편보다는 장편소설 쪽이 더 유리해질 가능성이 농후하다.
하지만 단편과 중편·장편소설들이 글의 길이에서뿐만 아니라 그 형식이나 내용면에서도 각기 그 길이에 상응하는 구조와 의의를 달리하듯, 모든 글에는 그 길이에 합당한 나름대로의 독특한 글값을 지니게 마련이어서, 그 글값의 단순한 비교에는 적지 아니 무리가 따를 것이 당연하다. 그래서 저 60년대 중반까지 월간지 『사상계』에서 동인문학상을 시상할 때에는 시상 대상 작품을 단편소설에 한정하여 선정하도록 심사 규정을 못박아 두고 있었지 않았나 싶다. 중편이나 장편과의 소설적 의의를 스스로 구별짓고, 긴 형식의 글들과의 단순한 비교에서 불리하게 비칠 수 있는 짧은 글의 상대적인 경박감으로부터 단편소설 고유의 글값을 지키고 고양시켜나가려는 뜻에서.

되풀이하거니와, 소설 따위 산문이든, 시편 따위 운문이든, 모든 짧은 글에는 짧은 글 나름대로의 고유한 글값과 의의가 따로 있다. 그리고 그것은 우리 삶의 정서에 긴 글의 그것 못지않게 유익하고 소중하다. 부질없는 사족이 되겠지만, 그것은 근 30년 간 길고 짧은 수십 편의 글을 써온 한 소설꾼으로서의 내 작은 믿음이기도 하다.

이런 소리를 꺼내게 된 소이도 거기 있었기 쉽거니와, 나의 글 호흡은 그리 길지가 못한 편이다. 긴 장편을 쓴다 해도 기껏 2백자 원고지 2천 장 정도의 분량이면 그럭저럭 마무리가 지어지고, 길이에 대한 부담을 지지 않아도 좋은 경우에는 대개 천 장 안팎의 분량에서 할 이야기가 거의 소진된다. 더 이상은 억지처럼 부질없게 여겨지고, 그만한 분량이 소설의 균형과 통일성에도 썩 효율적인 것으로 느껴진다. 원래 체질이 그래서일 수도 있겠고, 세상살이 체험의 폭과 깊이가 그렇게 썩 넓거나 깊지가 못한 탓일 수도 있을 터이다. 그래서 때로 나는 장강의 흐름과도 같은 국내외의 큰 장편이나 대하소설들의 양양한 서사 전개와 그 저자들의 유장한 필력에 부러움과 경탄과 경의를 금치 못해하며, 자신은 결코 그렇게 될 수 없음에 혼자서 적지 아니 낙담을 하기도 한다.

하지만 한편 생각을 달리해보면 이제 와선 그도 그리 낙담만을 일삼을 일이 아닐 게 분명하다.

흔히 동양 쪽 사람들은 서양 쪽 사람들보다 이 세계와 삶에 대해 매우 관조적이라는 것이 일반적인 상식이다. 게다가 사람은 나이를 먹을수록 그 생각이 깊어지고 정제되어 자기의 속뜻을 짧게 응축시켜 표현하려는 경향을 띠어간다. 자연히 긴말을 꺼려 하게 마련이다.

그런 점에서 나이를 먹어갈수록, 그 삶과 생각이 무르익어갈수록, 그것을 매우 간결한 시편이나 경구투 문장 속에 짧게 응축시켜 표현(예컨대 시구나 일기·기행문·서간체 따위)해온 우리 조상님들의 글 취향은 결코 우연스러워 보이지가 않는다. 그리고, 기왕에도 그래왔듯, 나 역시 글을 쓰고 나이를 먹어갈수록 장편에서 중편으로, 중편에서 단편으로, 심지어는 거기서 다시 콩트나 짤막한 동화로까지 창작의 관심과 선호가 기울고, 느슨하게 긴 글보다는 야무지게 구조된 짧은 글 쪽에 더 매력을 느끼며 그의 숨은 값을 소중하게 아끼고 싶어지는 것이다.

그러니 나의 긴 글 못 씀을 어찌 그저 부실한 체력의 감퇴나 창작욕 소진 현상만의 탓으로 돌리어 낙담만 할 것이며 짧은 글의 참값을 가볍게만 볼 것인가. 소설의 뿌리라 할 수 있는 고대 그리스 비극은 우리 삶의 보편적 시간 주기와 극적 조직의 효율성, 그리고 관객의 긴 장도와 집중력을 감안하여, 한 작품(무대)의 이야기는 대개 하루 사이에 일어난 일에 길이를 한정함이 좋다고 이르고 있거니와, 그런 점에선 오히려 극의 내용뿐만 아니라 관객의 긴장도와 집중력까지를 염려한 그 극의 길이에 대한 충고를, 오늘 우리 소설에 대한 그 충고의 유효성 여부를 진지하게 되새겨봄이 더 유익한 일이 될지 모른다.

요즈음 신문이나 잡지, 방송 등 정보 매체들을 접해보면 소설에 대한 사람들의 관심이나 선호가 중·단편류보다는 대하소설이나 긴 장편류에 많이 기울고 있는 추세다. 작품에 대한 평가나 논의의 빈도도 그렇고, 신문 광고의 크기나 독자의 관심도를 나타내는 서점 판매 실적에서도 그렇다. 독자들이 그만큼 긴 글을 좋아하고 아끼는 현상이요, 그 결과일 것이다.

하지만 그것이 행여 우리 삶이나 글에서 세부를 대수롭잖게 여긴 결과가 아닌가 하는 아쉬운 생각이 들 때가 있다. 왜냐하면 중·단편 소설은 큰 흐름을 중시하여 자칫 세부에 소홀해지기 쉬운 장편이나 대하소설에 비해, 그 자체가 우리 삶이나 소설에서의 충실한 세목의 성격을 띤 형식일 뿐 아니라, 그 소설에서의 충실한 세목은 치밀하고 견고한 소설(삶) 구조의 모태이자 기초항이기 때문이다. 다시 말해, 충실한 세부는 견고한 전체 구조(삶과 소설의 총체적 의의)에 이를 수 있지만, 부분과 단면의 세목이 충실치 못한 채 큰 줄거리(대의, 혹은 소설의 명분)만을 앞세운 엉성한 서사 구조는 우리 삶이나 소설의 참값을 낳을 수가 없기 때문이다.

나아가 거기에 광고 판촉비의 유효 규모를 고려한 출판사들의 희망이 긴 글만을 부추기고, 그 광고 물량이 독자들의 책 선택에 결정적인 영향을 끼치는 상업주의의 숨은 계략까지 한몫을 끼여들고 있다면, 그 피해의 책임은 누가 져야 할 일인지 모른다.

오늘의 동인문학상은 중편소설까지를 시상의 대상으로 삼게 되었거니와, 그래저래 옛날에는 그 대상을 단편소설에 한정했던 소이를 새삼 되새겨보게 한다. 〔1995. 11〕

작가 연보

1939년 8월 9일 전남 장흥군 대덕면 진목리(현 회진면 진목리)에서 출생.
1954년 대덕동초등학교 졸업.
1957년 광주 서중학교 졸업.
1960년 광주 제일고등학교 졸업.
서울대학교 문리대 독문과 입학.
1962년 2월 군입대.
1964년 학적 보유자 혜택으로 제대.
1965년 단편 「퇴원」으로 『사상계』 신인문학상 당선.
1966년 서울대학교 독문과 졸업.
『사상계』사 입사.
1967년 『여원』사로 직장을 옮김.
「병신과 머저리」로 동인문학상 수상.
1968년 10월 남경자와 결혼.
『아세아』 창간에 참여.
1969년 단편 「매잡이」로 대한민국문화예술상 신인상 수상.
1971년 9월 첫 창작집인 『별을 보여드립니다』를 일지사에서 출간.
월간 『지성』 창간에 참여.
1972년 창작집 『소문의 벽』(민음사) 출간.
단편 「석화촌」이 영화화되어 청룡영화제 최우수작품상 수상.

1973년   『조율사』(삼성출판사) 출간.
1974년   장편 『당신들의 천국』 연재(『신동아』). 중편 「이어도」 연재(문학과지성사).
1975년   중편 「이어도」로 한국일보 창작문학상 수상.
『썩어지지 않은 자서전』이 일본 태류사(泰流社)에서 출간됨(번역: 長 璋吉).
창작집 『가면의 꿈』(일지사) 출간.
1976년   장편 『당신들의 천국』(문학과지성사), 창작집 『이어도』(서음출판사) 출간.
1977년   창작집 『자서전들 쓰십시다』(열화당), 『예언자』(문학과지성사) 출간.
1978년   중편 「잔인한 도시」로 이상문학상 수상.
산문집 『작가의 작은 손』(열화당), 창작집 『남도 사람』(예조각), 창작집 『백조의 춤』(여학생사), 장편 『이제 우리들의 잔을』(예림출판사), 『잔인한 도시』(홍성사) 출간.
1979년   작가·작품론 모음인 『이청준』이 도서출판 은애에서 '우리시대의 작가 연구 총서'(책임 편집 김병익·김현)로 출간됨.
단편 「살아 있는 늪」으로 중앙문예대상 예술 부문 장려상 수상.
장편 『춤추는 사제』(홍성사), 창작집 『선학동 나그네』(문학과지성사) 출간.
1980년   창작집 『살아 있는 늪』(홍성사), 『매잡이』(민음사), 『낮은 목소리로』(도서출판 문장), 콩트집 『치질과 자존심』(도서출판 문장) 출간.
1981년   창작집 『잃어버린 말을 찾아서』(문학과지성사), 장편 『낮은 데로 임하소서』(홍성사) 출간.
중편 「이어도」가 극화되어 극단 서울예술좌에서 공연됨.

1982년 창작집 『시간의 문』(중원사) 출간.
1983년 창작집 『제3의 현장』(동화출판공사), 출간.
1985년 창작집 『비화밀교』(나남), 『씌어지지 않은 자서전』(중앙일보사), 산문집 『말없음표의 속말들』(나남) 출간.
1986년 중편 「비화밀교」로 대한민국문학상 우수상 수상.
한양대학교 출강.
『당신들의 천국』이 미국 Cresent Publications에서 출간됨 (번역: 장왕록 · 장영희).
1987년 『겨울 광장』(흔겨레) 출간.
1988년 창작집 『벌레 이야기』(심지), 『남도 사람』(문학과비평사), 『아리아리 강강』(우석), 『이교도의 성가』(나남) 출간.
1989년 장편 『자유의 문』(나남) 출간.
1990년 『자유의 문』으로 이산문학상 수상.
창작집 『키 작은 자유인』(문학과지성사), 『이제 우리들의 잔을』(동아) 출간.
1991년 작가 · 작품론 모음인 『이청준론』이 삼인행에서 출간됨.
창작집 『새가 운들』(청아출판사), 『젊은 날의 이별』(청맥), 장편 『인간인』 1, 2(우석) 출간.
「이어도」와 「예언자」가 프랑스 Actes Sud에서 출간됨(번역: 최윤 · Patrick Maurus).
1992년 작품집 『별을 보여드립니다』(중원사), 『가해자의 얼굴』(중원사), 『누군들 초장부터 꾼으로 태어나랴』(성훈출판사) 출간.
『자유의 문』이 일본 백서방(栢書房)에서 출간됨(번역: 이은택).
1993년 『서편제』가 임권택 감독에 의해 영화화되어 대종상 최우수 작품상 수상.
『서편제』(열림원) 출간.

『당신들의 천국』이 프랑스 Actes Sud사에서 출간됨(번역: 최윤·Patrick Maurus).
「예언자」의 터어키어 번역판이 터키에서 출간됨.

1994년　장편『씌어지지 않은 자서전』(장락), 『춤추는 사제』(장락), 에세이집『사라진 밀실을 찾아서』(월간 에세이), 동화책『바람이의 비밀』(삼성출판사) 출간.
「서편제」가 일본 조천서방(早川書房)에서 출간됨(번역: 根本 理惠).

1996년　장편『축제』(열림원), 판소리 소설『토끼야, 용궁에 벼슬 가자』(열림원)와『놀부는 선생이 많다』(열림원) 출간.
장편『당신들의 천국』이 문학과지성사 소설 명작선으로 출간됨.

1997년　소설선집『눈길』(문지스펙트럼, 문학과지성사), 동화『뻐꾸기와 오리나무』(금성출판사), 동화『할미꽃은 봄을 세는 술래란다』(열림원), 동화『한국전래동화』1, 2(파랑새) 출간

1998년　이청준 문학전집이 열림원에서 출간——『서편제』(연작소설 2),『조율사』(장편소설 3),『낮은 데로 임하소서』(장편소설 6),『제3의 현장』(장편소설 7),『자유의 문』(장편소설 8),『소문의 벽』(중단편소설 7),『이어도』(중단편소설 8)가 출간됨.
「예언자」의 스페인어 번역판이 콜롬비아에서 출간됨.

1999년　『가위 밑 그림의 음화와 양화』(열림원), 자전적 글 모음집『오마니』(문학과의식사) 출간.
『제3의 현장(그대 다시 노래하지 못하네)』이 프랑스 Librairie-Galerie Lacine사에서 출간됨(번역: 최윤·Patrick Maurus).
중단편집『예언자』가 미국 Cornell University에서 출간됨(번역: Julie Pickering).

중단편집 『불의 여자』가 오스트리아 Residenz Verlag에서 출간됨(번역: 김상경).

참고 문헌

【작가 연구(단행본 및 특집)】
김병익/김현 편,『이청준』,'우리 시대의 작가 연구 총서,' 은애, 1979.
김치수,『박경리와 이청준』, 민음사, 1982.
김치수 외 13인,『이청준론』, 삼인행, 1991.
한상규 외 6인,「이청준 특집——「병신과 머저리」에서『인간인』까지」,
　　『작가세계』, 1992년 가을.

【작가론 · 작품론】
구모룡,「욕망의 해부학」,『문학과사회』, 1989년 여름.
———,「욕망과 훼손된 삶/이청준 · 유익서 · 전상국」,『한국 문학과 열
　　린 체계의 담론 비평』(열음사, 1992)
구인환,「한국 소설의 낙원 의식」,『선청어문』8집, 1977.
구창환,「정을병과 이청준을 통해서 본 새세대 문학의 특질과 한계」,『원
　　탁문학』9집, 1969.
권영민,「'숨김'의 변증법——소설「아리아리 강강」의 경우」,『현대문
　　학』, 1988. 12.
권오룡,「잃어버린 '나'를 찾아서」,『키 작은 자유인』, 문학과지성사,
　　1990.
———,「어둠 속에서의 글쓰기」,『소문의 벽』, 전집 중단편소설 7, 열림
　　원, 1998.
권택영,「이청준 소설의 중층 구조」,『이교도의 성가』, 나남, 1988.

―――, 「다름과 닮음의 긴장 관계」, 『현대예술비평』, 1991년 가을.
―――, 「인간과 인간 사이의 거리 지우기(?)」, 『현대문학』, 1992. 3.
―――, 「더 나은 사회를 만들려는 인간의 의지――이청준의 『당신들의 천국』」, 『문학사상』, 1999. 3.
―――, 「잃어버린 시간을 찾아서」, 『제3의 현장』, 전집 장편소설 7, 열림원, 1999.
김경수, 「관음의 문학」, 『문학과 비평』, 1988년 가을.
―――, 「삶과 소설쓰기 사이의 긴장」, 『현대소설』, 1990년 가을.
―――, 「사회적 위기와 제의적 소설」, 『작가세계』, 1994년 가을.
―――, 「이청준 소설의 시학」, 『문학의 편견』, 세계사, 1994.
―――, 「메타픽션적 영화소설?――이청준의 『축제』」, 『작가세계』, 1996년 가을.
―――, 「지상적 삶을 껴안기 위한 전제」, 『낮은 데로 임하소서』, 전집 장편소설 6, 열림원, 1998.
김교선, 「현대 소설과 추상 본질의 표현」, 『현대문학』 147호, 1967. 3.
―――, 「신진다운 신진의 작품」, 『현대문학』 159호, 1968. 3.
―――, 「소설로 쓴 소설론」, 『현대문학』 201호, 1971. 9.
―――, 「작가의 비판 의식」, 『창작과 비평』, 1980년 봄.
―――, 「관념소설론」, 『표현』 1호, 1980.
김병익, 「왜 글을 못 쓰는가」, 『문학과지성』, 1971년 가을.
―――, 「왜 글을 쓰는가」, 『세계의 문학』, 1977년 가을.
―――, 「원체험과 지성의 변증」, 『이청준』, '우리 시대의 작가 연구 총서,' 은애, 1979.
―――, 「말의 탐구, 화해에의 변증」, 『잃어버린 말을 찾아서』, 문학과지성사, 1981.
―――, 「진실과의 갈등」, 『들린 시대의 문학』, 문학과지성사, 1985.
―――, 「사랑·분노 그리고 관용」, 『세계의 문학』, 1985년 가을.
―――, 「세 가지 큰 화해: 자연·역사·인간――이청준·김원일·홍성

원」, 『문학과사회』, 1996년 가을.
김승옥, 「우수를 나타내는 소설」, 『현대문학』, 1985. 11.
김시태, 「이청준 소설의 새로움」, 『현대문학』 353호, 1984. 5.
김열규, 「석화촌 얘기」, 『주간조선』 577, 578, 589호, 1980.
―――, 「찾음의 얘기들」, 『한국문학사』, 탐구당, 1983.
―――, 「슬픈 환멸에의 입사」, 『이청준론』, 삼인행, 1991.
김윤식, 「이청준 ― 살아 있는 늪」, 『우리 소설의 표정』, 문학사상사, 1981.
―――, 「심정의 넓힘과 심정의 좁힘」, 『한국 현대 소설 비판』, 일지사, 1981.
―――, 「당신들의 천국」, 『황홀경의 사상』, 홍성사, 1984.
―――, 「귀향형 소설의 의미」, 『우리 소설과의 만남』, 민음사, 1986.
―――, 「글쓰기와 소설쓰기/이청준 · 이인성 · 최수철」, 『오늘의 문학과 비평』, 문예출판사, 1988.
―――, 「고백체와 소설 형식 ― 이청준의 근작 읽기」, 『외국문학』, 1989년 겨울.
―――, 「감동에 이르는 길」, 『이청준론』, 삼인행, 1991.
―――, 「미백의 사상, 또는 이청준의 글쓰기의 기원에 대하여」, 『작가세계』, 1992년 가을.
―――, 「유랑민의 상상력과 정주민의 상상력 ― 「서편제」와 「무녀도」」, 『농경 사회 상상력과 유랑민의 상상력』, 문학동네, 1999.
김인환, 「소설가의 소설론」, 『문학과지성』, 1972년 겨울.
―――, 「천로역정」, 『외국문학』, 1985년 겨울.
김정희, 「이청준론」, 『덕성어문학』 제3집, 1986.
김종철, 「현실 생활의 착반」, 『시와 역사적 상상력』, 문학과지성사, 1978
김종회, 「유토피아 소설의 상상력과 현실 의식 ― 이청준의 「이어도」와 「비화밀교」를 중심으로」, 『어문연구』 59 · 60, 1988.
―――, 「한국 소설의 낙원 의식 연구」, 경희대학교 대학원 박사학위 논

문, 1989. 8.
———, 「도피와 추적, 그리고 기묘한 인간사의 조화」, 『문학정신』, 1992. 4.
김주연, 「사회와 인간」, 『문학과지성』, 1976년 가을.
———, 「이청준의 세계, 사회 해체 속의 개인」, 『병신과 머저리』, 삼중당, 1981.
———, 「말의 순결, 그 파탄과 회복」, 『세계의 문학』, 1981년 가을.
———, 「제의와 화해」, 『비화밀교』 해설, 나남, 1985.
———, 「억압과 초월, 그리고 언어」, 『남도사람』, 문학과비평사, 1987.
———, 「관념소설의 역사적 당위」, 『문학정신』, 1992. 6.
김지원, 「원형의 샘」, 『현대문학』, 1979. 6.
김진석, 「짝패와 기생: 권력과 광기를 가로지르며 소설은——「소문의 벽」, 「잃어버린 말을 찾아서」를 중심으로」, 『작가세계』, 1992년 가을.
김천혜, 「치자와 피치자의 윤리」, 『부산문예』, 1971년 여름.
———, 「한국 소설과 독일 소설의 비교 연구」, 『인문논총』 20집, 1981.
김치수, 「소설에 대한 두 질문/이청준·윤흥길」, 『문학사회학을 위하여』, 문학과지성사, 1979.
———, 「언어와 현실의 갈등」, 『이청준』, '우리 시대의 작가 연구 총서,' 은애, 1979.
———, 「변화와 탐구의 공간」, 『박경리와 이청준』, 민음사, 1982.
———, 「말과 소리」, 『박경리와 이청준』, 민음사, 1982.
———, 「고향 체험의 의미」, 『박경리와 이청준』, 민음사, 1982.
———, 「자기 완성을 위한 탐구」, 『황홀한 실종』, 나남, 1985.
———, 「소설의 신비성과 정체성」, 『문학과비평』, 1987년 봄.
———, 「한의 삶과 삶의 한」, 『서평문화』 10호, 1993년 여름.
김 현, 「미지인의 초상」, 『동서춘추』 1권 3호, 1967.
———, 「장인의 고뇌」, 『별을 보여드립니다』, 일지사, 1974.

———, 「생활과 예술의 갈등——「가수」의 문제점」, 『사회와 윤리』, 일지사, 1974.
———, 「자유와 사랑의 실천적 화해」, 『당신들의 천국』, 문학과지성사, 1976.
———, 「대립적 세계 인식의 힘」, 『이청준』, '우리 시대의 작가 연구 총서,' 은애, 1979.
———, 「새와 상처받은 유년」, 『한국문학』 83호, 1980.
———, 「이청준의 두 개의 장편소설」, 『우리 시대의 문학』, 문장, 1980.
———, 「이청준에 대한 세 편의 글」, 『문학과 유토피아』, 문학과지성사, 1980.
———, 「인간이라는 기호의 모습」, 『책읽기의 괴로움』, 민음사, 1984.
———, 「떠남과 되돌아옴——이청준의 최근 작품들에 대하여」, 『현대문학』, 1986. 12.
류보선, 「새로운 세계의 모색과 운명의 힘」, 『문학정신』, 1992. 11.
박선경, 「『광장』과 『당신들의 천국』의 대비적 연구——서사 구조와 세계 인식의 두 결합 양상」, 서강대학교 대학원 석사학위 논문, 1989
박철화, 「고통 · 화해 · 성숙——이청준의 자아와 그 진실」, 『가위 밑 그림의 음화와 양화』, 전집 연작소설 3, 열림원, 1999.
박혜경, 「운명과 역사가 만나는 자리——이청준의 『인간인』에 대하여」, 『작가세계』, 1992년 가을.
서정기, 「노래여, 노래여——이청준 작품 속에 나타난 신화적 상상력」, 『작가세계』, 1992년 가을.
성민엽, 「겹의 삶, 겹의 문학」, 『문학과사회』, 1990년 여름.
———, 「윤리적인 것과 역사적인 것」, 『문학과사회』, 1992년 겨울.
송상일, 「소설의 방법」, 『시대와 삶』, 문장, 1979.
———, 「소설가 아담의 고뇌——「벌레 이야기」 「비화밀교」를 중심으로」, 『작가세계』 1992년 가을.
송재영, 「넋의 문학과 도전의 양식」, 『문학과지성』, 1979년 가을.

송하춘,「달라진 경향」,『현대문학』353호, 1984. 5.
송호근,「문학적 상상력의 사회학적 구조」, 대학신문 1024, 1978. 5. 1.
신덕룡,「당신들의 천국의 시간론적 해석」,『현대문학』362호, 1985. 2.
신동욱,「진실을 탐색하는 이야기꾼」,『이청준론』, 삼인행, 1991.
신철하,「신·인간·소외——이청준의『자유의 문』에 대하여」,『현대문학』, 1991. 3.
안삼환,「산업 사회의 비판적 동행자들」,『문학과 지성』, 1977년 겨울.
─────,「빗새로 유랑하기/나무로 서 있기」,『문학과 비평』, 1988년 가을.
양선규,「작가의 진지한 자기 성찰」,『세계의 문학』, 1990년 봄.
─────,「환상, 또는 불패의 진서」,『세계의 문학』, 1992년 여름.
양진오,「섬·바다·강, 그리고 인간의 운명」,『이어도』, 전집 중단편소설 8, 열림원, 1998.
오생근,「갇혀 있는 자의 시선」,『문학과지성』, 1974년 가을.
─────,「갈등과 극복의 논리」,『삶을 위한 비평』, 문학과지성사, 1978.
우찬제,「권력의 역설, 그 문학적 지평」,『욕망의 시학』, 문학과지성사, 1993.
─────,「'틈'의 고뇌와 종합에의 의지」,『타자의 목소리』, 문학동네, 1996.
─────,「억압 없는 자유를 향한 언어 조율사의 반성적 탐색」,『타자의 목소리』, 문학동네, 1996.
─────,「한의 역설——이청준의『남도 사람』연작 읽기」,『서편제』, 전집 연작소설 2, 열림원, 1998.
원당희,「Thomas Mann과 이청준 소설에 나타난 예술가의 위상 비교——주인공의 내면 체험을 중심으로」, 고려대학교 대학원 박사학위논문, 1991. 12.
윤지관,「자유의 꿈과 자유주의의 굴레」,『현대소설』, 1990년 겨울.
─────,「억압 사회에서의 소설의 기능——이청준 문학의 의미와 한계」,

『실천문학』 1992년 봄.
은정혜, 「이청준 소설에 나타난 한의 양상 연구」, 동국대학교 문화예술대학원 석사학위 논문, 1996. 6.
이경호, 「관념의 몸, 혹은 몸의 관념 만들기에 대하여」, 『현대소설』, 1992년 여름.
이남호, 「소설쓰기와 작가의 시대적 역할」, 『씌어지지 않은 자서전』, 중앙일보사, 1987.
이동하, 「형태의 새로움과 내용의 새로움」, 『동서문학』, 1989. 8.
─────, 「관념소설의 오늘과 내일」, 『문예중앙』, 1989년 겨울.
─────, 「인간의 숙명에 대한 두 가지 대응 방식」, 『우리 소설과 구도 정신』, 문예출판사, 1994.
─────, 「한국 대중소설의 수준」, 『낮은 데로 임하소서』, 홍성사, 1980.
이보영, 「시원의 모색」, 『현대문학』, 1972. 12.
─────, 「화해의 길」, 『창작과비평』 41호, 1976년 가을.
이상섭, 「문학의 구조를 어떻게 볼 것인가」, 『연세교육과학』 제8집, 1975.
─────, 「너와 나의 천국은 가능한가」, 『신동아』, 1976. 8.
─────, 「이청준의 의식소설」, 『언어와 상상』, 문학과지성사, 1984.
이상옥, 「한과 사랑의 변증법」, 『문학과 비평』, 1988년 가을.
이인복, 「한국 문학에 나타난 죽음 의식의 사적 연구」, 열화당, 1981.
이재선, 「병적 징후의 환기력」, 『한국 문학의 지평』, 새문사, 1981.
─────, 「액자소설의 본질과 그 계승」, 『한국 단편소설 연구』, 일조각, 1975.
이태동, 「부조리 현상과 인간의식의 진화」, 『부조리와 인간 의식』, 문예출판사, 1982.
─────, 「구원과 생명력의 바다」, 『흐르지 않는 강』, 문장, 1979.
임금복, 「이청준 소설 연구─소설가가 등장하는 작품을 중심으로」, 성신여자대학교 대학원 석사학위 논문, 1986. 11.

――――, 「한국 현대 소설의 죽음 의식 연구――김동리·박상륭·이청준 작품을 중심으로」, 성신여자대학교 대학원 박사학위 논문, 1996. 3.
임영환, 「이청준론――이드와 초자아의 갈등」, 『한국현대작가연구』, 민음사, 1989.
정과리, 「지식인의 사회적 자리」, 『조율사』, 홍성사, 1985.
――――, 「모범적 통치에서 상호 인정으로, 상호 인정에서 하나됨으로」, 『스밈과 짜임』, 문학과지성사, 1988.
――――, 「용서, 그 타인됨의 세계」, 『겨울 광장』, 도서출판 흔겨레, 1987.
정명환, 「문학 풍토의 변이」, 대학신문, 1969. 4. 21.
――――, 「소설의 세 가지 차원」, 『한국 작가와 지성』, 문학과지성사, 1978.
조남현, 「문제적 인물에 대한 끊임없는 탐구」, 『문학사상』, 142호, 1984. 8.
――――, 「어머니 소설의 교본」, 『서평문화』, 1996년 겨울.
천이두, 「나약한 소시민의 초상화」, 『월간문학』, 1969. 3.
――――, 「계승과 반역」, 『문학과 지성』, 1971년 겨울.
――――, 「자연과 인공」, 『종합에의 의지』, 일지사, 1974.
――――, 「작가의 변모의 문제」, 『한국문학』 65호, 1979.
――――, 「이원적 구조의 미학」, 『한국 문학과 한』, 이우출판사, 1985.
최하림, 「회의와 비관의 이상주의」, 『문예중앙』, 1990년 봄.
하응백, 「배반의 소설학」, 『자유의 문』, 전집 장편소설 8, 열림원, 1998.
한상규, 「멈추지 않는 자유의 현상학」, 『작가세계』, 1992년 가을.
현길언, 「세속적 인물과 소설적 인물」, 『이청준론』, 삼인행, 1991.
――――, 「문제 탐색을 위한 다층적 플롯」, 『이청준론』, 삼인행, 1991.
――――, 「구원의 실현을 위한 사랑과 용서」, 『이청준론』, 삼인행, 1991.
황학주, 「빗방울과 바람소리 너머, 우상을 건너는 섬」, 『문학정신』 42호, 1990.
황현산, 「정지된 세계의 알레고리」, 『현대소설』, 1990년 봄.
――――, Jennifer M. LEE, The representation of madness in Yi Chŏngjun's

Wall of Rumor, Thesis for the degree of Master of Arts, University of Hawaii

【대담】

김승희, 「남도창이 흐르는 아파트의 공간」, 『문학사상』 76호, 1976. 1.

김치수, 「복수와 용서의 변증법——이청준과의 대화」, 『박경리와 이청준』, 민음사, 1982.

전영태, 「이청준 대담: 나의 문학, 나의 소설 작법」, 『현대문학』 349호, 1984. 1.

권성우·우찬제, 「영혼의 비상학을 위한 자유주의자의 소설 탐색」, 『문학정신』 42호, 1990.

이위발, 「문학의 토양을 이룬 반성의 정신」, 『이청준론』, 삼인행, 1991.

한강희, 「탈향과 귀향」, 『문예중앙』 1996년 가을.